Jacqueline Christoph

INSEL ELBA UND
TOSKANISCHER ARCHIPEL

Vorwort

Wer den Namen Elba hört, denkt meist sofort an **Napoleon.** Und tatsächlich hat der korsische Feldherr während der kurzen Zeit seiner Verbannung Spuren auf der Insel hinterlassen. Doch selbstverständlich hat Elba viel mehr zu bieten als seinen berühmten historischen Gast.

Jeder, der zum ersten Mal hierher kommt, ist überrascht von der **landschaftlichen Vielfalt** der Insel. Der bergige Osten erinnert an den Apennin. Der mittlere Teil ist eher sanft und hügelig wie die Toskana (zu der Elba gehört), der Westen mit dem 1018 m hohen Monte Capanne ist so rau und zerklüftet wie Korsika. Die 147 km lange Küstenlinie bietet lange, helle Sandstrände mit versteckten Buchten, die teils nur vom Meer aus zu erreichen sind. Die von Wind und Meer glatt geschliffenen Felsen laden zu einem Sonnenbad ein. Neben **ausgedehnten weißen Kiesel- und Sandstränden** finden sich auf Elba auch Strände mit Pyritstaub, der den Sand wie im Märchenland glitzern lässt. Das Tyrrhenische Meer ist mit geringen Wassertiefen in Küstennähe und maximaler Tiefe von 150 m ideal für Schnorchler und Taucher. Auch Segler, Surfer sowie Kajakfahrer kommen auf Elba auf ihre Kosten.

Das **Hinterland der Insel** ist so vielfältig wie seine Geschichte wechselvoll. Vor langer Zeit komplett von Steineichen bedeckt, dann durch Weinanbau, Granitabbau und Bergbau in eine Kulturlandschaft umgewandelt, erobern Macchia und Garigue das nicht mehr bewirtschaftete Land und verströmen besonders im Frühjahr einen betörenden Duft.

Doch nicht nur Landschaft und Vegetation machen den Reiz des Hinterlandes aus, sondern auch die Bergdörfer. Capoliveri, das auf einem Hügel thront, Poggio und Marciana, die mit ihren Befestigungsanlagen wie an den Berghang geklebt scheinen – alle haben ihren **speziellen Charme.** Beim Spaziergang durch die Gassen fühlt man sich in mittelalterliche Zeiten zurückversetzt.

Die Insel verfügt über ein **breites Gastronomieangebot.** Elbanische Spezialitäten und andere Köstlichkeiten werden angeboten – Elba gehört zur Toskana, wo Gaumenfreuden selbstverständlich sind.

Dennoch braucht man keine Angst zu haben, dass die Insel überlaufen ist. **Elba ist zu 50 % Naturschutzgebiet,** gebaut werden darf nicht ohne Genehmigung, und Fähren sowie der Flughafen können nur eine begrenzte Zahl von Touristen befördern. Ausnahme ist der August, wenn ganz Italien Urlaub macht, und auf Elba kein freies Bett zu bekommen ist.

Dieser Reiseführer möchte dabei helfen, den Urlaub individuell vorzubereiten und für jeden Geschmack das Richtige zu finden – mit praktischen Reisetipps, Bus- und Fährfahrplänen, Routen- und Unterkunftsempfehlungen, Hinweisen zu sportlichen Aktivitäten sowie Hintergrundwissen zur Geschichte der Insel. Und weil man auf Elba so herrlich wandern kann, werden auch viele **Wanderrouten** beschrieben.

Neben Elba gehören die Inseln **Capraia, Giannutri, Giglio, Gorgona, Montecristo** und **Pianosa** zum Toskanischen Archipel, eine bezaubernder als die andere. Vor allem auf Giglio und Capraia finden sich einige sehr idyllische Ecken.

Jacqueline Christoph

Hinweise zur Benutzung

Internetadressen
Internetadressen, die über zwei Zeilen verlaufen, sind nur dort mit einem Trennstrich getrennt geschrieben, wo er zur Adresse gehört.

Die anderen Inseln
Für die anderen Inseln des Toskanischen Archipels gelten, was z.B. die Anreise angeht, spezielle Bedingungen. Um unnötige Doppelungen zu vermeiden, wird im Kapitel „Praktische Reisetipps von A bis Z" an entsprechender Stelle mit Verweisen gearbeitet.

Öffnungszeiten der Lokale
Die **Ruhetage** beziehen sich auf die Nebensaison (keine Ruhetage in der Hauptsaison).

Öffnungszeiten der Hotels
Die meisten Hotels öffnen eine Woche vor Ostern und schließen im Oktober. Ist ein Hotel ganzjährig geöffnet, so ist dies bei der jeweiligen Beschreibung vermerkt.

Unterkunftspreise
Die genannten Preise gelten für **eine Person im DZ inkl. Frühstück** in der **Hauptsaison. Preiskategorien** siehe Umschlagklappe vorn.

Nicht verpassen !
Diese Tipps und Highlights in den Ortskapiteln erkennt man an der gelben Hinterlegung.

Ökotipps
Dieses Symbol kennzeichnet Tipps, die in besonderer Weise umweltverträglich sind oder einen nachhaltigen Naturgenuss erlauben.

Autorentipps
MEIN TIPP: Persönliche Tipps und Empfehlungen der Autorin dieses Buches.

Inhalt

1 Portoferraio und der Norden 12

2 Der Osten 62

3 Der Süden 106

4 Der Westen 142

5 Die anderen Inseln des Toskanischen Archipels 180

6 Praktische Reisetipps von A bis Z 222

Karten

7 Land und Leute   290

▷ Im alten Stadtteil von Marciana Marina –
Il Cotone

8 Anhang   334

Preiskategorien der Unterkünfte in diesem Buch

Preiskategorie ①	20–30 €
Preiskategorie ②	31–45 €
Preiskategorie ③	46–65 €
Preiskategorie ④	66–85 €
Preiskategorie ⑤	ab 86 €

Exkurse

Wanderungen

1 Portoferraio und der Norden | 12

Portoferraio (S. 16) ist Ankunftshafen und Inselhauptstadt zugleich, wo man wunderbar flanieren oder auf den Spuren Napoleons wandeln kann, der sowohl hier als auch im nicht weit entfernt gelegenen **San Martino (S. 37)** residierte. Die große Bucht von Portoferraio – bewacht von der alten Festung Volterraio – ist ein beliebtes Segelrevier. An der westlich gelegenen Küste findet sich der eine oder andere schöne Wanderweg mit einigen außergewöhnlichen Stränden und Buchten.

2 Der Osten | 62

Dieser Teil der Insel ist von Nord nach Süd durch den Abbau des Eisenerzes geprägt, den man erst in den 1980er Jahren aufgab. Aufgerissene Erde, wild zerklüftete Schluchten und eine Vielzahl von Mineralien, von denen man einige mit etwas Glück auf den Wanderwegen finden kann. Das eigenwillige **Capoliveri (S. 65)** mit seinen Festen und das jedermann sofort einladende **Porto Azzurro (S. 81)** sind zwei Juwele unter den Orten Elbas. Und immer wieder führen kleine Sträßchen oder Pfade in die vielen unterschiedlichen Buchten.

3 Der Süden | 106

Hier finden sich die schönsten, längsten und weißesten Sandstrände von Elba. Besonders die Orte **Lacona (S. 108)** und **Marina di Campo (S. 112)** sind ideal für einen Familien- oder Campingurlaub. **Cavoli (S. 134), Secchecto (S. 138)** und **Fetovaia (S. 140)** sind lauschige Buchten, die nicht nur bei Schnorchlern

und Kanuten beliebt sind. Weiter oberhalb liegen die schönen Bergdörfer **San Piero (S. 126)** und **Sant'Ilario (S. 130),** in deren Umgebung einige attraktive Wanderwege inmitten einer bizarren Granitlandschaft zu entdecken sind.

4 Der Westen | 142

Dominiert wird dieser Teil Elbas durch das Massiv des **Monte Capanne (S. 164),** auch das Dach der Insel genannt und von dem sich bei klarem Wetter ein grandioser Ausblick über die Insel selbst als auch über den gesamten Archipel bietet. Verschiedene Wanderwege führen auf den Gipfel, um ihn herum oder durch wilde Täler hinab an die Küste. Überhaupt liegt hier das schönste und auch anspruchsvollste Wandergebiet. **Poggio (S. 167)** und **Marciana (S. 157)** sind idyllische Bergdörfer und auch an der Küste lässt sich das eine und andere Juwel entdecken.

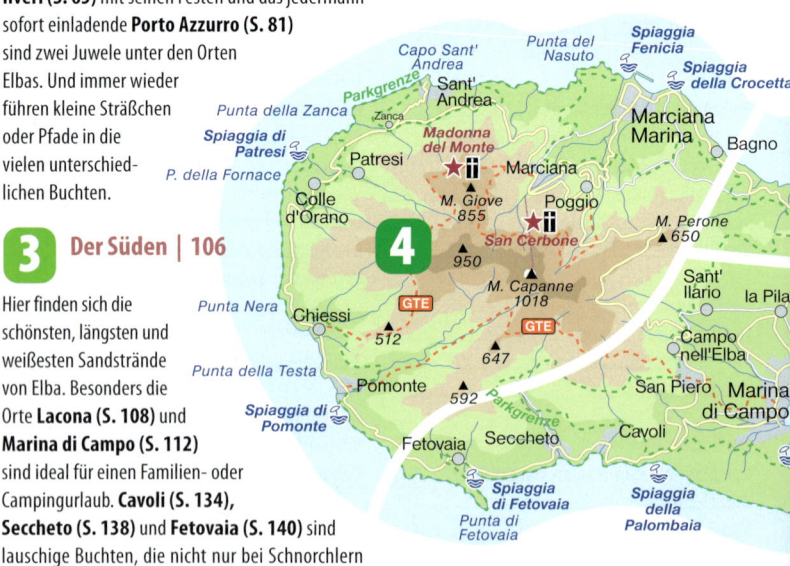

5 Die anderen Inseln des Toskanischen Archipels | 180

Neben Elba zählen auch **Giglio (S. 207), Capraia (S. 189), Giannutri (S. 218), Montecristo (S. 204),** Pianosa **(S. 199)** und **Gorgona (S. 184)** zum Archipel, die meisten sind ehemalige Gefängnisinseln. Gorgona ist es heute noch. Montecristo ist nur mit spezieller Erlaubnis, Pianosa auf einem Tagesausflug zu besuchen. Die anderen Inseln leben vor allem vom Tourismus. Giglio, bekannt durch die Concordia-Katastrophe, ist sehr vielfältig, Giannutri abgelegen und Capraia bietet viel unberührte Landschaft.

Elba_Vorspann
ITALIEN
Rom
Livorno
Gorgona
Cecina
Capraia
Piombino
Follonica
Elba
Grosseto
Toskanischer Archipel
Pianosa
5
Orbetello
Montecristo
Giglio
Giannutri
0
30 km

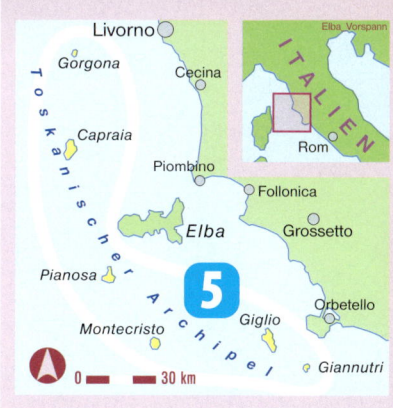

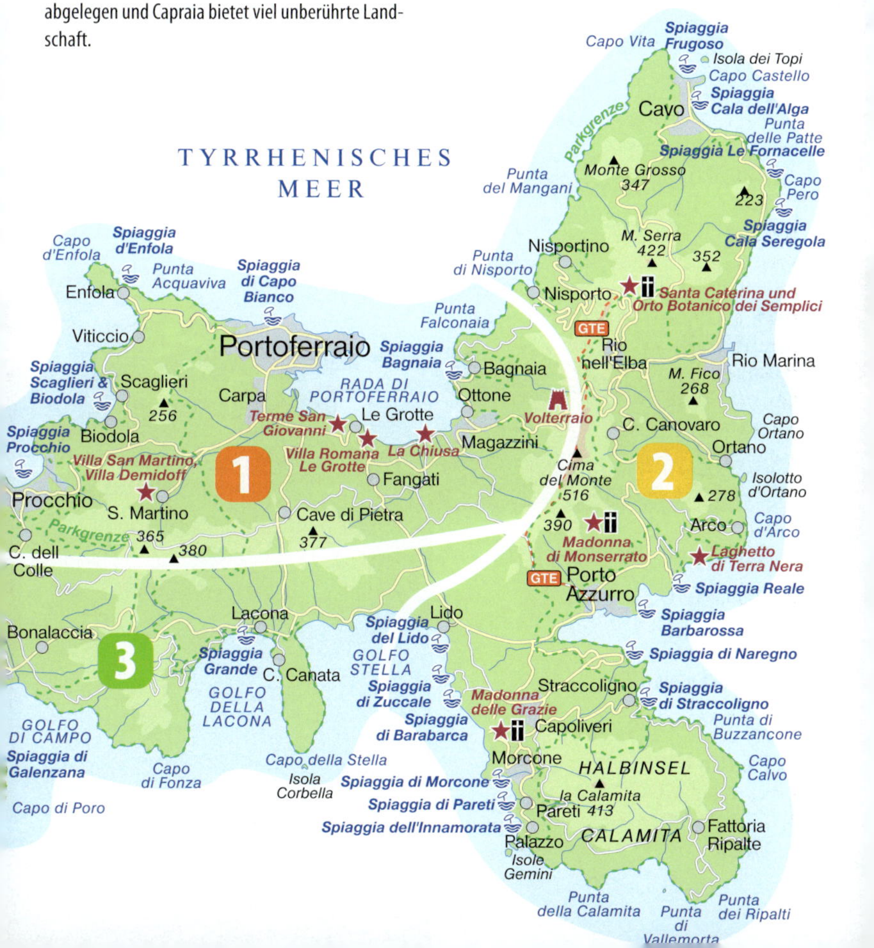

TYRRHENISCHES MEER
Capo Vita
Spiaggia Frugoso
Isola dei Topi
Capo Castello
Spiaggia Cala dell'Alga
Cavo
Parkgrenze
Punta delle Patte
Spiaggia Le Fornacelle
Monte Grosso 347
Punta del Mangani
Capo Pero
223
Spiaggia Cala Seregola
M. Serra 422
352
Nisportino
Punta di Nisporto
Nisporto
Santa Caterina und Orto Botanico dei Semplici
GTE
Rio nell'Elba
Rio Marina
M. Fico 268
Capo d'Enfola
Spiaggia d'Enfola
Punta Acquaviva
Spiaggia di Capo Bianco
Enfola
Viticcio
Portoferraio
Punta Falconaia
Spiaggia Bagnaia
Bagnaia
Spiaggia Scaglieri & Biodola
Scaglieri
256
Carpa
RADA DI PORTOFERRAIO
Ottone
Volterraio
C. Canovaro
Capo Ortano
Ortano
Spiaggia Procchio
Biodola
Terme San Giovanni
Le Grotte
Villa Romana Le Grotte
La Chiusa
Magazzini
Villa San Martino, Villa Demidoff
1
Fangati
Cima del Monte 516
2
Isolotto d'Ortano
278
Procchio
S. Martino
Cave di Pietra
390
Madonna di Monserrato
Arco
Capo d'Arco
Parkgrenze
365
380
377
C. dell Colle
Laghetto di Terra Nera
GTE
Porto Azzurro
Spiaggia Reale
Spiaggia Barbarossa
Lacona
Lido
Bonalaccia
Spiaggia del Lido
3
Spiaggia Grande
C. Canata
GOLFO STELLA
Spiaggia di Naregno
Spiaggia di Zuccale
Straccoligno
Spiaggia di Straccoligno
GOLFO DELLA LACONA
Madonna delle Grazie
Capoliveri
Punta di Buzzancone
GOLFO DI CAMPO
Spiaggia di Barabarca
Spiaggia di Galenzana
Capo di Fonza
Capo della Stella
Morcone
HALBINSEL
Capo Calvo
Isola Corbella
Spiaggia di Morcone
la Calamita 413
Capo di Poro
Spiaggia di Pareti
Pareti
Spiaggia dell'Innamorata
Palazzo
CALAMITA
Fattoria Ripalte
Isole Gemini
Punta della Calamita
Punta di Vallemorta
Punta dei Ripalti

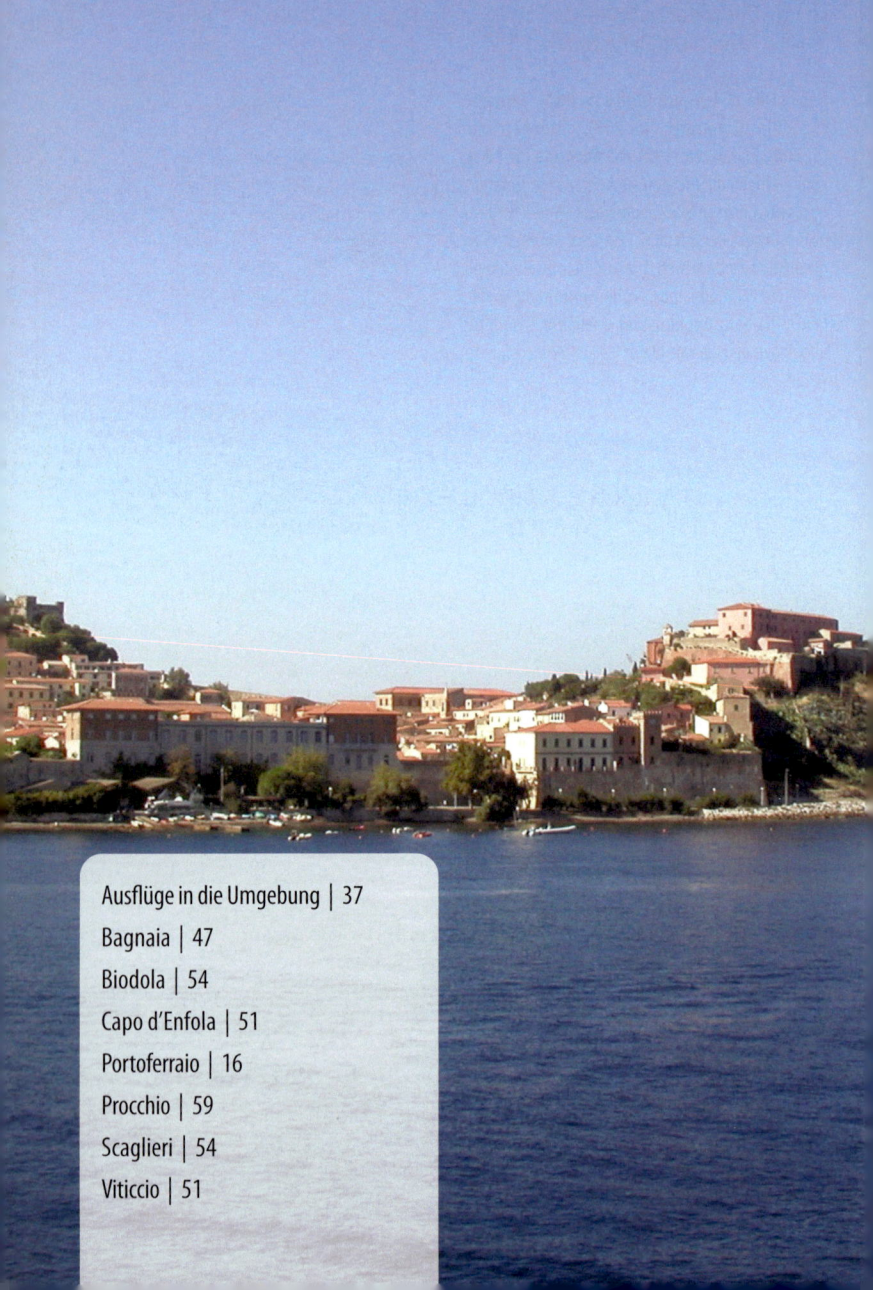

1 Porto-ferraio und der Norden

Ankunftsort und Inselhauptstadt – hier ist das Zentrum von Elba. Dort und im Umland finden sich die meisten Sehenswürdigkeiten der Insel.

◁ Blick auf Portoferraio

PORTOFERRAIO UND DER NORDEN

Von Piombino kommend, führt die Fährroute zunächst an der massigen und zerklüfteten Nordküste entlang und biegt dann in den Golf von Portoferraio ein. Zur Linken weiter oberhalb prangt stolz und unnahbar die Burg Volterraio. Im weiten Rund der großen Bucht sind am Ufer einzelne Ortschaften auszumachen, und besonders in den Ge-

Portoferraio und der Norden

0 ▬ ▬ ▬ 1 km

99 Ortsbeschreibung auf Seite 99
99 Ortsbeschreibung auf Seite 99, mit Stadtplan

51 Capo d'Enfola
53 Spiaggia d'Enfola
Enfola
36 Punta Acquaviva
36 Spiaggia di Capo Bianco

51 Viticcio
Spiaggia di Viticcio
55 Parkgrenze

TYRRHENISCHES MEER

Le Cime 230 ▲

Val di Denari

Spiaggia di Forno
Forno
54 Scaglieri
Brunello
57 Spiaggia Scaglieri
Spiaggia Biodola
54 Biodola
▲ 256
Carpa

Porticciolo
Valle di Lazzaro

Campitelle
41 Museo Italo Bolano Ⓜ
Le Foci

GOLFO DI PROCCHIO
Hafen ⚓
Colle Pecorino 114
Scotto

58
Spiaggia Procchio

Villa San Martino, Villa Demidoff ★
Valcarene

59 ⓣ Procchio
37 S. Martino

171 Marciana Marina ⚓ Paolina

Parco Nazionale Arcipelago Toscano

C. dell'Colle
41

112 Marina di Campo
Parkgrenze
▲ 365
▲ 380

wässern vor Magazzini sieht man häufig Segelboote ihre Manöver vollführen. Gegenüber, auf der anderen Seite der Bucht, liegt Portoferraio – **Inselhauptstadt** und Ankunftsort für einen Großteil der Elba-Reisenden. Hier gibt es die meisten Museen und Sehenswürdigkeiten, und besonders am Abend geht es in den Straßen und an der Hafenpromenade lebhaft zu.

NICHT VERPASSEN!

Diese Tipps erkennt man an der gelben Hinterlegung.

© REISE KNOW-HOW 2014
ElbaKap01

TYRRHENISCHES MEER

Piombino, Livorno, Cavo

94 Punta di Nisporto
94 Nisportino
94 Nisporto

97

Punta Falconaia

16 Portoferraio

Umschlag vorn

RADA DI PORTOFERRAIO

47 Spiaggia Bagnaia
47 Bagnaia
Valle del Frasso

45 Orto Botanico ★
Ottone
47 Volterraio ▲

42 Le Grotte 43
Terme San ★ Giovanni
Villa Romana Le Grotte
Casa del Duca
44
Schiopparelo VI ★ La Chiusa
Schiopparelo I
50
45 Magazzini

96 Rio Marina,
101 Cavo

San Giovanni
Fangati
Schiopparelo II
Schiopparelo V
Acquabona
Santo Stefano

Cave di Pietra
▲ 377

Parkgrenze
▲ Castello 390
GTE

Campo al Peri
81 Porto Azzurro

Viele Besucher lockt es jedoch noch weiter Richtung Westen, denn gleich hinter Portoferraio finden sich die weißesten **Strände** der Insel. Und noch etwas weiter die Nordküste entlang in Richtung Westen liegt die idyllische Bucht von Viticcio sowie der für seinen goldenen und weichen Sand bekannten Biodola-Strand.

Der mittlere Norden ist durch eine **zerklüftete Küste** mit vielen vereinzelten, zumeist schmalen Stränden sowie die großen Badebuchten von Biodola und Procchio geprägt. Das **hügelige Hinterland** ist sehr **grün** mit etwas Landwirtschaft, einigen Wäldern und Wanderwegen. Hier befindet sich auch San Martino, die Sommerresidenz Napoleons, mit einer traumhaften Aussicht auf Portoferraio und das Meer.

Portoferraio

Portoferraio ist der **Hauptort Elbas** und mit knapp 11.000 Einwohnern auch die größte Stadt. Sie ist Hauptverkehrsknotenpunkt und bildet das Zentrum der Insel mit Sitz der Verwaltung, Krankenhaus, Hafen, großer Werft und Jachthafen sowie unzähligen Läden und Einkaufsmöglichkeiten. In Portoferraio pulsiert das Leben: am Tage durch Einwohner auf dem Weg von der oder zur Arbeit, Händler, belebte Bars und Cafés, Märkte, Lieferverkehr, vorbeibrausende Vespas und natürlich auch die vielen Reisenden; am Abend sind es dann die Flanierfreudigen, die an der Hafenpromenade entlang und durch die Altstadt schlendern, denn dann ist Passegiata-

Zeit (s. Exkurs „Italienischer Lebensstil").

Portoferraio ist das **Shoppingparadies** der Insel. Wenn man etwas sucht und hier nicht findet, dann ist es höchstwahrscheinlich auf der ganzen Insel nicht zu haben.

Die Stadt liegt auf einer Landzunge im Nordwesten der großen Bucht und teilt sich in einen **modernen** und einen **historischen Teil**. Die Fähren, die in der Hauptsaison im 30-Minuten-Takt zwischen Piombino auf dem Festland und Portoferraio auf Elba verkehren, legen im neuen großen **Hafen** an bzw. ab. Der Anreisende sieht zuerst zwei eher unschöne Hochhäuser, die alle anderen Bauten überragen und daher immerhin gut zur Orientierung geeignet sind. Dort liegen der Busbahnhof, eine Bank, einige Bars und die Touristeninformation (s. „Praktische Tipps").

Vom Fährhafen im neuen Teil der Stadt ist es nicht weit bis in die Altstadt, Hauptanziehungspunkt für die meisten Besucher. Am Hafen entlang, wo häufig auch Großsegler und Kreuzfahrtschiffe vor Anker gehen, nähert man sich einer Art riesiger Stadtmauer. Dies sind die äußeren Befestigungsanlagen der **Forte Falcone**, die Portoferraio seit den Zeiten der *Medici* vom übrigen Teil der Insel trennt. In die Stadt konnte man damals nur durch die **Porta a Terra** gelangen, heute daneben eine per Ampel geregelte Durchfahrt für Autos.

Die **Altstadt**, die unter den *Medici* geplant und erbaut wurde, liegt zwischen den beiden Festungen Forte Falcone und Forte Stella. In Treppen, Gassen und Sträßchen fällt die dicht bebaute Stadt zum Meer hin ab. Hier kann man sich einfach treiben lassen und dabei immer

1

wieder neue, überwältigende Ausblicke entdecken. Zentraler Platz der Altstadt ist die **Piazza Cavour,** von der es durch die Porta al Mare in den kleinen **Stadthafen Darsena** geht. Der hufeisenförmige alte Hafen ist auf der einen Seite vom Torre del Martello und auf der anderen von der Falcone-Festung begrenzt. In die Mauer, die einst die Stadt zur Hafenseite hin schützte, waren kleine **Kammern** eingelassen, in denen die Fischer ihre Netze und andere Utensilien aufbewahrten. Heute befinden sich dort einladende Cafés, Eisdielen, Geschäfte und Lokale. Eine idyllische **Promenade** führt um den kleinen Hafen herum und ist besonders am Abend eine beliebte Flaniermeile. Dabei kann man wunderbar die Jachten und Segelboote begutachten, denn der kleine Darsena-Hafen ist ein beliebtes Ziel bei Wasser-Urlaubern.

Die meisten Besucher erkunden Portoferraio in einem oder zwei **Tagesausflügen.** Aufgrund seiner zentralen Lage ist die Stadt von allen Orten aus gut mit öffentlichen Verkehrsmitteln zu erreichen. Außerdem bietet sie neben ihrem mediterranen Flair auch eine größere Auswahl an **Museen** und **Sehenswürdigkeiten** als andere Orte auf der Insel. Selbst in den Wintermonaten wirkt die Stadt nicht ausgestorben.

Die Altstadt selbst hat nur einen kleinen Strand. Um einen Tag am Meer zu verbringen, hält man sich besser an die **Strände** Spiaggia delle Ghiaie und La Padulella an der Nordseite der Neustadt.

Blick in die Bucht von Portoferraio

1

Geschichte

Portoferraio liegt auf einer kleinen felsigen Landzunge mit einem geschützten natürlichen Hafen. Es ist zu vermuten, dass bereits die **Etrusker** an dieser Stelle siedelten und von hier aus das Eisenerz zum Festland verschifften. Der erste verbürgte Name für diesen Ort stammt jedoch aus **griechischer Zeit: Porto Argoo** (s. „Land und Leute, Geschichte"). Den Griechen folgten die **Römer,** die einige Jahrhunderte auf der Insel blieben und den Ort „Fabricia" („Schmied, Handwerker") nannten. Anfangs nutzten sie den Hafen noch für die Verschiffung der Eisenerze, doch mit der Eroberung neuer Provinzen nördlich der Alpen war das bald nicht mehr notwendig. Stattdessen erbauten sich römische Adlige Sommerresidenzen im weiten Golf von Fabricia (siehe „La Linguella" und „Ausflüge in die Umgebung, Villa Romana Le Grotte").

Mit dem Ende des weströmischen Reiches fielen die **Langobarden** ins Land ein. Außerdem trieben schon seit längerer Zeit **Piraten** ihr Unwesen im Mittelmeer, sodass die Siedlungen am Meer weitestgehend aufgegeben wurden. Mittlerweile hatte man den Ort in „Ferraia" (Eisen) umbenannt.

Die **Pisaner,** die im 11. Jh. die Herrschaft auf Elba übernahmen, nahmen nicht nur Erz- und Granitabbau wieder auf, sondern sicherten die Insel auch umfassend gegen Überfälle. So wurden bei Ferraia die Festung Luceri und auf der gegenüberliegenden Seite der Bucht die Burg Volterraio erbaut. Während der 200-jährigen Herrschaft der Pisaner war die Insel relativ sicher. Doch als die *Appiani* (s. „Land und Leute, Die Geschichte Elbas") die Macht übernahmen, wurden die Insel und ihre Bewohner wieder leichte Beute für Piraten, da die neuen Herren den umfassenden militärischen Schutz der Pisaner nicht fortführen konnten. Am meisten gefürchtet waren die Piraten **Barbarossa** und sein Nachfolger **Dragut,** die im 16. Jh. von sich reden machten. Da ihr Treiben nicht nur Elba, sondern den gesamten Mittelmeerraum betraf, machte sich **Karl V.,** Kaiser von Spanien, daran, dieser Plage ein Ende zu bereiten. Um sein Vorhaben zu finanzieren, ließ er sich von **Cosimo I.,** Großherzog der Toskana (ein *Medici*), ein Darlehen geben. Doch leider besiegte der Kaiser weder die Piraten, noch konnte er wenig später das Darlehen zurückzahlen. *Cosimo* gab sich stattdessen mit der Insel Elba zufrieden, denn so konnte die Macht der *Medici* vom toskanischen Festland auch auf den Mittelmeerraum ausgeweitet werden. Nur wenige Tage nach der Besitzübertragung 1548 begann *Cosimo* mit der Neugestaltung Ferraias und machte aus dem Dorf eine befestigte Stadt. Diese wurde in **„Cosmopoli"** umbenannt, was zum einen auf seinen eigenen Namen zurückzuführen sein könnte, zum anderen aber auch für „Weltstadt" stehen könnte. *Cosimo* beauftragte die Architekten *Giovanni Battista Bellucci* und *Giovanni Cemerini* mit der Errichtung und Befestigung seiner Stadt. Am 3. Mai 1548 gingen sie mit etwa 1000 Soldaten an Land und begannen ihr Werk. Die Soldaten halfen beim Bau, waren aber auch für den Schutz gegen die Piraten zuständig. Nach 60 Tagen war Cosmopoli verteidigungsfähig, nach zehn Jahren war es die Stadt, die später Portoferraio wurde und in ihrer Anlage bis heute erhalten geblieben ist. Fast alle Häuser stammen aus dieser Zeit.

Um Cosmopoli dauerhaft zu sichern, wurden die **Festungen Falcone, Stella** und **La Linguella** errichtet. Sie waren durch ein durchgehendes Mauerwerk miteinander verbunden, innerhalb dessen sich die eigentliche Stadt befand. An der Spitze der kleinen Fortezza La Linguella, die wie eine Zunge ins Meer ragte, prangt der **Torre del Martello.** Wie ein Bollwerk bewachte er die Einfahrt in den hufeisenförmigen Hafen Darsena, vor den man damals noch zusätzlich eine große Eisenkette gelegt hatte. Der Hafen war von der Stadt durch eine massive Mauer getrennt. Einzige Zugänge in die Stadt waren die Porta al Mare vom Hafen und die Porta a Terra von der Forte Falcone aus. Von diesem Zeitpunkt an galt die Stadt als **uneinnehmbar.** *Dragut* selbst ging hier vor Anker, gab nach einer Erkundung der Anlage sein Vorhaben jedoch auf und wandte sich anderen Gegenden der Insel zu.

Die Sicherheit der Stadt trug dazu bei, dass sich hier allmählich ein gewisses **bürgerliches Leben** herausbildete. Wohlhabende Bürger aus Capoliveri oder Rio nell'Elba zogen hierher, um vor den Piratenüberfällen sicher zu sein. Aber auch **Händler** vom Festland und aus dem Ausland ließen sich hier nieder. Selbst vermögende toskanische Bürger bauten sich in der neuen Stadt große Häuser. Nicht unwichtig in diesem Zusammenhang ist ein von *Cosimo* erlassenes Edikt, welches Einwanderern einige Vergünstigungen versprach und Zusicherungen machte wie etwa kostenlosen Grund und Boden für den Hausbau, Steuerfreiheit auf die Einkünfte in den ersten zehn Jahren, Kreditvergabe, Religionsfreiheit, Be-

wegungsfreiheit in der gesamten Toskana oder auch die toskanische Staatsbürgerschaft. All dies trug dazu bei, dass die Einwohnerzahl in Cosmopoli schnell anstieg.

Die Herrschaft der *Medici* über Elba hielt allerdings nur kurze Zeit an, und **die Insel wurde dreigeteilt.** Die *Medici* erhielten Cosmopoli inklusive eines Zwei-Meilen-Radius, die Spanier ließen sich in Porto Longone nieder, und in den verbleibenden Gebieten wurden die *Appiani* wieder eingesetzt (s. „Land und Leute, Die Geschichte Elbas").

Nach dem Tod des letzten *Medici* gelangte die Stadt im 18. Jh. an das **Haus Lothringen** und wurde in „Portoferraio" umbenannt. In der Folgezeit wurden Stadt und Insel abwechselnd von **Engländern** und **Franzosen** besetzt. *Horatio Nelson,* der 1796 die Stadt belagerte, hatte den Eindruck, sich vor „dem sichersten Hafen der Welt" zu befinden. Denn in der Zwischenzeit hatte man einen Wallgraben zwischen Portoferraio und dem Rest der Insel errichtet. Nach einer längeren Belagerung konnte er die Stadt aber dennoch einnehmen.

Mit dem Frieden von Amiens kam Elba 1802 unter **französische Herrschaft.** Zwölf Jahre später, am 3. Mai 1814, landete **Napoleon** im Hafen von Portoferraio, um innerhalb von nur zehn Monaten der Stadt sowie der gesamten Insel seinen Stempel für die Ewigkeit aufzudrücken. Noch heute wird an dieses Ereignis erinnert: Historische Segelschiffe gehen im Hafen Darsena vor Anker, und z.B. als *Napoleon,* General *Drouot* und seine Frau Kostümierte kommen an Land, um durch die Stadt zu flanieren. Meist wird dieses Spektakel von napoleonbegeisterten Belgiern veranstaltet,

wenn die Gemeinde von Portoferraio eine ausreichende Finanzierung beisteuert. Zurzeit wird in Portoferraio viel restauriert, um das 200-jährige Jubliäum 2014 zu begehen.

Nachdem *Napoleon* die Insel verlassen hatte, wurde es ruhig in Portoferraio. Bedeutung erlangte die Stadt erst wieder, als um 1900 auf dem Gebiet der alten Salinen (s. „Ausflüge in die Umgebung, Terme San Giovanni") eine moderne **Hochofenanlage** errichtet wurde. Es kamen sogar Arbeiter vom Festland, und die Stadt breitete sich auch außerhalb ihrer alten Mauern aus. Die Hochöfen wurden jedoch im **Zweiten Weltkrieg** zerstört und danach nicht wieder aufgebaut. 2000 Arbeitsplätze gingen verloren. Die wirtschaftliche Entwicklung begann erst wieder Mitte der 1950er Jahre mit der Einrichtung eines regelmäßigen Fährverkehrs und dem zunehmenden Ausbau des **Tourismusgeschäfts.**

Sehenswürdigkeiten

Wer nicht mit dem Bus kommt, kann sein Auto auf dem großen **Parkplatz** am neuen Hafen stehen lassen. An diesem entlang hält man auf die großen Befestigungsmauern zu und betritt das historische Zentrum durch die 1549 erbaute **Porta a Terra,** einst der einzige Zugang von der Landseite aus.

Forte Falcone

Durch einen gut 30 Meter langen Tunnel gelangt man zur Via Guerrazzi und befindet sich damit inmitten der von den *Medici* erbauten **Festungsanlage.** Gleich oberhalb liegt der Eingang zur Forte Falcone. Die „Falkenfestung", wie sie übersetzt heißt, gewährte schon damals einen weiten Blick über das umliegende Land und das Meer. Die äußeren Befestigungsmauern verbanden die Festung mit der Forte Stella und La Linguella auf der anderen Seite der Stadt.

Leider ist heute nicht mehr alles von der ursprünglichen Anlage erhalten bzw. öffentlich zugänglich. Ein Teil wird von der Marine genutzt und ist daher gesperrt, andere Teile wurden im Zweiten Weltkrieg zerstört oder beschädigt. Seit einigen Jahren werden **Renovierungsarbeiten** durchgeführt, um möglichst viele Bereiche wieder für die Öffentlichkeit zugänglich zu machen.

Innerhalb der Festung gibt es eine kleine Parkanlage, einen Spielplatz und verschiedene Picknickplätze. Ein Besuch der Fortezza ist gut geeignet, um eine Vorstellung von der gesamten Befestigungsanlage zu bekommen, um schöne Ausblicke zu genießen, ein Picknick un-

1

term Mandelbaum zu veranstalten, oder um einfach nur etwas auszuspannen.

■ **Forte Falcone/Befestigungsanlagen,** Eintritt von der Via Guerazzi aus, bzw. Via del Falconi etwas weiter oberhalb, Tel. (0565) 944024, www.marina diportoferraio.it; geöffnet von April bis Oktober Mo–Sa 10–16.30 Uhr, im Sommer bis 20 Uhr; Eintritt 3 €, Kinder unter 12 Jahren 2 €.

⌂ Von der „Falkenfestung" hat man eine wunderbare Aussicht

Teatro dei Vigilanti

Unterhalb der Festungsmauern führt die Via del Carmine zu der kleinen **Piazza Antonio Gramsci,** von der man eine bezaubernde Aussicht auf die Altstadt und die Bucht von Portoferraio hat. An der Piazza steht ein rosafarbenes, eher schlicht wirkendes Gebäude. Dort befand sich einst eine 1617 errichtete Kapelle, wenig später wurde an der Stelle eine der Madonna del Carmine gewidmete **Kirche** erbaut. Als *Napoleon* auf die Insel kam, richtete er mit dem Geld seiner Schwester *Paolina* in der von den Franziskanern mittlerweile aufgegebenen Kirche ein **Theater** ein, das Teatro dei Vigilanti („Theater der Wächter", also jener, die das Erbe *Napoleons* bewahren sollten). Die Logen verkaufte er meistbietend an die Elbaner Oberschicht, die daraufhin gleich einen exklusiven Club gründete, die **Accademia dei Fortunati** („Akademie der Glücklichen"). Das Theater wurde bis in die 1950er Jahre für Opern- und Operettenaufführungen genutzt, dann stand es viele Jahre leer, bevor die Stadt es kaufte und renovierte. Seit seiner Wiedereröffnung im Jahre 1997 wird es für **kulturelle Veranstaltungen** genutzt. Seit 2005 ist es auch zu **besichtigen.** Zu sehen sind der kleine Theatersaal mit netten Malereien sowie die auf drei Etagen verteilten Logen. Es empfiehlt sich jedoch eher, den Besuch des Theaters mit einer Aufführung zu verbinden. Diese sind entweder durch Plakate angekündigt oder können an der Kasse bzw. in der Touristeninformation erfragt werden.

■ **Teatro dei Vigilanti,** Piazza Antonio Gramsci, Tel. (0565) 944024, www.marinadiportoferraio.it; geöffnet Mo–Sa 9–13 Uhr, die Öffnungszeiten sind nicht feststehend, besser telefonisch erfragen; Eintritt 3 €, Kinder unter 12 Jahren 2 €.

Museo Napoleonici/Villa dei Mulini

Die Via delle Carmine führt weiter in die Stadt hinauf und durch einen Tunnel zur Villa dei Mulini, der **Stadtresidenz Napoleons.** Nachdem dieser in Portoferraio an Land gegangen und notdürftig im Rathaus untergebracht worden war, suchte man eiligst nach einem neuen, dem Kaiser entsprechenden Domizil. Der halbzerfallene Palazzo dei Mulini – benannt nach den vier Mühlen aus den

Zeiten der *Medici,* die im 17. Jh. abgerissen wurden – lag strategisch günstig zwischen den beiden Festungen Forte Falcone und Forte Stella. Zum Meer hin war die neue Residenz durch steile Felsen geschützt.

Innerhalb von 14 Tagen war das Gebäude soweit hergerichtet, dass *Napoleon* einziehen konnte. Abgeschlossen waren die Umbauarbeiten allerdings erst im September. Da es auf Elba keine einem Kaiser entsprechende **Möbel** gab, schickte *Napoleon* einige seiner Gefolgsleute hinüber nach Piombino aufs Festland. Dort hatte seine Schwester *Elisa* als Fürstin regiert. Aus ihrem ehemaligen Palazzo wurden Möbel, Kamine, Fußböden und andere Einrichtungsgegenstände nach Elba gebracht.

Durch Umbauten und eine weitere Etage hatte man in dem Palazzo 30 Räume untergebracht. In der unteren Etage residierte *Napoleon.* Dort gab es neben dem großen und kleinen Empfangszimmer die Galerie, das Arbeits-, Ankleide- und Schlafzimmer Napoleons sowie seine **Bibliothek.** Diese ist heute noch mit gut 2000 Bänden bestückt, die der Kaiser der Insel Elba vermachte. Darunter finden sich neben Werken von *Rousseau* und *Voltaire* auch ein bibliophiler Schatz: alle Jahrgänge der Zeitschrift „Le Moniteur Universel" von 1789 bis 1813; diese beschäftigte sich mit der neufranzösischen Sprache und Literatur.

In der oberen Etage, die von *Napoleons* Lieblingsschwester *Paolina* bewohnt wurde, befand sich neben einigen Zimmern auch der **Ballsaal.** Von hier oben hat man eine wunderbare Aussicht auf die Stadt, den Garten und das Meer. Man kann sich gut vorstellen, welch rauschende Feste hier einst gefeiert wurden,

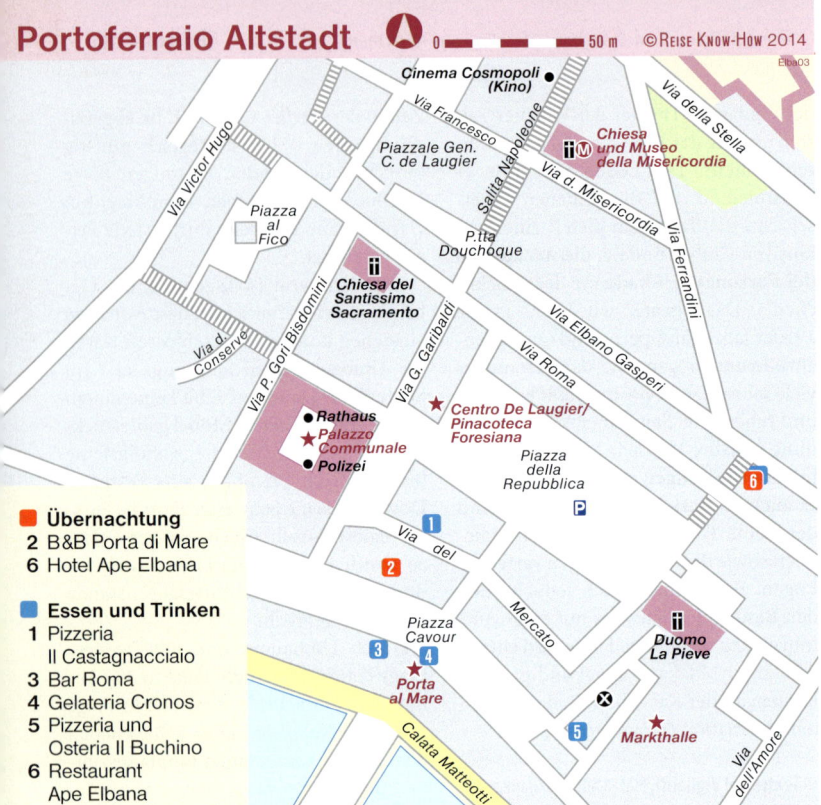

Portoferraio Altstadt

0 ——— 50 m © REISE KNOW-HOW 2014
Elba03

Cinema Cosmopoli (Kino)
Via Francesco
Via della Stella
Via Victor Hugo
Salita Napoleone
Piazzale Gen. C. de Laugier
Chiesa und Museo della Misericordia
Via d. Misericordia
Piazza al Fico
P.tta Douchoque
Via Ferrandini
Chiesa del Santissimo Sacramento
Via P. Gori Bisdomini
Via d. Conserve
Via G. Garibaldi
Via Elbano Gasperi
Via Roma
● Rathaus
★ Palazzo Communale
● Polizei
★ Centro De Laugier/ Pinacoteca Foresiana
Piazza della Repubblica
6
Übernachtung
2 B&B Porta di Mare
6 Hotel Ape Elbana
1
P
2
Essen und Trinken
1 Pizzeria Il Castagnacciaio
3 Bar Roma
4 Gelateria Cronos
5 Pizzeria und Osteria Il Buchino
6 Restaurant Ape Elbana
Via del
Piazza Cavour
3 **4**
★ Porta al Mare
Mercato
ii Duomo La Pieve
5
⊗
★ Markthalle
Via dell'Amore
Calata Matteotti

denn für Amüsement war *Paolina* bekannt.

In einem kleinen Seitenzimmer ist heute ein altes Feldbett *Napoleons* ausgestellt. Die meisten der heute ausgestellten **Möbel** gehören allerdings **nicht mehr zur Originaleinrichtung.** Nachdem *Napoleon* die Insel verlassen hatte, ist nahezu alles abhanden gekommen.

Interessant sind bei einem Rundgang auch die **historischen Bilder,** selbst wenn die meisten von ihnen erst nachträglich aufgehängt wurden. Sie vermitteln einen Eindruck, wie es damals auf Elba und in Portoferraio ausgesehen hat.

■ **Museo Napoleonici/Villa dei Mulini,** Piazzetta Napoleone, Tel. (0565) 915846; geöffnet Mi–Mo 9–19 Uhr, sonn- und feiertags 9–13 Uhr; Eintritt 3 €, Senioren und Kinder unter 12 Jahren frei, Kombiticket Villa dei Mulini und San Martino 6 €, Senioren und Kinder unter 12 Jahren frei, bei Sonderausstellungen beträgt der Eintrittspreis 6 bzw. 9 € für das Kombiticket. Die Eintrittskarten sind drei Tage gültig.

Forte Stella

Nur ein Stückchen weiter die Straße hinauf gelangt man zur Forte Stella. Der Name der Festung rührt von ihrer Form her, denn von oben betrachtet sieht sie wie ein fünfzackiger **Stern** aus. Mit ihrem Bau wurde parallel zur Falkenfestung 1549 begonnen, und zehn Jahre später war die Festungsanlage komplett. Bei Restaurierungsarbeiten im 20. Jh. fand man zehn **goldene Medici-Münzen,** die *Cosimo* in das Gestein der Stella-Festung hatte einlegen lassen.

An der Spitze der Festung wurde 1789 durch *Leopold von Lothringen* ein **Leuchtturm** errichtet, der heute noch in Betrieb ist, wenn auch automatisch.

Von der Stella-Festung aus hat man einen wundervollen **Ausblick** sowohl in den Garten der Napoleon-Residenz und auf die Stadt mit ihrem kleinen Hafen als auch auf die Bucht von Portoferraio und das gegenüberliegende Festland. Hier oben lässt es sich gut aushalten. Dieser Meinung waren auch andere, und so sind die Räume der ehemaligen Festung in Wohnungen umgebaut worden. Wahrscheinlich sind es die mit der schönsten Lage und Aussicht von ganz Portoferraio.

■**Forte Stella,** Via della Stella, Tel. (0565) 916 989; geöffnet tägl. 9–18 Uhr; Eintritt 2 €, Senioren und Kinder unter 12 Jahren 1,50 €.

Chiesa und Museo della Misericordia

Von der Forte Stella aus führen mehrere steile Treppen hinunter in die Stadt. An der Salita Napoleone liegt die Chiesa della Misericordia, die „Kirche der Barmherzigkeit" aus dem Jahre 1677. Unter dem Altar liegen die **Gebeine des Stadtpatrons San Cristino,** dem zu Ehren im April immer eine Prozession stattfindet. Außerdem wird hier jedes

Jahr am 5. Mai ein Gedenkgottesdienst für *Napoleon* abgehalten. Dies hatte einst Fürst *Demidoff* (s. „Ausflüge in die Umgebung, San Martino") verfügt. Heute wird diese Veranstaltung fast ausschließlich von Touristen besucht.

Gleich nebenan befindet sich das kleine Museo della Misericordia, welches mit den meisten seiner Exponate an den **Aufenthalt Napoleons** auf Elba erinnert. Neben der von ihm entworfenen Elba-Flagge mit den drei Bienen kann man hier auch seine bronzene Hand und Totenmaske und eine Kopie des Sarges, mit dem er von Sankt Helena nach Paris in den Invalidendom überführt wurde, besichtigen.

■**Museo della Misericordia,** Salita Napoleone, Tel. (0565) 918785 oder 914009; variierende Öffnungszeiten, telefonisch erfragen; Eintritt 2 €, Senioren und Kinder unter 12 Jahren 1,50 €.

Centro De Laugier/ Pinacoteca Forensiana

Gegenüber der Chiesa della Misericordia befindet sich das **Kulturzentrum** De Laugier, benannt nach *Cesare de Laugier,* einem napoleonischen Offizier, dessen Mutter aus Portoferraio stammte. Das Gebäude war ursprünglich ein Franziskanerkloster, dessen Gründung 1558 durch *Cosimo I.* unterstützt und gefördert wurde. Zu Beginn des 19. Jh. in eine Kaserne umgewandelt, blieb es dann lange Zeit geschlossen.

Heute sind im ersten Stock die Bibliothek und Pinakothek untergebracht. Die Pinacoteca Foresiana geht zurück auf eine Schenkung **Mario Foresis** (1849– 1932) an die Stadt Portoferraio. Die *Fo-*

resi waren eine bekannte toskanische Familie, deren Mitglieder sich besonders als **Mäzene von Kunst und Kultur** hervortaten. *Mario Foresi,* selbst Literat und Kunstsammler, verbrachte einige Zeit auf Elba, denn seine Familie hatte Mitte des 19. Jh. das Weingut La Chiusa erworben (s. „Ausflüge in die Umgebung, La Chiusa"). Die Schätze der *Foresi* wurden in Magazinen und den Räumen der Villa Demidoff (s. „Ausflüge in die Umgebung, San Martino") untergebracht. Als dort die Probleme mit der Feuchtigkeit zu groß wurden, erinnerte sich die Stadt der alten Kaserne und renovierte

die Räume dann gleich so, dass dort auch ein **Kongresszentrum,** weitere **Ausstellungsräume** und ein **Kino** untergebracht werden konnten. Im Jahr 1991 wurde das Centro De Laugier eröffnet.

In der ständigen Ausstellung finden sich eine Reihe trefflicher Bilder und Fotos, die *Mario Foresi* zum **Leben auf Elba** gesammelt hat. In der Pinakothek sind vor allem die Stadtansichten von Portoferraio in ihrer geschichtlichen Veränderung sehr sehenswert. In der Fotoausstellung fanszinieren hingegen die Bilder der Altstadt und der Hochofenanlage. Neben den 500 Bildern hat er der

Chiesa del Santissimo Sacramento

Die Treppe Salita Napoleone mündet in die Via Garibaldi, die früher Via del Buon Gusto hieß, die „Straße des guten Geschmacks". Zum einen gab es in der Straße einst viele (gute) Lokale, zum anderen war es der einzige Ort, an dem das horizontale Gewerbe erlaubt war. An dieser Straße liegt die Chiesa del Santissimo Sacramento („Kirche zum heiligsten Sakrament"), die 1551 erbaut wurde und sich noch heute im Besitz der gleichnamigen Bruderschaft befindet. Von außen eher schlicht, überrascht der **prachtvolle Innenraum,** welcher nach Zerstörungen im Zweiten Weltkrieg restauriert wurde.

● Die Kirche hat keine regulären Öffnungszeiten.

Palazzo Comunale

Am Ende der Via Garibaldi steht ein großes rosafarbenes Gebäude, der Palazzo Comunale. Im Volksmund wird es jedoch **„Biscotteria"** genannt, weil in dem schon zu *Cosimos* Zeiten errichteten Lagerhaus (1559–61) lange Zeit eine Zwieback- und Brotbäckerei untergebracht war. Heute beherbergt das Gebäude das **Rathaus** *(municipio)* und die **Polizei.** Im Innenhof kann man einige **Gedenktafeln** mit Namen berühmter Personen entdecken, die mit Elba verbunden sind, etwa *Victor Hugo,* der hier einige Jahre seiner Kindheit verbrachte.

Stadt auch seine umfassende Privatbibliothek mit 40.000 Bänden hinterlassen; diese sind in der Biblioteca Foresiana zu bewundern.

MEIN TIPP: Centro De Laugier, Salita Napoleone, Tel. (0565) 937371; **Pinacoteca** geöffnet Di und Do 9–12 und 15–18 Uhr, Eintritt 3 €, Senioren und Kinder unter 12 Jahren 2 €; **Biblioteca** geöffnet Mo, Mi, Fr 9–12 Uhr, Di und Do 15–18 Uhr, Eintritt frei, Fotoausstellung Mo–Fr 9–13 Uhr, Eintritt frei.

⌂ Nicht nur für Napoleon-Fans sehenswert: die Stadtresidenz Villa dei Mulini

Duomo La Pieve

Gegenüber dem Rathaus, auf der anderen Seite der Piazza Repubblica, liegt der

Dom, Duomo La Pieve. **1549** ebenfalls unter den *Medici* erbaut, diente die einschiffige Kirche als Garnisons- und Pfarrkirche. Hier wurde der feierliche Gottesdienst bei der Ankunft *Napoleons* abgehalten. Die Kirche (der Name „Dom" ist fast etwas vermessen) hat im 18. und 19. Jh. einige An- und Umbauten erfahren und wurde Ende des letzten Jahrhunderts umfassend **renoviert.** Kunst- und bauhistorisch ist das Gotteshaus eher uninteressant, doch findet man hier immer einen Ort der Ruhe.

■ Die Kirche ist täglich bis weit in den Abend hinein geöffnet.

Piazza Cavour und Markthalle

Geht man weiter abwärts in Richtung Hafen, gelangt man auf die lang gezogene Piazza Cavour, das **Zentrum der Altstadt.** Nach links geht es zur Markthalle bzw. dem, was davon noch geblieben ist. Ursprünglich „Le Galeazze" oder „Arsenali" genannt, weil in dem 1575 errichteten Gebäude **Kriegsschiffe** bzw. Materialien zum Bau ebensolcher lagerten. Hier war einst das belebte Zentrum von Portoferraio. Um die Hallen siedelten sich verschiedene Geschäfte und Handwerksbetriebe an. Im Laufe der Zeit verfiel die Halle leider. Zwar hat man sie erneuert, ihre Bedeutung als Treffpunkt hat sie jedoch schon längst verloren, denn mittlerweile gibt es die großen Super- und Wochenmärkte. Der Spar-Markt und die wenigen Händler, die ihr Glück noch in der alten Markthalle versuchen, können die Weite der leeren Räume leider nicht füllen.

Hafen Darsena und Porta al Mare

Belebter geht es am Hafen Darsena zu. Genau in der Mitte befindet sich die Porta al Mare von 1549, das Gegenstück zur Porta a Terra und damals die einzige Verbindung zwischen Stadt und Hafen. Eine Gedenktafel neben dem Durchgang erinnert an *Cosimo De'Medici.* Anstelle der heute über dem Torbogen angebrachten Uhr prangten dort einst die Wappen der jeweiligen Stadtherren, die heute in San Martino zu bewundern sind.

La Linguella und Torre del Martello

Ganz links im Hafen ragt La Linguella, das „Zünglein", ins Meer hinaus. Von der einstigen Festung, die mit Forte Falcone und Forte Stella zum Befestigungskonzept der *Medici* gehörte, zeugt heute nur noch der achteckige Torre del Martello, der **„Hammerturm".** Im Volksmund wird er auch „Torre di Passanante" genannt. **Giovanni Passanante** war der Attentäter, der 1878 versuchte, König *Umberto I.* zu töten. Für seine Tat bekam er lebenslänglich. Die ersten zehn Jahre seiner Haft verbüßte er in Dunkelheit und Feuchtigkeit im Torre del Martello, in einem Verlies unterhalb des Meeresspiegels und angebunden an eine 18 kg schwere Kette. Es heißt, die heimkommenden Fischer konnten jede Nacht seine Schreie hören. Er wurde dann in ein Irrenhaus auf das italienische Festland gebracht, wo er sich 1910 das Leben nahm.

▷ Forte Stella mit Leuchtturm

1

Bevor der Torre del Martello jedoch ein Gefängnis wurde, wurde er lange als **Salzlager** für die Erträge aus den Salinen (s. „Ausflüge in die Umgebung, Terme San Giovanni") genutzt. In dem ehemaligen Salzmagazin ist seit 1998 das **Museo Archeologico della Linguella** unter-

gebracht. Bei Restaurierungsarbeiten der Fortezza La Linguella, von der ein großer Teil im Zweiten Weltkrieg zerstört worden war, fand man Reste einer römischen Villa aus dem 1. Jh. v. Chr. Gemeinsam mit den Funden von Le Grotte, einer weiteren römischen Villa auf Elba (s. „Ausflüge in die Umgebung, Villa Romana Le Grotte") bilden die Ausgrabungen die Grundlage für eine sehr spezialisierte archäologische Ausstellung zum vorchristlichen Leben auf Elba. Neben Funden aus den römischen Villen sind auch andere Artefakte aus römischer und etruskischer Zeit zu besichtigen, die man an verschiedenen Orten auf Elba und vor der Küste entdeckt hat. So zum Beispiel die Weinamphoren von einem römischen Schiff, das vor der Küste bei

⌂ Der kleine Hafen Darsena ist bei Wassersport-Urlaubern sehr beliebt

Sant'Andrea gesunken ist, oder Reste von etruskischen Hochöfen. Leider sind die Beschriftungen alle auf Italienisch.

■ **Museo Archeologico della Linguella,** Calata Buccari, Tel. (0565) 917338, www.marinadiporto ferraio.it; geöffnet von April bis Oktober Fr–Mi 10–13 und 15.30–19 Uhr, im Sommer tgl. 9.30–12 und 18–23 Uhr; Eintritt 3 €, Senioren und Kinder unter 12 Jahren frei.

Praktische Tipps

Anreise

Portoferraio ist der **Hauptverkehrsknotenpunkt** der Insel und sehr gut mit den öffentlichen Verkehrsmitteln zu erreichen. Hier legen alle **Fähren** an und ab, ebenso ist hier der Umsteigepunkt für alle Busreisenden vom Westen in den Süden oder Osten bzw. umgekehrt.

■ Der **Busbahnhof** befindet sich an der Ecke Viale Elba/Calata Italia. Dort hängen auch die aktuellen Fahrpläne aus (s. „Reisetipps A–Z, Verkehrsmittel") Achtung: **Nach 20 Uhr** fahren kaum noch Busse!
■ Das Auto kann man auf dem großen **Parkplatz** am Hafen, am COOP oder in einer der Straßen im neuen Teil der Stadt geparkt werden.

Information

■ **A.P.T** (*Azienda per il Turismo dell'Arcipelago Toscano*), Viale Elba 4, am Busbahnhof, Tel. (0565) 914671, www.aptelba.it (auch auf Deutsch); geöffnet Mo–Sa 9–19 Uhr, So 10–13 und 15–18 Uhr, im Winter an Sonn- und Feiertagen geschlossen; Sprachen: Englisch, Französisch, Deutsch. Hier gibt's ein Hotelverzeichnis bzw. Hinweise, an welche Agenturen man sich bei der Unterkunftssuche wenden

kann, sowie eine Übersicht zu aktuellen Öffnungszeiten aller Museen auf Elba sowie eine Liste mit allen wichtigen Adressen; auch Verleih- (Autos, Motorräder, Vespas und Fahrräder) und Bootsservice.

Nützliche Adressen

■ In der Nähe des Busbahnhofs und in der Altstadt befinden sich mehrere **Banken mit Automaten,** die Maestro-(EC-)Karten akzeptieren; allgemeine Öffnungszeiten: Mo–Fr 8.20–12.30 Uhr, einige auch am Nachmittag.
■ Die **Hauptpost** liegt außerhalb der Altstadt in der Via Manganaro 7; geöffnet Mo–Fr 8.15–12.30 und 16–19 Uhr, Sa 8.30–12.30 Uhr.
■ Ein **Internetcafé** gibt es u.a. in der Bar/Trattoria Da Ciro am neuen Hafen, Via Vittorio Emanuele II. 14, Tel. (0565) 919000; geöffnet tägl. 8–20 Uhr, 15 Min. kosten 1,50 €, 30 Min. 3 €, 1 Std. 5 €.
■ Das **Hafenamt,** die Capitaneria del Porto, befindet sich in der Calata Buccari (beim Torre del Martello), Tel. (0565) 914000.

Unterkunft

■ **Hotel Villa Padulella**④, Via Einaude 1, Loc. Padulella, Tel. (0565) 914742, www.hotelvillapadulel la.it. Gut ausgestattete Zimmer in einem Hotel mit Panoramablick im Norden von Portoferraio, ganzjährig geöffnet.
■ **Hotel Acquamarina**⑤, Loc. Padulella, Tel. (0565) 914057, www.hotelaquamarina.it. 36 Zimmer (teils mit Balkon) in einem alten und gediegenen Hotel mit Garten und Spielplatz über dem Meer; reichhaltiges Frühstücksbuffet. Und über allem schweben die Möwen.
■ **Hotel Villa Ombrosa**④, Via Alcide De Gasperi 3, Tel. (0565) 914363, www.villaombrosa.it. 42 hell eingerichtete Zimmer, Garten und Terrasse, behindertenfreundlicher Zugang, im Sommer nur mit Halbpension, ganzjährig geöffnet.

1

■**Hotel Ape Elbana**④, Salita Cosimo De'Medici, Tel. (0565) 914245, www.ape-elbana.it. Kleines, sehr einfaches Hotel mitten im historischen Zentrum von Portoferraio, das über ein gutes Restaurant verfügt; 24 Zimmer in hohen Räumen. Ganzjährig geöffnet.

■**Hotel Le Ghiaie**②, Loc. Le Ghiaie, Tel. (0565) 915178. Hotel mit 22 Zimmern und Sonnenterrasse direkt am Strand von Le Ghiaie, einfach und zweckmäßig; eine Bar und Spaghetteria sind angeschlossen. In der Hochsaison geht es hier sehr laut zu.

■**B&B Porta di Mare**④, Piazza Cavour 34, mobil 328-8261441, www.bebportadelmarelba.com. B&B mit 3 angenehm eingerichteten Zimmern, eines davon mit externem Bad, direkt im Zentrum an der Porta del Mare. Ideal für einen Kurzaufenthalt.

■**A Casa di Enrico**③, Via Telemaco Signorini 7, mobil 333-4118376. Am westlichen Stadtrand von Portoferraio und schon im Grünen gelegenes B&B. Die Zimmer sind modern eingerichtet, es gibt einen Garten und Parkplätze, zum Meer sind es allerdings einige Meter.

MEIN TIPP: **Hotel/Pension Le Stanze del Casale**④, Loc. San Giovanni 99, Tel. (0565) 944340, mobil 335-7030655, www.lestanzedelcasale.com. B & B an der Straße zwischen Portoferrraio und Magazzini, vier mit viel Liebe und Geschmack eingerichtete Zimmer in einem alten Herrenhaus inmitten von Weinbergen, 80 Meter von der Straße entfernt, leider nur mit dem Auto zu erreichen; auf Wunsch auch Abendessen.

Camping

■**Rosselba le Palme,** Località Ottone 3, Tel. (0565) 933101, www.rosselbalepalme.it. Modernes Campingdorf ca. 20 Autominuten von Portoferraio; die Ausstattung reicht vom Supermarkt, diversen Läden, Bars und Restaurants bis hin zur großen Poollandschaft, eingebettet in den Palmengarten von Ottone. 5–15,50 € p.P., 4–18,50 € pro Zelt, Wohnanhänger (-mobile) 6–22,50 € pro Tag.

Essen und Trinken

■**Pizzeria Il Castagnacciaio,** Via del Mercato Vecchio, Tel. (0565) 915845; geöffnet tägl. 9–14.30 und 16.30–23 Uhr, Mi Ruhetag. Fantastische Pizza, außerdem Kastanien- und Kichererbsenkuchen; außerdem bemerkenswerte Sammlung von Fotografien vom Thunfischfang in Enfola.

■**Osteria Libertaria,** Calata Matteotti 12, Tel. (0565) 914978; geöffnet tägl. 12–15 und 19–23 Uhr. Wunderbares kleines Lokal fast am Ende der Hafenpromenade, hier kann man eine *stoccafissata elbana* bekommen (nur auf Vorbestellung), eine Art Gulasch aus Stockfisch, schwarzen Oliven, Pinien und Kartoffeln.

MEIN TIPP: **La Barca,** Via F. Guerrazzi 60-62, Tel. (0565) 91 80 36, mittags und abends, Di–Sa. Das angeblich älteste Lokal von Portoferraio liegt gleich hinter dem Lungomare an einer befahrenen Straße. Das sollte einen aber nicht vom Besuch abhalten, denn hier gibt es neben Pizza sehr guten Fisch zu essen, der teilweise auch im Pizzaofen zubereitet wird. Köstlich sind die *Antipasti al Mare* oder noch besser nach dem Fang des Tages fragen. Allerdings zahlt man hier auch etwas mehr als in einer Pizzeria, Menü 25–30 €.

■**Pizzeria und Osteria Il Buchino,** Via Corta 3, Tel. (0565) 914486; geöffnet tägl. 12–15 und 17–23 Uhr, Di Ruhetag. Kleine Pizzeria-Osteria zwischen zwei Häuser gequetscht; hier gibt es für jeden Geschmack etwas.

◁ Beliebtes Fotomotiv:
der Blick auf die Altstadt mit dem kleinen Hafen

1

052ejjc

■ **Osteria del Ponticello,** Via Carducci 29, Tel. (0565) 918120, www.elbaponticello.it; geöffnet tägl. 12–15 und 19–23 Uhr, Do Ruhetag. Typische Osteria, die neben guten Pastagerichten und frischem Fisch auch Pizza anbietet, Hauswein schon ab 2 €.

■ **Restaurant Ape Elbana,** Salita Cosimo De'Medici, Tel. (0565) 914245; geöffnet tägl. 12–14.30 und 19–22 Uhr. Restaurant im historischen Stadtzentrum von Portoferraio mit Pizza ab 6 € und Primo ab 5 € und verschiedenen Menüs, je nach Geldbeutel.

■ **Bar Roma,** Piazza Cavour 12/15. Hier treffen sich Einheimische und Touristen; guter Ort für Morgenkaffee, sehr gute Dolci, auch belegte Brötchen, Wintergarten zum Lungomare hin.

■ **Gelateria Cronos,** Piazza Cavour 30, tgl. ab ca. 10 Uhr und gutem Wetter. Leckeres Eis zum üblichen Preis in vielerlei Geschmacksrichtungen.

Einkaufen

Im historischen Zentrum wie in der Neustadt gibt es viele Läden, in denen man alles Notwendige bekommt.

■ Ein großer **COOP-Supermarkt** liegt stadtauswärts an der Viale Tesei; geöffnet Mo–Sa 8–20, So 8.30–13 Uhr.

■ Jeden **Freitag** findet auf dem großen Parkplatz zwischen COOP und Busbahnhof (Viale Ilario Zambelli) von 8–13 Uhr der **Inselmarkt** statt. Hier wird neben Lebensmitteln auch das eine oder andere Schnäppchen angeboten.

■ Am alten Hafen Darsena gibt es einen **Buchladen** *(liberia),* der auch deutschsprachige Bücher führt.

Feste

■ Zu Ehren des Ortsheiligen **San Cristino** findet jährlich am 29. September eine feierliche **Prozession** durch die Altstadt statt.

■ Jedes Jahr am 5. Mai wird in der Chiesa della Misericordia ein **Gedenkgottesdienst für Napoleon** gehalten.

■ Anfang September findet auf Elba das zweiwöchige Musikfestival **„Festival Elba Isola Musicale d'Europa"** statt. Die Klassik-, Jazz- und auch Tanzveranstaltungen finden hauptsächlich in Portoferraio statt. Informationen gibt es unter www.aptelba.it.

Kino

■ **Cinema Cosmopoli,** Salita Napoleone, mobil 347-9071843, Mi/Do geschlossen. Es ist das einzige Kino auf Elba, das ganzjährig geöffnet ist. Im Sommer findet es im Freien bei der Linguella vor der Kulisse des alten Hafens von Portoferraio statt.

Bootstouren

Angebot und Preise variieren von Jahr zu Jahr. Es ist empfehlenswert, sich Informationen bzw. eine Übersicht bei der **Touristeninformation** zu holen.

■ Fahrt nach **Capraia** mit *Acquavision,* bisher immer Fr, Abfahrt 9.30 Uhr, mit Stopp in Marciana Marina 11.30 Uhr auf Capraia, zurück 16.30 Uhr, insgesamt 5 Std. auf der Insel, 30 €, nur mit telefonischer Reservierung und ab einer bestimmten Gruppenstärke; Tel. (0565) 976022, mobil 328-7095470.

Fahrzeugvermietung

■ **TWN,** am Busbahnhof am Hafen, Tel. (0565) 914 666, mobil 329-2736412, www.twn-rent.it; geöff-

◁ Eine Eidechse lässt sich die Frucht einer Kaktusfeige schmecken

1

net tägl. 8.30–14.30 und 15.30–19.30 Uhr. Fahrräder ab 10 €, Scooter ab 28 €, Autos ab 46 €.

■**Rental,** Piazza Marinai d'Italia 9, Tel. (0565) 918883, mobil 338-7597181, www.elbaservicerental.com. Fahrräder ab 10 €, Mopeds ab 18 € und Autos ab 35 € pro Tag.

Strände im Stadtgebiet Portoferraio

Le Viste

In der Altstadt gibt es den kleinen Strand Le Viste am Fuße der Festungsanlagen. Er ist über einen Fußweg links der Villa dei Mulini zu erreichen und besteht aus Sand und Kiesel.

■**Service:** Gastronomie

Le Ghiaie

Auch Le Ghiaie (Kies) ist gut zu Fuß zu erreichen und für Rollstuhlfahrer geeignet. Der breite Kies- und Kieselstrand befindet sich an der Nordküste Portoferraios gleich unterhalb des gleichnamigen Parks. An der oberhalb verlaufenden Straße gibt es Bars, Lokale und auch einige Hotels.

■**Service:** Parkplatz, Verleih von Liegestühlen und Sonnenschirmen, Wassersportangebote, Gastronomie, Unterkunft

Cala dei Frati

Über einen nicht ganz einfachen Fußweg die Steilküste entlang gelangt man von Le Ghiaie in Richtung Westen zu dem ebenfalls aus weißen feinen Kieseln bestehenden Strand Cala dei Frati, der selten überfüllt ist.

■**Service:** keine Einrichtungen

Padulella

Noch weiter westlich führen von der Via Einaudi zwei Wege (einmal an einer Straßenschranke abwärts und noch etwas weiter vom Parkplatz am Capo Bianco) zum Strand von Padulella. Der Kieselstrand ist nicht ganz so breit wie Le Ghiaie, aber ebenso weiß.

■**Service:** Parkplatz, Verleih von Liegestühlen und Sonnenschirmen, Wassersport, Gastronomie

Alle vier genannten Strände liegen in einer absoluten **Wasserschutzzone,** in der das Fischen und Angeln verboten ist. Aus diesem Grunde kann man beim Schnorcheln einiges entdecken. Das strahlend weiße Euritgestein, aus dem die Strände bestehen, betont das Türkis des Meeres noch mehr als an anderen Stränden Elbas.

Strände in der Umgebung

Capo Bianco, Sotto Bomba, Acquaviva

Fährt man die Via Einaudi noch weiter in Richtung Westen zum Capo d'Enfola, gelangt man zu weiteren sehr weißen Stränden wie Capo Bianco, Sotto Bomba (ein Fußweg beim Schild Spiaggia) oder

Acquaviva. Meist gibt es dort auch (gebührenpflichtige) Parkplätze.

■ **Service:** Parkplatz, Verleih von Liegestühlen und Sonnenschirmen, Wassersport, Gastronomie

Ausflüge in die Umgebung

San Martino und Villa Demidoff

Für alle, die sich für das Leben *Napoleons* auf Elba interessieren, gehört die **Sommerresidenz** Villa San Martino, etwa 6 km außerhalb gelegen, zum Pflichtprogramm. Viele Besucher halten das größere Anwesen mit imposanter Auffahrt und Säulengang für die Sommerresidenz. Dieser kleine Palast ist jedoch die Villa Demidoff. Darüber, kaum zu sehen, liegt die eigentliche, dagegen sehr schlicht wirkende Residenz.

Napoleon hatte es sich zur Angewohnheit gemacht, einmal täglich einen scharfen Ausritt zu unternehmen. Im August 1814 kam er dabei auch in das schattige Tal von San Martino und war begeistert von der Lage, dem Klima und der Aussicht. Für 180.000 Franc kaufte er das Grundstück und ließ sich auf den Grundmauern eines alten Bauernhauses seine Sommerresidenz errichten.

Die **untere Etage** der Villa San Martino, u.a. mit Küche und Bad, ist **nicht zu besichtigen.** Mit viel Glück sind die Fensterläden des Bades und der Küche geöffnet, und man kann u.a. Wanne und Kamin sowie einige Wandmalereien betrachten. An die Wände seines Badezimmers soll *Napoleon* eigenhändig die Worte „Ubicumque Felix Napoleo" („Napoleon ist überall glücklich") geschrieben haben, was wie eine Trotzreaktion auf sein Exil klingt. Bei Restaurierungsarbeiten ist jedoch festgestellt worden, dass diese Worte erst viel später geschrieben wurden, da die Farbschicht jüngeren Datums ist.

Im **Obergeschoss** befinden sich neben dem Vor-, Schlaf- und Studierzimmer das Beratungszimmer *Napoleons* und der Ägyptische Saal. Hier ist der glorreiche Ägyptenfeldzug *Napoleons* dargestellt, wie in der Villa dei Mulini hat man auch hier den Trompe-l'œil-Stil verwendet. Der Saal wird auch „Sala delle Colombe" („Saal der Tauben") genannt, denn hier befindet sich der **„Liebesknoten",** *nodo d'amore. Napoleon,* der diese Sommerfrische auch in Erwartung der Ankunft seiner Frau, der Kaiserin *Marie-Louise,* und seines Sohnes hatte erbauen lassen, ließ zum Zeichen ihrer Liebe zwei Tauben an die Decke malen, von denen jede das Ende eines Knotens im Schnabel hält: der Liebesknoten, der umso fester wird, je weiter sie auseinanderfliegen. Seine Frau kam jedoch nie nach Elba, und *Napoleon* sollte weder sie noch seinen Sohn jemals wiedersehen.

Wirklich schön ist der **Ausblick,** den man von der Villa San Martino auf die Bucht von Portoferraio und die Stadt selbst hat. Damals gab es vor dem Haus nur einen kleinen Garten, heute eine große Terrasse, auf deren Balustrade Adler, *Napoleons* Symbol, prangen. Die Terrasse ist das Dach der darunter liegenden **Villa Demidoff,** die zwischen 1851 und 1859 erbaut wurde.

1

Im neoklassizistischen Stil erbaut: Villa Demidoff

Anatole Demidoff war ein russischer Adliger und glühender Verehrer *Napoleons*. Er heiratete *Mathilde Bonaparte,* Tochter von *Jerome Bonaparte* und damit eine Nichte *Napoleons*. Die Ehe hielt nur sechs Jahre, doch das tat seiner Bewunderung für den Kaiser keinen Abbruch. *Demidoff* erwarb 1851 das gesamte Areal der Sommerresidenz und ließ zu Ehren *Napoleons* einen **Palast im neoklassizistischen Stil** bauen. Er verwendete nahezu sein gesamtes Vermögen für Möbel, Bilder, Schriftstücke, Gegenstände und Schmuck, die mit *Napoleons* Leben zu tun hatten. Diese Sammlung wurde in der neuen Villa ausgestellt. Nach *Demidoffs* Tod 1870 verkauften seine Erben jedoch alles, und so sind die Stücke heute in alle Winde zerstreut.

Seit 1932 ist die Villa Demidoff im Besitz des italienischen Staates. Heute wird die **Galerie** der Villa für klassische Konzerte, festliche Anlässe und Ausstellungen genutzt. In der ständigen **Ausstellung** befinden sich Bilder und Kupferstiche, die Szenen aus dem Leben *Napoleons* darstellen, wie etwa die Schlacht bei Waterloo. Glanzstück der Ausstellung ist jedoch die weiße **Marmorbüste der Galatea,** die vermutlich von *Antonio Canova* (1757–1822) stammt. *Napoleons* schöne Schwester *Paolina* soll ihm dafür Modell gesessen haben.

053el js

Essen und Trinken/Einkaufen

■Auf dem Weg hoch zur Villa Demidoff und San Martino gibt es einige **Bars** und **Souvenirstände.**

> ### Wanderung von San Martino über den Monte Tambone nach Marina di Campo
>
> ■**Ausgangspunkt:** San Martino
> ■**Endpunkt:** Strand von Marina di Campo
> ■**Schwierigkeitsgrad:** mittelschwer
> ■**Gehzeit:** 4½ Std.
> ■**Höhenmeter:** + 300 m/- 370 m
> ■**Wegbeschaffenheit:** etwas Fahrstraße, ausgewaschene Rinnen, überwiegend jedoch Wald- und breite Fahrwege, zum großen Teil in praller Sonne
> ■**Ausrüstung:** feste Wanderschuhe, mind. 1 l Wasser, Proviant, Sonnenschutz und Kopfbedeckung, evtl. Badesachen für den Strand in Marina di Campo

■**Villa San Martino,** Tel. (0565) 914688; geöffnet Di–So 9–19 Uhr, feiertags 9–13 Uhr; Eintritt 3 €, Senioren u. Kinder frei, Kombiticket Villa dei Mulini und San Martino 6 €, ermäßigt 4,50 €, die Tickets sind 3 Tage gültig (s.a. Villa dei Mulini/Portoferraio).

Anreise

■Mit dem **eigenen Fahrzeug** fährt man von Portoferraio aus in **Richtung Biodola/Procchio,** nach ca. 4 km zweigt links die kleine ausgeschilderte Straße nach San Martino ab. Dort gibt es einen großen, in der Saison kostenpflichtigen Parkplatz (2 €).
■Von Portoferraio fährt der **Stadtbus Linea 1** etwa stündlich vom Busbahnhof nach San Martino; pro Strecke 1 €, ca. 30 Min. Fahrzeit, wenn der Bus über den Stadtteil San Giovanni fährt, sonst 15 Min.

In San Martino geht man rechts von dem großen Hotel (meist geschlossen) gegenüber den Souvenirläden die Privatstraße hinauf. Diese macht einen leichten Bogen nach links, dann nach rechts, und an einer Mauer biegt man nach rechts in den rot-weiß markierten **Wanderweg Nr. 45** ab (etwa 4 Min. bis hierher). Es geht stetig hinauf, anfangs in der Sonne, dann durch schattigen Wald. Kurz nachdem der Weg eben wird, gelangt man auf eine breite Schneise (**Wanderweg Nr. 48,** etwa 40 Min.), die öfter von Mountainbikern befahren wird. Diese geht man nach **links** hinauf. Unterwegs bieten sich immer wieder schöne Ausblicke

1

Wanderung San Martino–Marina di Campo

ElbaW01

0 ▬▬▬▬▬▬ 1km

© Reise Know-How 2014

37 San Martino
16 Portoferraio
W45

Parco Nazionale Arcipelago Toscano

M. Pericoli 325

W45

W48
▲ 330

M. Barbatoia 360

W65 **GTE**
M. S. Martino 365

99 Ortsbeschreibung auf Seite 99

99 Ortsbeschreibung auf Seite 99, mit Stadtplan

▲ 309

Parkgrenze

W44
GTE

▲ 327

F.so Tombino

F.so Stagnolo

F.so Caubbio

108 Lacona

W48

281 ▲

Parkgrenze

Valle di Filetto

Serra del Literno 238

♦ Fonte Marcianese

M. Tambone 377 ▲
W48
W48

M. Pagliece 291 ▲

Valle di Segagnana

Bonalaccia

Parkgrenze

Rio Tambone

W47

Parkgrenze

59 Procchio

Spiaggia di Fonza

Punta di Nercio

✈

1

Spiaggia di Marina di Campo

134 Cavoli
112
Marina di Campo

■ **Übernachtung**
1 Camping La Foce

auf Portoferraio. Nach einigen Minuten führt der Weg wieder nach **links in den Wald** und später wieder kurz über die Schneise und erneut durch ein kleines Waldstück. Danach gelangt man auf eine große **Kreuzung,** an der sich mehrere Wege treffen. Von hier aus folgt man auf dem breiten Fahrweg dem **GTE (Grande Traversata Elbana)** ein Stück, bis dieser an einer Steinmauer nach rechts unten abbiegt **(GTE 44).** Hier folgt man nicht dem Weg geradeaus (Nr. 7), sondern nimmt den linken, ebenfalls breiten Weg **(Nr. 48).** Der alte, mit spitzen Steinen gepflasterte Karrenweg führt direkt auf einen **Parkplatz mit Tischen und Bänken** an einer Straße. Auf der gegenüberliegenden Straßenseite, etwas nach rechts versetzt, führt der Weg weiter hinauf. Zwischendurch geht es auch ein Stück bergab, der Weg wird immer schmaler und führt zum Teil durch ausgewaschene Rinnen. Hier kann es etwas rutschig sein.

Angelangt auf dem **Monte Tambone** (Masten), hat man eine wunderbare Aussicht in alle Richtungen. Bei guter Sicht sind neben Pianosa, Montecristo und Giglio im Süden ein Teil Korsikas im Westen, Capraia im Nordwesten und das Festland im Osten zu erkennen.

Folgt man vom Monte Tambone dem breiten Weg hinunter, geht nach wenigen Minuten an einem Strommast Wanderweg **Nr. 47** nach rechts ab. Diesem breiten Fahrweg folgt man (gut 1 Std.), bis man an die **asphaltierte Straße** kommt. Diese geht man ein kurzes Stück nach links und sieht auch gleich links einen Weg unter Eukalyptusbäumen entlang führen. Auf diesem Weg gelangt man direkt auf die kleine Zufahrtsstraße zum **Campingplatz La Foce,** die nach links

zum Meer führt. Dort gibt es eine Bar mit Eisdiele und natürlich das Meer zum Erfrischen.

Museo Italo Bolano

An der Straße von Portoferraio nach San Martino gibt es eine ausgeschilderte Abzweigung, die zum **Giardino dell'Arte** (Garten der Kunst) des elbanischen Künstlers *Italo Bolano* führt. Der 1936 in Portoferraio geborene *Bolano* beschäftigt sich sowohl mit Malerei als auch mit Keramik, Glas und Plastiken. Seine Arbeiten sind inspiriert von Künstlern wie *Pablo Picasso, Paul Klee, Wassily Kandinsky* und der mediterranen Landschaft, besonders aber von seiner **Heimat Elba.** Diese starke **Verbundenheit** will *Bolano* unter anderem durch seinen 1993 eröffneten Giardino dell'Arte demonstrieren. Schon 1964 hatte er an derselben Stelle einen Ort geschaffen, um zumindest einen Teil seiner Heimatlandschaft zu erhalten. Seitdem entsteht hier Kunst zum Anfassen. Was ihn in seiner Arbeit immer interessierte, ist die **Symbiose zwischen Kunst und Natur.** Und so findet man im Museo Italo Bolano verschiedene Skulpturen inmitten des Gartens.

Bolanos größtenteils abstrakte Werke sind aber nicht nur in seinem Freilichtmuseum zu bewundern, sondern sie sind auch **Bestandteil verschiedener Stadtlandschaften** wie beispielsweise in Porto Azzurro oder Capoliveri. Meist sind die Keramiken schon an ihrer Größe und den strahlenden Farben zu erkennen.

Italo Bolano, der in Florenz lebt, kann man mit etwas Glück im Sommer in seinem Garten der Kunst treffen, wo er gelegentlich zu Gesprächen einlädt. Man kann sich aber auch einfach nur umschauen oder eine seine Arbeiten erwerben. Im Sommer werden außerdem **Kurse** angeboten. So gibt es seit 2013 einen Raku-Kurs (eine aus dem 16. Jh. aus Japan stammende Technik), bei dem eine Tonschale zur Verfügung gestellt wird, die bemalt oder dekoriert werden kann, bevor sie dann bei ca. 1000 Grad gebrannt wird. Hernach wird die Schale ins Wasser getaucht und poliert.

Anreise: s. „San Martino".

■ **Informationen** bei: *Italo Bolano,* Tel. (0565) 914570, mobil 347-6434610 oder 338-6996406 (für Raku), www.italobolano.com; Museo geöffnet von Juni bis September tägl. 10–12.30 und 16–19 Uhr; Eintritt frei.

Terme San Giovanni

Zu den vielen Erholungsmöglichkeiten auf Elba gehört seit dem Jahr 1963 auch die Terme San Giovanni. Hier werden **Kuren** zur Heilung von Hautkrankheiten und Arthritis sowie Behandlungen von Rheumatismus, Arthrose, Gelenk- und Nervenentzündungen angeboten.

Bereits 1555 ließen die *Medici* auf diesem Areal mehrere **Salinen** anlegen, die bis Ende des 19. Jh. genutzt wurden und sich am Ende über ein Gebiet von ca. 34 ha erstreckten. Nach Schließung der Salinen wurde 1901 an dieser Stelle die neue Hochofenanlage errichtet, die ihre **Schlacken** auf den alten Salinenfeldern ablagerte. Nach den Zerstörungen des Zweiten Weltkrieges wurde das Gebiet einfaches Weideland. Ein Bauer, der gesundheitlich angeschlagene Pferde auf dem Festland erwarb, um sie auf Elba zu verkaufen, ließ diese hier weiden, und wie durch ein Wunder genasen sie von Knochen- und anderen Leiden. Eine Untersuchung ergab, dass durch die Kombination von organischen Komponenten mit den abgelagerten Eisenrückständen und biologischem Schwefelsulfat ein besonderer **Heilschlamm** entstanden war.

■ **Terme San Giovanni,** Tel. (0565) 914680, www.termelbane.com (auch auf Deutsch); geöffnet von Mitte April bis Ende Oktober Mo–Fr 9–12.30 und 16–18.30 Uhr, Sa 9–12.30 Uhr; Behandlungen ab 10 € für ein Salzjodbad bis 50 € für Peeling inkl. Hydromassage. In jedem Falle sollte man telefonisch einen Termin vereinbaren (auf Englisch). Es besteht auch die Möglichkeit, ganze Pakete oder Kuren zu buchen; bei einem Kuraufenthalt wird bei der Vermittlung von Unterkünften geholfen. Seit 2011 gibt es eine eigene, zertifizierte Kosmetikserie mit Duschbad, Bodylotion, Badezusätzen etc.

Anreise

■ Mit dem **eigenen Fahrzeug** fährt man von Portoferraio in **Richtung Capoliveri/Porto Azzurro.** Schon von Weitem ist auf der linken Seite die Eukalyptus-Allee zu sehen, an der sich die ausgeschilderte Einfahrt zur Therme befindet.
■ Vom Busbahnhof in Portoferraio fahren im Stundentakt **Stadtbusse der Linea 2** nach San Giovanni; pro Fahrt 1 €.

Villa Romana Le Grotte

Fährt man weiter auf der Straße von Portoferraio nach Porto Azzurro/Capoliveri, erscheint zur Linken ein weites flaches Areal mit einigen Mauerresten, das auf einer kleinen Landspitze endet. Es handelt sich um die wohl bekannteste **Ausgrabung aus römischer Zeit,** die Villa Romana Le Grotte. Der Name „Le Grotte" stammt von den vielen in den Fels gehauenen Räumen, die wahrscheinlich als Lager- und Wohnräume für das Personal dienten. Bei Ausgrabungen zwischen 1960 und 1972 legte man eine komplexe Anlage frei, die zwischen dem 1. Jh. v. und dem 1. Jh. n. Chr. bewohnt war. Einst von einem großen Garten umgeben, erstreckte sie sich bis zum Meer, wo der Garten in Stufen zu einer Anlegestelle abfiel. Zentrum der Residenz war das von einem Säulengang umgebene **Schwimmbecken** mit einem zur Meerseite hin offenen Saal. Noch heute sind Reste der Leitungen und Kammern zur Erwärmung des Wassers zu erkennen.

Für den Bau hat man zwei verschiedene auf Elba vorkommende **Gesteine** ver-

wendet: dunkelgrünen Serpentit und grau-weißen, feinkörnigen Kalk, die in ihrer Anordnung eine besonders schöne Musterung ergeben. Man vermutet, dass die Anlage dem damaligen Präfekten *Publius Acilius Attianus* als Sommerresidenz diente.

Eine gute Zeit für einen Besuch wäre der **frühe Morgen oder der späte Nachmittag.** Dann sind hier weniger Besucher anzutreffen. Und warum hier nicht den Tag mit einem Picknick beschließen und dabei den Blick schweifen lassen? Über Stadt und Bucht von Portoferraio, das offene Meer mit den ein- und auslaufenden weißen Fähren, die Burg Volterraio zur Rechten ... Doch leider, leider

⌄ Blick von der Villa Romana auf Portoferraio

059el hk

liegt das gesamte Areal seit 2012 hinter einem stets geschlossen Tor und verschwindet seither unter wild wucherndem Grün. Schade!

■ **Villa Romana Le Grotte,** geöffnet April bis September tägl. 8–20 Uhr; Eintritt 1 €.

Anreise

■ Für diesen Ausflug ist ein **eigenes Fahrzeug** von Vorteil. Es besteht auch die Möglichkeit, den öffentlichen **Bus** auf der Strecke zwischen Portoferraio und Porto Azzurro/Capoliveri zu nehmen und dem Busfahrer Bescheid zu sagen. Diese Variante ist allerdings etwas kompliziert; eine Strecke kostet ca. 1,50 €.

Wein/Unterkunft

🦋 Vor wenigen Jahren hat unweit der Straße nach Bagnaia das **Weingut Montefabrello** seine Pforten für die Öffentlichkeit geöffnet. In dritter Generation geführt, bemüht man sich um einen traditionellen und biologisch-organischen Weinanbau. Der Erfolg gibt dem eingeschlagenen Weg Recht, denn die Montefabrello-Weine haben sich einen Namen unter den Inseltropfen gemacht, allen voran der *Aleatico,* der von so manchem Einheimischen als der beste auf Elba gehandelt wird. Angeschlossen an den Agriturismo ist ein **B&B,** und man kann hier sowohl Weine verkosten und Olivenöl erwerben als auch landestypisch zu Abend essen (auf Vorbestellung). *Azienda Agricola Biologica Montefabbrello,* Loc. Schiopparello 30, Tel. (0565) 940020, mobil 339 8296298, www.montefabbrello.it, Mai–Okt. tägl. 9–12.30 und 16–19, Nov.–April 9–12.30 und 14–19 Uhr (außerhalb der Saison empfiehlt es sich, vorab anzurufen).

La Chiusa

Fährt man von der Villa Romana weiter nach Osten, kommt nach einer Weile die Abzweigung nach Bagnaia und Magazzini. An dieser Landstraße liegt, nur wenige Meter vom Meer entfernt, das wohl bekannteste, für viele auch das schönste **Weingut** von Elba: La Chiusa, „Die Eingeschlossene". Das 20 ha große Areal besteht seit Beginn des 18. Jh. und wurde von der adeligen Familie *Senno* angelegt. Diese errichtete die Weinkelterei, die Villa und die kleine Kapelle. *Napoleon* war im Mai 1814 hier, und bereits ein Jahr später weilte der nächste hohe Besuch auf dem Gut. Diesmal waren es die Minister der Heiligen Allianz, die den Auftrag hatten, das Großherzogtum Toskana an das Haus Habsburg-Lothringen zu übergeben. Mitte des 19. Jh. kaufte die toskanische Familie *Foresi* (s. „Portoferraio, Pinacoteca Foresiana") La Chiusa und widmete sich der Qualitätsverbesserung der Weine. Besonders der letzten Erbin, *Signora Giuliana Foresi,* die seit 1971 das Gut leitete, sind viele **D.O.C.-Prädikate** zu verdanken.

Jährlich werden etwa **40.000 Flaschen** der D.O.C.-Weine *Elba Bianco, Elba Rosso, Elba Rosato, Aleatico* und *Ansonica* (s. „Reisetipps A–Z, Essen und Trinken") produziert und verkauft, vor allem auf Elba und dem italienischen Festland. Neben Wein werden auch kleine Mengen **Olivenöl** hergestellt.

Auf Vorbestellung bietet das Gut lohnenswerte **Verkostungen** von Wein und Öl an, ein Angebot, das man unbedingt nutzen sollte. Eine weitere Annehmlichkeit von La Chiusa sind einige **Apartments** in idyllischer Lage, die man wochenweise mieten kann.

Mehr als 30 Jahre hat *Giuliana Foresi* das Weingut geleitet und geprägt, bis sie es 2003 der römischen Familie *Corradi* überließ. Diese hat einige bauliche Erneuerungen vorgenommen und führt das Gut erfolgreich weiter.

■ **La Chiusa,** Loc. Magazzini 93, Tel. (0565) 9330 46, www.tenutalachiusa.it (auch auf Deutsch); geöffnet in der Nebensaison Mo–Sa 8–12 Uhr, in der Hochsaison tägl. 8–12.30 und 16–20.30 Uhr. Man kann das Gut besichtigen und Weine verkosten bzw. kaufen. Auf Anfrage werden Weine auch versandt. Die Vermietung der Apartments ist telefonisch bzw. per Mail anzufragen; Preise ab 450 €/Woche aufwärts für ein Zwei-Personen-Apartment, ab 700 €/ Woche für ein Vier-Personen-Apartment; Bettwäsche, Endreinigung etc. inklusive.

Anreise

■ Auch hier ist man mit einem **eigenen Fahrzeug** besser beraten, denn der öffentliche **Bus** auf der Strecke zwischen Portoferraio und Bagnaia fährt nur zwei- bis fünfmal täglich. Man sollte dem Busfahrer Bescheid geben, wo man aussteigen möchte.

Magazzini

Folgt man der Straße von La Chiusa weiter in Richtung Bagnaia, gelangt man nach wenigen Minuten nach Magazzini. Der kleine Ort im westlichen Teil der Bucht von Portoferraio ist zum einen bekannt für seine **Segelschule** (s. „Reisetipps A–Z, Sport und Erholung"), zum anderen für die **Kirche Santo Stefano alle Trane.** Das kleine Gotteshaus in der Nähe des gleichnamigen ausgeschilderten Hotels ist sehr gut erhalten und wird heute noch für Messen genutzt. Das ist auch die einzige Chance, sich das Heiligtum mit seinen Blendbögen auf der Fassade, den figurengeschmückten Konsolen über den Türen und den kleinen Bögen der Apsis anzuschauen.

Dieser Ortsteil von Portoferraio verfügt auch über einen **Badestrand,** der von Booten genutzt wird, doch insgesamt nicht sehr einladend ist. Schöner ist es ein Stück weiter am Strand von Ottone. Anreise s. „La Chiusa".

Der Palmengarten von Ottone

Gleich hinter Magazzini an der Straße nach Bagnaia liegt Ottone. Der kleine Ort ist vor allem bekannt für seinen Palmengarten **Orto Botanico dell'Ottone.** Pflanzenfreunde können hier neben der bekannten Zwerg- und Dattelpalme auch die Honigpalme (*Jubaea chilensis*) aus Südamerika, die seltene Blaue Palme (*Encephalartos lehmanni*) und einen zwei Meter hohen Feigenkaktus (*Opuntia elata*) aus Nord- und Mittelamerika entdecken. Das 2 ha große Areal ist in verschiedene Bereiche eingeteilt. An der Rezeption kann man einen deutschsprachigen Führer erwerben, der Wissenswertes über die Verwendung der Pflanzen in ihren Herkunftsgebieten enthält (6 €). Die Anlage gehört zum Zeltplatz Rosselba le Palme oberhalb von Ottone (s. „Portoferraio, Praktische Tipps"). Anreise s. „La Chiusa".

■ **Orto Botanico dell'Ottone,** Eingang über den Campingplatz, Tel. (0565) 933101; geöffnet April bis September tägl. 9–13 und 15–19 Uhr; Eintritt 1,50 €, Kinder frei.

Bagnaia

Am Ende der kleinen Landstraße liegt Bagnaia. Einst wurde die Bucht von den Fischern genutzt, um hier ihre Boote aufs Land zu ziehen. Heute ist der Ort, was sein Name verspricht: ein Badeort (*bagno* bedeutet „Bad"). Erst mit der touristischen Entwicklung wurde die **schönste Badebucht** im großen Golf von Portoferraio entdeckt.

Anreise s. „La Chiusa".

Unterkunft

■**Hotel Villa Mare**④, Loc. Bagnaia, Tel. (0565) 961009, www.bagnaia.com (Deutsch), auf der anderen Seite der Bucht von Portoferraio, ca. 30 Min. Fahrzeit. Hotelanlage nur 50 m vom Meer mit gut ausgestatteten Zimmern, angeschlossen ist eine Apartmentanlage mit Ein-Zimmer-Apartments ab 200 € und Vier-Zimmer-Apartments ab 1100 € pro Woche.

■**La Feluca**③, Loc. Bagnaia, Tel. (0565) 961084, www.hotellafeluca.it (Englisch), ebenfalls auf der anderen Seite der Bucht von Portoferraio. Nettes und einfaches Hotel oberhalb des Strandes von Bagnaia, mit Pool und Sonnenschirmen, im August nur mit Halbpension.

Strand

Bagnaia

Oberhalb des Strandes entstanden zwei Feriensiedlungen, es gibt einige Läden und entlang der Promenade nette Bars und Lokale. Der Strand besteht aus kleinen Kieselsteinen, er ist auch für Rollstuhlfahrer geeignet. Hier hat eine weitere deutsche Segelschule (s. „Reisetipps A–Z, Sport und Erholung") ihre Basis.

■**Service:** Parkplatz, Verleih von Liegestühlen und Sonnenschirmen, Wassersportangebote, Gastronomie, Unterkunft

Volterraio

Im Osten, oberhalb der Bucht von Portoferraio, erhebt sich die **Burg** Volterraio (409 m ü. NN). Sie ist so etwas wie ein **Wahrzeichen** der Insel Elba. Nicht ohne Stolz wird immer wieder darauf hingewiesen, dass sie nie von Piraten eingenommen werden konnte. Von hier überblickt man sowohl die Bucht von Portoferraio und das offene Meer als auch den Kanal von Piombino.

In Sichtweite lag einst außerdem der **Wachturm Torre del Giove** zwischen Rio nell'Elba und Cavo, dessen Wächter bei Gefahr mittels Feuerzeichen informiert wurden. Dieses wurde dann sofort über den Turm auf der kleinen Insel Palmaiola an das Festland weitergegeben. Für die Bewohner im Osten der Insel war es die Warnung vor den Piraten und die Aufforderung, in die schützende Burg zu flüchten. Auch in Richtung

1

Westen wurde die Bevölkerung gewarnt, damals noch über die von den Pisanern errichtete Festung Luceri.

Es wird vermutet, dass schon die **Etrusker** am Standort der Burg Volterraio eine Siedlung errichteten. Im 11. Jh. bauten die Pisaner auf der Westseite des Felsens einen **Turm,** der 1281 in die eigentliche Festung integriert wurde und noch heute zu erkennen ist.

Von Weitem wirkt die Burg **sehr mächtig,** und erst wenn man davor steht, erkennt man die Täuschung. Der Architekt hatte geschickterweise die Zin-nen viel kleiner bauen lassen als üblich, wodurch sich diese optische Täuschung ergibt. Der einzige Zutritt erfolgte damals über eine heute verschwundene Zugbrücke. Ausgestattet war die Festung mit einer vierpfündigen Kanone, acht Steinschleudern sowie 24 Bögen, später kamen noch vier Gewehre hinzu. Wahrlich nicht viel, doch es reichte, um die Angreifer in Schach zu halten, bis Verstärkung vom Festland kam. Außerdem hatte man für den Belagerungsfall immer ausreichend Wasser und Zwieback eingelagert. In der Burg gab es keine Inein Ende hatte, wurde sie von Hirten als Unterstand genutzt und verfiel zusehends. Um sie vor weiterem und damit endgültigem Zerfall zu retten, kaufte der Parco Nazionale dell'Arcipelago die Ruine und begann mit ersten **Restaurierungsarbeiten.**

508el jc

Wanderung auf die Burg Volterraio

■ **Ausgangs-/Endpunkt:** Parkplatz an der Straße von Magazzini nach Rio nell'Elba
■ **Schwierigkeitsgrad:** mittelschwer, sehr viel Sonne
■ **Gehzeit:** 1 Std. 15 Min.
■ **Höhenmeter:** +/-120 m
■ **Wegbeschaffenheit:** gut sichtbarer Wanderweg, meist schmal und mit Schotter, dadurch etwas rutschig, besonders beim Abstieg, das letzte Stück verläuft über brüchiges Gestein, Vorsicht bei Nässe!
■ **Ausrüstung:** feste Wanderschuhe, Kopfbedeckung, ausreichend Trinkwasser, evtl. etwas Proviant und Taschenlampe
■ **Hinweis:** Eine Besichtigung der Burg ist allein schon wegen der Aussicht lohnenswert, allerdings ist der Weg hinauf und hinunter nicht ganz ungefährlich, und man sollte unbedingt festes Schuhwerk tragen

nentreppen, sodass neue Kämpfe um den Turm stattfinden mussten, sollte der Hof eingenommen werden. Es muss auch unterirdische Gänge gegeben haben, denn es wird berichtet, dass die Munition außerhalb der Festung gelagert wurde, damit diese im Angriffsfall nicht in die Luft flog.

Ein halbes Jahrtausend lang war Volterraio der sicherste Zufluchtsort für die Inselbevölkerung. Als die Piratenplage

☐ Regenbogen über Volterraio

Der Einstieg in diese Wanderung ist am besten mit dem **eigenen Fahrzeug** zu erreichen. Von Portoferraio fährt man nach Magazzini, wo die gewundene Straße nach Rio nell'Elba abgeht. Nach ca. 2 km kommt auf der linken Seite ein Parkplatz, an dem verfallene Gebäude

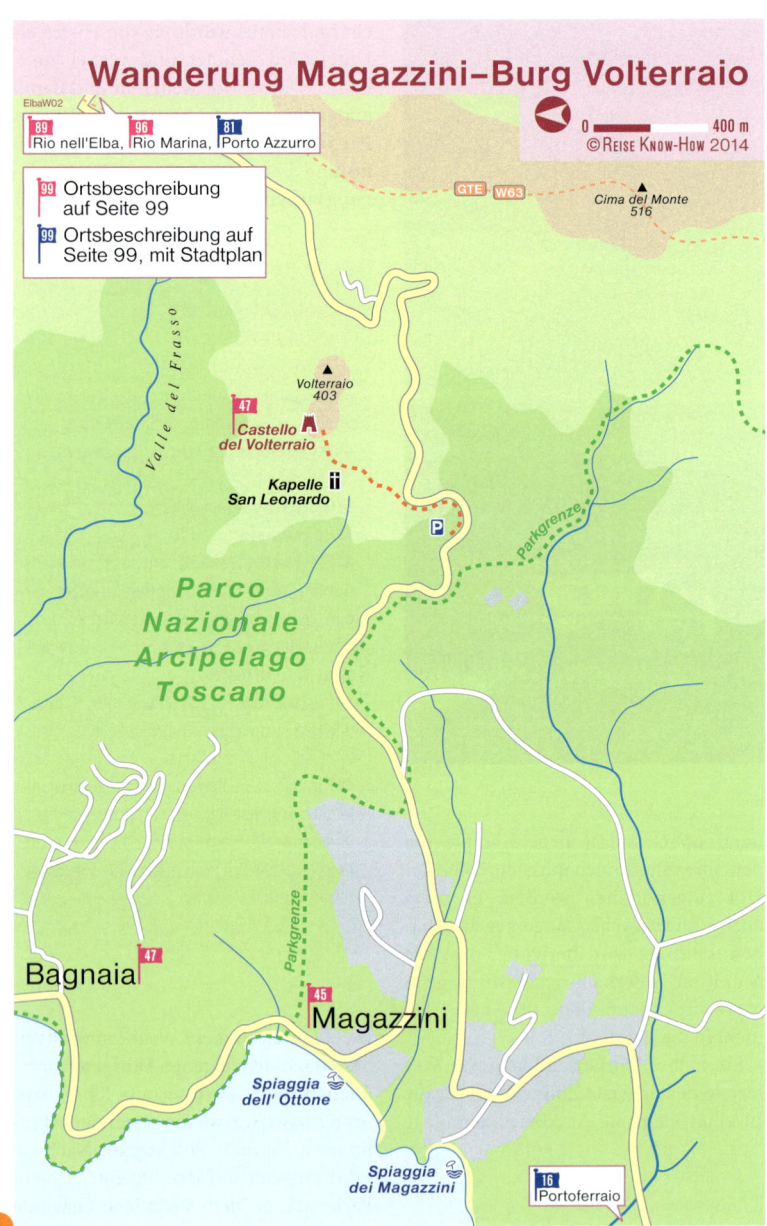

Wanderung Magazzini–Burg Volterraio

ElbaW02

89 Rio nell'Elba, **96** Rio Marina, **81** Porto Azzurro

0   400 m
© REISE KNOW-HOW 2014

99 Ortsbeschreibung
auf Seite 99

99 Ortsbeschreibung auf
Seite 99, mit Stadtplan

GTE W63

Cima del Monte
516

Valle del Frasso

Volterraio
403

47 Castello
del Volterraio

Kapelle
San Leonardo

Parkgrenze

Parco
Nazionale
Arcipelago
Toscano

Parkgrenze

Bagnaia **47**

45 Magazzini

Spiaggia
dell' Ottone

Spiaggia
dei Magazzini

16 Portoferraio

1

stehen, die z.T. zugewachsen sind. Hier kann man parken. Es ist auch möglich, den öffentlichen Bus bis Magazzini zu nehmen und die 2 km die Straße hinaufzugehen.

Vom erwähnten Parkplatz aus geht man ca. 50 m weiter die Straße bergauf, bis nach links der rot-weiß markierte **Wanderweg** abzweigt, der durch Macchia hinaufführt. An einer Weggabelung hält man sich rechts und gelangt nach ca. 10 Min. an die arg mitgenommene **Kapelle San Leonardo.** Kurz vor der Kapelle führt der Weg nach rechts weiter aufwärts und geht allmählich in nackten Fels über. Auf diesem geht es dann bis zur Burg Volterraio. Der **Zugang** erfolgt entweder über eine Strickleiter oder durch eine in die Mauer geschlagene Öffnung durch eine Art Tunnel. Hier ist eine Taschenlampe von Vorteil, denn der Weg ist nur durch etwas Oberlicht erkennbar. Auf dem gleichen Weg geht es wieder zurück.

Capo d'Enfola und Viticcio

Capo d'Enfola und Viticcio liegen etwas abseits des touristischen Rummels und verwöhnen den Besucher mit einer himmlischen **Ruhe und Einsamkeit.** Das Kap ragt wie eine kleine Insel aus dem Meer, und die Bucht von Viticcio hat einen Hauch vom Ende der Welt.

Fährt man von Portoferraio aus in Richtung **Procchio,** geht an einem Kreisverkehr nach rechts die ausgeschilderte Straße nach Enfola ab (Viale A. Manzoni). Auf der kleinen und kurvenreichen Straße zum Capo d'Enfola kommt man bereits an einigen Abzweigungen vorbei, die zu unterhalb gelegenen **Stränden** führen. Besonders schön sind Spiaggia di Sorgente am gleichnamigen Zeltplatz und der gleich daneben liegende und nur zu Fuß erreichbare Strand Sansone.

Die Straße führt direkt zum Capo d'Enfola, einer aus dem Meer aufragende **Halbinsel,** die nur durch einen schmalen Landstrich mit der übrigen Insel verbunden ist. Dort befinden sich auch die Anlagen und Gebäude der alten **Tonnara** (s. Exkurs „Thunfischfang auf Elba").

Bevor die Straße zum Kap abbiegt, führt eine kleine Stichstraße nach **Viticcio,** einem beschaulichen Ort mit liebevoll gestalteten Häusern, in dem die große Welt noch nicht angekommen ist. Oberhalb des Steinstrandes gibt es eine nette Pizzeria, und ansonsten ist Erholung pur angesagt. Von der Bucht mit einigen weiteren kleinen Kiesstränden aus hat man einen wunderschönen Blick auf

1

den Westen der Insel mit Marciana Marina in der Ferne und darüber dem Monte Capanne. Ein kleiner Weg führt von Viticcio nach Biodola.

Praktische Tipps

Anreise

■ Am besten mit dem **eigenen Fahrzeug,** da der **Bus** in der Nebensaison nur zweimal täglich und in der Hauptsaison fünfmal am Tag fährt.

Unterkunft

■ **Lo Scoglio Bianco**④, Loc. Viticcio, Tel. (0565) 939036, www.scogliobianco.it (auch auf Deutsch), nur mit Halbpension. Ideal für einen ruhigen Urlaub. Die 30 schlichten Zimmer sind auf mehrere, z.T. zusammenhängende Häuschen gleich oberhalb des Meeres verteilt. Das Hotel verfügt auch über ein Restaurant und eine Bar.

■ **Hotel Viticcio**④, Loc. Viticcio, Tel. (0565) 939 058, www.hotelviticcio.it (auch auf Deutsch). Das familiengeführte Hotel oberhalb eines Kies- und Steinstrandes verfügt über 32 Zimmer unterschiedlicher Kategorien, verteilt über vier Gebäude. Außerdem stehen neben Restaurant und Bar auch einige Parkplätze sowie ein Garten und eine Sonnenterrasse zur Verfügung.

⌂ Blick auf das Capo d'Enfola im Frühsommer

Camping

■**Camping Enfola,** Tel. (0565) 939001, www.campingenfola.it (auch auf Deutsch). In Terrassen angelegter Zeltplatz gegenüber der Erhebung von Enfola, mit Restaurant und allem Nötigen ausgestattet und mit direktem Meerzugang. 8–16 € p.P., 8,50–19,50 € pro Zelt, 12–22 € für ein Wohnmobil.

■**La Sorgente,** Tel. (0565) 917139, www.campinglasorgente.it (auch auf Deutsch). Einfacher Zeltplatz oberhalb des weißen Strandes von Sorgente (Steine) mit direktem Strandzugang; die kurze Piste von der Straße ist etwas abenteuerlich. 7,50–15,50 € p.P., 9–16 € pro Zelt, 11–18,50 € pro Wohnwagen/-mobil; insgesamt etwas teuer.

Essen und Trinken

■**Emanuel,** Loc. Enfola, Tel. (0565) 939003; geöffnet tägl. 12–14.30 und 19–22 Uhr, in der Nebensaison Mi Ruhetag. Ein beeindruckender Feigenbaum spendet auf der Terrasse Schatten; serviert werden schmackhafte Fischgerichte.

■**Da Giacomino,** Loc. Viticcio, Tel. (0565) 915381; geöffnet April bis Oktober tägl. 12–15 und 18–22 Uhr, Di Ruhetag. Gute Pizza und Pasta mit Meerblick, allerdings etwas teurer als andernorts.

Einkaufen

■Einkaufen kann man nur im kleinen **Kiosk** von **Camping Enfola** (s. oben). Hat man größere Besorgungen zu tätigen, sollte man besser die kurze Strecke nach Portoferraio fahren.

Wassersport

■**Tauchen:** *Enfola Diving Center,* Loc. Enfola, Tel. (0565) 918938, mobil 335-8264753, www.enfoladivingcenter.it. Tauchkurse für CMAS-Tauchschein ab 350 €, Tauchgang 30 €, Ausrüstungsverleih, Nachfüllen von Tankflaschen.

Strand

Enfola

Der für Rollstuhlfahrer geeignete Strand, zu beiden Seiten der Landenge gelegen, besteht aus Kies und Sand. Für Besucher, die Natur und Abgeschiedenheit suchen.

■**Service:** Parkplatz, Wassersportangebote (u.a. Tauchstation), Gastronomie, Campingplatz

Thunfischfang auf Elba

Auf Elba gab es je eine **Tonnara** (Thunfischfangstelle) in Bagno bei Marciana Marina und bei Enfola. Jedes Jahr im April wurden die Netze ausgeworfen, um im Juli wieder eingeholt zu werden. Das **Netz** bestand aus mehreren Kammern, wovon die erste dem Thunfischschwarm den Weg versperrte und ihn durch eine Art Korridor in mehrere, immer kleiner werdende Kammern leitete. Die letzte und engste war die Todeskammer, die Mattanza, in der die Fische dann harpuniert und in Boote verladen wurden.

Der Fang konnte zwischen 35 und 40 Tonnen betragen. Die Thunfischschwärme wurden jedoch immer kleiner und blieben in den 1950er Jahren ganz aus. Als ein schweres **Unwetter** die Tonnara am Capo d'Enfola stark beschädigte, wurde sie geschlossen.

Wanderung von Viticcio nach Biodola

■ **Ausgangspunkt:**
Pizzeria Da Giacominoin Viticcio

■ **Endpunkt:** Strand von Biodola

■ **Schwierigkeitsgrad:** leicht

■ **Gehzeit:** ca. 1 Std.

■ **Höhenmeter:** +/-90 m

■ **Wegbeschaffenheit:** gut sichtbarer Wanderweg, meist schmal, am Ende Straße

■ **Ausrüstung:** feste Wanderschuhe, Kopfbedeckung, ausreichend Trinkwasser, evtl. etwas Proviant

Von der Pizzeria *Da Giacomino* in Viticcio aus folgt man dem in westliche Richtung führenden Küstenweg (**Wanderweg Nr. 49**). Dieser geht leicht bergan und führt die meiste Zeit durch einen Steineichenwald. Nach ca. 15 Min. gelangt man an eine Vierer-Kreuzung, geht geradeaus weiter, erst eben, dann abwärts, wobei es etwas rutschig sein kann. Nach etwa 15 Minuten durch duftende Macchia gelangt man auf eine Straße und geht nach links, an der Schranke vorbei. Die Straße führt in ca. 20 Minuten direkt nach Biodola mit dem für viele **schönsten Strand von Elba,** der an heißen Tagen jedoch hoffnungslos überlaufen ist.

Auf der ganzen Wanderung hat man immer wieder **wunderschöne Ausblicke** die Nordküste entlang, teilweise bis nach Marciana Marina und den Monte Capanne.

Biodola und Scaglieri

Am höchsten Punkt der Straße von Portoferraio nach Procchio führt nach rechts die kurvenreiche Straße hinunter nach Biodola und Scaglieri. Beides sind **reine Urlaubsorte,** und jeder auf seine Art exklusiv.

Biodola gilt als **Sandstrand der Spitzenklasse.** In der Bucht haben sich zwei Hotels sowie Bars und Lokale angesiedelt, dominiert wird der Ort jedoch vom Fünf-Sterne-Hotel *Hermitage.*

Etwas weiter östlich, sowohl über die Straße als auch über den Strand zu erreichen, befindet sich der kleine Ort **Scaglieri;** auch er hat einen Superlativ zu bieten, denn hier befindet sich der in Terrassen angelegte **Zeltplatz mit der schönsten Aussicht.** Der kleine Ort mit seiner Bucht ist gut geeignet für einen reinen Strandurlaub. Im Prinzip besteht Scaglieri aus Hotels, Bars und Lokalen sowie einem kleinen Alimentari. Hier ist es im Winter so menschenleer wie im Sommer überfüllt, aber zu jeder Jahreszeit schön.

Praktische Tipps

Anreise

■ Beide Orte sind eher für einen Besuch mit dem **eigenen Fahrzeug** geeignet, denn von Mitte September bis Mitte Juni gibt es keinerlei **Busverbindung** von/nach Portoferraio. Allerdings kann man während dieser Zeit den Bus zwischen Procchio und Portoferraio nutzen; man steigt an der Abzwei-

Wanderung Viticcio–Biodola

0 ▬▬▬▬ 300 m

© REISE KNOW-HOW 2014

ElbaW03

| **99** Ortsbeschreibung auf Seite 99 |
| **99** Ortsbeschreibung auf Seite 99, mit Stadtplan |

53 Enfola

51 Viticcio

Spiagga di Viticcio

P

W49

Parco Nazionale Arcipelago Toscano

▲ Le Cime 230

Parkgrenze

W51

W50

▲ M. Tignoso 127

Forno

Spiaggia di Forno

Scaglieri

Spiaggia di Scaglieri

Parkgrenze

57

Spiaggia della Biodola

54 Biodola

16 Portoferraio

Porticciolo

59 Procchio

gung Biodola/Scaglieri an der Hauptstraße aus und läuft ca. 15 Min. die Straße hinab.

Nützliche Adressen, Einkaufen

■ Auf dem **Zeltplatz** zwischen Biodola und Scaglieri findet man Einkaufsmöglichkeiten, **Lokale, Post** und **Bank.** An der Straße gibt es weitere **Souvenirläden** und in Scaglieri einen kleinen und teuren **Alimentari.**

Unterkunft

■ **Danila**③, Scaglieri, Golfo della Biodola, Tel. (0565) 969915, www.hoteldanila.it (auch auf Deutsch). Schöne Hotelanlage gleich oberhalb des Meeres mit Garten und Sonnenwiesen, 27 einladende Zimmer, verteilt auf kleine Häuschen, im Sommer nur mit Halbpension.

Camping

■ **Scaglieri Camping,** Loc. Biodola 1, Tel. (0565) 969940, www.campingscaglieri.it (auch auf Deutsch). Auf Terrassen angelegter Zeltplatz oberhalb des Meeres mit eigenem Zugang; sehr gepflegte Anlage mit Garten, Restaurants und kleinem Pool; 7,50–15,50 € p.P., 13–30 € pro Zelt (mit Steckdose), 18–34 € pro Wohnwagen/-mobil. Daneben gibt es angenehm und zweckmäßig eingerichtete Apartments für zwei bis fünf Personen, 58–224 € pro Tag.

Essen und Trinken

■ **Da Luciano,** Loc. Scaglieri, Tel. (0565) 969952, geöffnet tägl. 12–14.30 und 19–23 Uhr, in der Nebensaison Mi Ruhetag. Ristorante mit Bar am Meer, Spezialität sind Fisch und Pasta (Empfehlung: *Profumi al mare*).

Wassersport

■**Bootsverleih:** *Rent Boats,* Loc. Scaglieri, Tel. (0565) 969962, mobil 338-4663683. Verleih von Schlauch- und Motorbooten für 160 € pro Tag, Kajaks ab 8 €/Std.

Strände

Biodola und Scaglieri

MEIN TIPP: Der Biodola-Strand ist ca. 500 m lang, goldgelber Sand. Er ist ideal, um dort mit Kindern Urlaub zu machen, denn der Meeresgrund fällt sehr sanft ab. Scaglieris Strand ist weitaus schmaler, jedoch nicht minder schön.

■**Service:** Parkplatz, Verleih von Liegestühlen und Sonnenschirmen, Wassersportangebote, Gastronomie, Unterkunft, Camping

Wanderung von Biodola nach Procchio
■**Ausgangspunkt:** Biodola
■**Endpunkt:** Strand von Procchio
■**Schwierigkeitsgrad:** leicht
■**Gehzeit:** 1½ Std.
■**Höhenmeter:** +/-70 m
■**Wegbeschaffenheit:** gut sichtbarer Wanderweg, meist schmal, z.T. rutschig, am Ende Straße und Strand
■**Ausrüstung:** feste Wanderschuhe, Kopfbedeckung, ausreichend Trinkwasser, evtl. etwas Proviant

Am Hotel Hermitage in Biodola am Ende des Strandes gibt es eine **Bar direkt am Meer.** Dort beginnt ein Plattenweg, der auf einen Küstenpfad und dann durch einen Tunnel führt. Aus dem Tunnel heraus gelangt man auf dem **Küstenweg** in eine kleine Bucht, die meist voll Seegras ist (auch etwas Müll wird angespült). Kurz vor dem Ende der Bucht geht der Weg nach links wieder in den Wald und gleich nach rechts. Immer dicht an der Küste entlang unter Steineichen mit herrlichen Ausblicken führt der Weg zu einer weiteren **Sandbucht** (Seegras, Müll). Am anderen Ende dieser Bucht kommt man über einen knapp 2 m hohen **Fels** auf den oberhalb weiterführenden Weg. Das erste Stück ist sandig und dadurch auch rutschig. Doch dann geht es auf ebenem Weg durch Erdbeerbäume und Macchia an der Küste entlang, an einer Gabelung geradeaus weiter. Der nun durch einen Steineichenwald führende Weg wird breit und bequem, bis man auf einen **Betonweg**

◁ Am Strand von Scaglieri

1

Wanderung Biodola–Procchio

© Reise Know-How 2014

0 ▬▬▬ 400 m

ElbaW04

54 Scaglieri

1

54 Biodola

57 *Spiaggia della Biodola*

Parkgrenze

○ Porticciolo

| **99** | Ortsbeschreibung auf Seite 99 |
| **99** | Ortsbeschreibung auf Seite 99, mit Stadtplan |

■ **Übernachtung**
1 Hotel Hermitage

W46   W46

Parco Nazionale Arcipelago Toscano

Parkgrenze

Colle Pecorino 114

106▲

Parkgrenze

W46

16 Portoferraio

Guardiola

⚓ *Hafen*

60 *Spiaggia di Procchio*

59 Procchio

GOLFO DI PROCCHIO

Parkgrenze

171 Marciana Marina

112 Marina di Campo

1

trifft, der hinab führt auf eine Art Herrenhaus auf einer Landspitze zu. Kurz davor zweigt nach **links** der ausgeschilderte **Wanderweg** ab, führt durch das Tor eines Privatgrundstückes an einem Haus vorbei und auf ein weiteres Grundstück zu. Links davon geht ein Hohlweg ab, der jedoch nicht mehr für die Öffentlichkeit passierbar ist, so dass man vor dem Grundstück nach rechts hinunter ans Meer geht und dort wieder nach links. Es geht auf einem kleinen angelegten Küstenpfad weiter, kurz hinauf und gleich wieder rechts einige Stufen hinunter an den Strand von Procchio, über den man Ort erreicht.

Procchio

Fährt man auf der kurvenreichen Straße von Portoferraio nicht nach Biodola, sondern weiter geradeaus, so gelangt man hinunter nach Procchio. Dabei hat man wunderschöne Ausblicke auf die darunter liegenden Buchten und das Meer. Procchio selbst ist eher eine Ansammlung von Hotels, Apartmentanlagen und Geschäften. Der einst kleine Ort, an dem die Straßen aus Portoferraio, Marciana Marina und Marino di Campo zusammenliefen, gelangte dank des **Tourismus** zu einiger Bedeutung.

Hauptattraktion und Anziehungspunkt für alle Besucher ist der **Sandstrand** (s. unten). Mit ausreichend Kraft und Atem kann man auch dem ca. 50 m vor der Küste liegenden **Wrack eines römischen Handelsschiffes** einen Besuch abstatten. Auf seinem Weg zum Festland, beladen mit Wein- und Ölamphoren, ist

es hier vor knapp 2000 Jahren gesunken.

Außerdem bietet Procchio eine der schönsten **Aussichten** auf den **Monte Perone** und den **Monte Capanne.**

Durch die touristische Entwicklung sind Hotels und Apartmentanlagen in der Bucht und näheren Umgebung hinzugekommen, die einen großen Teil der alten Dünen zurückgedrängt haben. Auch einen **Park** mit diversen Spielmöglichkeiten hat man angelegt, allerdings liegt dieser in der prallen Sonne und macht keinen sehr einladenden Eindruck. Der Ort selbst zieht sich mit seinen Geschäften und Restaurationen an der Straße entlang. Mehr Beschaulichkeit bietet da schon eher der kleine **Boulevard Il Salotto di Procchio.** Mit seinen diversen Geschäften wie Tabacchi, Pasticceria, Fleischer, Bäcker und, gemessen an der Größe des Ortes, vielen Lokalen ist er gut geeignet für einen kleinen Bummel.

Praktische Tipps

Anreise

■ Procchio ist ein **Verkehrsknotenpunkt** mit Verbindungen nach Marina di Campo, Portoferraio und in den Westen Elbas. Im Sommer wird es mit **Parkplätzen** eng, in der Vorsaison hat man gute Chancen, auf dem Parkplatz an der Straße unterzukommen. Hier gibt es auch **Bushaltestellen.**

Nützliche Adressen

■ Eine **Post** befindet sich an dem kleinen Boulevard Il Salotto di Procchio, geöffnet Mo–Fr 8.15–13.30 Uhr, Sa 8.15–12.30 Uhr.

■ Dort findet man auch eine **Bank,** geöffnet Mo–
Fr 8.20–13.20 Uhr.

Unterkunft

■ **Hotel La Perla del Golfo**⑤, Via della Cicala 1,
Tel. (0565) 907733-2, www.laperladelgolfo.it. Neues Hotel in unmittelbarer Strandnähe mit geschmackvoll eingerichteten Zimmern, Pool, Terrasse,
Garten und dem entsprechendem Wohlfühlfaktor.
■ **Hotel di Procchio**③, Via Provinciale, Tel. (0565)
907477, www.hotelmonnalisa.it (auch auf Deutsch).
56 Zimmer, die Hälfte mit Balkon, in einem Hotel äl-
teren, einst mondänen Stils, doch immerhin moder-
nisierten Zimmern, im Sommer mit Halbpension.
■ **Monna Lisa**③, Tel. (0565) 907519, www.hotel
monnalisa.it. Nettes Hotel mit 33 Zimmern, kleinem Garten und Terrasse, im Sommer nur mit Halbpension.
■ **Villa Cecilia,** Tel. (0565) 907339/905784, mobil
335-5319314, www.villacecilia.it. Kleine Apartmentanlage im Grünen, 50 m vom Strand entfernt,
sehr kinderfreundlich; Apartment für zwei Pers.
330–950 €, für vier Pers. 350–1000 €, für sechs
Pers. 800–1600 €, Preise inkl. Wasser, Gas, Strom,
Bettwäsche, Bad- und Küchenhandtücher sowie
Endreinigung.

Essen und Trinken

■ **Osteria del Piano,** Via Provinciale 24, Tel.
(0565) 907292; geöffnet Mai bis September 19–22
Uhr, Juni bis August auch 12–15 Uhr. Zwar direkt an
der Hauptstraße, aber dennoch einladend und ge-
mütlich-rustikal; Pizza und Pasta ab 6 €.
■ **Lo Zodiacchio,** Via del Mare 19, Tel. (0565) 907
339; geöffnet Mai bis September 19–22 Uhr, Juni
bis August auch 12–15 Uhr. Einladendes Lokal mit
Freisitz an der Straße zum Strand; Risotto und Pasta
ab 7 €, Fisch ab 13 €.

Einkaufen

■ Auf dem **Boulevard Il Salotto di Procchio** und
an der **Hauptverkehrsstraße** findet man alle notwendigen Geschäfte.
■ Jeden Donnerstag von 8–13 Uhr ist auf dem großen Parkplatz an der Hauptstraße **Inselmarkt.**

Wassersport

■ **Segelschule Procchio,** Spiaggia di Procchio, Tel.
(0565) 907496, mobil 334-3793949 *(Andrea)* oder
380-5038147 *(Gabriele),* www.segelschule-elba.
com. Ein- bis zweiwöchige Segelkurse für Kinder; ab
150 €, Grundkurs ab 235 €, Katamaran- und freies
Segeln ab 205 € (jew. 15 Std.)
■ **Segelschule Elba Charter,** keine feste Niederlassung, Kontakt über Tel. (0565) 907838, mobil
331-86436408. *Brigitte,* die Eignerin, ist Deutsche.
Sie organisiert auch Tagesausflüge für 60 € pro Person, Teilnehmerzahl mind. 4 Personen, Tour und
Dauer werden individuell festgelegt; große Jachten,
Baujahr ab 2001 aufwärts.

Strände

Procchio

Ein ca. 1 km langer Sandstrand, der auch
sehr gut für Rollstuhlfahrer geeignet ist.
Hier lässt es sich wunderbar ausspan-
nen. Außerdem kann man in der weiten
Bucht sehr gut schwimmen, baden und
tauchen. Es gibt zahlreiche Serviceange-
bote, und auch fliegende Händler machen die Runde.

■ **Service:** Parkplatz, Verleih von Liegestühlen und
Sonnenschirmen, Wassersport, Gastronomie, Unterkunft

1

Spiaggia di Paolina

Westlich vom Strand von Poggio liegt die Spiaggia di Paolina. Zu erreichen ist dieser aus Sand und Kies bestehende Strand über einen abwärts führenden Fußweg an der Straße von Procchio nach Marciana Marina. Der Name der kleinen Bucht stammt vom gleichnamigen vorgelagerten Felsen, auf dem sich die Schwester *Napoleons* des Öfteren gesonnt haben soll. Der Felsen ist schwimmend gut zu erreichen.

◼ **Service:** Verleih von Liegestühlen und Sonnenschirmen, Wassersport, Gastronomie

⌄ Die Bucht von Procchio

250el jc

2 Der Osten

Dieser Teil von Elba ist vor allem durch das Eisenerz geprägt. Die Ortschaften hier sind von ganz eigenem Charme.

◁ Der Hafen von Porto Azzuro

Der Osten

0 — — — 2 km © Reise Know-How 2014

ElbaKap02

99 Ortsbeschreibung auf Seite 99
99 Ortsbeschreibung auf Seite 99, mit Stadtplan

Piombino, Livorno

Capo Vita
Isola dei Topi
Spiaggia Frugoso
Capo Castello
105
101 Spiaggia Cala dell'Alga **105**
Cavo
Punta delle Patte
Monte Grosso 347
La Calcinaia
223
Capo Pero
Spiaggia Le Fornacelle **105**
Parkgrenze
Punta del Mangani
Parco Nazionale Arcipelago Toscano
Spiaggia Cala Seregola **105**
Cala del Nisportino
94
Nisportino
F.so di Nisportino
M. Serra 422
352
Santa Caterina und Orto Botanico dei Semplici **91**
Spiaggia di Nisporto
Punta di Nisporto
94
96
Nisporto
Pass L'Aia di Caclo
GTE
89
Rio nell'Elba
97
Rio Marina
Portoferraio
Punta Falconaia
96
47 Spiaggia Bagnaia
Bagnaia
Valle del Frasso
47
45 Spiaggia dell'Ottone
Orto Botanico
Ottone
47 **Volterraio**
M. Fico 268
Capo Ortano
Spiaggia dei Magazzini
45
Magazzini
C. Canovaro
La Chiusa
50
Cima del Monte 516
Ortano
Isolotto d'Ortano
50
16
Portoferraio
88
M. Castello 390
S. Folo
M. Arco 278
Arco
Capo d'Arco
87
Campo Al Peri
Parkgrenze
Madonna di Monserrato
83
C. Rosario
Laghetto di Terra Nera
108
Lacona
GTE
C. Callia
81
Porto Azzurro
Spiaggia Reale
112
Marina di Campo
Capo Bianco **86**
Spiaggia Barbarossa
C. Cariglio
Hafen
Norsi
Valdana
Punta dello Stendardo
Lido
75 Spiaggia del Lido
Spiaggia di Naregno
79
GOLFO STELLA
TYRRHENISCHES MEER
76 Spiaggia di Zuccale
65
Capoliveri
Straccoligno
Spiaggia di Straccoligno
79
76 Spiaggia di Barabarca
Punta di Buzzancone
70 **Madonna delle Grazie**
74
HALBINSEL
Morcone
F.so di Straccoligno
F.so di Monte Roterno
76 Punta Morcone
Serrone delle Rose
80
Capo Calvo
Spiaggia di Morcone
la Calamita 413
F.so del Pontimento
CALAMITA
Spiaggia di Pareti
78 **78**
Pareti
Parco Nazionale Arcipelago Toscano
Fattoria Ripalte
Spiaggia dell'Innamorata
Palazzo
Isole Gemini
Punta della Calamita
Punta di Vallemorta
Punta dei Ripalti
Pianosa

DER OSTEN

Capoliveri

Der Osten der Insel ist durch den Jahrhunderte währenden **Eisenerzabbau** geprägt. An einigen Hängen sieht man heute noch deutlich die Terrassen des Tagebaus. Manche wirken mit der roten Färbung von oxidiertem Eisen wie offene Wunden. Durchstreift man heute diesen Inselteil, so kann man vielerorts erkennen, wie sich die Flora das Areal wieder erobert. Sattes Grün und dunkles Rot, versetzt mit dem dunklen Glitzern des Hämatits, wechseln immer wieder ab.

Der Süden, zu dem die **Halbinsel Calamita** gehört, ist zu einem großen Teil Nationalpark. Mit ihren breiten Wegen ist Calamita ein beliebtes Ziel für Mountainbiker, und die zahlreichen Buchten mit dem vom Eisenerz gefärbten Sand und Steinen sind viel und gern besucht. Unumstrittenes Zentrum der Halbinsel ist Capoliveri, das bekannt ist für seine Bräuche und Feste.

Anders präsentiert sich dagegen der **nördliche Teil.** Mit seinen schroffen, teils steil abfallenden Felsen wirkt er abweisender, aber auch ruhiger. Vom einst mondänen Badeort Cavo im Norden bis nach Porto Azzurro zieht sich ein **Höhenzug,** der Wanderern wunderbare Erlebnisse beschert. **Porto Azzurro,** einst Gefängnis und Festung, ist heute zu einem der schönsten und beliebtesten Orte auf Elba geworden. Dazwischen liegen die alten Bergbauorte **Rio nell'Elba** und **Rio Marina,** die sich beide ihren eigenen Charme bewahrt haben. Nirgendwo auf Elba ist die **Geschichte der Insel** so präsent wie in ihrem Ostteil.

Sein Ruf eilt Capoliveri voraus. Und egal, von welchem Punkt der Insel aus man das Städtchen betrachtet und aus welcher Himmelsrichtung man es betritt, es schlägt einen sofort in seinen Bann. Stolz und eigenwillig wirkt der Ort, der auf 172 m Höhe auf einem Sattel am Hang des 413 m hohen Monte Calamita liegt.

Mittelpunkt der Stadt ist die große **Piazza Matteotti** mit ihren schönen Cafés, Bars, Eisdielen und der Aussichtsterrasse in Richtung Südwesten. Am Vormittag trifft man hier viele Einheimische. Dann ist es noch ruhig, man nimmt einen Kaffee, kauft Brot, hält ein Schwätzchen. Richtig belebt wird es am Nachmittag und zum Abend hin, wenn die Besucher kommen, um einzukaufen, zu flanieren, zu speisen. Viele von ihnen sind **Deutsche.** Deutsche, Schweizer und

➡ **Capoliveri,**
Bummel durch's Städtchen | 65
➡ **Porto Azzurro,**
verweilen an der Piazza am Meer sowie der Weg unterhalb der Festung in die Spiaggia di Barbarossa | 81
➡ **Monte Strega,**
Wanderung auf den Gipfel | 97
➡ **Rio Marina,**
Besuch des Mineralienparks | 97

NICHT VERPASSEN!

Diese Tipps erkennt man an der gelben Hinterlegung.

Österreicher sind es auch, die knapp 50 % der Häuser im Ort gekauft und erneuert haben. Neben diesen sind es **Römer,** die sich hier eine Sommerresidenz zugelegt haben. Da verwundert es nicht, dass Capoliveri im Jahr 2004 die **reichste Gemeinde Italiens** war.

Von der Piazza Matteotti geht die Hauptflaniermeile **Via Roma** ab. Hier findet man Schmuck- und Mineraliengeschäfte genauso wie Bars und Alimentari. Am Ende gelangt man auf die **Aussichtsterrasse Piazzetta Belvedere,** von der man einen weiten Blick die Südküste entlang hat. Bei gutem Wetter sind Montecristo und Pianosa zu sehen. Auf der kleinen Piazzetta finden sich auch eine Keramiktafel und eine Glasskulptur des elbanischen Künstlers *Italo Bolano* (siehe „Portoferraio, Ausflüge in die Umgebung").

Parallel zur Rechten und Linken der Via Roma verlaufen die lauschigen Gässchen **Via Solferino** und **Via Cavour.** Durch z.T. überdachte Treppengänge sind sie von der Via Roma aus zu erreichen. Dabei kann man herrliche Ausblicke und Fotomotive entdecken. In den Gassen selbst findet man kleine Lokale, die allein schon wegen ihrer Lage zum Verweilen einladen.

Capoliveri ist auch der Ort auf Elba, in dem die meisten **Feste** gefeiert werden. Am bekanntesten sind das Fest der Bergarbeiter im Mai, das Fest der Verliebten im Juli (s. gleichnamigen Exkurs) und die Festa dell'Uva Ende September/Anfang Oktober (s. Exkurs „Das Weintraubenfest in Capoliveri").

Die **Strände** rund um Capoliveri sind im Kapitel „Halbinsel Calamita" beschrieben.

Geschichte

Capoliveri ist **einer der ältesten Orte** auf der Insel Elba. Dass schon die **Etrusker** hier siedelten, bestätigt eine erst kürzlich entdeckte Nekropole. Der **Name** der Stadt stammt jedoch aus römischer Zeit und geht auf das lateinische „Caput Liberum" zurück. Zum einen kann es übersetzt werden mit „Gipfel bzw. Haupt der Freien", denn Capoliveri wurde von den Römern als eine Art Gefängnis für Verbrecher, in Ungnade gefallene Sklaven und Schuldner genutzt, die sich hier aber frei bewegen konnten. Genauso gut könnte es sein, dass sich der Name aus dem Kult um den Gott des Weines, *Liber* (ein anderer Name für *Bacchus*), ableitet. Denn schon damals wusste man um die Qualität des Weines aus der Gegend um Capoliveri, die sich bis heute erhalten hat.

Als die **Pisaner** die Herrschaft auf Elba übernahmen, gab es hier bereits ein kleines Dorf, das sie mit einer festungsartigen Anlage versahen, die noch heute gut zu erkennen ist.

Capoliveri war immer wieder Ziel von **Piratenüberfällen** und wurde besonders schlimm 1544 von *Barbarossa* heimgesucht. Zehn Jahre zuvor hatte dieser be-

◁ Ein malerischer Platz für einen kleinen Imbiss

2

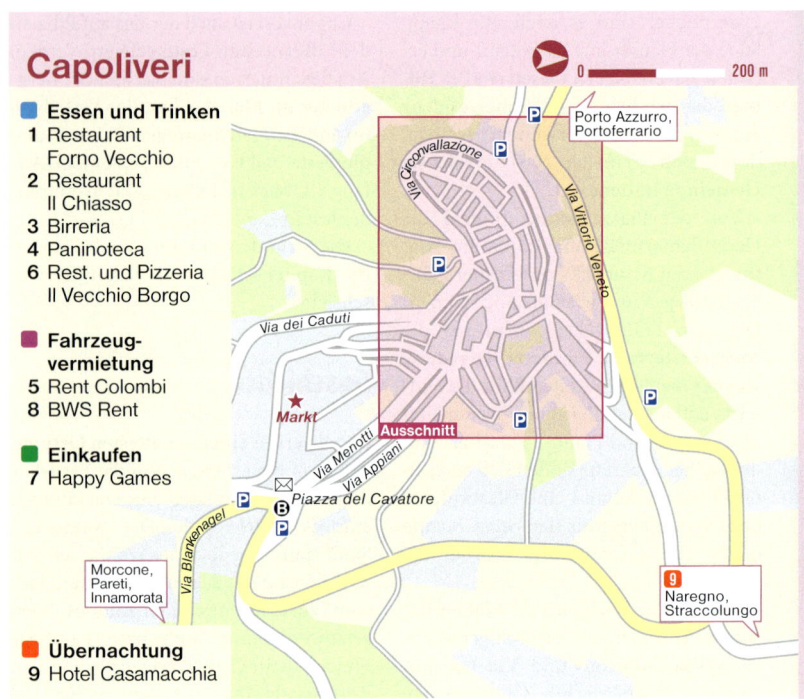

Capoliveri

0 ——— 200 m

Essen und Trinken
1 Restaurant
Forno Vecchio
2 Restaurant
Il Chiasso
3 Birreria
4 Paninoteca
6 Rest. und Pizzeria
Il Vecchio Borgo

**Fahrzeug-
vermietung**
5 Rent Colombi
8 BWS Rent

Einkaufen
7 Happy Games

Übernachtung
9 Hotel Casamacchia

Map labels: Porto Azzurro, Portoferrario · Via Circonvallazione · Via Vittorio Veneto · Via dei Caduti · Markt · Via Menotti · Via Appiani · Ausschnitt · Piazza del Cavatore · Via Blanchenagel · Morcone, Pareti, Innamorata · Naregno, Straccolungo

reits Rio nell'Elba und Grassera (s. Exkurs „Das Ende von Grassera") überfallen, wobei er viele Gefangene nahm und in die Sklaverei verkaufte. Viele von ihnen konnte Kaiser *Karl V.* kurze Zeit später wieder befreien. Unter ihnen war eine Frau, die in der Sklaverei von einem Freund *Barbarossas,* einem hohen Offizier, ein Kind empfangen hatte und dieses auf Elba zur Welt brachte. Als *Barbarossa* und dessen Freund Jahre später davon erfuhren, gingen sie bei Porto Azzurro in der heute nach ihm benannten Bucht an Land und forderten die Herausgabe des Kindes. Der damalige Herr über die Insel, *Jacopo Appiani,* verwei-

gerte die Herausgabe. Erst als Capoliveri von den Piraten in Schutt und Asche gelegt war, gab er nach und das Kind heraus.

Die **Widerstandskraft** der Capoliveresen zeigte sich auch zu Zeiten der napoleonischen Herrschaft auf Elba. So weigerte sich Capoliveri, als **Napoleon** von allen Gemeinden die ausstehenden Steuern einforderte. Erst als der Bürgermeister und alle weiteren Honoratioren der Stadt festgenommen und in Portoferraio eingesperrt wurden, zahlten sie.

Die Bewohner Capoliveris haben immer von Weinanbau, etwas Fischfang und dem Abbau von Eisenerz und vor

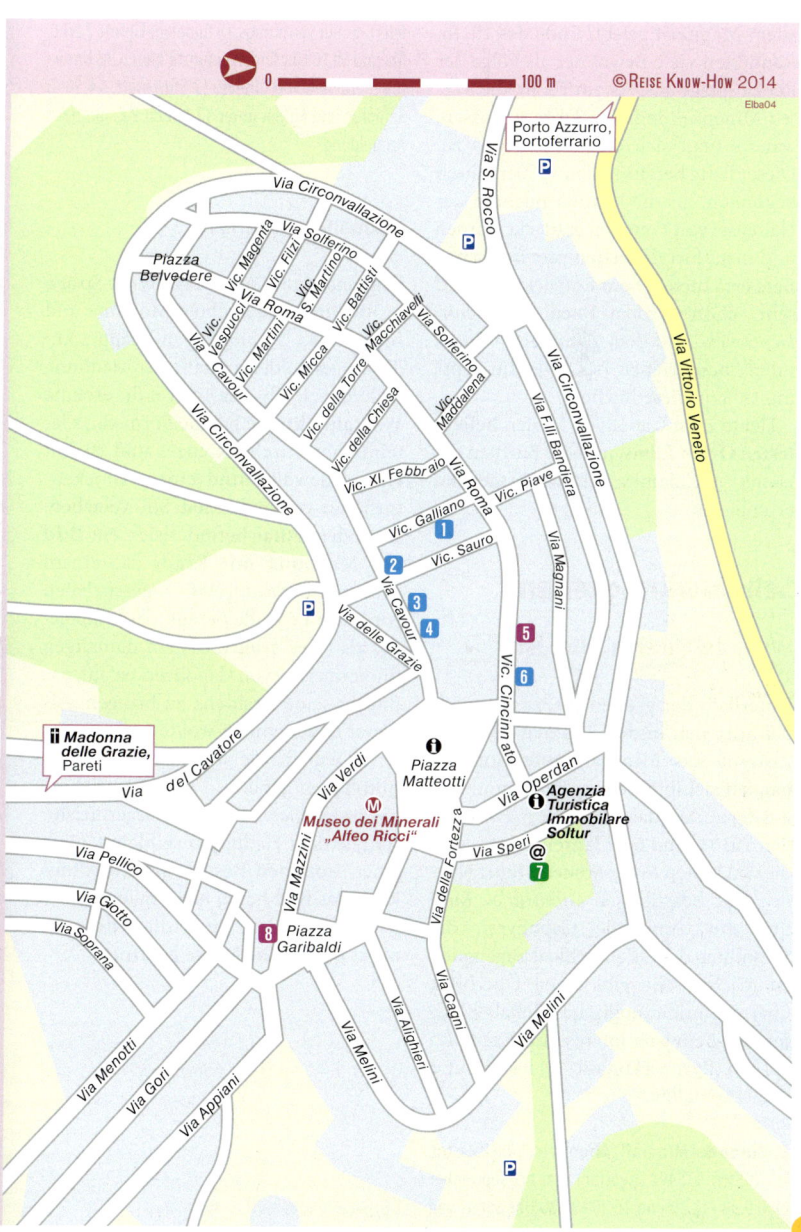

0 ▬▬ ▬▬ ▬▬ ▬▬ 100 m　©Reise Know-How 2014

Elba04

Porto Azzurro,
Portoferrario

Via S. Rocco

Via Circonvallazione

Piazza
Belvedere

Via Magenta
Via Solferino
Vic. Fizzi
S. Martino
Via Roma
Vic. Martini
Vic. Vespucci
Via Cavour
Vic. Battisti
Vic. Micca
Vic. della Torre
Vic. Macchiavelli
Via Solferino
Vic. della Chiesa
Vic. Maddalena

Via Circonvallazione

Via F.lli Bandiera

Via Vittorio Veneto

Vic. XI. Febbraio

Via Roma

Vic. Galliano

Vic. Piave

Via Circonvallazione

Via Magnani

1

2

Vic. Sauro

Via Cavour

3

4

5

6

Via delle Grazie

Vic. Cincinnato

ⓘ Madonna
delle Grazie,
Pareti

Via del Cavatore

Via Verdi

ⓘ
Piazza
Matteotti

Via Operdan

ⓘ Agenzia
Turistica
Immobiliare
Soltur

Via
Via Mazzini

Ⓜ
**Museo dei Minerali
„Alfeo Ricci"**

Via della Fortezza

Via Speri

@

7

Via Pellico

Via Giotto

Via Soprana

8 Piazza
Garibaldi

Via Cagni

Via Menotti

Via Gori

Via Appiani

Via Alighieri

Via Melini

Via Melini

2

allem **Magnetit** gelebt. Ende des 19. Jh. wanderten viele Bewohner als Folge der Reblausplage aus. Als im 20. Jh. die letzten Minen in den 80er Jahre schlossen, wandte man sich dem **Tourismus** zu. Dieser hatte bereits in den 1970er Jahren begonnen, als die kleinen Buchten der Halbinsel von Fremden entdeckt wurden und man dort die ersten provisorischen Bars errichtete. Diese Entwicklung wird sehr schön in dem Buch von *Henky Hentschel,* „Auf dem Zahnfleisch durch Eden", beschrieben (s. „Literaturtipps" im Anhang diese Buches).

Heute zählt Capoliveri zu den **beliebtesten Orten Elbas,** und die Buchten der Halbinsel Calamita sind weitestgehend erschlossen.

Sehenswürdigkeiten

Museo dei Minerali „Alfeo Ricci"

Unterhalb der großen Piazza Matteotti befindet sich in den Räumen der alten Zisterne das **Mineralienmuseum.** Es handelt sich hierbei um die Sammlung, die der Autodidakt *Alfeo Ricci* zwischen den 1930er und 60er Jahren anlegte und die von seinen Erben weitergeführt wurde. 2002 beschlossen *Gianfranco Ricci* und die Gemeinde Capoliveri, die Sammlung der Öffentlichkeit zugänglich zu machen. Sie gibt einen Überblick über die mineralogische Vielfalt Elbas und zeigt ein paar interessante Exemplare von Pyrit, Hämatit, Malachit und Quarzkristallen.

■ **Museo dei Minerali „Alfeo Ricci",** Via Palestro, Tel. (0565) 935492; geöffnet Mai bis September tägl. 9.30–12.30 und 16.30–18.30 Uhr, sonn- und feiertags nur vormittags, Di Ruhetag; Eintritt 2,50 €. Mo und Mi 10 Uhr finden geführte Touren ins Untertagebergwerk von Ginevro (2 Std.) statt, 14,50 €, Senioren und Kinder unter 12 Jahren 9 €, nur nach Anmeldung.

Madonna delle Grazie

Folgt man von Capoliveri aus der Straße in Richtung der Buchten Morcone und Innamorata, so biegt nach knapp 1 km die ausgeschilderte Straße zur Madonna delle Grazie ab. Die im 16. Jh. erbaute **Wallfahrtskirche** hat die Form eines lateinischen Kirchenkreuzes und ist mit einem Gewölbe und einem Glockenturm im orientalischen Stil versehen. Über dem Altar befindet sich ein **Bild der Madonna mit Kind,** das einem Schüler *Michelangelos* zugeschrieben wird. Die Legende besagt, dass *Napoleon,* als er es erblickte, dem damaligen Bürgermeister von Capoliveri befahl, das Bild in seine Residenz zu bringen. Als dieser es abnehmen wollte, sollen seine Arme jedoch wie angewurzelt an dem Bild haften geblieben sein. Es gelangte nie zu *Napoleon,* und der Bürgermeister stattete dem Heiligtum seitdem täglich einen frommen Besuch ab. Allerdings kann das Bild heute nicht mehr oft bewundert werden, denn die Kirche ist meist **nur für die Messe geöffnet.**

▷ Gasse in Capoliveri

2

133el jc

Praktische Tipps

Anreise

■ Zwischen Capoliveri und Portoferraio bzw. Porto Azzurro verkehren die **Busse** sieben- bis zehnmal täglich. Bei einigen Verbindungen muss man am Abzweig von/nach Capoliveri umsteigen. Der Busfahrer sagt Bescheid.

■ Im Sommer fahren zwischen Capoliveri und den **Stränden** von Naregno, Lido, Morcone, Pareti und Innamorata von morgens bis abends etwa stündlich kleine **Busse;** Hin- und Rückfahrt 1 €.

■ Das Zentrum von Capoliveri ist **für den Autoverkehr gesperrt,** abgesehen von Lieferfahrzeugen und besonderen Ausnahmen. Unterhalb der Stadt gibt es aber mehrere **Parkplätze,** von denen aus man die Stadt gut zu Fuß erreichen kann.

Information

■ **Ufficio Informazioni Turistiche,** Piazza Matteotti, Tel. (0565) 935551, www.aptelba.it; geöffnet Juni bis Mitte September tägl. 17–23 Uhr, Mo Ruhetag; Sprachen: Englisch, Französisch, Deutsch.

Sehr hilfreich sind aber auch folgende **Reisebüros,** die bei der Vermittlung von Unterkünften helfen, auf Anfrage auch Verzeichnisse zuschicken sowie Fähren, Flüge etc. buchen (englischsprachig):

■ **Ufficio Turistico della Lucia,** Loc. Pareti, Tel. (0565) 935479, www.agenziacapoliveri.com.

■ **Agenzia Turistica Immobilare Soltur,** Via Oberdan 6, Tel. (0565) 935161, www.solturelba.com.

■ **Pianeta Elba,** Via Roma 93, Tel. (0565) 935482, www.pianetaelba.it.

Nützliche Adressen

■ Die **Post** befindet sich gleich beim Rathaus in der Via Luperi 1; geöffnet Mo–Fr 8.15–13.30 Uhr, Sa 8.15–12.30 Uhr.

■ Im Ort gibt es **mehrere Banken mit Geldautomaten;** geöffnet Mo–Fr 8.30–13 Uhr.

■ Der kleine Laden **Happy Games** in der Via Tito Sperri 22 im Stadtzentrum bietet auch einen **Internetzugang** an; ganzjährig geöffnet, 10 Min. für 3 €.

Unterkunft

In Capoliveri selbst **gibt es keine Hotels,** doch es besteht die Möglichkeit, Apartments und Zimmer über die oben genannten Reisebüros zu mieten. Auf Anfrage bekommt man auch einen Katalog zugeschickt. Wer um Capoliveri und auf der Halbinsel Urlaub macht, sollte berücksichtigen, dass man hier ein **eigenes Fahrzeug** braucht.

■ **Casamacchia**④, Loc. San Francesco, Tel. (0565) 968367, www.casamacchia.com. Bei dem gut 5000 qm großen Grundstück handelt es sich um das ehemalige Atelier von *Fitz Hagel,* der hier gelebt und gearbeitet hat. Die verschieden großen und einladend eingerichteten Appartements für 2–6 Personen (350–1300 € pro Woche) haben alle einen separaten Eingang, oftmals hat man einen wundervollen Blick auf die umliegenden Landschaften, Sonnennauf- und -untergang. In 10–15 Min. ist man am Strand oder in Capoliveri. Leider wurde von einigen Gästen berichtet, dass Service und Ausstattung nicht dem Preis entsprechen.

■ Außerdem gibt es an der Küste der **Halbinsel Calamita** in den verschiedenen Buchten viele Zeltplätze, Hotels und Apartmentanlagen. Bei der Beschreibung der jeweiligen Strände sind diese gegebenenfalls mit beschrieben.

Essen und Trinken

■ **Restaurant Forno Vecchio,** Vicolo Galliano 1, mobil 328-2575924; geöffnet tägl. ab 19 Uhr. Neu eröffnet, spezialisiert auf Fisch; Primi ab 7 €. Empfehlung des Hauses sind die *trofu alle cicale di mare* (Meereszikade) und *trofu primavera.*

MEIN TIPP: **Restaurant** und **Pizzeria Il Vecchio Borgo,** Via Roma 2, Tel. (0565) 967073; geöffnet tägl. 12–15 und 19–23 Uhr, Mi Ruhetag. Schneller und guter Service, gute Pizza.

■ **Paninoteca,** Via Cavour 14, Tel. (0565) 968543, geöffnet tägl. 12–14.30 und 19–24 Uhr, Mi Ruhetag. Gemütliches Lokal mit Selbstbedienung, Tische und Stühle im Gässchen und auf den Stufen.

■ **Birreria,** Via Cavour 20; geöffnet tägl. ab 21 Uhr. Am Tage fast nicht zu bemerken, am Abend sitzt man hier nett beim Bier.

■ **Restaurant Il Chiasso,** Vicolo N. Sauro 9, Tel. (0565) 968709; geöffnet tägl. 12–14.30 Uhr und ab 19 Uhr, Di Ruhetag. Gut, dafür auch nicht ganz preiswert.

Einkaufen

Capoliveri ist verglichen mit den anderen Orten auf der Insel ein relativ **teures Pflaster,** allerdings findet man hier auch einige besondere Angebote.

Das Weintraubenfest in Capoliveri

🦋 Die Bewohner von Capoliveri und der Halbinsel Calamita haben schon immer vom Bergbau und Weinanbau gelebt. Die **Weinernte** wurde einst jedes Jahr **wie ein Erntedankfest** zelebriert. Mit der Aufgabe der Minen und dem neuen Geschäft Tourismus besann man sich wieder auf alte Feste, die gerne von **Touristen** besucht werden. So erinnerte man sich auch an das alte Weintraubenfest, **Festa dell'Uva,** das es in leicht veränderter Form seit 1995 wieder gibt.

Capoliveri besteht aus **vier Stadtteilen,** die sich um die Via Roma und die Piazza Matteotti gruppieren: Il Baluardo, Il Torre, Il Fosso und La Fortezza. Diese konkurrieren um die **Statue des römischen Weingottes Bacchus.** Entscheidend für den Gewinn ist nicht in erster Linie die Qualität des lokalen Weines, sondern wie die gestellte Aufgabe gelöst wird. Diese besteht darin, den gesamten Stadtteil **entsprechend einer selbst gewählten Epoche zu gestalten,** d.h. Läden, Speisen, Kleidung, Gebrauchsgegenstände etc.

An einem Wochenende Ende September, Anfang Oktober ist es dann so weit, und die Tore zu den einzelnen Stadtteilen öffnen sich. Da stehen Eselchen herum, sind Weinstöcke „angepflanzt", Teiche mit Enten angelegt, gegen eine kleine Spende werden Wein und Imbisse verteilt, überall hängen Weintrauben, plötzlich gibt es Kellerlokale, wo zuvor nur ein Verschlag war, Kapellen spielen auf ... Eine **Kommission** geht umher und berät, um am späteren Sonntagnachmittag zu verkünden, welcher Stadtteil in diesem Jahr die Bacchus-Statue erhält. Oftmals findet vorher noch ein **Umzug** auf der Piazza Matteotti statt. Die Gewinner ziehen mit der immerhin gut 3 m hohen Statue in ihren Stadtteil, wo es ein **Essen** für alle Bewohner gibt. Wenn das Wetter gut ist, wird auf der großen Piazza vielleicht auch noch **Musik** gespielt.

Das ganze Fest ist ein Riesenspektakel und zieht **viele Besucher** an. Manchmal kommt man in diesem bunten Treiben in den engen Gassen kaum vorwärts. Doch mit etwas Geduld und einem guten Blick kann man sicherlich ein Plätzchen finden, wo es sich aushalten lässt und man von dem aus man alles gut beobachten kann.

■Vor allem **Schmuckgeschäfte** bieten ausgefallene Stücke an; die meisten finden sich in der Via Roma und der Via Claris Appiani.

■**Inselmarkt:** Do 8–13 Uhr in der Via Italia.

Feste

■Seit 1996 wird jedes Jahr Ende Mai die **Festa del Cavatore** („Fest des Bergmannes") zelebriert, bei dem der Ort durch einen Umzug frühmorgens geweckt und etwas später eine Messe gelesen wird. Am Nachmittag werden Gedenkmünzen an ehemalige Bergleute verliehen und eine Kapelle spielt auf.

■Immer am **14. Juli** wird in der Bucht Innamorata die **Festa dell'Innamorata** gefeiert (s. Exkurs „Das Fest der Verliebten").

■Am **16. August** wird das Fest zu Ehren des **Schutzheiligen San Rocco** gefeiert.

■**Ende September/Anfang Oktober** findet in Capoliveri die **Festa dell'Uva** statt (s. Exkurs „Das Weintraubenfest in Capoliveri").

Fahrzeugvermietung

■**BWS Rent,** Via Mazzini 7, Tel. (0565) 935287; geöffnet Mo–Sa 9.30–13 und 17–19 Uhr. Kleiner Verleih im Zentrum neben dem COOP; Fahrräder ab 12 €, Scooter ab 35 €, Kleinwagen ab 55 € pro Tag, Preisnachlass bei längerer Anmietung.

■**Rent Colombi,** Via Roma 18, Tel. (0565) 968698; geöffnet tägl. 8–13 und 17–20 Uhr. Spezialisiert auf Motorräder, Scooter ab 20 € pro Tag; man spricht Deutsch.

> Blick auf die Halbinsel Calamita vom Monte Tambone aus

Halbinsel Calamita

Diese Halbinsel – von der UNESCO als geologisches Monument von weltweitem Interesse eingestuft – besteht aus dem **Massiv des Monte Calamita,** der an seiner höchsten Stelle 413 m misst. Die Spitze kann man allerdings nicht erreichen, sie ist **militärisches Sperrgebiet.**

Der **Name** erklärt sich aus den Magnetitvorkommen der Gegend: Monte Calamita bedeutet „Magnetberg". Achtung jedoch bei der **Aussprache,** es sollte nicht „Calamitá" heißen, denn das bedeutet „Unheil" (zur korrekten Betonung italienischer Wörter siehe „Kleine Sprachhilfe" im Anhang dieses Buches), sondern Calamíta. Unheil soll die Halbinsel jedoch einigen Schiffen gebracht haben. Denn die Magnetwirkung des sehr eisenhaltigen Minerals soll dafür gesorgt haben, dass einige **Kompassnadeln** verrückt spielten, demzufolge die Schiffe vor der Küste aufliefen und schließlich sanken.

Die Halbinsel ist ein kleines **Mekka für Mineralienfreunde.** Zwar darf man nicht mehr in den aufgelassenen Tagebauten nach Steinen suchen und schon gar nicht klopfen. Doch mit viel Glück kann man auf den Wegen Bergkristall, Hämatit, Malachit und auch Amethyst finden. Überall sind noch die Reste alter Tagebauanlagen zu sehen, am Meer ragen alte Förderanlagen in die Höhe oder ins Wasser, und an vielen Stellen ist die Erde rot vom oxidierten Eisen.

1998 hat es auf der Halbinsel einen großen **Brand** gegeben, dem viele Bäu-

me zum Opfer gefallen sind. In der Zwischenzeit hat man einige Flächen wieder aufgeforstet, dennoch wirkt die **Landschaft eher karg.** Der Süden der Halbinsel und die Costa dei Gabbiani („Küste der Silbermöwen") im Südosten gehören zum **Parco Nazionale dell'Arcipelago Toscano.** Am besten lässt sich dieser Küstenabschnitt auf einer Bootstour von Porto Azzurro aus bewundern (s. Ortsbeschreibung).

Über die Calamita-Halbinsel führt ein vielfältiges **Wegenetz,** das noch aus den Zeiten des aktiven Bergbaus stammt. Sehr beliebt ist dieses Terrain bei **Mountainbikern,** da die Wege breit und ohne Autoverkehr sind, abgesehen von ein paar Versorgungsfahrzeugen.

Die Halbinsel bietet eine Vielzahl an **Stränden;** eine kleine Auswahl ist nachfolgend beschrieben. Einige sind sehr klein und abgeschieden, andere liegen in weiten Buchten mit goldgelbem Sand und eignen sich gut zum Schnorcheln. Wieder andere sind leicht grau vom Eisenerz und bieten fantastische Aussichten. Wenn der Scirocco weht, kann das **Wasser** an der Ostküste zuweilen etwas **trüb** sein. Alle großen Strände sind mit einer direkten Zufahrt, Parkplatz, Bar, Restauration und Verleihservice versehen. Im Hinterland gibt es Campingplätze, Hotels und Apartmentanlagen.

Spiaggia del Lido

An der Straße von Portoferraio nach Porto Azzurro liegt der Abzweig zur Spiaggia del Lido, dem Stadtstrand von Capoliveri. Es ist ein nach Süden ausgerichteter goldgelber Sandstrand, der allen denkbaren Service anbietet und auch für Rollstuhlfahrer geeignet ist. Der Lido von Capoliveri wurde als einer der ersten Strände der Calamita-Halbinsel erschlossen. Besonders für Jugendliche ist er am Abend ein beliebter Treffpunkt.

■ **Service:** Parkplatz, Verleih von Liegestühlen und Sonnenschirmen, Wassersport, Gastronomie, Unterkunft, Campingplatz

Unterkunft

■ **Hotel Antares**⑤, Lido di Capoliveri, Tel. (0565) 940131, www.elbahotelantares.it. Sehr gut ausgestattetes Hotel mit Pool und Privatstrand, mit schönen Plätzen zum Verweilen, guter Service, allerdings etwas teurer, nur mit Halbpension buchbar.
■ **Villa Capitorsola**④, Loc. Colle del Lido di Capoliveri, Tel. (0565) 933546, www.villacapitorsola.it (auch auf Deutsch). Neues B&B oberhalb des Lido mit Panoramablick, Garten, angenehm eingerichteten Zimmern und einem reichhaltigem Frühstücksbuffet. Es werden 2–4-Bettzimmer vermietet.

Camping

■ **Camping Europa,** Lido di Capoliveri, Tel. (0565) 940121, Tel. im Winter (0565) 940134, www.elbacampingeuropa.it (auch auf Deutsch). Gut ausgestatteter Zeltplatz mit Supermarkt, Bar, Pizzeria und diversen Freizeitangeboten; 9–15 € p.P., 1–17 € pro Zelt, Wohnanhänger/-mobil 1–20 € pro Tag.

Wassersport

■ **Tauchstation Talas Diving,** Lido di Capoliveri, mobil 335-8022027, www.subacquea.com (auch auf Deutsch). Deutschsprachige Station, Kurse, Tauchgänge, Flaschenfüllungen.

Barabarca und Zuccale

Auf der Zufahrtsstraße nach Capoliveri sind nach links die Strände Barabarca und Zuccale ausgeschildert, die beide über einen angegliederten Parklatz verfügen (im Sommer gebührenpflichtig). Der **Barabarca-Strand** besteht zumeist aus hellen Kieselsteinen und ist noch sehr naturbelassen, er bietet keinerlei Service.

Ganz anders dagegen der **Zuccale-Strand,** der mit seinem goldgelben Strand ein beliebtes Ziel von Strandurlaubern ist. Neben Bar und Restaurant sowie verschiedenen Verleihangeboten bietet er eine wunderbare Aussicht auf die Stella-Bucht mit dem Monte-Capanne-Massiv im Hintergrund.

■ **Service:** Parkplatz, Verleih von Liegestühlen und Sonnenschirmen, Wassersport, Gastronomie

Spiaggia di Morcone

Folgt man der Ausschilderung von Capoliveri aus, gelangt man nach 3 km an diesen idyllischen Sand- und Kiesstrand. Ursprünglich diente er nur den Fischern, um ihre Boote hier zu lagern. Heute haben sich im Hinterland einige Apartmentanlagen, Hotels und ein Campingplatz angesiedelt. Der Strand liegt sehr geschützt mit Blick nach Südwesten, bietet alle Bequemlichkeiten und ist außerdem Sitz einer deutschsprachigen Tauchschule.

■ **Service:** Parkplatz, Wassersport, Gastronomie, Unterkunft, Camping

Unterkunft

■**Hotel La Scogliera**③, Loc. Morcone, Tel. (0565) 968424, www.lascogliera.com. Kleines, von einer deutschen Familie geführtes Hotel oberhalb der Morcone-Bucht, mit kleinem Garten; auch Apartments für 2–4 Personen für 56–128 € pro Tag.

Camping

■**Croce del Sud,** Loc. Morcone, Tel. (0565) 968 640, www.camping.it/elba/crocedelsud (auch auf Deutsch). Familiengeführter kleiner Campingplatz mit Supermarkt und Restauration, gut geeignet für Familien; 4–13 € p.P., 7,50–14 € pro Zelt, Wohnanhänger/-mobil 7–15 € pro Tag.

Wassersport

■**Tauchstation Aquanautic-Elba**, Loc. Morcone 33, Tel. (0565) 935505, mobil 339-6385979, www. aquanautic-elba.de. Deutsche Tauchbasis, die einzelne Tauchgänge, aber auch Kurse anbietet; auch Hilfe bei Vermittlung von Unterkünften.

Das Fest der Verliebten

Die Legende erzählt von der Liebe zwischen Maria und Lorenzo, die sich heimlich in einer kleinen Bucht an der Westküste der Halbinsel Calamita trafen, weil die reiche Familie von *Lorenzo* sich gegen eine Heirat mit *Maria*, deren Familie über keinerlei Besitz verfügte, sperrte. Als *Maria* am 14. Juli 1534 zu ihrer Verabredung mit *Lorenzo* eilte, sah sie von oberhalb der Bucht, wie *Lorenzo* von **Piraten** überwältigt wurde. Als sie schließlich in der Bucht ankam, sah sie den leblosen Körper ihres Geliebten im Meer treiben. Voller Verzweiflung stürzte sie sich ins Meer, um ebenfalls zu sterben. Dabei ließ sie ihren **Schal** am Strand zurück. Dieser wurde vom Wind an einen Felsen getragen, der seither den Namen La Ciarpa („Der Schal") trägt. Die Bucht heißt seitdem **Cala dell'Innamorata.**

Von dieser Geschichte hörte der **spanische Adelige Domingo Cardenas,** der sich hier niedergelassen hatte. Er beschloss, der beiden Liebenden mit einem alljährlichen Fest zu gedenken. So hat die **Festa dell'Innamorata** eine mehr als 300-jährige Tradition.

Jedes Jahr am 14. Juli wird die **Geschichte** von *Maria* und *Lorenzo* **nachgespielt.** Dazu setzt sich am Abend ein **Festzug** von ca. 80 Leuten in historischen Kostümen von Capoliveri in Richtung der Cala dell'Innamorata in Bewegung. Unter ihnen sind Musiker, Würdenträger und natürlich eine *Maria*. Unterwegs kommen weitere Personen hinzu, sodass der Zug immer größer wird. Am Meer, das von vielen Fackeln erleuchtet ist, beginnt der **Wettkampf um den Schal,** die „Disfida della Ciarpa". Bei diesem Wettkampf, dem eigentlichen Höhepunkt des Festes, versuchen die Fischer aus den vier Stadtteilen Capoliveris, den Schal der *Maria* zu erlangen. Dabei kommen sie mit Booten aus der nahe gelegenen Morcone-Bucht und legen die letzten Meter zum Strand schwimmend zurück. Der Gewinner übergibt den Schal an *Don Domingo,* der die von der Siegergruppe erwählte *Maria* des folgenden Jahres ernennt und ihr den Schal zur Verwahrung übergibt. Abgeschlossen wird dies alles mit einem großen Fest.

Spiaggia di Pareti

Einige Kilometer weiter gelangt man zum kleinen Sandstrand Spiaggia di Pareti, wo einst *Jacques Mayol* und *Umberto Pelizzari* ihre Weltrekorde im Tauchen ohne Atemgerät aufstellten. Der Strand ist für Rollstuhlfahrer geeignet und verfügt über einen Parkplatz (im Sommer gebührenpflichtig).

■ **Service:** Parkplatz, Verleih von Liegestühlen und Sonnenschirmen, Wassersportangebote, Gastronomie, Unterkunft

Unterkunft

■ **Hotel Dino**④, Spiaggia di Pareti, Tel. (0565) 939103, www.hoteldino.com (auch auf Deutsch). Kleines, familiengeführtes Hotel mit 30 funktional eingerichteten Zimmern; es liegt etwas oberhalb und verfügt über einen Privatstrand mit Liegestühlen und Sonnenschirmen (im Preis inbegriffen); nur mit Halbpension.

Spiaggia dell'Innamorata

MEIN TIPP: Etwas weiter südlich von der Pareti-Bucht liegt die Spiaggia dell'Innamorata, die nicht nur wegen des jährlich **am 14. Juli hier stattfindenden Schauspiels** bekannt ist, sondern auch wegen ihres schönen von Felsen eingerahmten Sand- und Kiesstrandes. Etwas vorgelagert befinden sich die Zwillingsinseln, bei denen man sehr gut schnorcheln kann. Die Bucht verfügt über allen gewünschten Service und wird besonders von den Bewohnern der weiter oberhalb gelegenen Apartmentanlage *Villaggio Turistico Innamorata* genutzt.

■ **Service:** Parkplatz, Wassersportangebote, Gastronomie, Unterkunft

☑ Fantastische Muster entstehen durch die Vermischung von hellem und hämatithaltigem Sand

065el ah

Spiaggia di Straccoligno

Von Capoliveri aus ist die Straße zur im Osten liegenden Bucht von Straccoligno ausgeschildert. Dieser lange Sandstrand ist in letzter Zeit besonders bei Familien immer beliebter geworden. Weiter oberhalb befindet sich ein Parkplatz (im Sommer gebührenpflichtig). Aufgrund seines guten Zugangs ist Straccoligno auch für Rollstuhlfahrer geeignet. Mit etwas Glück kann man hier einige schöne Steine wie z.B. Rosenquarz finden.

■ **Service:** Parkplatz, Verleih von Liegestühlen und Sonnenschirmen, Wassersportangebote, Gastronomie, Unterkunft

Spiaggia di Naregno

An der Zufahrtsstraße nach Capoliveri liegt auch die Abzweigung zur Spiaggia di Naregno, dem längsten Strand an der Ostseite der Calamita-Halbinsel. Der Sandstrand ist gut für Familien geeignet, ebenso für Rollstuhlfahrer. Entlang der Bucht befinden sich verschiedene Hotels und Apartmentanlagen, die besonders in den beiden Monaten Juli und August so gut wie ausgebucht sind. Am südlichen Ende gibt es einen kleinen Fußpfad, der an der Küste entlang zur Festung Focardo führt, die für die Öffentlichkeit allerdings nicht zugänglich ist (s. auch Porto Azzurro).

■ **Service:** Parkplatz, Verleih von Liegestühlen und Sonnenschirmen, Wassersportangebote, Gastronomie, Unterkunft

Unterkunft

■ **Franks**⑤, Loc. Naregno, Tel. (0565) 968144, mobil 348-5860755, www.frankshotel.com (auch auf Deutsch). Ein schon lange hier ansässiges Hotel, das neben gut ausgestatteten Zimmern auch einen zuvorkommenden Service bietet, außerdem Tennisplatz und schöne Gartenanlage, auch für Familien geeignet; nur mit Halbpension.

■ **Hotel Villa Rodriguez**④, Loc. Naregno, Tel. (0565) 968423/968947, www.villarodriguez.it (auch auf Deutsch). Hotel am Naregno-Strand in schöner Gartenanlage und mit funktional eingerichteten Zimmern, nur mit Halbpension.

Rundwanderung um den Monte Calamita

■ **Ausgangs- und Endpunkt:** Capoliveri
■ **Schwierigkeitsgrad:** leicht
■ **Gehzeit:** 3½ Std.
■ **Höhenmeter:** +/-200 m
■ **Wegbeschaffenheit:** etwas Fahrstraße, die meiste Zeit breiter Schotter- oder Fahrweg, der kurze Aufstieg ist steil.
■ **Ausrüstung:** feste Wanderschuhe, ausreichend Wasser, Proviant, Sonnenschutz und Kopfbedeckung.

Vom **Rathaus** in Capoliveri an der Piazza del Cavatore geht man in die gegenüberliegende Straße in Richtung der Carabinieri und an diesen geradeaus vorbei. Die Asphaltstraße wird zum Fahrweg und geht in einen steilen Anstieg (kein Schatten!) über. Nach ca. 20 Min. erreicht man eine schöne einzeln stehende **Pinie,** von der man einen weiten Blick bis Porto Azzurro, Portoferraio,

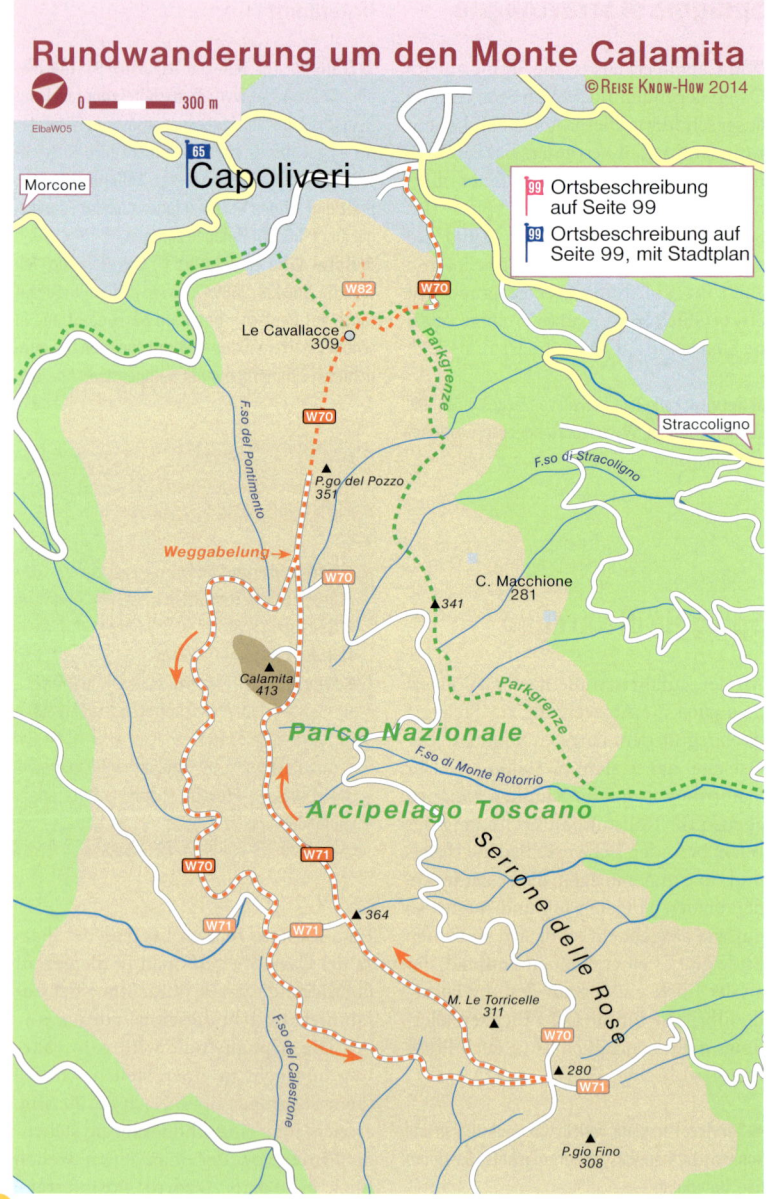

Rundwanderung um den Monte Calamita

0 ___ ___ 300 m

© Reise Know-How 2014

ElbaW05

Morcone

65 Capoliveri

| 99 | Ortsbeschreibung auf Seite 99 |
| 99 | Ortsbeschreibung auf Seite 99, mit Stadtplan |

W82   W70

Le Cavallacce
309

Parkgrenze

W70

Straccoligno

F.so del Pontimento

P.go del Pozzo
351

F.so di Stracoligno

Weggabelung

W70

C. Macchione
281

341

Calamita
413

Parco Nazionale

Parkgrenze

F.so di Monte Rotorrio

Arcipelago Toscano

W70   W71

Serrone delle Rose

W71

364

W71

M. Le Torricelle
311

W70

F.so del Calestrone

280
W71

P.gio Fino
308

2

zum Monte Capanne und die ganze Südküste entlang hat. Allein dafür lohnt sich der Aufstieg schon. Auf dem breiten Fahrweg geht es ca. noch 5 Min. weiter leicht bergan, bis man zu einer **Weggabelung** kommt. Es empfiehlt sich, rechts um den Monte Calamita herum zu gehen. Dazu bleibt man immer auf dem breiten, bequemen Hauptweg (**Nr. 70**). Man kann die Westküste der Halbinsel und viele der alten Abbaugebiete sehen. Nach ca. 50 Min. erreicht man eine lange Holzbank; man bleibt ca. weitere 20 Min. auf dem Weg, bis man auf eine Art **Sattel** kommt, von dem viele Wege abgehen. Hier nimmt man den **Weg Nr. 71,** der in einem kleinen Bogen nach links weiter hinaufführt. Durch einen schattigen Nadelwald gelangt man nach ca. 40 Min. an die bekannte Weggabelung nach dem Aufstieg. Ab hier beginnt der Abstieg (wie der Aufstieg).

Porto Azzurro

Die Straße von Portoferraio führt direkt nach Porto Azzurro. Erst zum Ende hin wird es leicht kurvig, und plötzlich hat man den Hafen von Porto Azzurro vor Augen. Fast jedem entlockt es in diesem Moment einen Laut der Bewunderung. Die hohen, schroffen **Felsen** im Hintergrund schaffen eine atemberaubende Kulisse. Sie bestehen aus rotem Rhyolit (Jaspis), was den Kontrast zur grünen Macchia und dem blauen Meer noch verstärkt. Im Vordergrund strahlt der Hafen, in dem Segelschiffe und einige Jachten neben Fischerbooten schaukeln.

Mittelpunkt ist die lang gezogene Piazza Giacomo Matteotti. Zu jeder Tageszeit ist Leben auf der Piazza, besonders jedoch am Abend. Viele Bänke laden dazu ein, sich auszuruhen und den Flanierenden zuzusehen. In den Gässchen um die Piazza findet man viele wunderschöne Straßencafés, Bars, Restaurants, Spezialitäten- und Bekleidungsläden; nicht zu vergessen die **Mineralienläden,** die hier so zahlreich wie in keinem anderen Ort auf Elba sind.

Zur Rechten der Bucht erhebt sich etwas weiter oberhalb die **Festung San Giacomo,** früher auch „Fortezza Longone" genannt. Sie beherbergt heute immer noch ein **Gefängnis** und ist nicht zu besichtigen. Der Besucher gelangt bis vor die großen Mauern, wo es ein kleines Lädchen gibt, in dem von den Gefängnisinsassen angefertigte Souvenirs wie Strick- und Töpferwaren verkauft werden. Weitaus interessanter ist der Weg unterhalb der Festung, der am Ende des Hafens beginnt und einige sehr schöne Ausblicke bereithält. Geht man diesen Weg bis zum Ende, so gelangt man in die Badebucht **Spiaggia di Barbarossa.**

Auch wenn Porto Azzurro nicht über viele Bademöglichkeiten verfügt, so ist es doch ein schöner Urlaubsort. Mit seiner Weite, dem Hafen und den vielen Schiffen, der sonnigen Piazza, den Cafés und Sonnensegeln und den vielen Möglichkeiten, sich einfach so treiben zu lassen, zieht Porto Azzurro **viele Besucher** an, und sei es nur für einen Tag.

Geschichte

Der ursprüngliche **Name** des Ortes, „Porto Longone", geht auf die Form der

Ⓜ *La Piccola Mineria,*
Ⓜ *Museo Minerario Etrusco*
⛪ *Madonna di Monserrato*

V. Provinciale
Via Romita
Via Cerboni
Via Kennedy
Viale Italia
Via XXV. Aprile
Via Nardelli
Via Marconi
Via del Calvario
Via Sant'Anna
Via Solferino
1
Via Cavour
2
Via Ricasoli
3
Via dei Martiri
ⓘ
4
Vicolo S. Martino
Largo Andreani
Via d'Alarcon
Piazza Matteotti
Via Vitaliani
● *Hafenamt*
Banchina IV. Novembre
5
S. Giovanni
Ⓑ
Salita Capo
Via Veneto
La Rossa
6
7

6
🏖 *Pianotta,*
Spaggia di Barbarossa,
⚔ *Festung San Giacomo,*
★ *Laghetto di Terra Nera*

🟦 **Essen und Trinken**	🟥 **Übernachtung**	🟦 **Wassersport**
2 Corto Maltese	1 Hotel Due Torri	6 Tauchstation Omnisub
3 Da Floriano	5 Hotel Belmare	7 Porto Azzuro Diving Center
4 Barkollo		

Bucht zurück, die damals noch weit bis in die Ebene von Mola hineinreichte und erst später versumpfte. Vor der Küste wurden einige Funde gemacht, die darauf hindeuten, dass die **Römer** hier schon eine kleine **Hafenanlage** errichtet hatten.

Im Mai 1603 gingen in dieser Bucht **spanische Truppen** an Land und begannen mit dem Bau der **Festung Piazza di Longone,** aus der dann später Fortezza Longone wurde. Der Architekt *Don Gar-* *cia de Toledo* orientierte sich beim Bau der Festung mit ihren Schutzwällen und dem sternförmigen Grundriss an der Festung von Antwerpen. Im Inneren befanden sich der Gouverneurspalast, Wohnungen für die Offiziere, Räume für 2000 Soldaten, diverse Magazine für Waffen und Lebensmittel sowie eine Zisterne und eine Kapelle. Am Fuße der Festung ließen sich Handwerker und Händler sowie Fischer aus dem damals noch spanischen Neapel nieder. Allmählich entstand eine kleine Siedlung, die sich in Anlehnung an den Namen der Festung „Porto di Longone" nannte. Viele Straßennamen stammen aus dieser spanischen Zeit wie beispielsweise die Via D'Alarcon.

Gegenüber, auf der anderen Seite des Golfs von Mola, begann man 1678 mit dem Bau der kleinen, aber massiven **Fortezza del Focardo.** Der Architekt und Ingenieur *Alessandro Piston* überwachte die Arbeiten, die schon nach zwei Jahren abgeschlossen waren. 1848 installierte man in der Festung einen Leuchtturm. Dieser wird heute automatisch betrieben. Die Burg ist im Besitz der Marine und leider nicht öffentlich zugänglich.

1802 wurde die Insel **Frankreich zugesprochen.** Das ehemals spanische Longone wurde französisch und verlor an Bedeutung, denn als *Napoleon* 1814 nach Elba kam, wählte er Portoferraio als Regierungssitz.

Später nutzte man die Festung als **Gefängnis,** was dem Ort bis heute Arbeitsplätze sichert. Im Italienischen gibt es die Redewendung „einen Besuch in Longone machen", um einen Gefängnisaufenthalt zu beschreiben. Als nach dem Zweiten Weltkrieg ein Umdenken in Richtung Tourismus einsetzte, entschloss man sich, den Ort, den jeder Italiener mit „Gefängnis" in Verbindung bringt, in „Porto Azzurro" umzubenennen; mit „azzurro" wird die schöne Farbe des Meeres beschrieben. Heute sind in der Festung San Giacomo ca. 500 Gefangene untergebracht.

Sehenswürdigkeiten

La Piccola Mineria und Museo Minerario Etrusco

An der Hauptstraße nach Rio nell'Elba liegen ca. 1 km hinter dem Zentrum von Porto Azzurro auf der rechten Seite die beiden **Museen.** Die „Kleine Mine" ist der **Nachbau eines Bergstollens,** durch den man mit einem kleinen Zug *(trenino)* fährt und Wissenswertes über den Abbau und das Leben der Bergleute erfährt. Das angegliederte **Museum zur Verhüttung der Eisenerze in etruskischer Zeit** bietet neben einigen Modellen von Schmelzöfen und Verladestationen vor allem ein paar Prachtexemplare der hier abgebauten Mineralien. Insgesamt ist allerdings zu sagen, dass das Preis-Leistungs-Verhältnis nicht stimmig ist.

■ **La Piccola Mineria** und **Museo Minerario Etrusco,** Loc. Pianetto, Tel. (0565) 95350; geöffnet täglich 9–13 und 14.30–19 Uhr, Juli/August abends bis 24 Uhr; Eintritt für beide Museen 7 €, Kinder unter 12 Jahren 5,50 €, ansonsten jeweils 6 € für die Mine, ermäßigt 4,50 € und für das Etruskische Museum 2 €, Senioren und Kinder unter 12 Jahren 1,50 €.

Madonna di Monserrato

Als der spanische Gouverneur von Piazza di Longone, *José Pons y Leon,* auf dem Weg nach Elba in einen schweren Sturm geriet und diesen überlebte, ließ er 1606 zum Dank für seine Rettung die **Kirche** der Madonna di Monserrato errichten. Dazu wählte er einen Ort in den Bergen oberhalb der Festung, der abgeschieden lag und eine Kulisse wie die katalanischen Berge bot. Vorbild für das kleine Gotteshaus war die gleichnamige Kirche bei Barcelona. *Pons* ließ außerdem noch eine Kopie der **Schwarzen Madonna von Monserrat** anfertigen, die er der Kirche schenkte. Nach seinem Tod ließen sich hier Mönche nieder, und bis in die heutige Zeit ist die Kirche ein **Wallfahrtsort** geblieben. Viele kommen hierher, weil sie die besondere Ruhe an diesem Platz schätzen (s. „Wanderung zur Madonna di Monserrato"). Allerdings ist die Kirche jeweils nur für eine Woche im September geöffnet (siehe „Feste").

Laghetto di Terra Nera

Nördlich von Porto Azzurro und der Spiaggia Reale befindet sich der Laghetto di Terra Nera, der nur durch einen schmalen Landstrich vom Meer getrennt ist (s. „Strände"). Bei dem grün schimmernden **See** handelt es sich um eine **aufgelassene Pyritgrube,** die sich im Laufe der Zeit mit Süßwasser gefüllt hat, und natürlich auch mit Meerwasser, wenn im Winter die stürmischen Winde das Wasser über die Ufer treten lassen. Der See und das dahinter liegende Gelände sind gesperrt. Doch mit etwas Glück kann man auf dem Land zwischen See und Meer das eine oder andere Stück **Hämatit** und **Pyrit** finden. Leider liegt in der Bucht meist viel angeschwemmter Müll.

Praktische Tipps

Anreise

■ Der öffentliche **Bus** zwischen Portoferraio und Porto Azzurro verkehrt je nach Saison 10–13-mal täglich.

■ Wer mit dem eigenen Auto anreist, wird im alten Stadtzentrum kaum einen **Parkplatz** finden. Grundsätzlich empfehlenswert ist der Parkplatz an der Via Italia, der allerdings meist sehr voll ist. Mehr Glück hat man auf dem Parkplatz beim Supermarkt COOP in der Via Botro (in Richtung nördlicher Ortsausgang).

■ **Taxi:** *Luigi Rocco,* Via D'Alarcon 50, mobil 338-9250734.

Information

■ **Mantica Viaggi e Turismo,** Via dei Martiri 20, Tel. (0565) 95351, www.manticaviaggi.it (auch auf Deutsch). Vermittelt Zimmer und Apartments in Porto Azzurro und im Umland, hilft beim Mieten von Fahrzeugen und Buchen von Fährüberfahrten.

Nützliche Adressen

■ Die **Post** befindet sich an dem großen Parkplatz an der Strada Provinciale (Straße nach Rio Marina); geöffnet Mo–Fr. 8.30–13, Sa 8.30–12.30 Uhr.

■ An der Hauptverkehrsstraße, der Via Italia, finden sich einige **Banken,** ebenso im Stadtzentrum.

■ Das **Hafenamt** befindet sich in der Via IV. Novembre 18 am Hafen, Tel. (0565) 95195.

Unterkunft

■ **Hotel Belmare**③, Banchina IV. Novembre 21, Tel. (0565) 95012, www.elba-hotelbelmare.it (auch auf Deutsch). 27 Zimmer, viele mit Blick zum Meer,

▷ Am Restaurant „da Floriano"

2

in einem familiengeführten Hotel mit Atmosphäre; das Hotel liegt direkt am Lungomare mit schöner Aussicht auf Hafen und Piazza, es verfügt außerdem über eine große Sonnenterrasse auf dem Dach.

■ **Hotel Due Torri**③, Via XXV. Aprile 3, Tel. (0565) 95132, www.albergoduetorri.it. 22 eher einfache Zimmer, geschmackvoller sind die vier Apartments für zwei bis vier Personen für 75–120 € pro Tag.

■ Auch die **Touristeninformation** (s. oben) vermittelt Zimmer und Apartments in Porto Azzurro und Umland.

Essen und Trinken

■ **Corto Maltese,** Via Cavour 17; geöffnet tägl. 12–15 und 19–24 Uhr, Mo Ruhetag. Nette Taverne mit Spaghetti-Gerichten um die 5 € und Primi um die 8 €; warum hier nicht mal spaghetti con aglio e oglio (mit Knoblauch und Öl) probieren?

■ **Restaurant Da Floriano,** Via Ricasoli 33, Tel. (0565) 95092; geöffnet tägl. 12–15 und 19–24 Uhr, Mo Ruhetag. Man sitzt hier sehr gemütlich zu beiden Seiten des Gässchens, das Lokal ist bekannt für seine besonders gute Meeresküche.

■ **Barkollo,** Via Felice Cavalotti 15; geöffnet tägl. ab 18 Uhr. Man sitzt auf der Piazza und im Gässchen und kann sich auf den Abend einstimmen.

Einkaufen

■ In Porto Azzurro gibt es viele **Mineralienläden,** die z.T. sehr preiswerten Schmuck und bearbeitete Steine anbieten. Manche der Geschäfte führen im Namen auch den Begriff „Museo", weil sie über eine angeschlossene Werkstatt verfügen, die man besichtigen kann.

■ Im Zentrum gibt es außerdem einige gute und teure **Spezialitätenläden** sowie exklusive **Sport-**

134el jc

und **Bekleidungsgeschäfte.** Daneben findet man aber auch die Läden, die alles anbieten, was gerade Mode ist und den Urlaub verschönt.

■ **Markt:** Sa 8–13 Uhr.

Feste

■ Am **25. Juli** wird das **Fest des Ortsheiligen San Giacomo** mit einer feierlichen Prozession begangen.

■ Jedes Jahr am Abend des **8. September** zieht ein feierlicher Zug mit Fackeln und Laternen hinauf zur kleinen Kirche der **Madonna di Monserrato,** wo der Madonna zu Ehren eine Messe gelesen wird. In der darauf folgenden Woche finden mehrere **Wallfahrten** zum Heiligtum statt.

Bootstouren

■ Mit der „**MB Cristincardo**" kann man eine **Tour an der Costa dei Gabbiani** machen, Tel. (0565) 968288, mobil 333-4647120; tägl. Abfahrt in Porto Azzuro 9.30 und 15.30 Uhr, Dauer je 3 Std., ca. 20 € p.P., in jedem Falle vorher telefonisch anmelden, denn man fährt erst ab einer bestimmten Gästezahl.

■ Auch die „**MB Dollara II**" bietet für 15 €, Kinder 10 €, Fahrten an der Costa dei Gabbiani an, Tel. (0565) 95351, mobil 328-6890227 (Kapitän *Franco*).

■ **Acquavision,** www.acquavision.it, bietet in der Saison jeweils jeweils dienstags bis freitags Touren nach Pianosa und montags, mittwochs und freitags nach Giglio an (siehe dort).

Wassersport

Mᴇɪɴ Tɪᴘᴘ: **Porto Azzurro Diving Center,** mobil 347-5473585 *(Gianpiero)*, www.portoazzurrodiving center.com; unten am Hafen. Verleih von Tauchaus-

rüstungen und Nachfüllen von Flaschen, Tauchgänge und Kurse ab 30 €; Englisch und Italienisch.

■ An der Spiaggia di Barbarossa gibt es von März bis November die deutschsprachige **Tauchstation Omnisub,** Tel. (0565) 95628, mobil 338-2431715, www.omnisub.com.

Strände

Gleich am Ortseingang von Porto Azzurro liegt der ehemals die gesamte Bucht ausfüllende Strand **La Rossa.** Mittlerweile ist er durch die Hafenmauern begrenzt, oberhalb verläuft die Hauptstraße.

■ **Service:** Parkplatz, Wassersportangebote, Gastronomie, Unterkunft

Pianotta und Spiaggia di Barbarossa

Weitaus schöner ist der kleine Kiesstrand Pianotta am Ende des Hafens hinter einer schützenden Mauer, der bei heißem Sonnenwetter jedoch dicht belegt ist. Besser ist es dann, unterhalb der großen Festung San Giacomo den Weg in die etwas weiter nördlich gelegene Bucht Spiaggia di Barbarossa zu gehen. Man kann auch (mit dem Auto) 1 km über die oberhalb gelegene Straße hierher gelangen und sein Auto auf dem im Sommer gebührenpflichtigen Parkplatz stehen lassen. Der Strand besteht aus Kies und Sand, er ist für Rollstuhlfahrer gut zugänglich. Der Name der Bucht geht auf den berüchtigten Piraten *Barbarossa* zurück, der 1544 hier an Land ging, um das weiter südlich gelegene Capoliveri zu überfallen.

■ **Service:** Parkplatz, Verleih von Liegestühlen und Sonnenschirmen, Wassersportangebote, Gastronomie, Unterkunft, Campingplatz

Camping

■ **Camping Arrighi,** Loc. Barbarossa, Tel. (0565) 95568, www.campingarrighi.it. Gut ausgestatteter Zeltplatz in der schön gelegenen Barbarossa-Bucht. Leichte Anreise und gute Infrastrukrur. Es werden auch Appartements und Bungalows vermietet. 8–15 € p.P., 8–22 € pro Zelt, Wohnwagen bzw. -mobil, App. 58–205 €, Bungalow 73–138 €.

Reale

Noch weiter nördlich liegt der Strand von Reale, den man am einfachsten mit dem Auto über den kleinen Abzweig zum gleichnamigen Zeltplatz erreicht. Dieser geht von der Straße zwischen Porto Azzurro und Rio nell'Elba ab. Der Strand aus Kies und Sand liegt an einer weiten Bucht. Hierher kommen viele Gäste vom gleich dahinter liegenden Zeltplatz. Die Bar hat von Mai bis September geöffnet, in den Sommermonaten gibt es einen Verleihservice für Sonnenschirme und Liegestühle. Man kann mit dem Auto bis an den auch für Rollstuhlfahrer geeigneten Strand fahren. Insgesamt ist der Strand jedoch nicht sehr gemütlich.

■ **Service:** Parkplatz, Verleih von Liegestühlen und Sonnenschirmen, Wassersport, Gastronomie, Campingplatz (Camping *Reale*)

Terra Nera

Vom Reale-Strand gelangt man per pedes zu dem etwas weiter nördlich gelegenen Strand von Terra Nera, der besonders durch seinen feinen schwarzen und glänzenden Sand bezaubert. Es gibt hier keinerlei Service, und der Zugang ins Wasser ist sehr steinig.

Wanderung zur Madonna di Monserrato

■ **Ausgangs- und Endpunkt:** Porto Azzurro
■ **Schwierigkeitsgrad:** leicht
■ **Gehzeit:** 1½ Std.
■ **Höhenmeter:** +/-121 m
■ **Wegbeschaffenheit:** Straße, Schotterstraße, breiter Weg und Stufen
■ **Ausrüstung:** feste Schuhe, Wasser, evtl. auch Proviant, Sonnenschutz und eine Kopfbedeckung

Von der Hauptstraße in Richtung Rio nell'Elba biegt nach gut 1,5 km eine **ausgeschilderte Straße nach links** ab. Diese führt ca. 1 km bis zu einem **Parkplatz** an einer riesigen **Schirmpinie** (bis hierher kann man auch mit dem Auto fahren). Ab hier folgt man dem **Schotterweg,** der anfangs eben und dann in steilen Serpentinen, später Treppen, zur Wallfahrtskirche hinaufführt. Oben wird man mit einer herrlichen Aussicht belohnt. Auf dem gleichen Weg geht es dann auch wieder zurück.

Wanderung zur Madonna di Monserrato

© REISE KNOW-HOW 2014

0 ▬▬▬▬▬ 300 m

ElbaW06

M. Castello
390

Madonna
di Monserrato
121

**Parco Nazionale
Arcipelago
Toscano**

M. Mar di Capanna
292

| 99 | Ortsbeschreibung auf Seite 99 |
| 99 | Ortsbeschreibung auf Seite 99, mit Stadtplan |

Pino
di Monserrato

C. Gallia

C. Cariglio

Parkgrenze

89 Rio nell'Elba

San Cerbone   C. Rosario

65
Capoliveri

81

Porto Azzurro

Hafen ⚓

Festung
San Giacomo

87 Spiaggia Reale,
87 Spiaggia Terra Nera

Spiaggia
di
Barbarossa

86

Punta
dello Stendardo

2

Rio nell'Elba

Rio nell'Elba ist ein schönes kleines **Bergdorf,** das sich an den Hang des Monte Capanello schmiegt. Es zählt zu den ältesten Siedlungen auf Elba und leitet seinen **Namen** von der **Quelle** ab, die hier an die Oberfläche tritt (lat. *rivus,* „Fluss"). Das Wasser fließt so reichlich, dass sich die Bewohner ein öffentliches Waschhaus leisten konnten und unterhalb des Ortes das Valle dei Mulini (s. „Sehenswürdigkeiten") entstand. Zwischenzeitlich hieß der Ort auch „Rio Castello", weil die Pisaner hier eine kleine Festung errichteten. Übrigens entspringt die Quelle nicht auf Elba, sondern im nicht einmal 100 Kilometer entfernten Korsika.

Wie viele andere Orte auch, wurde die kleine Siedlung Rio nell'Elba im 12. Jh. von den **Pisanern** befestigt und hat bis heute seine **mittelalterliche Anlage** behalten. Die Hauptkirche San Giacomo, dem Ortsheiligen gewidmet, wurde zu einer Festung ausgebaut. Die Häuser reihte man sehr dicht aneinander, sodass auch hier ein festungsartiger Eindruck entstand. Zusätzlich wurde die gesamte Stadt mit einer Stadtmauer umgeben.

Rio nell'Elba war aufgrund seiner strategisch günstigen Lage oberhalb des Meeres und den nahen Eisenerzminen eines der **wirtschaftlichen Zentren** auf Elba. Dennoch war es nicht davor gefeit, immer wieder von den **Piraten** überfallen, geplündert und zerstört zu werden. Einen der größten Anstürme mussten die Bewohner 1534 erleben. Der Pirat **Barbarossa** zerstörte große Teile des Ortes, viele Bewohner gerieten in die Sklaverei. Das benachbarte **Grassera** wurde bei diesem Angriff komplett zerstört (s. Exkurs „Das Ende von Grassera"). Während die „Rionesen" ihren Ort wieder aufbauten, holte Kaiser *Karl V.* zum Gegenschlag gegen die Sarazenen aus, griff Tunis an und konnte viele Sklaven

069el hh

befreien, darunter auch einige Elbaner. Doch es waren zu wenig, um auch Grassera wieder entstehen zu lassen. Zur Erinnerung hat man jedoch den dortigen Ortsheiligen San Quirico in die Kirche Rio nell'Elbas „mitgenommen", die seitdem „San Giacomo e San Quirico" heißt.

Auf viele Besucher wirkt Rio nell'Elba sehr **geschlossen** und wie ein Ort mit einem ganz eigenen Rhythmus. Die Katzen liegen in der Sonne, auf der Piazza hocken ein paar Alte, schwatzen und begucken die vereinzelten Touristen, die den Ort durchstreifen. Einzig wahrnehmbare Aktivität ist ein Hämmern irgendwo in den Gassen.

Sehenswürdigkeiten

Museo dei Minerali della Gente di Rio

Das kleine Museum stellt die **Abbaugebiete** im Osten Elbas vor, mit den jeweiligen Mineralien, die dort gefunden wurden. Dies sind vor allem **Pyrite** und **Hämatite** in unterschiedlicher Größe, einige davon wahre Prachtexemplare.

■ **Museo dei Minerali della Gente di Rio,** Passo della Pietà, Tel. (0565) 943070 oder 943411; auf Anfrage geöffnet April bis September; Eintritt 2,50 €.

Museo Archeologico del Distretto Minerario

Das kleine Museum befindet sich nordöstlich der Piazza del Popolo. Hier sind **archäologische Funde** ausgestellt, die im weiteren Umkreis Rio nell'Elbas gemacht wurden. Darunter sind u.a. Werkzeuge, Waffen und Gebrauchsgegenstände der Etrusker sowie Artefakte aus Terrakotta, die man bei der römischen Villa von Cavo gefunden hat.

■ **Museo Archeologico del Distretto Minerario,** Via Mazzini (Palazzo Barcocaio), Tel. (0565) 943428; geöffnet April bis September 11–12 und 16–19 Uhr, Mi Ruhetag; Eintritt 2,50 €.

Das Ende von Grassera

Einer der gefürchtetsten Sarazenen war der türkische Pirat **Khayr al-Din,** auch bekannt als **Chaireddin Barbarossa** („Rotbart"). Auch die Insel Elba suchte er zweimal heim. 1534 überfiel er die Gegend von Rio nell'Elba. Das Kampfgetümmel war bis ins benachbarte Grassera zu hören, wo man beschloss, sich nicht einfach zu ergeben. Stattdessen verschanzten und verteidigten sich die Bewohner. *Rotbart* war so wütend, dass man ihm Widerstand entgegenzusetzen wagte und einige seiner Männer tötete, dass er **Grassera in Schutt und Asche legte** und seine Einwohner als **Sklaven** nahm.

Der Ort wurde **nie wieder aufgebaut,** denn es gab nur wenige Überlebende. An der Straße von Rio nell'Elba in Richtung Cavo sind ca. 2 km hinter dem Ortsausgang noch einige Mauerreste zu sehen. Auf der gegenüberliegenden Straßenseite steht die Ruine der romanischen Kirche San Quirico, die allerdings allmählich der Macchia zum Opfer fällt.

Lavatoio Pubblico und Valle dei Mulini

🏛 Rio nell'Elba war der einzige Ort auf der Insel, der es sich leisten konnte, ein eigenes Waschhaus zu unterhalten. Und das Wasser der **Quelle Fonte dei Canali** floss so reichlich, dass es noch für den Betrieb einiger Wassermühlen langte.

Unterhalb der alten Stadt an der Straße nach Cavo und Nisporto befindet sich das Lavatoio Pubblico, das öffentliche **Waschhaus**. Es wurde immerhin noch bis in die 1990er Jahre genutzt. Heute ist es ein kleines, täglich geöffnetes **Museum,** das Einblick in vergangenes Leben gewährt. An den Wänden sind historische Fotos von Rio nell'Elba und seinen Bewohnern sowie vom Valle dei Mulini zu sehen.

Geht man vom Lavatoio die Straße nach rechts in Richtung Rio Marina, so biegt nach etwa 100 m ein kleiner Weg nach links in das **Tal der Mühlen** ab. Die Fonte dei Canali fließt über 2 km und ein Gefälle von 146 m hinab nach Rio Marina. Zu ihrer Rechten und Linken finden sich die Reste von insgesamt **22 Wassermühlen** sowie von Wohnhäusern, Ställen und Käsereien, die es hier seit dem 16. Jh. gab. Gemahlen wurde weniger die eigene Ernte als vielmehr die Getreideimporte vom Festland, auf die man angewiesen war. Im Laufe der Jahrhunderte ging man jedoch dazu über, statt Getreide gleich das Mehl zu importieren. Die Mühlen wurden nacheinander aufgegeben. In den 1950er Jahren stand auch die letzte Mühle still. Seitdem hat sich die Macchia ausgebreitet. Und hätte nicht ein **Projekt der Universität Pisa** die alten Gemäuer wieder freigelegt, gäbe es auch diesen kleinen **Wan-**derweg in die Vergangenheit nicht. Er führt bis an die Straße nach Rio Marina, auf der man dann noch ca. 15 Min. bleibt, bis man in den Ort am Meer kommt. Nach wie vor ist leider nicht geklärt, ob und wie man das alte Tal der Mühlen wieder nutzen möchte.

Gleich dort befindet sich auch gleich eine **Casa del Parco,** ein Informationsbüro des Nationalparks mit stark variierenden Öffnungszeiten, Tel. (0565) 943 399, Juni–Sept. jeweils Do–Sa 10–13 und 16–20 Uhr, So nur vormittags. Freitag nachmittags werden auch kostenlose Exkursionen in die Umgebung von Rio nel'Elba angeboten.

Santa Caterina mit Orto Botanico dei Semplici Elbano

Ganz in der Nähe von Rio nell'Elba gibt es auch das kleine **Heiligtum** Santa Caterina. Die Legende berichtet, dass einst ein Hirte hier seine Schafe hütete, in einen tiefen Schlaf fiel und die heilige Katharina ihm im Traum erschien. Doch im Dorf schenkte man ihm kein Gehör. Erst als ihm die Heilige erneut und diesmal nicht nur im Traum erschien, glaubte man ihm und errichtete dort eine Kirche, gewidmet der Heiligen *Katharina von Alexandria,* Schutzpatronin der Philosophen und Gelehrten. In der Folgezeit wird von weiteren Wundern berichtet, z.B. dass sich die Kirche in die Luft erhob und ihre Frontseite vom Meer nach Rio nell'Elba ausrichtete. In ihrer jetzigen Form entstand sie 1624. Die kleine Wallfahrtskirche blieb ein heiliger Ort, wurde jedoch aufgegeben und verfiel zusehends. Erst mit Hilfe der kleinen Stiftung *Amici di Santa Caterina* (Freun-

2

de von Santa Katharina) wurde die Kirche wieder hergerichtet; sie wird heute u.a. für **Ausstellungen** genutzt. Unter den Hauptinitiatoren war auch ein Deutscher, *Hans Berger*.

Gleich daneben liegt der Orto Botanico dei Simplici, ein Garten mit den **Heilkräutern und einheimischen Pflanzen der Insel Elba.** Die Beschriftungen sind in lateinischer und italienischer Sprache, eine Beschreibung zur Nutzung der einzelnen Pflanzen gibt es noch nicht. Wer ein gutes Bestimmungsbuch dabei hat (s. „Literaturtipps" im Anhang), kann viele der Gewächse auch beim Wandern in der Natur entdecken.

■ **Santa Caterina mit Orto Botanico dei Semplici Elbano,** Tel. (0565) 943261, mobil 393-735 2616 (für Botanischen Garten); die Kirche ist von Mai bis September täglich geöffnet, der Botanische Garten im selben Zeitraum Di, Do und Sa 16– 20 Uhr, Mi und Fr 10–13 Uhr; Eintritt frei.

Anreise

Über die kleine **Straße nach Nisporto;** ca. 3 km hinter Rio nell'Elba kommt auf der rechten Seite ein Parkplatz. Auf einem schönen Panoramaweg gelangt man in 10 Min. zur alten Wallfahrtskirche.

◁ Das Waschhaus wurde noch bis in die 1990er Jahre genutzt

Praktische Tipps

Anreise

■ Von Porto Azzurro gelangt man mit dem **eigenen Fahrzeug** über eine kurvige Straße mit schöner Aussicht nach Rio nell'Elba. Von Cavo kommend, kann man die Küstenstraße über Rio Marina oder die Bergstraße nehmen. Rio nell'Elba sollte man besser nicht mit dem Auto durchfahren. Die Gassen sind sehr eng und es gibt nur Einbahnstraßen. Unterhalb des Ortes an der Bushaltestelle gibt es einen **Parkplatz.**
■ Der öffentliche **Bus** zwischen Portoferraio/Porto Azzurro und Rio nell'Elba fährt zwischen sieben- und elfmal täglich.

Unterkunft

Es gibt **keine Hotels** in Rio nell'Elba; die **Agenzia Immobilare** in der Piazza del Popolo, geöffnet Mo–Sa 10–13 und 17–19 Uhr, hilft bei der Vermittlung von Apartments.

Essen und Trinken

■ **Bar und Restaurant Carpe Diem,** Via Sabba Galletti 14, Tel. (0565) 939249; geöffnet tägl. 8–21 Uhr. Serviert werden Mittelmeerspezialitäten.
■ **Da Cipolla,** Piazza del Popolo, Tel. (0565) 943 068; geöffnet tägl. 8–21 Uhr. Bar, Tabacchi und Ristorante in einem, draußen sitzt man mit Blick übers Land; spezialisiert auf Meeresgerichte.

Einkaufen

■ Der Ort selbst verfügt über kleine **Alimentari.**
■ Jeden Dienstag ist **Markttag.** Allerdings ist das Angebot hier bei Weitem nicht so umfangreich wie andernorts.

■ An der Straße zwischen Rio nell'Elba und Rio Marina befindet sich ein großer **Coop-Supermarkt.**

Feste

■ Am **25. Juli** wird das Fest von **San Giacomo und San Quirico**, den Schutzheiligen des Ortes, mit einer Prozession gefeiert.

■ Jedes Jahr am **Ostermontag** findet bei Santa Caterina ein **Volksfest** statt, bei dem Mädchen ihren Freunden selbstgebackene Hefeküchlein in Form des weiblichen Geschlechts schenken, die sogenannte *sportella* („kleiner Türeingang"); der Brauch geht auf vorchristliche Fruchtbarkeitsrituale zurück.

Nisporto und Nisportino

Von Rio nell'Elba aus führt eine asphaltierte Straße nach Nisporto und Nisportino im Nordwesten. Die beiden Ortschaften sind auch über eine abenteuerliche Piste von Bagnaia aus zu erreichen. Die Täler von Nisporto und Nisportino sind lange **landwirtschaftlich genutzt** und erst in jüngster Zeit aufgrund ihrer **Kiesstrände** für den Tourismus entdeckt und erschlossen worden. Im Prinzip sind es reine Urlaubsorte, die lediglich in den Sommermonaten mit Leben erfüllt sind. Dennoch wirken sie gemütlich.

Nisporto, der größere Ort, verfügt neben einem Supermarkt und Lokalen über eine Apartmentanlage und einen Zeltplatz. Der Kiesstrand diente einst Fischern, um ihre Boote an Land zu ziehen. Seitlich sind noch die Reste histori-

scher Kalköfen zu sehen. Heute gibt es hier im Sommer Tretboot-, Kajak-, Liegestuhl- und Sonnenschirmverleih.

Ebenso wie in der 4,5 km weiter nördlich gelegenen Bucht von **Nisportino,** wo es jedoch etwas ruhiger zugeht. Sie wird von Ferienhäusern unterschiedlicher Art dominiert, darunter leider auch eine allmählich verfallende Appartementanlage. Abgesehen von einigen Bars und einem kleinem Minimarkt mit einem sehr bescheidenen Angebot (nur in der Hochsaison) hat Nisportino, neben dem Strand nicht viel zu bieten. Der ist allerdings schön (wenn er denn nach den Winterstürmen von Müll befreit ist), ebenso wie die über einen Fußweg zu erreichende Spiaggia dei Mangani. Beide Orte werden vor allem von **Italienern** frequentiert. Demzufolge geht es hier außerhalb der beiden Sommermonate Juli und August sehr, sehr ruhig zu. Verpflegen sollte man sich besser im großen Supermarkt *(Coop)* zwischen Rio nell'Elba und Rio Marina.

Praktische Tipps

Anreise

Beide Orte können lediglich mit dem **eigenen Fahrzeug** von Bagnaia oder Rio nell'Elba aus erreicht werden. Angenehmer ist die Anfahrt von Rio nell'Elba aus. Es fahren **keine öffentlichen Busse** nach Nisporto oder Nisportino.

Unterkunft/Essen und Trinken

■ **La Battigia**③, Loc Nisportino, Tel. (0565) 961 034, www.appartamentilabattigiaelba.it (auch auf Deutsch). Einfache, doch schön gelegene Appartements an der Bucht von Nisportino. Dazu gehört auch die Bar und Pizzeria (nur abends) gleichen Namens, Pfingsten – Anfang Okt. tgl. 9–22 Uhr. Die Pizza hier wird hoch gelobt, ebenso die *Antipasti* mit Köstlichkeiten aus dem Meer, dazu hausgemachte *Dolci*. Am Tage nur Barbetrieb, u.a. mit belegten Brötchen oder *Focaccia*, die im Pizzaofen in der Wärme vom Abend zuvor aufgewärmt werden.

Camping

▪ **Camping Sole e Mare,** Loc. Nisporto, Tel. (0565) 934907, www.soleemare.it (auch auf Deutsch). Moderner, gut ausgestatteter Campingplatz am Meer mit Bars, Ristorante und Supermarkt; 7–15 € p.P., 4–20 € pro Zelt, Wohnanhänger/-mobil 8–25 € pro Tag. Es werden auch Apartments und Bungalows für vier bis fünf Personen vermietet; Kosten: 250–1300 € pro Woche.

▢ Blick vom Monte Strega auf Nisporto im Hintergrund Portoferraio

Wanderung auf den Monte Strega mit Abstecher nach Rio nell'Elba

▪ **Ausgangs- und Endpunkt:** Pass L'Aia di Cacio an der Straße zwischen Rio nell'Elba und Nisporto/Nisportino
▪ **Schwierigkeitsgrad:** mittelschwer
▪ **Gehzeit:** 1½ Std.
▪ **Höhenmeter:** +/-70 m
▪ **Wegbeschaffenheit:** steiler Auf- und Abstieg zum Monte Strega auf gerölligem Untergrund, bequemer Weg nach Rio nell'Elba
▪ **Ausrüstung:** feste Wanderschuhe, etwas Wasser, Sonnenschutz und Kopfbedeckung

Auf der Straße zwischen Rio nell'Elba und Nisporto/Nisportino befindet sich der **Pass L'Aia di Cacio,** wo es auch einen Picknickplatz und eine Wandertafel gibt. In südlicher Richtung führt der

071el hk

Wanderung auf den Monte Strega

© REISE KNOW-HOW 2014

Elba0W07

0 ▬▬▬▬ 500 m

99 Ortsbeschreibung auf Seite 99

99 Ortsbeschreibung auf Seite 99, mit Stadtplan

Punta di Nisporto

Cala del Nisportino

Spiaggia di Nisporto

Parkgrenze

94 Nisporto

la Guardia

F.so di Nisportino

Parco

Nazionale

W53

M. Strega 427

GTE

W13

Pass L'Aia di Cacio

M. Capannello 406

La Croce 342

Arcipelago

GTE

W53

W13

ii Santa Caterina

45 Magazzini

101 Cavo

89 Rio nell'Elba

Toscano

F.so di Grassera

Parkgrenze

81 Porto Azzurro

Ortano

97 Rio Marina

G.T.E. *(Grande Traversata Elbana)* hinauf auf den <mark>Monte Strega</mark> („Hexenberg"). Der relativ steile, dafür aber kurze Aufstieg führt über loses Geröll auf den Gipfel, wo man dann mit einer herrlichen Aussicht belohnt wird: im Westen Portoferraio und dahinter der **Monte Capanne,** im Norden der **Monte Grosso** mit dem alten Semaforo, im Süden die Gipfel des **Monte Capanello** (406 m) und des **Cima del Monte** (516 m). Auf dem gleichen Weg geht es zurück zum Ausgangspunkt. Aufgrund des losen Gerölls besteht hier Rutschgefahr!

Es gibt die Möglichkeit, vom Monte Strega über einen ebenfalls etwas rutschigen Weg (mit kleinem Geröll) zur **Wegkreuzung La Croce** abzusteigen und dann in Richtung Osten auf dem breiten **Weg Nr. 53** nach Rio nell'Elba hinunterzuwandern.

<mark>Rio Marina</mark>

Rio Marina eignet sich wunderbar für einen **Tagesausflug,** an dem man das kleine Städtchen anschauen, durch die Gassen schlendern und gute *Gurgulione,* die von hier stammende Gemüsesuppe, probieren kann.

Schon am Ortseingang fällt die dem Ortsheiligen geweihte **Kirche San Rocco** aus dem 16. Jh. auf. Im Vergleich zu anderen Kirchen der Insel wirkt sie sehr massiv. Umso überraschender dann der klare und strahlende Innenraum.

Die von Platanen gesäumte Hauptstraße führt direkt bis hinunter ans Meer, wo sich der einstmals wohl schöne **Strand** als ein Streifen dunkel-rostigen Gesteins

in nördliche Richtung zieht. Dazu bildet besonders im Frühjahr der überall gelb blühende Ginster einen schönen farblichen Kontrast. An der Küste sind noch die **Reste ehemaliger Tagebauten** zu sehen, alte Verladeeinrichtungen für das Eisenerz ragen weit ins Meer.

Eigentliches Zentrum des Ortes ist der **Palazzo della Concessionaria,** kurz Burò genannt. Dort war früher der Sitz der Minenverwaltung, heute ist in dem Gebäude der **Mineralienpark** untergebracht. Für Mineralien- und am Bergbau Interessierte lohnt sich der Besuch der Ausstellung auf jeden Fall (s. auch „Sehenswürdigkeiten").

Geschichte

Wie Ausgrabungen zeigen – man entdeckte eine Nekropole, fand alte Schmelzöfen und Werkzeuge –, hatten sich hier schon Vertreter der **Rinaldone-Kultur** und die **Etrusker** niedergelassen. Mit der einsetzenden Piratenplage wurden die Siedlungen am Meer jedoch aufgegeben (s. „Land und Leute, Geschichte"). Später entstand hier die Marina, der **Verladehafen von Rio nell'Elba,** wo das abgebaute Eisenerz verschifft wurde.

Die *Appiani* ließen 1534 einen Turm errichten, um die Einfahrt zum Hafen und das Verladen überwachen zu können. Unerklärlicherweise ist der kleine, sechseckige **Torre Medicea** jedoch nach den *Medici* benannt.

Als man die Sarazenen weitestgehend aus dem Mittelmeerraum vertrieben hatte, entstand um die Marina ein kleines **Dorf,** und man begann in Küstennähe Eisenerz abzubauen. Zusätzlicher Vorteil waren auch die kürzeren Verladewege.

Die Direktion der Minengesellschaft wurde 1802 nach Rio Marina verlegt. Der Ort entwickelte sich zunehmend zu einem neuen **Bergbauzentrum,** und nur innerhalb von 70 Jahren wuchs die Einwohnerzahl von 1200 auf 4500 an. So war es auch nicht verwunderlich, dass sich Rio Marina 1882 verwaltungsmäßig von Rio nell'Elba trennte und eine **eigene Gemeinde** bildete, die bis heute besteht, so wie auch das **Konkurrenz-Verhältnis** mit dem Bergdorf.

Zum Gedenken an die Unabhängigkeit erhielt der **Torre Medicea** am Hafen im Gründungsjahr seine Uhr. Es entstanden neue Wohnhäuser, für die man den **eisenhaltigen Sand** zum Verputzen nutzte. Das hat noch heute den Effekt, dass bei einem bestimmten Sonneneinfall die Hauswände glitzern.

Mit dem **Ende des Bergbaus 1981** verringerte sich die Einwohnerzahl auf heute ca. 2000. Die Neuausrichtung auf den **Tourismus** erfolgte nur langsam, und da Rio Marina nicht wie andere Orte mit langen und schönen Stränden aufwarten kann, geht das tägliche Leben seinen üblichen Gang mit ein paar Besuchern jeden Tag.

☑ Mit etwas Glück findet man um Rio Marina schöne Mineralien, beispielsweise den schwarzen, glitzernden Hämatit

109el ah

Sehenswürdigkeiten

Parco Minerario Isola d'Elba „Il Burò"

MEIN TIPP: Im ehemaligen Gebäude der Minenverwaltung ist heute die Ausstellung des Mineralienparks untergebracht. Auf ca. 400 m^2 ist die lange **Geschichte des Bergbaus** auf Elba dargestellt inklusive verschiedener Nachbauten von Minen und Werkstätten sowie vieler Fotos, die das Leben der Bergarbeiter anschaulich illustrieren. Herzstück ist jedoch die umfangreiche Sammlung der auf Elba vorkommenden **Mineralien** unter Angabe der Fundorte, angefangen bei dem nur auf der Insel vorkommenden Ilvait über Limonit und Malachit bis hin zu Topas und Azurit.

Ganz in der Nähe des Burò befindet sich das ehemalige **Abbaugebiet Bacino.** Auf geführten Exkursionen kann man es besuchen und mit etwas Glück schöne kleine Exemplare von **Hämatit** und **Pyrit** (s. „Land und Leute, Mineralien") finden.

■ **Parco Minerario Isola d'Elba „Il Burò"** im Palazzo della Concessionaria, Via Magenta 26, Tel. (0565) 962088; geöffnet April bis Oktober tägl. 9.30–12.30 und 15.30–18.30 Uhr, Mo geschlossen; Eintritt 2,50 €. Di, Do und Sa 10 Uhr Führungen, auf Voranmeldung auch auf Deutsch; 5 €. Geführte Exkursion zu Fuß jeweils Fr 15 Uhr, 13,50 € (nur auf Anfrage); geführte Exkursion mit einem kleinen Zug tägl. 16.30 Uhr, 11 € (nur auf Anfrage).

Praktische Tipps

Anreise

■ Der öffentliche **Bus** zwischen Portoferraio/Porto Azzurro und Rio Marina verkehrt zwischen sieben- und elfmal tägl.

■ Zwischen Piombino und Rio Marina fährt mehrmals tägl. eine **Schnellfähre** der *Toremar;* 3,50 € p.P., 20,70–33,90 € pro Auto; 45 Min. Fahrzeit. Büro der *Toremar* am Hafen, Tel. (0565) 962073, www.toremar.it.

■ Jeweils Dienstags fahren die **Fähren** der *Toremar,* www.toremar.it, von Rio Marina nach Pianosa und auch wieder zurück (siehe dort).

Information

■ **Pro Loco,** Lungomare G. Marconi, 2, Tel. (0565) 962004, proloco@comuneriomarina.it.istiche; geöffnet tägl. 9–12 Uhr.

Nützliche Adressen

■ Im Ort gibt es an der Hauptstraße eine **Post,** die Mo–Fr 8.30–13.30 Uhr und Sa 8.30–12.30 Uhr geöffnet hat.

■ Dort findet sich auch eine **Bank** (geöffnet Mo–Fr 8.20–12.20 Uhr), ein weiterer **Geldautomat** ist am Rathaus.

■ Während der Saison ist im Büro von **Pro Loco** (s. oben) ein **Internetzugang** möglich; 15 Min. kosten 3 €.

Unterkunft

■ **Hotel Rio**④, Via Palestro 31, Tel. (0565) 924225, www.hotelriomarina.com (auch auf Deutsch). Traditionsreiches Hotel mit 32 angenehm eingerichteten Zimmern gleich am Hafen, fast alle von ihnen mit Meerblick.

■**Hotel Easytime**③, Via Panoramica 8, zu erreichen über eine steile Straße (mit Ampelschaltung), Tel. (0565) 962531, www.minihoteleasytime.it. Zehn Zimmer in einem kleinen, einfachen Familienhotel, oberhalb gelegen mit Aussicht zum Festland und zur kleinen Insel Palmaiola.

Essen und Trinken

Mᴇɪɴ Tɪᴘᴘ: **Restaurant Il Chicco di Uva,** Via Clarissa Appiani 7; geöffnet tägl. 12–14.30 und 18–24 Uhr, Do Ruhetag. Gute Pastagerichte ab 5 €, *stoccafissata riese* (Stockfisch, Kartoffeln, schwarze Oliven, Pinienkerne und Kapern); nach *gurgulione* fragen, sie stammt ursprünglich aus dieser Gegend.

■**Restaurant und Pizzeria Mambo,** Via Roma 38, Tel. (0565) 924163; geöffnet tägl. 12–15 und ab 19 Uhr, Do Ruhetag. Lokal am Hafen, gute Pizza, Pasta- und Risottovarianten, Touristenmenü 18 €.

Einkaufen

■An der Hauptstraße und in den abzweigenden Straßen gibt es viele Geschäfte. Es sind auch **Spezialitätenläden** darunter, die v.a. **Schiaccia Briaca** (s. „Reisetipps A–Z, Essen und Trinken") anbieten, einen Kuchen, der aus der Gegend um Rio nell'Elba und Rio Marina stammt.

■Jeden Montag von 8–13 Uhr macht der **Inselmarkt** in der Via Palestra Station.

■An der Straße zwischen Rio nell'Elba und Rio Marina befindet sich ein großer **Coop-Supermarkt.**

Feste

■Jedes Jahr am **16. August** wird das Fest zu Ehren des Schutzheiligen von Rio Marina, **San Rocco,** mit einer feierlichen **Prozession** begangen.

Bootstouren

■Jeweils Di fährt **die Toremar von Rio Marina** aus die Insel Pianosa an, dort hat man allerdings nur eine Verweildauer von 2 Std.; Ankunft in Pianosa 11.40 Uhr, Rückfahrt 13.35 Uhr; ca. 15–17 € p.P., Tel. (0565) 95004, www.toremar.it.

Strände

Stadtstrand

In Rio Marina gibt es an der Hafenmauer einen kleinen Abschnitt aus Kies und Sand, wo man sich sonnen und auch ein Bad nehmen kann. Im Sommer kann es hier allerdings sehr eng werden. Viele weichen dann auf die Zementmole aus, die aber nur zum Sonnen geeignet ist.

■**Service:** Parkplatz, Wassersport, Gastronomie

Marina de Gennaro

Vom Hafen führt eine kleine Straße nach Süden aufwärts. Über diese gelangt man zu Fuß an den kleinen Kiesstrand Marina di Gennaro. Das Wasser hier ist immer klar, nur bei dem aus Südosten kommenden Scirocco kann es etwas trüb werden.

■**Service:** keine Einrichtungen

▷ Einladung zum Bad im türkisblauen Wasser

Zwischen Rio Marina und Gennaro-Strand

Cavo

MEIN TIPP: Sehr schön ist auch der **große Felsen** zwischen Rio Marina und dem Gennaro-Strand, zu dem einige Stufen hinunterführen. Dieser Ort ist allerdings nicht für Kinder geeignet, da man direkt über den Fels in das tiefe Wasser steigt.

■ **Service:** keine Einrichtungen

Cavo im Nordosten der Insel war einst ein beliebter, **mondäner Badeort,** vielleicht sogar der erste auf Elba überhaupt. Davon zeugen heute noch Villen der einstigen Minenpächter entlang der Promenade. Die **Familie Tonietti** war eine der Ersten, die von der neu gegründeten italienischen Republik Minen auf Elba pachtete und nach Cavo kam. Später war sie auch an der Hochofenanlage in Portoferraio beteiligt. Von der Uferpromenade aus hinter einigen Bäumen versteckt, ist noch heute ihr altes Wohnhaus zu sehen. Der festungsartige Bau trägt bezeichnenderweise den Namen „Castello". Von den *Tonietti* stammt noch ein weiterer, weitaus markanterer Bau: Oberhalb von Cavo, mitten in der Macchia am Hang des Monte Lentisco, ließen sie sich eine **Familiengruft** bau-

2

en, die besonders von der Meerseite aus gut zu sehen ist. Leider fiel das Mausoleum im Laufe der Zeit dem Vandalismus zum Opfer und verfällt seitdem.

Zur Erinnerung an einen weiteren bekannten Gast hat man am Ortseingang extra eine Gedenktafel aufgestellt – **Giuseppe Garibaldi** verweilte auf seinem Weg zur Insel Caprera (im Arcipelago della Maddalena zwischen Sardinien und Korsika) kurz in Cavo.

Obwohl Cavo im Norden etwas abgeschieden liegt, erlangt es doch allmählich wieder Bedeutung als Bade- und Urlaubsort. Es liegt an einer langen **Kieselbucht.** Auf diese geht auch der Name des Ortes zurück, der sich vom lateinischen *cavus* („Bucht") ableitet. An der Uferpromenade finden sich gemütliche Bars und Restaurants.

Im Hinterland gibt es einige Hotels und Geschäfte. Außerdem verfügt Cavo über einen **Hafen** mit Verbindungen nach Portoferraio und zum Festland. Mit dem Tragflächenboot sind es jeweils nur 15 Min. in beide Richtungen. Bei sehr klarem Wetter wirkt das Festland zum Greifen nahe, und man kann viele Details ausmachen.

Bei der nördlich ins Meer ragenden Landzunge, dem **Capo Castello,** befindet sich ein kleines Pinienwäldchen, das von Besuchern und Einheimischen gern für ein Picknick genutzt wird. Dort sind auch Reste einer weiteren römischen Villa gefunden worden; allerdings ist dieser Ort nicht öffentlich zugänglich. Stattdessen kann man auf einem Fußweg vom Pinienhain aus den **Strand Frugoso** erreichen. Diesem vorgelagert ist die kleine **Isola dei Topi** („Mäuse-Insel"). Heute ist sie eher karg, doch wahrscheinlich wuchs früher auch hier der

Mäusedorn. Diese speziell um Cavo vorkommende Pflanze ist ein immergrünes Gewächs, welches im Winter rote Beeren trägt. Diese Beeren hatte man in Notzeiten geröstet und als Kaffee-Ersatz genutzt.

Auch die **Inseln Cerboli** und **Palmaiola** (mit einem Leuchtturm) im Kanal von Piombino sind von Cavo aus sehr gut zu sehen.

Der 347 m hohe Berg bei Cavo, auf dessen Spitze sich einst ein Semaforo, ein Beobachtungsposten, befand, ist der **Monte Grosso;** ein Felsmassiv, an dem auch die roten Färbungen des Gesteins auffallen, was vor allem durch den Kontrast zur grünen Macchia unterstrichen wird.

Praktische Tipps

Anreise

■ Der **Bus** zwischen Portoferraio/Porto Azzurro und Cavo fährt sieben- bis zehnmal tägl.
■ Die **Tragflächenboote** *(aliscafi)* der Toremar fahren vier- bis siebenmal tägl. zwischen Portoferraio, Cavo und Piombino.

▷ Alpenveilchen

2

Unterkunft

■**Hotel Pierolli**⑤, Lungomare Kennedy 1, Tel. (0565) 931188, www.hotelpierolli.it. Hotel mit 12 Zimmern, fast alle mit Balkon; ruhiger und angenehmer Ort, im Sommer Pflicht zur Halbpension.
■**Hotel Ginevra**④, Via A. de Gasperri 63, Tel. (0565) 949845, www.albergoginevra.it. Kleines Hotel mit 27 netten Zimmern und einem kleinen Garten; große Sonnenterrasse auf dem Dach mit herrlicher Rundumsicht, alles sehr familiär.
■**Hotel Marelba**③, Via Petri, Tel. (0565) 949920, www.hotelmarelba.it; geöffnet von Ende Mai bis Ende September. 50 unterschiedlich eingerichtete, eher schlichte Zimmer in mehreren Häusern inmitten eines schönen Gartens, im Sommer nur mit Halbpension.
■**Residence Punta dei Barbari,** Via Frengoso 4, Tel. (0565) 931134, www.puntadeibarbari.it. Diese kleine Anlage am nördlichen Ende von Cavo verfügt über 14 freundliche und schöne Apartments für 2–6 Personen mit jeweils eigener Terrasse. Angenehme Atmosphäre. Apartments zwischen 350 und 1600 € pro Woche.
MEIN TIPP: **Agriturismo Amandolo,** Loc. Colle a Vita, Tel. (0565) 931908, mobil 338-2525443 *(Allessandro)*, www.agriturismo-elba.it. Agriturismo etwas außerhalb von Cavo (Abzweig „Solana alta" an der Straße von Cavo nach Rio nell'Elba, kurze und etwas abenteuerliche Piste). Behindertengerecht und nach biologischen Gesichtspunkten ausgebaute alte Cantina (Wirtschaftsgebäude), gemütlich, wunderbar gelegen mit Blick auf das Festland, Capraia und bei guter Sicht sogar bis Gorgona; Apartment für zwei bis vier Personen 350–1050 € pro Woche plus ca. 40 € Endreinigung. Wäsche ist selbst mitzubringen, tageweise Vermietung möglich.

Essen und Trinken

🦋 **Ristorante Amandolo,** oberhalb des gleichnamigen *Agriturismo* gelegen (s. oben), Tel. (0565) 931908 mobil 338-2525443 *(Allessandro),* www. agriturismo-elba.it; geöffnet tägl. ab 19 Uhr. Vor wenigen Jahren eröffnetes Restaurant mit typisch elbanischer Küche, zubereitet mit Produkten aus dem eigenen Garten; Menü um die 30 €.
■**Restaurant Ginevra,** Via A. de Gasperri 63, Tel. (0565) 949845, geöffnet tägl. 19–22 Uhr. Gutes Restaurant in gleichnamigem Hotel (s. oben).
■**Pizzeria und Creperie Rendez-Vous,** Via C. Colombo 3, Tel. (0565) 931060; geöffnet Mai bis September tägl. 12–15 und 19–23 Uhr, ganztägig Barbetrieb. Preiswerte Pizzen und Crêpes, gleich am Meer, leckere Muschelsalate um die 8 €.
■**Nada Mas,** Lungomare Kennedy 37, Tel. (0656) 931077; geöffnet April bis September tgl. 8–24 Uhr. Einfache und schmackhafte Gerichte zwischen 9 und 12 €, abends Pizza aus dem Holzofen für 5–9 €.

Nützliche Adressen/Einkaufen

■In Cavo gibt es **Post, Bank, Supermarkt** und einige kleine **Alimentari.**
■Jeden Mittwoch findet ein kleiner **Markt** an der Promenade statt.

Kino

■Von Mitte Juni bis Mitte September gibt es in Cavo an der Promenade das **Sommerkino Cinema Summermovie,** allerdings nur auf Italienisch. Das Programm kann erfragt werden unter mobil 339-6711334.

Wassersport

■**Tauchstation:** das **Diving Center Cavo** bietet deutschsprachige Tauchgänge und Kurse an; Informationen bei *Roland,* Tel. (0565) 949898, mobil (Deutschland) 0049-172-6202749. Auch Flaschenbefüllungen.

Strände

Bucht von Cavo

Die Bucht von Cavo ist gleichzeitig auch der ca. 500 m lange Badestrand, der aus etwas Sand, zumeist jedoch aus kleinen und größeren bunten Kieseln besteht. Es gibt Sonnenschirm- und Liegestuhlverleih. An der Uferpromenade befinden sich Bars und Restaurants. Auch für Rollstuhlfahrer ist dieser Strand geeignet.

■ **Service:** Parkplatz, Verleih von Liegestühlen und Sonnenschirmen, Wassersport, Gastronomie

Cala dell'Alga

Geht man weiter in Richtung Norden, gelangt man zum Capo Castello. Bei der Nummer 20 der gleichnamigen Straße gehen einige Stufen hinunter in die kleine Bucht Cala dell'Alga. Wie der Name schon sagt, werden durch den Nordwind hier öfter Algen angespült. Der Untergrund besteht aus Kies und Felsen. Das Wasser ist jedoch klar, ein guter Ort zum Schnorcheln.

■ **Service:** Parkplatz

Frugoso

Geht man am Capo Castello durch das Pinienwäldchen hindurch, gelangt man über einen Fußweg an den Kiesstrand Frugoso. Von hier aus hat man einen guten Blick zum Festland und zur kleinen Isola dei Topi.

■ **Service:** keine Einrichtungen

Le Fornacelle

Von der Küstenstraße in Richtung Rio Marina zweigt kurz nach Cavo eine kleine Straße zum Strand von Le Fornacelle (auch: **Cala del Telegrafo**) ab. Kurz vor dem Strand, der aus eisenhaltigem Kies und Sand besteht, gibt es einen Parkplatz. Der Strand ist für Rollstuhlfahrer geeignet. Man blickt von hier aus leider direkt auf den Hafen von Piombino mit seinen Schloten.

■ **Service:** Parkplatz, Verleih von Liegestühlen und Sonnenschirmen, Wassersport, Gastronomie

Cala Seregola Best Beach

Noch etwas weiter auf der Straße in Richtung Rio Marina gibt es einen ausgeschilderten Abzweig zum Cala Seregola Best Beach. Hier sind noch die Reste des Bergwerks Rio Albano zu sehen, was nicht dem typischen Bild von einem Urlaubsstrand entspricht. Das Besondere in der Cala Seregola ist jedoch der Sand, der rot-schwarz gefärbt ist und aufgrund kleiner Hämatit-Stückchen glänzt.

■ **Service:** Parkplatz, Verleih von Liegestühlen und Sonnenschirmen, Gastronomie

3 **Der Süden**

Hier im Süden gibt es die schönsten und längsten Stründe, einige malerische Orte und viele gute Wandermöglichkeiten.

 Mufflons oberhalb der Südküste von Elba

DER SÜDEN

Der Süden wird von allen Urlaubsregionen der Insel am **meisten besucht.** Hauptattraktion sind die Ebenen von Marina di Campo und **Lacona.** Mit ihren langen weißen Sandstränden ziehen sie vor allem Familien an. Besonders Marina di Campo mit seiner gewachsenen Infrastruktur ist ein Urlaubsort par excellence.

Weiter oberhalb laden die beiden **Bergdörfer San Piero** und **Sant'Ilario** zu stillen Stunden und Wanderungen in die Bergwelt ein. In diesem Teil der Insel kann man alte Granitsteinbrüche entdecken und auf schönen Wegen den Südhang des **Monte-Capanne-Massivs** erkunden.

Die **Südwestküste** bietet entzückende kleine **Strände,** die vor allem außerhalb der Hochsaison einen angenehmen Urlaub versprechen. **Cavoli** liegt so geschützt, dass man hier schon Anfang Mai angenehme Badetemperaturen erwarten kann und das bis in den Oktober hinein. **Seccheto** bezaubert durch seine Felsenkulisse, und an der Südwestspitze liegt der idyllische Strand von **Fetovaia.**

Lacona und die Stella-Bucht

Die beiden Buchten im mittleren Süden sind dem **Badetourismus** vorbehalten. Hauptstrand des **Golfo Stella** ist der Lido von Capoliveri (s. Ortsbeschreibung). Daneben gibt es kleinere Buchten, die alle über kleine enge Zufahrtsstraßen oder steile Fußwege zu erreichen sind. Diese

Strände liegen inmitten hoch aufragender Felsen, bestehen zum großen Teil aus Kies und verfügen, abgesehen von einer Bar an der Spiaggia di Norsi, über **keinerlei Strandservice.** Demzufolge werden sie auch nur selten von angeschwemmten Algen gesäubert. Der Zugang zum Meer ist steinig, und es geht schnell in die Tiefe. Abgesehen vom Lido, bieten die Strände der Stella-Bucht vor allem **Abgeschiedenheit und Ruhe.**

Der Golfo Stella wird durch die gleichnamige Halbinsel vom Golfo della Lacona getrennt, einer weiten Bucht mit einem der schönsten Strände der Insel. Der lange **Sandstrand von Lacona** zieht sich über 1,2 km bis zur Halbinsel Fonza und fällt seicht ins Wasser ab; ein Eldorado für Familien und **Campingurlauber.** Diese Tradition entstand bereits in den 1960er Jahren, als erste Touristen in den damals noch weitläufigen **Dünen** zelteten. Von diesen sind nur noch einige winzige Flecken geblieben, die mittlerweile unter Naturschutz stehen. Gleich hinter dem Strand befinden sich heute gut ausgestattete Campingplätze inmitten von Pinien- und Eukalyptushainen. Durch eine lange Straße sind sie von der dahinter gelegenen Ebene ge-

NICHT VERPASSEN!

- **Bootstour nach Fetovaia,** von Marina di Campo aus | 121
- **Capo Poro,** Wanderung zum Leuchtturm | 123
- **Von Sant'Ilario nach Poggio,** Wanderung | 133
- **Von Cavoli nach San Piero,** Wanderung | 136

Diese Tipps erkennt man an der gelben Hinterlegung.

0   2 km   © Reise Know-How 2014

ElbaKa603

365   ▲380

Serra del Literno 238

Parkgrenze

16 Portoferraio   **16** Portoferraio

Valdana

65 Capoliveri

Valle di Filetto

F.so Stagnolo

Norsi   Lido   **81** Porto Azzuro

108 Lacona

C. Norsi

75 Spiaggia del Lido

Bonalaccia

Valle di Segagnana   M. Tambone 377

Spiaggia Grande

C. Canata

GOLFO STELLA

GOLFO DELLA LACONA

76 Punta Morcone   Spiaggia di Zuccale

76 Spiaggia di Barabarca

Parco Nazionale Arcipelago Toscano

Spiaggia di Fonza

CAMPO

41

Capo di Fonza

Capo della Stella   ⛰ Isola Corbella

Punta Morcone

TYRRHENISCHES MEER

99 Ortsbeschreibung auf Seite 99   **99** Ortsbeschreibung auf Seite 99, mit Stadtplan

trennt. Hier finden sich einige Hotels, Residenzen, Apartmentanlagen, Läden und Restaurationen unterschiedlicher Qualität.

Es gibt viele **Wassersportmöglichkeiten** wie Tauchen, Surfen oder Tretbootfahren. Und im hügeligen Hinterland können sich Mountainbiker auf anspruchsvollen Touren verausgaben.

Praktische Tipps

Anreise

■ Wer in den Buchten von Lacona oder Stella Urlaub machen oder diese auf einem Tagesausflug besuchen möchte, ist zumindest in den Monaten September bis Juni gut beraten, mit dem **eigenen Fahrzeug** zu reisen, denn der öffentliche **Bus** zwischen Portoferraio und Lacona fährt nur zweimal, in den Sommermonaten sechsmal täglich.

Nützliche Adressen

■ **Geldautomaten** und **Internetzugang** gibt es an den großen Zeltplätzen (s. „Camping") in der Lacona-Bucht.

Unterkunft

■ **Hotel Capo di Stella**④, Loc. Lacona, Tel. (0565) 964052/964324, www.capodistella-elba.comit (auch auf Deutsch). Neues Hotel mit 35 Zimmern in Panoramalage oberhalb der Bucht mit Pool; Möglichkeit zu kleinen Spaziergängen auf der Stella-Halbinsel. Mein Tipp: **Poggio di Sole**④, Via dei Vigneti 329, mobil 349-4164074, www.poggiodisole.it. Schönes Anwesen in Stile eines toskanischen Landhauses mit 4 wohnlich eingerichteten Appartements für 2–6 Personen in ruhiger Lage. Außerdem werden ver-

schiedene Outdoor-Aktivitäten angeboten (u.a. Tauchkurse, siehe auch *Universo Acqua Diving*). App. 40–185 €.

■ **Hotel Giardino**②, Via del Piano 22, Tel. (0565) 964059, www.elbahotelgiardino.it (auch auf deutsch). Zehn zweckmäßig eingerichtete Zimmer, teilweise mit Balkon oder Garten, in einem kleinen, familiengeführten Hotel, umgeben von Pinien, ca. 3 Min. vom Meer mit Sandstrand entfernt. Halbpension ist obligatorisch.

Camping

■ **Tallinucci,** Via del Mare 213, Tel. (0565) 964069 oder 964126 (nur im Winter), www.campingtallinucci.it (auch auf Deutsch). Sehr gut ausgestatteter und sauberer Zeltplatz mit direktem Zugang zum Sandstrand von Lacona, gut für Familien geeignet, vom *ADAC* empfohlen; 7–13 € p.P., 12,50–26 € für Zelt/Wohnwagen, 15,50–29 € für Wohnmobil, außerdem nette Apartments für zwei bis sechs Personen, bis zu 400 m vom Meer entfernt, für 55–217 € pro Tag.

■ **Santa Maria,** Via del Mare 91, Tel. (0565) 964 188, www.vsmaria.it (auch auf Deutsch). Gepflegter und sehr gut ausgestatteter Zeltplatz (inkl. WLAN) mit direktem Zugang zum Sandstrand von Lacona, bestens für Familien geeignet; 7–13 € p.P., 10–17 € für Zelt/Wohnwagen, 13–24 € für Camper, außerdem Apartments mit Garten für zwei bis sechs Personen von 45–218 € pro Tag.

■ **Camping Lacona,** Loc. Lacona, Tel. (0565) 964 161, www.camping-lacona.it (auch auf Deutsch). Zeltplatz unter Eukalyptusbäumen zwischen dem Sandstrand (400 m) und dem Kieselstrand (200 m) gelegen, gute Ausstattung (auch Internetzugang und großer Pool); 8–15 € p.P., 7–12 € pro Zelt, 10–18 € pro Wohnwagen/-mobil; es werden auch Apartments angeboten (1,5 km entfernt im Hinterland), 45–95 € pro Tag, von Juli bis August nur wochenweise.

Essen und Trinken

An der Straße durch Lacona gibt es einige Restaurants, Bars und Pizzerien unterschiedlicher Qualität und Preisklasse; auf zwei Lokale sei hier aufmerksam gemacht:

■ **Restaurant Angios,** Via Provinciale, am Strand von Lacona (Zugang über den kleinen Weg gegenüber vom Hotel Lacona), geöffnet tägl. 12–15 und 19–2 Uhr. Gute Küche und große Auswahl, allerdings etwas teurer, Vorspeise ab 9 €, die *dolci* kommen aus eigener Produktion.

❀ **Restaurant La Vecchia Trebbia,** Via dei Vigneti 61, Tel. (0565) 964028, mobil 338-7289313, vtrebbia@elbalink.it; geöffnet Mai bis September tägl. 19–22 Uhr. Etwas abseits gelegenes, preiswertes vegetarisches Restaurant mit Gerichten, deren Zutaten fast ausschließlich aus eigener Produktion stammen; gutes gegrilltes Gemüse (ab 6 €) und köstliche Desserts (ab 3 €). Man sitzt draußen oder drinnen inmitten der Landschaft der Lacona-Ebene.

Wassersport

Es gibt am Strand von Lacona diverse Verleiher für **Surfbretter, Kajaks und Segelboote.**

■ **Tauchstation Universo Aqua Diving,** Via del Pinone 119, Tel. (0565) 964329, www.universo acqua.com. Verleih von Ausrüstungen und Nachfüllen von Tauchflaschen, geführte Tauchgänge und Kurse ab 34 €, nur auf Anfrage auf Englisch oder Deutsch.

■ **Tauchstation Blu Immersion Diving Center,** Via del Porticciolo, Tel. (0565) 964415 oder 964175, www.bluimmersion.it. Verleih von Ausrüstungen und Nachfüllen von Tauchflaschen, geführte Tauchgänge und Kurse ab 32 €, nur auf Anfrage in Englisch oder Deutsch.

■ **Divelba,** Loc. Lacona, Viale dei Golfi 362/B, Tel. (0565) 964329, mobil 349 4164075, deutschsprachig 347 1395143, Tauchgänge, Ausrüstung, Schorchelkurse und Bootsausflüge in der Lacona- und Stella-Bucht bis zur Punta Calamita

Fahrzeugvermietung

■ **TWN,** gegenüber vom *Hotel Lancona,* Tel. (0565) 964345, www.twn-rent.it; geöffnet tägl. 8.30–14.30 und 15.30–19.30 Uhr; Fahrräder ab 10 €, Scooter ab 28 €, Autos ab 46 € sowie Kajaks ab 20 €.

Marina di Campo

Marina di Campo ist mit seinem 1,5 km langen Strand das Ziel vieler Elba-Urlauber. Die Bucht füllt ein weites Rund aus und bietet von jedem Standort aus wundervolle Aussichten auf die jeweils gegenüberliegende Seite, das offene Meer und auch auf die südlich gelegene Insel Montecristo. Der **weiße Sandstrand,** der sich aus dem zersetzten Granit des Monte-Capanne-Massivs gebildet hat, wird von einem Pinienhain und einer schönen Promenade begrenzt. Der im Frühjahr mit rosa blühenden Tamarisken bestandene **Lungomare** ist die Hauptflaniermeile des Ortes. Besonders am Abend und in den Sommermonaten herrscht hier zuweilen ein lebhaftes Gedränge. Auf Bänken und der Mauer sit-

▷ Gasse zum Meer in Marina di Campo

137elk

Marina di Campo

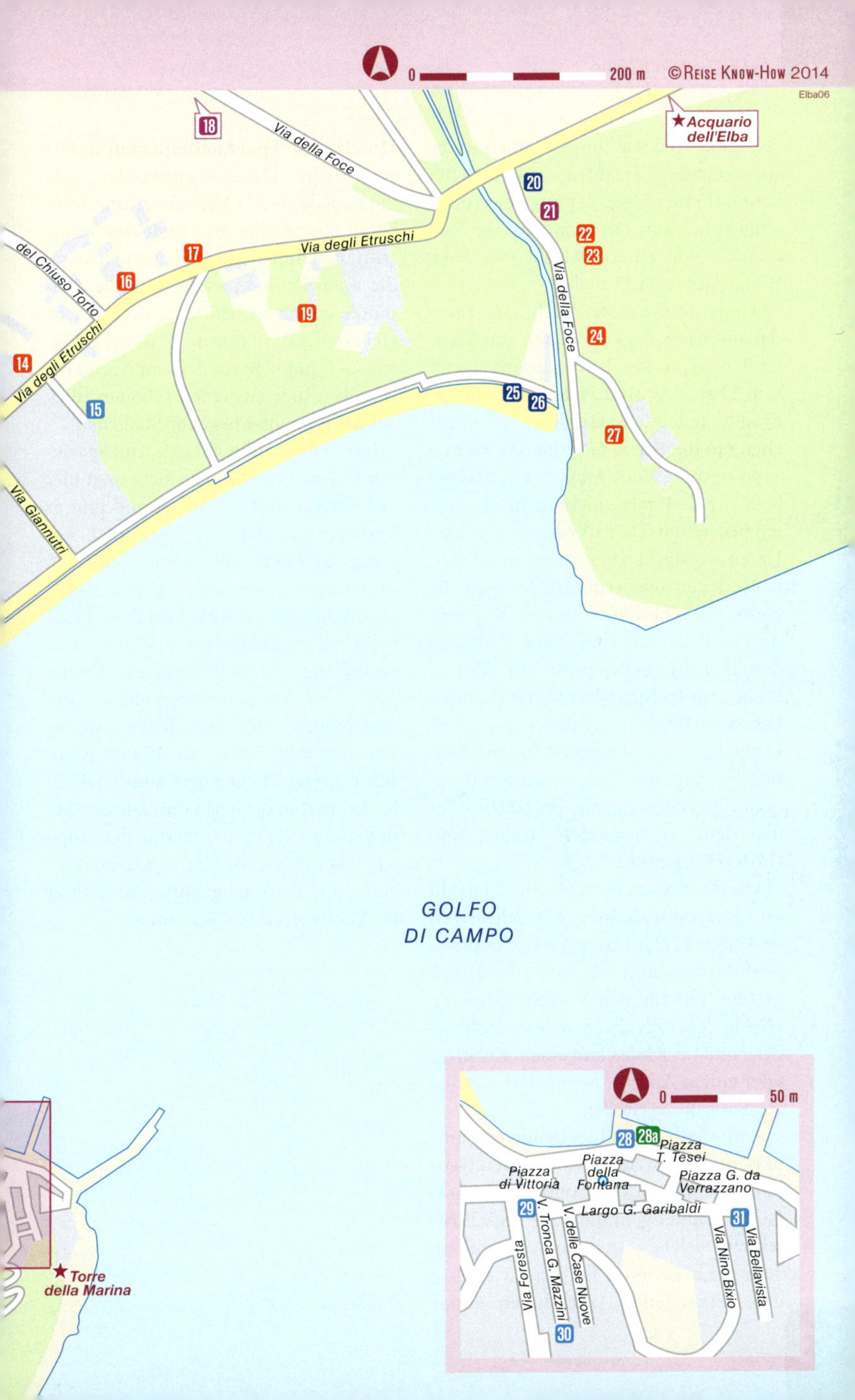
0
200 m
©Reise Know-How 2014
Elba06
18
Via della Foce
Acquario dell'Elba
20
21
22
23
Via della Foce
24
Via degli Etruschi
17
16
del Chiuso Torto
19
Via degli Etruschi
14
15
25
26
27
Via Giannutri
GOLFO
DI CAMPO
Torre della Marina
0
50 m
28
28a
Piazza T. Tesei
Piazza della Fontana
Piazza di Vittoria
Piazza G. da Verrazzano
Largo G. Garibaldi
29
V. Tronca G. Mazzini
V. delle Case Nuove
31
Via Nino Bixio
Via Bellavista
Via Foresta
30

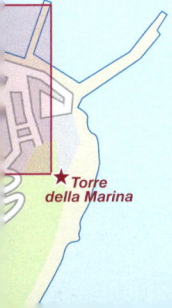

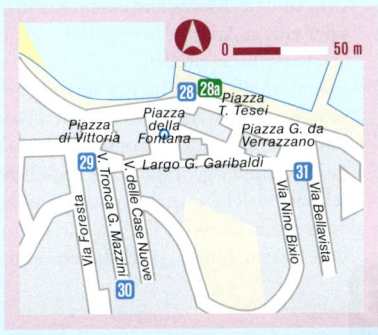

zen dann Alte wie Junge, Einheimische wie Touristen, erzählen, schließen Bekanntschaften, lesen Zeitung oder ruhen einfach nur aus. Gesäumt wird die Promenade von einer Vielzahl von Bars, Restaurants und Eisdielen.

An der Südseite der Bucht, am **Torre della Marina,** liegt der **Hafen** von Marina di Campo. Der Turm stammt aus pisanischer Zeit, und viele der dicht gedrängt stehenden Häuser in den Gässchen um die Piazza Giacomo da Verrazzano und die Via Garibaldi wurden gebaut, als die Piraten nicht mehr die Küsten bedrohten. Damals begann man den Hafen verstärkt zu nutzen, und noch heute legen hier früh am Morgen die kleinen Fischerboote an und beliefern die Fischläden der Umgebung. Zwischen den alten Booten drängen sich Motorboote und Jachten, und weiter draußen kann man Segler vor Anker liegen sehen. Deren Crews setzen am Abend mit kleinen Booten zum Hafen über, um in einem der vielen Lokale am Hafen oder den dahinter liegenden Straßen und Gassen zu speisen.

Marina di Campo bietet eine **Vielzahl an gastronomischen Einrichtungen** und **Läden.** Die Hauptgeschäftsstraßen Via Marconi und Via Roma sind zum großen Teil für den Verkehr gesperrt. Hier lässt es sich also wunderbar schlendern und bei Kaffee und einem Küchlein oder einem Aperitif in einem der vielen Straßencafés verweilen.

Außerhalb des alten Stadtzentrums präsentiert sich der Ort mit vielen **Neubauten** entlang der Hauptverkehrsstraße. Von dieser geht die Viale degli Etruschi ab, welche durch einen Pinienhain vom Meer getrennt ist. An ihr sind in den vergangenen Jahrzehnten einige **Hotels und Apartmentanlagen** unterschiedlicher Qualität entstanden. Alle bieten jedoch den Vorteil der unmittelbaren Strandnähe. Am Ende der Straße trifft man hinter einem kleinen Fluss auf die Via delle Foce, an der sich alle **Zeltplätze** des Ortes befinden. Ihr Ende ist gleichzeitig das Ende der Bucht von Marina di Campo. Besonders am Abend hat man von hier aus einen schönen Blick auf das gegenüberliegende Städtchen.

Die weite **Sandbucht** lädt zum Spazieren ein, und am Morgen sieht man hier des Öfteren Jogger. Am Strand gibt es Verleiher von Tret- und Segelbooten, Kajaks, Surfequipment, Sonnenschirmen und Liegestühlen. An warmen Tagen hört man schon von Weitem das „Cocco bello" der Kokosnussverkäufer. Der Strand von Marina di Campo ist Urlaub pur – mit Ausnahme der Monate Juli und August, denn dann leben statt der üblichen 5000 mehr als **15.000** Menschen in der Ebene von Campo nell'Elba. Immerhin beziehen die Orte der Gemeinde, zu der neben Marina di Campo auch San Piero, Sant'Ilario, Cavoli, Seccheto und Fetovaia gehören, 90 % ihrer Einkünfte aus dem **Tourismus.**

▷ Feierabend, mal wörtlich genommen

Der Süden

Sehenswürdigkeiten

Acquario dell'Elba

Folgt man der Straße von Marina di Campo in Richtung Lacona, ist an der Abzweigung zum Campingplatz *La Foce* auch das *Acquario dell'Elba* ausgeschildert. Es befindet sich oberhalb der Hotelanlage *Marina 2 (M2)*. Das **Aquarium** zählt zu den größeren in Italien, allerdings sind einige Becken erschreckend klein. Neben Muränen und riesigen Barschen sind Langusten, Seeigel, Tritonschnecken, Haie und viele Zierfische zu bewundern. Der Einblick beschränkt sich jedoch nicht nur auf die Fauna des Meeres. Augenmerk wurde ebenso auf die anderen Tiere des Toskanischen Archipels, vor allem die **Vögel,** gelegt. Bei vielen Aquarien sind die Erklärungen in Deutsch gegeben.

■ **Acquario dell'Elba,** Loc. Segagnana, Tel. (0565) 977885, www.acquarioelba.com; ganzjährig geöffnet 9–19.30 Uhr, im Sommer bis 23.30 Uhr; Eintritt 7 €, ermäßigt 4 €.

Weingut Cecilia

🦋 Fährt man von Procchio nach Marina di Campo, so kommt man bei **La Pila** (hinter dem Flughafen) an dem Weingut *Cecilia* vorbei. Dieses besteht seit 1990, als sich der Mailänder Ingenieur und Industrielle *Giuseppe Camerini* entschloss, seine Leidenschaft für Wein hier zu leben. Schon seine Eltern hatten ein Weingut im Veneto. Er erwarb Land in der Ebene zwischen Procchio und Marina di Campo und begann mit der Kultivierung von Ansonica, Sangiovese, Trebbiano, Vermentino, Syrah und Aleatico. Vor allem der im Geschmack sehr kräftige Ansonica erfreut sich großer Beliebtheit und ist bereits als DOC-Wein klassifiziert. Zu empfehlen ist auch der weiße *Zeta del Tucano* (IGT) – nicht zu stark im Geschmack und daher zu jeder Gelegenheit passend. Bei den Rotweinen findet der DOC-Prämierte *Imago* (ein Riserva) viel Beifall. Interessant sind auch die Etiketten der jeweiligen Weine, die von *Giuseppe Camerini* selbst gestaltet wurden, in Anlehnung an und in Vereh-

118el jc

rung für den Mathematiker *Roger Penrose*. Die Weine können vor Ort verkostet werden.

■**Podere La Casina,** Tel. 0565 977332, www.aziendacecilia.it, von Mai bis Sept. tgl. 10–13 und 16–19 Uhr, ansonsten variabel.

Praktische Tipps

Anreise

■Gute **Busverbindungen** gibt es mehrmals täglich sowohl in den Westen über die Südküste nach Pomonte, Marciana und Marciana Marina als auch direkt nach Procchio und Portoferraio.

Information

■**A.P.T.** *(Azienda di Promozione Turistica),* Piazza dei Granatieri 5 (gegenüber dem Supermarkt am großen Parkplatz), Tel. (0565) 97796; geöffnet Ostern bis September tägl. 9.30–12.30 und 15–18 Uhr, So geschlossen, im Juli und August auch So 9.30–12.30 Uhr; man spricht Englisch, Französisch und Deutsch. Hier erhält man ein Unterkunftsverzeichnis sowie Hilfe bei allen touristischen Fragen, u.a. Fahrscheine für einen Ausflug nach Pianosa.

Nützliche Adressen

■Eine **Post** befindet sich schräg gegenüber vom CONAD in der Via R. Fucini 1; geöffnet Mo–Fr 8.15–13.30 Uhr, Sa 8.15–12.30 Uhr.
■Im Ort gibt es mehrere **Banken mit Geldautomaten,** z.B. in der Via Roma. Die Banken haben Mo–Fr 8.20–12.40 Uhr geöffnet.
■Ein **Internetcafe** mit dem Namen *Tecnoaffari* befindet sich in Via per Portoferraio 21/b, Tel. (0565) 977363, www.tecnoaffari.biz, geöffnet tägl. 10–13

und 16.30–19 Uhr, So nur nachmittags. Neben dem Internetzugang wird auch ein Fax- und Kopier-Service angeboten; 15 Min. für 3 €.

Unterkunft

■**Hotel Dei Coralli**④, Via degli Etruschi 567, Tel. (0565) 976336, www.hoteldeicoralli.it (auch auf Deutsch). Schönes und gepflegtes Hotel mit Pool, Fitnessgeräten, Frühstücksterrasse und Restaurant, familiengeführt; die 62 Zimmer sind freundlich eingerichtet, die meisten mit Balkon; 1 km bis in den Ort, 80 m ans Meer; sehr zu empfehlen.
■**Hotel Meridiana**③, Via degli Etruschi 465, Tel. (0565) 976308, www.hotelmeridiana.info (auch auf Deutsch). Freundlich eingerichtetes Hotel mit 36 Zimmern auf drei Etagen, umgeben von Pinien und nur 100 m vom Strand entfernt, behindertengerecht ausgestattet; nur Frühstück (großes amerikanisches Buffet); Spezialpreise für Familienapartments.
■**Hotel Villa Etrusca**③, Via degli Etruschi 29, Tel. (0565) 976363, www.hotelvillaetrusca.it (auch auf Deutsch). Familiengeführtes Hotel, bekannt für seine gute (auch vegetarische) Küche mit hausgemachten *dolci;* 37 schlicht eingerichtete Zimmer, die meisten mit Balkon, nur 80 m vom Strand entfernt, 800 m ins Stadtzentrum.
■**Hotel Villa Nettuno**③, Via degli Etruschi 38, Tel. (0565) 976028, www.villanettuno.it (auch Deutsch). Hotelanlage, in einem Pinienhain direkt am Meer gelegen, mit 30 einfachen Zimmern.
■**Apartment- und Zimmervermietung La Magnolia**②, Via degli Etruschi 31, Tel. (0565) 976 200, mobil 349-3725656, www.lamagnolia.net. Vier Ein-Zimmer-Apartments für zwei bis max. fünf Personen mit Küchenzeile und Bad für 40–90 € pro Tag sowie ein Mini-Apartment und vier DZ mit Bad und Balkon bzw. Gartennutzung.
■**Apartments Le Pitte,** Via del Renaio 48, Tel. (0565) 976252, mobil 348-3156690 oder 339-3896393, www.lepitte.it (auch auf Deutsch). Wohl-

fühl-Apartments mit Garten, z.T. behindertengerecht, 700 m vom Ortszentrum und 300 m vom Meer entfernt; für zwei Pers. 200–680 €, vier Pers. 230–1100 €, sechs Pers. 460–1450 € (Wochenpreise) plus max. 50 € Endreinigung. Ganzjährig geöffnet.

■ **Apartments Le Fornaci,** Via delle Fornaci 311, Tel. (0565) 976009, www.lefornaci.com (auch auf Deutsch). Zweckmäßige Apartments für zwei bis vier Personen, 300–1050 € pro Woche.

■ **Apartments Casa Fortuna,** Colle di Palombaia 171, Tel. (0565) 976289, www.casafortuna-elba. com. Von einem österreichischen Ehepaar geführtes Haus zwischen Marina di Campo und Cavoli mit Apartments für vier bis sechs Personen zwischen 350 und 700 € bzw. 800 und 1000 € pro Woche; außerdem DZ mit Küchenzeile und Meerblick für 45 € p.P., ohne Meerblick 35 € p.P.; zum Kieselstrand sind es 204 Stufen; mit Sonnenterrasse und Grillplatz.

■ **Apartments Residence Vacanzamare,** Loc. La Foce, Tel. (0565) 976129, www.vacanzamare.it (auch auf Deutsch). Schöne Anlage oberhalb des Meeres mit Reihenhäuschen, jeweils zwei nett eingerichtete Zimmer, Kochnische und Balkon oder Terrasse, Parkplatz, Kinderspielplatz und Fahrräder inklusive; Apartments für zwei bis sechs Personen zwischen 300 und 1100 € pro Woche.

■ **Apartments I Lecci,** auf dem Zeltplatz Ville degli Ulivi (s. unten), Via delle Foce 89, Tel. (0565) 976048 oder 976098, www.villedegliulivi.it (auch auf Deutsch). Zweckmäßig eingerichtete Häuser mit Terrasse bzw. Außenbereich für vier bis sechs Personen, 60–190 € pro Tag, Auto 1–3,50 €.

Camping

■ **La Foce,** Loc. La Foce, Tel. (0565) 976456, im Winter Tel. (0565) 976075, www.campinglafoce. com (auch auf Deutsch). Besteht seit 50 Jahren; modern ausgestatteter Zeltplatz am Meer mit Schatten spendenden Pinien, Supermarkt und Restaurant; 6–14 € p.P., Zelt 5,50–15,50 €, Wohnwagen/-mobil 7–18 €, Auto 1,50–3,50 €.

■ **Ville degli Ulivi,** Via delle Foce 89, Tel. (0565) 976048 oder 976098, www.villedegliulivi.it (auch Deutsch). Sehr moderner Zeltplatz mit diversen Restaurants auf dem Gelände sowie Schwimmbecken; pro Person 7–15,50 €, Zelt 6–16 €, Wohnwagen/-mobil 9–19 €.

Essen und Trinken

MEIN TIPP: **Bar und Restaurant La Lucciola** („Glühwürmchen"), Viale degli Eroi, Tel. (0565) 976395, www.lalucciola.it; geöffnet Ostern bis September tägl. 12–14.30 und 18–24 Uhr; Barbetrieb ganztägig, außerhalb der Monate Juli/August ist Mo Ruhetag. Das Lokal an der Strandpromenade wird am Tage auch als Bar genutzt, abends sitzt man hier romantisch mit Kerzenlicht und Blick aufs Meer; gute Meeresküche, dafür etwas teurer, ab 20 €.

■ **Ristorante l'Aragosta,** Piazzetta Cavour, Tel. (0565) 977131, tgl. mittags und abends. Hier sind vor allem die Fischgerichte empfehlenswert, am besten nach dem Fisch den Tages fragen und sich beraten lassen, welche Zubereitung empfohlen wird. Man sitzt gemütlich drinnen oder draußen in der Gasse, leider nicht ganz preiswert.

■ **Bar da Paolo,** im Pinienhain an der Via degli Etruschi, vom Strand aus kommend beim Schild „Strand von Sergio" in den Pinienhain einbiegen, mobil 335-6232978; geöffnet Mai bis September tägl. 7–22 Uhr, im Sommer auch länger. Hier kocht noch die Mamma, typisch elbanische Küche, frischer Fisch; zu empfehlen cacciucco (14 €), in der Nebensaison nur auf Vorbestellung. Wunderbar für einen kleinen Mittagsimbiss oder am Abend.

■ **La Tavernetta,** Via Nino Bixio 9, mobil 328-1830285 oder 339-5044896, geöffnet tägl. ab 10 Uhr. Kleines, verstecktes Lokal am Ende des Hafens in den Gassen, dort kann man gut Bruschetta, Schiaccine, Crêpes und andere Snacks essen.

■ **Ristorante Bologna,** Via Firenze 27, Tel. (0565) 976105; geöffnet tägl. zu Mittag und Abend. Das Lokal liegt am Ende einer Seitenstraße; im Sommer

3

kann man im Biergarten sitzen. Die Holzofenpizza ist besonders zu empfehlen.

Mein Tipp: Eiscafé Il Ghibli, Via G. Domizetti, geöffnet tägl. 10–22 Uhr. Hier gibt es ausgezeichnetes Eis und Eiskonfekt, alles aus eigener Produktion.

▪ **Gelateria Zero Gradi,** Via Per Portoferraio 9, tgl. 11–24 Uhr, www.zerogradigelateria.com. Diese neue Gelateria, die auch Geschäfte in Portoferraio, Capoliveri sowie Marciana Alta und Marciana Marina hat, ist eine durchaus ernstzunehmende Konkurrenz zu Ghibli (siehe oben). Im Angebot sind außerdem *Sorbet* und *Granita*.

▪ **Bar Da Mario,** am Ende des Hafens, Tel. (0565) 1930806, April–Okt. tgl. 7–24 Uhr, sonst Do Ruhetag, Jan./Febr. Ferien. Hier nehmen zumeist Fischer, Carabinieri und auch solche, die nichts zu tun haben, ihren Caffè; man hier gut zu Mittag und Abend essen, obwohl es schon mehr einen Barcharakter hat. Ein idealer Ort, um einen Aperitif oder Cocktail zu genießen.

▪ **El Pinpa,** Via Roma 41/43, Tel. (0565) 977555; geöffnet von Ostern bis Oktober tägl. ab 8 Uhr. Angesagte Lounge- und Cocktailbar mit viel jungem Publikum und immer Musik, im Sommer auch live.

Einkaufen

▪ Der **Markt** findet jeden Mi von 8–13 Uhr auf dem großen Parkplatz (gegenüber vom CONAD und neben der Information) statt.

▪ Im Ort selbst entlang der **Via Roma** und am **Hafen** gibt es viele kleine Lädchen, Boutiquen und Spezialitätenläden. Ein Preisvergleich lohnt sich.

▪ Viele schauen gern bei **Zoccoli Fantasia,** Piazza Teseo Tesei 35, Tel. (0565) 977282, geöffnet tägl. 10–13 und 17–20 Uhr) vorbei. Hier gibt es **Lederwaren,** und man kann sich auch Holzpantoffeln verschiedener Art und Sandalen nach Maß anfertigen lassen.

> Strandurlaub mit Ausblick

Feste

▪ Das Fest von **San Gaetano,** Schutzpatron des Ortes, wird jedes Jahr am **7. August** mit einer nächtlichen Prozession der Fischerboote auf dem Meer begangen.

▪ Am **Sonntag nach dem 1. Mai** wird in Anlehnung an die **Festa dei Corolli** (s. „San Piero") der gleichnamige Kuchen auf der Piazza am Rathaus verkauft bzw. zum Probieren angeboten. Gebacken wird er von den Frauen des Ortes.

▪ **Ende Mai** findet der **Elba-Marathon** statt, bei dem Läufer verschiedener Nationalitäten durch die Ebene von Campo laufen.

Mein Tipp: Corpus Domini, generell am 2. Sonntag nach Pfingsten. Wer in Marina di Campo ist, sollte diese Prozession nicht versäumen und vor allem nicht die blumengeschmückte Via Roma und Via G. Marconi. Schon am Vormittag beginnen Ladenbesitzer und Vereine auf den Pflastersteinen Muster zu zeichnen und mit Blüten auszufüllen.

▪ **Mitte/Ende September** findet in Marina di Campo und Umgebung die **Rallye „Elba Storico"** statt, ein Rennen für Oldtimer. Die Teilnehmer mit ihren Gefährten kommen u.a. aus der Schweiz, Österreich und Deutschland.

Wassersport

▪ **Windsurfschule Zephyr,** Loc. La Foce, direkt am Strand, www.zephyr-w.com. Verleih von Kajaks (ab 15 €) und Surfausrüstung (ab 12 €/Std.), es werden auch Segel- und Surfkurse angeboten, 220 € pro Woche, allerdings nur auf Italienisch und Englisch.

Mein Tipp: Tauchstation Spiro Sub, Lo. La Foce (am Zeltplatz), Tel. (0565) 976102, mobil 338-2689379, www.spirosub.isoladelba.it. Seit 1974 gibt es diese Tauchbasis auf Elba, die Betreiber kommen aus Süddeutschland; wöchentliche PADI-Kurse (fünf Tage für 340 € alles inkl.), verschiedene geführte Tauchgänge, Schnuppertauchen (36 €), Vermietung von Tauchausrüstung sowie Flaschennachfüllung, auch Ansprechpartner für Tauchclubs, die einen Besuch auf Elba planen, ebenso Unterstützung bei der Zimmersuche.

■**Tauchstation Dive Crew,** Via Giusti 18, Tel. (0565) 976641, www.marinadicampodiving.com. Geführte Tauchgänge ab 40 €, Vermietung von Tauchausrüstung und Booten, Flaschennachfüllungen.

■**Mara Rent,** Loc. La Foce, direkt am Strand, Ansprechpartnerin *Isa,* mobil 347-5534971. Verleih von Schlauchbooten u.a. mit 40 PS für 110 € pro Tag, auch für Taucherausrüstungen geeignet.

Bootstouren

■Bei ruhiger See werden von *Acquavision,* Tel. (0565) 976022, mobil 328-7095470, www.acquavision.it, Exkursionen nach **Pianosa** angeboten, die auch über die Touristeninformation zu buchen sind. Von Mai bis September tgl., allerdings erst ab einer bestimmten Anzahl, sonst abhängig von Nachfrage und Wetter (siehe auch Pianosa).

■Am Hafen gibt es verschiedene Anbieter, die **Bootsfahrten die Südküste entlang** anbieten. Man fährt von Marina di Campo über die Grotta Azzurra, Cavoli und Seccheto in die Bucht von Fetovaia und von dort aus wieder zurück. Bei der Grotta Azzurra und/oder der Fetovaia-Bucht wird ein Stopp zum Schwimmen und Schnorcheln eingelegt. Die Abfahrten sind vormittags 10 Uhr und am Nachmittag 16 Uhr, Dauer ca. 2 Std., manchmal werden auch Imbiss und Getränke gereicht, Kosten zwischen 12 und 15 €. Bei einer Bootstour hat man schöne Ausblicke auf die Südküste und bekommt so einen anderen Eindruck von der Insel.

■**MB Princess Desideria,** Inhaber *Silverio,* Tel. (0565) 976891, mobil 328-7821455. Ausflüge bis **Fetovaia** und auch zur **Halbinsel Calamita** (diese mit Spaghetti-Essen an Bord, ca. 30 €), seit 2012 auch Inselrundfahrt ab 50 €.

076el js

■**MB Prima Vera,** Tel. (0565) 987241, mobil 338-4718334. Ausflüge zur **Grotta Azzurra.**

■**MB Aqualung,** Inhaber *Matteo,* Tel. (0565) 978075, mobil 338-5003433. Ausflüge an die Südspitze bei Fetovaia, die Fahrt dauert 3½ Std. und kostet 20 € p.P. inkl. Wein aus eigenem Anbau. Das Boot ist einfach, hat aber eingelassene Glasfenster, die Blicke nach unten ermöglichen.

Weitere Touren

■Ein weiterer Tourenveranstalter ist **Il Viottolo,** Via Petri 6, Tel. (0565) 978005, www.ilviottolo.com. Es werden ganzjährig geführte Trekking-, Segel-, Mountainbike- und Kajaktouren für Gruppen von zwei bis acht Personen angeboten für 30–40 € p.P., auf Anfrage auch auf Deutsch oder Englisch möglich.

Fahrzeugvermietung

■**Elba Servizi,** Aeroporto La Pila, Tel. (0565) 977150, www.elbaservizi.it. Scooter ab 30 €, Kleinwagen ab 50 € pro Tag (s. auch unter „Reisetipps A–Z, Ankunft").

■**TWN,** beim Campingplatz *Ville Degle Ulivi* (s. oben), Tel. (0565) 977893, www.twn-rent.it; geöffnet tägl. 9–11.30 und und 17–19 Uhr. Fahrräder ab 10 €, Scooter ab 28 €, Autos ab 46 €, Kajaks ab 20 €.

■**Schlauchbootverleih** s. „Wassersport".

Strände

Marina di Campo

Die lange Sandbucht von Marina di Campo zieht sich vom kleinen Hafen mit dem Pisanischen Turm bis hin zum Campingplatz von La Foce. Am Strand gibt es neben Bars und Restaurants auch Tretbootverleih sowie Surf- und Segel-

schulen. Besonders im Osten der Bucht geht es seicht ins Wasser, was zahlreiche Familien mit Kindern anlockt. Der Strand ist für Rollstuhlfahrer geeignet.

■**Service:** Parkplatz, Verleih von Liegestühlen und Sonnenschirmen, Wassersport, Gastronomie, Unterkunft, Campingplatz

Galenzana-Bucht

Geht man die Promenade entlang bis zum Ende, gelangt man auf die kleine Piazza da Giovanni Verrazzano. Von dort aus nimmt man den linken Treppenweg. Wenn man auf die Straße trifft, folgt man dieser nach links bis zu einer kleinen Kapelle auf der linken Seite. Hier führt der Weg hinunter in die Galenzana-Bucht. Sie liegt etwas abseits und besteht aus Sand und Steinen. Sie eignet sich gut zum Schnorcheln und wenn man etwas Abgeschiedenheit sucht. Diese Bucht ist jedoch nur zu Fuß oder dem Boot zu erreichen.

■**Service:** keine Einrichtungen

Palombaia

An der Straße nach Cavoli hinter der Abzweigung nach San Piero muss man parken. Auf einem Sträßlein geht es abwärts, bis ein Treppenweg nach Palombaia abgeht, auch „Colombaia" („Taubenschlag") genannt. So gelangt man an einen Kiesstrand, der in der Saison über eine Bar verfügt und geschützt liegt.

■**Service:** Verleih von Liegestühlen und Sonnenschirmen, Gastronomie

Wanderung von Marina di Campo zum Capo di Poro

■ **Ausgangs- und Endpunkt:** Piazza da Giovanni Verrazzano (am Hafen)
■ **Schwierigkeitsgrad:** mittelschwer
■ **Gehzeit:** 2½ Std.
■ **Höhenmeter:** +/-150 m
■ **Wegbeschaffenheit:** Treppenwege und etwas Fahrstraße, meist schmale Wege durch die Macchia, teilweise etwas zugewachsen und rutschig durch Geröll
■ **Ausrüstung:** feste Wanderschuhe, Wasser, evtl. Proviant, Sonnenschutz und Kopfbedeckung, evt. Badesachen

Am Ende der Promenade von Marina di Campo befindet sich die Piazza da Giovanni Verrazzano. Von dort aus nimmt man den linken der aufwärts führenden **Treppenwege.** Die Treppe geht in einen Weg über (rechts Zaun, links Hang), der auf eine **Straße** führt. Hier biegt man bergauf nach links ab. Die Straße wird zum Fahrweg. Nach links hat man eine schöne Aussicht auf die Galenzana-Bucht und bei gutem Wetter bis Montecristo. Bevor der Fahrweg wieder hinab und geradeaus an der Küste weiterführt, geht nach rechts ein **Pfad** hinauf. Es sind **rot-weiße Markierungen** am Baum zu erkennen, der Weg Nr. 40 sollte ab hier bereits ausgeschildert sein. Nach einer Weile kommt man an eine **Kreuzung mit einem Strommast.** Dort geht man auf dem Pfad weiter, der nach links in die Macchia hineinführt. An einer Abzweigung kurz darauf hält man sich links, kommt später in einen **Steineichenwald** und zu einem alten **Magazzino.**

Durch dichte Macchia mit viel Stechginster und Zistrosen geht es bergauf bis zum **Leuchtturm Capo di Poro.** Unterwegs kommt man an alten Geschützständen vorbei, die von Deutschen im Zweiten Weltkrieg errichtet wurden. Auch unterhalb des Leuchtturms befinden sich einige Unterstände aus dem Krieg. Sie sollten jedoch nicht betreten werden. Außerdem geht es hier steil bergab. Vom Leuchtturm selbst hat man einen wunderbaren Ausblick auf die gesamte Südküste bis nach Fetovaia im Westen und die Halbinsel Calamita im Osten. Bei gutem Wetter sind auch Giglio, Montecristo, Pianosa und Korsika zu sehen. Der ganze Weg ist rot-weiß markiert und mit Capo Poro/Nr. 40 ausgeschildert.

Zurück geht es dann auf dem gleichen Weg. Wenn man noch den Abstecher zur **Galenzana-Bucht** machen möchte, geht man nach rechts, sobald man wieder auf dem breiten Fahrweg ist. Nach 10 Min. gelangt man an eine kleine Kapelle. Hier geht links der leicht rutschige Weg hinunter zur Galenzana-Bucht ab.

Seit Frühjahr 2013 gibt es einen neuen, auch ausgeschilderten **Abstieg,** der vom Leuchtturm direkt hinunter führt in die Galenzana-Bucht. Er ist relativ bequem zu gehen, stellenweise etwas rutschig durch kleineres Geröll. Der Abstieg in die Bucht selbst führt dann über einen großen Felsen. Hier ist etwas Geschick notwendig. Der Wanderweg führt dann oberhalb des Meeres über ein Privatgrundstück und sollte zugänglich sein, doch der Besitzer schließt den Zaun immer wieder. In diesem Falle kann man an der Hafenmauer lang balancieren, jedoch nur bei ruhiger See. So gelangt man in die Galenzana-Bucht

Marina di Campo zum Capo di Poro

0 ————————— 500 m

© Reise Know-How 2014

ElbaW08

Spiaggia
di Marina di Campo

Marina di Campo

Hafen

★ Leuchtturm

★ Torre della Marina

GOLFO
DI CAMPO

W39

Parkgrenze

Spiaggia
di Galenzana

Punta Bardella

Parco
Nazionale
Arcipelago
Toscano

W38   W40

W39

Grotta del
Bue Marino

W40

Grotta del
Vescovo

W40

W40

Poro
152

★ Leuchtturm
Capo di Poro

Capo di Poro

und von dort auf den Weg, der wieder
nach Marina di Campo führt.

San Piero

MEIN TIPP: Bereits aus der Ferne sieht man
oberhalb von Marina di Campo zwei
Bergdörfer wie Schwalbennester am
Hang kleben. Der größere Ort ist San
Piero.

Über eine kurvige Bergstraße geht es
hinauf, und wer mit dem Bus fährt,

▷ Mohnblütenpracht in der Nähe
von Marina di Campo

3

kommt an der einladenden **Piazza Garibaldi** an, dem Ortszentrum. Hier sitzen die Männer unter einem schattigen Baum, hier hält der kleine Pritschenwagen, der frisches Obst und Gemüse bringt. Auch der fahrende Fischhändler macht hier Station. Auf der einen Seite liegt eine Bar, in der man gemeinsam Fußball schaut, und auf der anderen Seite gibt es einen kleinen Alimentari. Hier bekommt man auch das frische Brot, dessen Duft über der Piazza schwebt.

Nicht weit entfernt liegt die **Kirche San Niccolo** (ausgeschildert), auch „Santi Pietro e Paolo" genannt. Sie wurde im 7. Jh. auf den Überresten eines römischen Tempels errichtet, der einst an dieser Stelle hoch oben über dem Meer stand und dem Meeresgott Glaukus geweiht war. Das Besondere an dieser Kirche ist nicht nur die ausgesuchte Lage, sondern auch ihre Form. Es ist die **einzige zweischiffige Kirche** auf Elba. Die einst kreisförmigen Apsiden sind heute zwar in eine durchgehende Mauer umgewandelt, dennoch ist die Grundstruktur gut zu erkennen. Im Inneren sind noch einige **Fresken** aus dem 16. Jh., offensichtlich spanischer Herkunft, zu erkennen. Allerdings verblassen sie zunehmend und bröckeln von den Wänden ab.

Hinter der Kirche befindet sich das **Belvedere,** ein Aussichtspunkt wie ein Balkon über der Ebene von Campo. Von hier kann man weit über das Meer sehen, in der Ferne den Leuchtturm erkennen, Montecristo und Giglio bewundern.

In San Piero geht das Leben trotz etwas Tourismus wie gewohnt weiter. Zwei **Traditionen** werden hier besonders gepflegt. Zum einen ist es die **Ostersonntagsprozession** gemeinsam mit dem benachbarten Sant'Ilario (s. Exkurs „Der etwas andere Osterbrauch"), zum anderen ist es die **Festa dei Corolli.** In der Nacht vom 30. April auf den 1. Mai ziehen die Männer des Ortes durch den Ort und singen zwei Vierzeiler unter den Fenstern aller unverheirateten Frauen. Die (Jung-)Frauen zeigen sich jedoch nicht, sondern bedanken sich am Sonntag darauf mit einem selbst gebackenen **Corollo.** Dies ist ein Kuchen in Kringelform, der als Fruchtbarkeitssymbol gilt. Die Corolli werden schon am frühen Morgen von den Sängern eingesammelt und durch San Piero getragen. Am späten Nachmittag findet auf der Piazza

079el js

dann die eigentliche Festa dei Corolli statt. Eine Kapelle spielt zum Tanz auf, die Corolli werden probiert, und vielleicht wird dabei ja sogar eine Vermählung beschlossen.

◸ Die Einheimischen treffen sich auf der idyllischen Piazza von San Piero

Praktische Tipps

Anreise

■ Zwischen Marina di Campo und San Piero in Campo verkehrt sechs- bis achtmal tägl. der öffentliche **Bus.** Bei einigen Verbindungen muss man an der Colle Palombaia **umsteigen;** der Busfahrer sagt dann Bescheid.

Unterkunft

■ **Hotel La Rosa**③, Piazza Gadani 76, Tel. (0565) 983191, www.larosahotel.it (auch auf Deutsch). An einer kleinen Piazza gelegenes, familiengeführtes, nettes Hotel; die zehn Zimmer sind einfach und praktisch eingerichtet, ein *Ristorante* ist angeschlossen.

Essen und Trinken

MEIN TIPP: **Gelateria da Tiffany,** Piazza Garibaldi 94, mobil 388-1108571, tgl. 13.30–20 Uhr. Gleich neben Bar in Piazza, wo auch der Bus hält, hat 2012 diese neue Eisdiele eröffnet, deren Inhaberin *Stefanie* (Spitzname *Tiffany*) bei Ghibli in Marina di Campo ihr Handwerk gelernt hat – man schmeckt es! Außerdem gibt es auch Joghurteis und Frappé.

■ **Osteria Cacio e Vino,** Piazzetta della Porta, Tel. (0565) 983351; geöffnet Ostern bis Oktober mittags und abends. In dem gemütlichen Lokal mit Blick über die Ebene von Campo kommt man zu annehmbaren Preisen in den Genuss guter ländlicher Küche sowie diverser Wildschweingerichte und Pizza.

Feste

■ Jedes Jahr am **Ostersonntag** findet die feierliche **Prozession** zwischen San Piero in Campo und Sant'Ilario mit anschließender *stoccafissata* statt.

■ Am **30. April** singen in San Piero (und in Marina di Campo) die Männer unter den Fenstern der ledigen Frauen. Am Sonntag darauf ist die **Festa dei Corolli,** mit der sich die Frauen für das Singen bedanken.

■ Am **29. Juni** wird in San Piero das Fest der Ortsheiligen **San Pietro e Paolo** gefeiert.

Rundwanderung um San Piero

■ **Ausgangs- und Endpunkt:** San Piero in Campo
■ **Schwierigkeitsgrad:** mittelschwer
■ **Gehzeit:** 3 Std.
■ **Höhenunterschiede:** +/-350 m
■ **Wegbeschaffenheit:** Am Anfang Straße und Fahrweg, dann Pfade und wieder breite Fahrwege, beim Abstieg z.T. ausgewaschene Rinnen, viel Sonne!
■ **Ausrüstung:** feste Wanderschuhe mit Profil, ausreichend Wasser, evtl. Proviant, Kopfbedeckung und Sonnenschutz
■ **Hinweis:** Im August 2003 gab es an den Südhängen des Monte Capanne einen gewaltigen **Waldbrand,** der nahezu die gesamte Macchia niederwalzte und viele verkohlte Erdbeerbäume und Baumheide hinterließ. Als Erstes wuchs der Farn wieder. Allmählich kommen Rosmarin, Zistrosen und andere typische Macchiapflanzen nach. Durch den Brand sind die alten Terrassen für Wein- und Olivenanbau jetzt wieder sehr gut zu erkennen

---

Von der **Piazza Garibaldi** (mit dem Rücken zu Bar stehend) geht man auf der Straße nach rechts und gleich darauf links die breiten **Treppenstufen** hoch (an der Mauer ist ein Schild mit einem Hinweis auf Wanderweg 7 angebracht). Es geht kurz die Treppen hinauf und auch gleich wieder rechts auf einem kleinen Pfad weiter (**rot-weiße Markierungen,**) der am Kindergarten *(asilo infantile)* vorbeiführt. Der Weg führt auf eine Straße, auf der man etwa 15 m nach rechts geht, um dann gleich in den nach links steil bergauf führenden **Betonweg** einzubiegen. Dieser wird zu einem Fahr-

Rundwanderung San Piero

© REISE KNOW-HOW 2014

ElbaW09

0 ▭▬▬▭▬▭▬ 500 m

99 Ortsbeschreibung auf Seite 99

99 Ortsbeschreibung auf Seite 99, mit Stadtplan

COSTA

DELLO

SVIZZERO

MACINELLE

146 Pomonte

F-so dei Malocci

GTE

W30

COLLACCIO

Pietra Murata 548 ▲

Parkgrenze

Alte Mühle

W17　W35

Parco Nazionale Arcipelago Toscano

GTE

PIANO

DEL

W7

W34

CANALE

134 Cavoli

IL CANALE

W33

W32

GTE

7A

▲ 216

Ziegen-gehege

157 Marciana, **130** Sant'Ilario

San Piero

134 Cavoli, **112** Marina di Campo

3

weg und führt direkt auf ein **Ziegengehege** zu. An diesem geht man nach links und biegt vor dem **Schild „35"** nach rechts in den Wanderweg ein. Es geht hinauf über einen alten Plattenweg und an ehemaligen Gärten und Wiesen vorbei. Der Plattenweg geht dann rechts ab, man folgt aber dem **markierten Wanderpfad** weiter bergauf. Nach etwa 30 Min. kommt man zu einem **Bach** an den Ruinen der ehemaligen **Wassermühle Moncione**. Gleich hinter der Mühle ignoriert man den Abzweig nach links und bleibt auf dem Weg, der geradeaus weiter hinaufführt und zu einem wunderschönen Panoramaweg mit herrlichen Ausblicken wird. An der nächsten **Wegkreuzung** wandert man rechts hoch **(Wanderweg Nr. 35)**. Der Weg wird allmählich breiter und steigt leicht an.

Der kleine, ausgeschilderte Abstecher zur **Pietra Murata** ist empfehlenswert, denn von diesem Ort mit gigantischen Steinblöcken hat man eine umwerfende Aussicht. Es wird vermutet, dass dies einst ein heiliger Ort war. Wer Zeit hat, sollte hier eine Rast einlegen und die Idylle genießen. Mit etwas Glück kann man auch Mufflons beobachten.

Wieder zurück auf dem breiten Weg, geht man auf diesem weiter nach rechts. Alle Abzweigungen werden ignoriert, bis man nach ca. 20 Min. zu einem **Pinienwald** kommt. Hier biegt man nach rechts in den breiten, zum Teil erodierten und dadurch etwas rutschigen Weg ab. Nach etwa 15 Min. gelangt man an eine **T-Kreuzung** (geradeaus sind Sant'Ilario und der Torre San Giovanni zu sehen), die Wanderzeichen sind noch sehr neu. Es geht rechts den **Sandweg** hinunter, der bis an das Ziegengehege vom Anfang der Wanderung führt. Auf dem bekannten Weg geht es wieder zurück nach San Piero.

Sant'Ilario

Nur wenige Kilometer entfernt von San Piero liegt das kleine **Bergdorf** Sant'Ilario in Campo. Es ist entweder über eine relativ kurvige Straße von San Piero aus zu erreichen oder über eine sehr kurvige Straße vom Flughafen La Pila aus. In Sant'Ilario ist der Tourismus noch nicht

Der etwas andere Osterbrauch

Seit gut 400 Jahren gibt es diesen Brauch in San Piero und Sant'Ilario. Am Ostersonntag bei Sonnenaufgang macht sich aus jedem der beiden Orte eine **Prozession** auf den Weg in den jeweils anderen Ort. Fast alle Bewohner nehmen daran teil. Auf halbem Wege trifft man sich und zieht schweigend aneinander vorbei. Im anderen Ort angekommen, besucht man den Friedhof und die Kirche, wo ein **Gottesdienst** stattfindet. Danach kehren die Prozessionen wieder in ihre Heimatorte zurück. Dort werden sie von den Daheimgebliebenen mit einer *stoccafissata* empfangen, einem traditionellen Gericht aus Stockfisch, Kartoffeln, Tomaten, Oliven und Paprikaschoten.

angekommen. So gibt es hier nur eine kleine Bar, im Sommer immerhin zwei, jedoch **keine Hotels oder Pensionen.** Für das große Geschäft liegt Sant'Ilario zu sehr abseits. Was nicht unbedingt zu bedauern ist, denn die Ruhe in den Gassen, die farbenprächtigen Bougainvilleen und die sonnigen Plätze geben die Möglichkeit zur Kontemplation.

In der Mitte des kleinen Ortes an der **Piazza della Chiesa** befindet sich eine kleine **Pfarrkirche** aus der Zeit der *Appiani.* Im 17. Jh. wurde sie etwas erweitert, sodass sich dort auch einige Barockelemente finden. Bemerkenswert ist außerdem der fünfeckige Glockenturm.

Ebenso wie der Nachbarort San Piero wurde auch Sant'Ilario **befestigt,** indem man die Häuser so dicht aneinander baute, dass sie wie eine Mauer wirken. Die Befestigung schützte beide Bergdörfer jedoch nicht vor dem **Piraten** *Dragut,* der sie im 16. Jh. verwüstete. Beide Orte wurden aber hernach von den Bewohnern wieder aufgebaut.

Anreise

■ Zwischen Marina di Campo und Sant'Ilario in Campo verkehrt sechs- bis achtmal tägl. der öffentliche **Bus.** Die meisten Busse fahren weiter bis Pomonte und Marciana Marina. Bei einigen Verbindungen muss man an der Colle Palombaia umsteigen; der Busfahrer sagt dann Bescheid.

Ausflüge in die Umgebung

Von der Straße, die Sant'Ilario mit San Piero verbindet, geht ungefähr auf der Hälfte die schmale und kurvige Straße über den **Monte Perone** bis nach **Poggio** ab. Achtung: Diese Strecke ist nur für geübte Autofahrer geeignet, **Mountainbiker** kommen hier auf ihre Kosten, das Gebiet ist unter ihnen sehr beliebt. Viele fahren auch zum **Parkplatz am Monte Perone,** um dort ihre Räder zu besteigen. Außerdem beginnen am Parkplatz einige teils anspruchsvolle **Wanderwege** (siehe „Wanderung von Sant'Ilario nach Poggio über den Monte Capanne").

Auf dem Weg zum Monte Perone kommt man auch am **Torre San Giovanni** aus dem 11. Jh. vorbei. Eine kurze Besichtigung lohnt sich, nicht nur wegen der hervorragenden Aussicht. Der von den Pisanern auf einem Granitstein errichtete Turm ist einzigartig; er war Bestandteil des „Nachrichtensystems", das bis zum Festland reichte. Bemerkenswert ist auch, wie eine der Turmkanten auf einem alten Mühlstein aufliegt.

Etwas weiter die Straße hinauf gelangt man zu der Ruine der **Kirche San Giovanni** aus dem 12. Jh. Sie ist ein schönes Beispiel pisanisch-romanischer Baukunst. Die Pfeiler an den Ecken und der Glockenturm an der Fassade sind noch gut zu erkennen. Die Kirche wurde von Zisterziensermönchen erbaut. Heute kann man hier im Schatten rasten, und wer möchte, kann von hier aus nach San Piero wandern (Wanderweg Nr. 34).

Granitabbau auf Elba

Bei einem Besuch der Bergdörfer Sant'Ilario und San Piero fällt sofort auf, dass beim Bau der Häuser viel Granit verwendet wurde. Nicht nur für Begrenzungsmauern, sondern auch für Tür- und Fenstereinfassungen, für Tische und Bänke, für Gehwege und Brunnen, selbst für die Terrassierung und Zaunpfosten wurde er verwendet.

Der gesamte Westen Elbas besteht aus einem **Granitmassiv.** Das Besondere am Westelba-Granit ist seine **extrem helle Färbung,** das den Stein stärker und schöner schimmern lässt als dunklere Sorten. Das harte und widerstandsfähige Gestein wurde schon von den **Römern** als Baumaterial genutzt, als sie sich im 1./2. Jh. n. Chr. auf Elba niederließen. Die Römer, die mit ihren monumentalen Bauten bis in die heutige Zeit Zeugnis von ihrem einstigen Imperium ablegen, errichteten die ersten Werkstätten oberhalb von Cavoli und Seccheto. Von hier stammt u.a. der Granit für eines ihrer berühmtesten Bauwerke: das **Pantheon** in Rom.

Mit dem Ende des Römischen Reiches gerieten allerdings auch die Granitsteinbrüche in Vergessenheit. Erst als die **Pisaner** im 12. Jh. die Herrschaft über Elba übernahmen, belebten sich die alten Werkstätten wieder. So verwendeten sie den elbanischen Granit für 21 Säulen bei der Konstruktion des Mittelschiffs des **Doms von Pisa** und als Ziersteine für das dortige Baptisterium. Bei einem Brand 1990 wurden oberhalb der Südküste alte Granit-Werkstätten freigelegt. Bei Cavoli fand man eine Art Badewanne in Schiffsform (La Nave) aus pisanischer Zeit.

Die Römer und Pisaner bauten den Granit noch mit sehr **archaischen Methoden** ab. Im Felsen oder in einem großen Brocken suchte man Bruchstellen, in die man einen Keil aus hartem **Holz** trieb. Dieser wurde dann **gewässert,** wodurch das Holz aufquoll und das Gestein langsam auseinanderdrückte. Dieser Vorgang wurde so oft wiederholt, bis sich ein Brocken in der gewünschten Größe aus dem Gestein löste. Entweder wurde er dann gleich an Ort und Stelle weiterbearbeitet, oder er wurde über Stricke und Holzbohlen an die Küste herabgelassen, um ihn auf ein Schiff zu verladen.

080el as

Auf Elba interessierte sich nach dem Ende der pisanischen Herrschaft lange Zeit niemand mehr für den Granitabbau im größeren Stile. Die einheimische Bevölkerung nutze das Material lediglich für private Bauten und Ausbesserungen. Es dauerte bis **Anfang des 20. Jh.,** ehe man sich wieder auf den Elba-Granit besann. In dieser Zeit mussten viele **Straßen** in Rom, Mailand und Florenz erneuert sowie die **Hafenbecken** von Livorno und La Spezia befestigt und neu eingefasst werden. Granit war der ideale Baustoff. Abbau und Handel auf Elba blühten.

Um die Orte Seccheto, Cavoli, San Piero, San Ilario und Pomonte finden sich überall kleinere Granitsteinbrüche. Mittlerweile sind sie jedoch nahezu allestillgelegt. Der Granit von Elba wurde zwar nicht teurer, doch in Portugal oder der Türkei konnte man ihn zu weitaus günstigeren Preisen einkaufen. Heute wird lediglich noch in **San Piero** aktiv Granit abgebaut, hauptsächlich für den Eigenbedarf, weniges geht auf das Festland.

Das traditionelle **Handwerk der Granitarbeiter,** der *scalpellini,* stirbt aus. Heute hat man Sprengstoff und moderne Schneidemaschinen sowie Bohrer zur Verfügung. Eine Handvoll junger Leute arbeitet in der letzten Granitwerkstatt sowie ein Lehrmeister, der schon in den 1950er Jahren sein Handwerk gelernt hat und den Stein zu lesen versteht.

Seit 2009 gibt es die **Rundwanderung** „Wege in Granit", die an Stationen des Granitabbaus auf Elba vorbeiführt. Der Weg beginnt und endet in San Piero. Er ist sehr abwechslungsreich, auch, was die Wanderanforderungen betrifft. Man sollte auf jeden Fall trittsicher sein. Leider sind die aufgestellten Karten und die Ausschilderungen dazu nicht immer eindeutig.

◁ Spuren ehemaligen Granitabbaus

Wanderung von Sant'Ilario nach Poggio mit Abstecher auf den Monte Capanne

■ **Ausgangspunkt:** Sant'Ilario
■ **Endpunkt:** Marciana bzw. Poggio
■ **Schwierigkeitsgrad:** schwer
■ **Gehzeit:** 4 Std. (+ 2 Std. mit Abstecher auf den Monte Capanne)
■ **Höhenmeter:** +800/-700 m
■ **Wegbeschaffenheit:** Am Anfang Straße und breiter Fahrweg, dann Waldwege und Pfade, z.T. über Geröll. Beim Auf- und Abstieg große Felsstufen, Trittsicherheit und Schwindelfreiheit sind unbedingt erforderlich! Man ist viel der Sonne ausgesetzt!
■ **Ausrüstung:** feste Wanderschuhe mit Profil, ausreichend Wasser, Proviant, Kopfbedeckung, Sonnenschutz

In Sant'Ilario geht man die kleine Straße in Richtung Friedhof, der links liegen bleibt. Vor einer Brücke geht links der **Wanderweg Nr. 5** ab, dem man auf einem breiten Fahrweg in Windungen hinauf bis zum großen **Parkplatz am Monte Perone** folgt. Ab hier beginnt das schönste Stück der Wanderung. Man geht nach **links** in den Wald hinein und bleibt auf dem Weg Nr. 5. Dieser führt den Berg weiter hinauf und wird bald zu einem Pfad. Über den **Monte Maolo** mit berauschenden Ausblicken und einer faszinierenden Gebirgslandschaft geht es weiter, bis man an eine **Kreuzung** kommt, wo drei Wanderwege aufeinander treffen. Man bleibt auf dem **Weg Nr. 5** (der 00-Weg führt über einen Klettersteig), auf dem jetzt einige Geröllabschnitte (z.T. mit wackeligen Steinen) zu überwinden sind. Man sollte sich unbe-

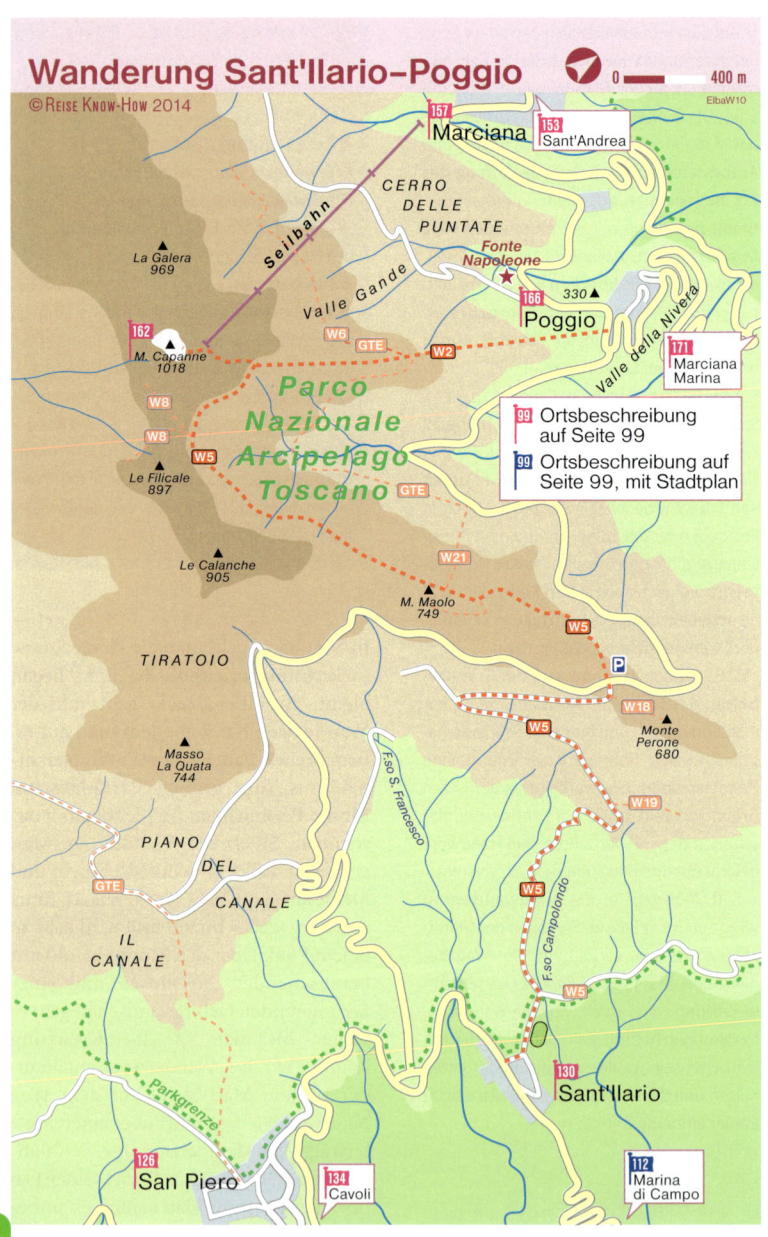

Wanderung Sant'Ilario–Poggio

© Reise Know-How 2014

0 _____ 400 m

ElbaW10

157 Marciana

153 Sant'Andrea

CERRO
DELLE
PUNTATE

Fonte
Napoleone

Seilbahn

La Galera
969

Valle Gande

166 330 ▲
Poggio

162
M. Capanne
1018

Valle della Nivera

W6 GTE W2

171 Marciana
Marina

Parco
Nazionale
Arcipelago
Toscano

W8

W8

W5

Le Filicale
897

GTE

99 Ortsbeschreibung
auf Seite 99

99 Ortsbeschreibung auf
Seite 99, mit Stadtplan

Le Calanche
905

W21

M. Maolo
749

W5

TIRATOIO

P

W18

W5

Monte
Perone
680

Masso
La Quata
744

W19

F.so S. Francesco

PIANO
DEL
CANALE

W5

GTE

F.so Campolondo

IL
CANALE

W5

Parkgrenze

130 Sant'Ilario

126 San Piero

134 Cavoli

112 Marina
di Campo

3

Der Süden

dingt an die **rot-weißen Markierungen** halten. Der Weg erfordert einige Konzentration und ist nichts für Ungeübte. Nach ca. 1½ Std. (vom Parkplatz am Monte Perone gerechnet) gelangt man an eine **Wegkreuzung.** Nach links führt der Wanderweg hinauf zum **Monte Capanne.** Der Weg ist steinig, z.T. mit großen Stufen, und verläuft fast nur in der Sonne. Sollte man sich für diesen Weg entscheiden, kann man von oben mit der **Seilbahn** nach Marciana hinunterschweben (s. „Marciana") oder den gleichen Weg bis zu dieser Wegkreuzung wieder absteigen. Will man den Abstecher auf den Monte Capanne nicht unternehmen, kann man auf dem **Wanderweg Nr. 2** direkt nach Poggio absteigen, was einige Kondition und gute Kniegelenke erfordert, denn es geht kontinuierlich bergab.

Insgesamt eine sehr **sportliche Wanderung,** die durch wunderschöne Landschaften mit herrlichen Ausblicken führt.

Cavoli

Auf der neuen Panoramastraße erreicht man von Marina di Campo aus in nur zehn Minuten mit dem Bus den kleinen Ort Cavoli. Schon von der Straße aus sieht man, aus einer Kurve kommend, die kleine **Bucht,** die bei Touristen und Einheimischen gleichermaßen beliebt ist. Wegen ihrer geringen Größe und geschützten Lage erwärmt sich das Wasser im Frühjahr hier am schnellsten und bewahrt im Herbst am längsten **Badetemperaturen.** Am Strand gibt es neben

dem üblichen Verleih von Tretbooten und Kajaks, Sonnenschirmen und Liegestühlen eine kleine Strandbar und eine Tabacchi an der Promenade. Außerdem kann man einen Ausflug zur nahe gelegenen **Grotta Azzurra** unternehmen, entweder mit dem gemieteten Tretboot oder Kajak oder auf einer der angebotenen Bootstouren.

Ursprünglich war Cavoli ein **Zentrum des Granitabbaus** auf Elba. Nach einem Waldbrand Anfang der 1990er Jahre wurde eine alte Granitwerkstatt freigelegt, die vordem unter Macchia begraben war. Ganz in der Nähe fand man auch nicht fertiggestellte Arbeiten, wie z.B. **La Nave** („Das Schiff"; s. Exkurs „Granitabbau auf Elba") bei der Residenz Le Formiche. Am Strand wurden Reste alter Säulen im Sand gefunden, die nicht verschifft wurden.

Cavoli an sich ist kein Ort, eher **eine Ansammlung von Hotels und Apartments,** belebt nur in den warmen Monaten. Im Winter wirkt der Ort nahezu ausgestorben. Erst 2006 hat man den Strand erweitert, um in der Hochsaison noch mehr Platz für die andrängenden Besucher zu bieten. Zur Not kann man zum Sonnenbaden aber auch auf die umliegenden Felsen ausweichen. Zum Einkaufen fährt man besser nach Marina di Campo oder in das nur knapp 2 km entfernte Seccheto.

Praktische Tipps

Anreise

■ Der öffentliche **Bus** zwischen Marina di Campo und Cavoli und retour fährt, abhängig von der Saison, sieben- bis zwölfmal täglich.

3

■ Es empfiehlt sich, den Ausflug hierher nicht mit dem eigenen Auto zu unternehmen, denn **Parkplätze sind Mangelware.** Viele stellen ihr Auto an der Hauptstraße oberhalb ab, doch diese ist im Sommer in beiden Richtungen vollkommen zugeparkt.

Information

■ **Consorzio Costa del Sole,** www.costadelsole.it. Auf dieser Webseite (auch auf Deutsch) finden sich erste Informationen zu den Orten entlang der Süd und Westküste Elbas: Cavoli, Seccheto, Fetovaia, Pomonte und Colle d'Orano.

Unterkunft

■ **Hotel Lorenza**③, Tel. (0565) 987054 oder 987004, www.hoteldelmare-lorenza.it (auch auf Deutsch). Familiengeführtes Hotel mit 20 Zimmern und extra Sonnenterrasse direkt am Meer, alles wirkt sehr hell und luftig; kleines Hotelrestaurant mit guter Küche.

■ **Hotel La Conchiglia**②, Tel. (0565) 987010 oder 987256, www.laconchigliacavoli.it (auch auf Deutsch). Hotel mit 30 freundlich eingerichteten Zimmern direkt am Meer, im Sommer nur mit Halbpension.

■ **Apartments Gianfranco Vanacore,** Tel. (0565) 987066, mobil 335-8175323. Kleines, gemütliches Apartmenthaus mitten in Cavoli oberhalb des Meeres im Treppengewirr; alle Apartments sind freundlich eingerichtet und verfügen über Balkon und/oder Terrasse; Zwei-Personen-Apartment 35–50 €, Vier-Personen-Apartment 50–90 € pro Tag.

Wanderung von Cavoli nach San Piero

■ **Ausgangspunkt:** Cavoli
■ **Endpunkt:** San Piero
■ **Schwierigkeitsgrad:** leicht
■ **Gehzeit:** 2 Std.
■ **Höhenunterschiede:** +/-200 m
■ **Wegbeschaffenheit:** Am Anfang Straße und breiter Fahrweg, dann schmaler Pfad, am Ende wieder breiter Fahrweg und Straße im Ort. Viel Sonne!
■ **Ausrüstung:** feste Wanderschuhe mit Profil, ausreichend Wasser, evtl. Proviant, Kopfbedeckung und Sonnenschutz
■ **Hinweis:** Es kann sein, dass in der einzig noch aktiven **Granitwerkstatt** (die am Weg liegt) **Sprengungen** durchgeführt werden, was allerdings nicht so häufig vorkommt. Dann ist der Weg gesperrt.

In Cavoli gibt es vorm Ortseingang von Marina di Campo kommend eine ausgeschilderte Abzweigung nach rechts zur **Residence Le Formiche.** Diese Straße geht es in Windungen hinauf, dabei alle Abzweigungen ignorierend, bis sie nach ca. 15 Min. eben wird. Kurz vor einigen Häusern geht im spitzen Winkel nach rechts ein **Wanderweg** bergauf (Holzschild „San Piero in Campo"). Dieser Pfad kann z.T. etwas zugewachsen sein, was ihn aber auch romantisch wirken lässt. Nach etwa 10 Min. kommt ein **Schild „Zona archeologico"**, das nach links weist. Dort gibt es ein Relief von einem Boot auf einem Felsen. Der Weg ist erst kürzlich freigelegt worden und gehört zu dem Projekt „Wege im Granit" (s. Exkurs „Granitabbau auf Elba").

3

Wanderung Cavoli–San Piero

© REISE KNOW-HOW 2014   0 —— —— 400 m   ElbaW11

157 Marciana,
130 Sant'Ilario

124 San Piero

GTE   W7

Parkgrenze   W35   **W32**

W33

W32

112 Marina di Campo

99 Ortsbeschreibung
auf Seite 99

99 Ortsbeschreibung auf
Seite 99, mit Stadtplan

CASTANIOLI

*Parco Nazionale
Arcipelago Toscano*

Colle di
Palombaia

112 Marina di Campo

C. Retali

C. Galli

W32

Quartiere

Grotta Azzurra

Parkgrenze   **135** Cavoli

Spiaggia
di Cavoli

*Punta
di Cavoli*

138 Secchetto

Der Süden

3

Möchte man den Abstecher nicht unternehmen, geht man weiter den Pfad hinauf, der direkt auf einen breiten **Fahrweg** führt. Unterwegs kann man immer wieder anhalten und die schönen Ausblicke auf die Südküste mit den vorgelagerten Inseln Pianosa, Montecristo, Giglio und in der Ferne vielleicht sogar Korsika genießen. Am breiten Fahrweg angelangt, biegt man nach **rechts** ab und wandert auf diesem immer geradeaus weiter, bis man zu einem **Sportplatz** gelangt. Unterwegs kommt man auch oberhalb der einzigen noch aktiven **Granitwerkstatt** vorbei sowie an einigen alten Abbrüchen. Am Ende des Sportplatzes nimmt man links die Straße **abwärts,** die wieder auf eine Straße führt, welche nach schräg rechts überquert wird. Weiter geht es in den Ort San Piero hinein, wo man sich durch die Gassen abwärts treiben lassen kann bis zur Piazza Garibaldi, an der es eine Bar gibt und wo der öffentliche Bus abfährt.

Blick über Cavoli,
im Hintergrund ist Korsika zu sehen

Seccheto

Nur wenige Kilometer von Cavoli entfernt liegt Seccheto, einst ebenfalls ein Zentrum des **Granitabbaus** und wichtiger **Verladehafen.** Neben dem Kai sind auf Tafeln einige Bilder und Fotos angebracht, die einen Eindruck davon vermitteln, wie damals der Granit transportiert und auf die Schiffe gebracht wurde. Im Gegensatz zu den beiden Nachbarorten Cavoli und Fetovaia hat sich hier ein richtiger **Dorfkern** gebildet. Die Piazza liegt zwar an der Hauptverkehrsstraße, wird mit ihren Bänken an der Balustrade oberhalb der Bucht jedoch gerne von Jung und Alt besucht. Ganz in der Nähe befinden sich auch ein Supermarkt sowie Bäcker, Fleischer und verschiedene Restaurationen.

Hauptattraktion ist der **Strand** mit netter Bar und Tauchschule. Mit viel Mühe wird nahezu in jedem Frühjahr mit großen Maschinen Sand aus dem Meer heraufgeholt und auf den kleinen Strand geblasen. So wird er etwas größer, und der Zugang ist nicht mehr ganz so glitschig und steinig wie einst. Doch jedes Jahr tragen die Winterstürme den Sand wieder ab.

Oberhalb von Seccheto liegt eines der fruchtbarsten Täler von Elba, das **Vallebuia.** Durch einen kleinen Bach wird es mit ausreichend Wasser versorgt, und einst waren die Hänge voll von Weinreben. Heute gibt es hier noch einen Agriturismo, der sich dem **Weinanbau** widmet. Im angeschlossenen Agricoop kann man einige der Produkte wie Wein und Honig erwerben. Der knapp 2 km lange Weg hinauf über eine anfangs steile Straße ist allerdings sehr schweißtreibend. Im Vallebuia beginnen auch einige schöne **Wanderungen** wie z.B. auf den **Monte Cenno** (592 m) oder die **Colle della Grottaccia** (647 m), allerdings muss immer erst die lange steile Asphaltstraße überwunden werden.

■ **Hotel Da Italo**③, Tel. (0565) 987012, www.ho teldaitalo.it. Nettes kleines Hotel an einem Sträßchen zum Meer; 22 angenehm eingerichtete Zimmer, fast alle mit Balkon.

■ **La Cavallina,** Via Vallebuia 499, mobil 335-5211235, www.elbacavallina.com. Das deutsch-italienische Paar Heidi und Mario haben ein altes Haus oberhalb von Seccheto ausgebaut und vermieten seit 2010 Apartments für 2–8 Personen für 450 bis 1300 € pro Woche. Freundlicher Service, herrliche Ausblicke und nur 10 Min. vom Strand entfernt, verbunden allerdings mit einem Ab- bzw. Aufstieg.

MEIN TIPP: **Locanda dell'Amicizia**③, Via Vallebuia, Tel. (0565) 987051, mobil 347-7892416, www. locandadellamicizia.it. Idyllisch gelegenes Hotel mit kleinen Restaurant im Stile eines B&B oberhalb von Seccheto, quasi am Ende der steilen Straße. Von hier aus ist es nicht weit in die Bergwelt von Westelba. Die freundlichen Betreiber geben viele gute Tipps.

Praktische Tipps

Anreise

■ Der öffentliche **Bus** zwischen Marina di Campo und Seccheto und retour fährt in Abhängigkeit von der Saison sieben- bis zwölfmal täglich.
■ Auch hier gilt, dass im Sommer auf eine Anfahrt mit dem eigenen Auto eher verzichtet werden sollte, denn **Parkplätze** sind Mangelware.

Unterkunft

■ **Hotel La Stella**④, Tel. (0565) 987013, www. hotellastella.it (auch auf Deutsch). Familiengeführtes Hotel mit 31 Zimmern, die entweder über Panoramafenster oder Balkon verfügen; gepflegter Garten und direkter Zugang zum Meer, gute Küche.

Essen und Trinken

■ **Osteria del Nonno,** Tel. (0565) 987145, geöffnet tägl. 11.30–15 und ab 18 Uhr, in der Nebensaison Mo Ruhetag. Typisch italienische Osteria an der Straße nach Fetovaia, man sitzt entweder im großen Gastraum oder auf der Terrasse mit Blick aufs Meer; das Menü ist reichhaltig und bietet für jeden Gaumen etwas; Pizza und Pastagerichte um die 7 €, zu empfehlen sind die Fischgerichte (vorher erkundigen, ob es ein spezielles Tagesangebot gibt).

MEIN TIPP: **Pizzeria Vecchio Forno,** Tel. (0565) 987148; geöffnet tägl. 12–15 und 18–23 Uhr. Gemütliches Lokal an der Straße nach Fetovaia, Pizzen und Pastagerichte ab 6 €.

■ **Restaurant Da Fine,** Via Vallebuia 24, Tel. (0565) 987017; geöffnet tägl. 12–14.30 und ab 18.30 Uhr. Ans Hotel *La Stella* (s. oben) angeschlossenes Restaurant, empfehlenswerte lokale Küche.

3

Wassersport

■ **Tauchstation Diving Center,** mobil 335-610 3592 *(Daniele),* www.divingservicecenter.com; direkt unterhalb des Hotels *La Stella* (s. oben) gelegen. Tauchgänge ab 40 €, Flaschennachfüllungen und auch begleitete Tauchgänge zur Insel Pianosa.

Fetovaia

Wäre in den 1960er Jahren nicht die Küstenstraße gebaut worden, würde die Bucht von Fetovaia noch heute im Dornröschenschlaf liegen. Durch ihre im Westen weit ins Wasser reichende Landzunge ist die Bucht geschützt. Viele **Segler** gehen hier vor Anker, denn die Kulisse ist einfach traumhaft. Zum Meer hin kann man Pianosa sehen, und oberhalb des in Macchia eingehüllten Ortes erhebt sich das Massiv des Monte Capanne. Wo einst nur Fischerhütten standen, gibt es heute eine Ansammlung von **Hotels und Ferienhäusern.**

⌄ Blick über Elbas Südküste

113el as

Der Süden

Am schönsten ist es hier an den warmen Tagen der Vor- und Nachsaison, denn im Hochsommer ist es hier mehr als voll, im Winter dafür umso leerer. Die Hälfte der wenigen Straßen besteht noch aus Sand. Abgesehen von einem kleinen Supermarkt und einem Strandshop am Meer gibt es keine weiteren Läden im Ort.

Praktische Tipps

Anreise

■ Der öffentliche **Bus** zwischen Marina di Campo und Fetovaia bzw. Marciana und Fetovaia fährt, abhängig von der Saison, sieben- bis zwölfmal täglich.
■ Es empfiehlt sich, nicht mit dem eigenen Auto hierher zu reisen, denn **Parkplätze** sind Mangelware. Viele stellen ihr Auto an der Hauptstraße oberhalb ab, doch diese ist im Sommer in beiden Richtungen vollkommen zugeparkt. Die Parkplätze am Strand kosten bis zu 10 € pro Tag.

Unterkunft

■ **Hotel Galli**⑤, Tel. (0565) 988035, www.hotelgalli.it (auch auf Deutsch). Hotel mit Terrasse und Garten in gediegener Atmosphäre, 21 freundliche Zimmer.
■ **Hotel Anna**④, Tel. (0565) 988032, www.hotelannaisolaelba.it (auch auf Deutsch). 35 helle und freundliche Zimmer in einer schönen Gartenanlage, alles ist im Kolonialstil gehalten.
■ **Hotel Montemerlo**④, Tel. (0565) 988051, www.welcometoelba.com (auch auf Deutsch). 37 helle und einladende Zimmer in einer modernen Bungalowanlage mit viel Grün sowie einem Pool; im Sommer nur mit Halbpension.
■ **Hotel Lo Scirocco**④, Tel. (0565) 988033, www.hotellosciroccoisolaelba.it (auch auf Deutsch). 35

einladende Zimmer, alle mit Balkon oder Terrasse, große Sonnenterrasse.
MEIN TIPP: **Hotel Da Alma**③, Via Barbatoja 74, Tel. (0565) 988040 oder 988087, www.hotelalma.com (auch auf Deutsch). Schöne, ruhige Zimmer mit Balkon oder Terrasse in diversen Häuschen, alles atmet Urlaub, ein kleiner Weg führt ans Meer; im Sommer nur mit Halbpension.

Essen und Trinken

■ **Pino Solitario,** große Bar und Selbstbedienung gleich unten am Strand, nebenan gleich noch ein Strandshop, wo es auch Postkarten gibt.
■ **Restaurant Da Alma,** Via Barbatoja 74, Tel. (0565) 988040 oder 988087; geöffnet tägl. 12–14.30 und 19–21.30 Uhr. Lokal auf einer Terrasse oberhalb der Bucht, gehört zum gleichnamigen Hotel (s. oben); Pastavariationen um die 7 €, guter frischer Fisch.

3

4 Der Westen

Dieser Teil Elbas ist der abwechslungsreichste, denn er bietet idyllische Orte, schönste Wanderungen und unvergessliche Buchten.

◁ Klippenwanderung

Der Westen

0 ━━━ 1 km

Capo S. Andrea
Spiaggia di S. Andrea
C. Paolini
Conca
153
Sant' Andrea
L'Aia
Maciarello
C. Cardella

Parkgrenze

Punta della Zanca

Zanca

Spiaggia di Patresi
P. della Fornace

La Guardia

CANALI

158
Madonna del Monte

157
Marciana

151
Patresi

SERRA

PRIOSA

Parco

M. Giove 855

CIMO DELLE PUNTATE

151
Colle d'Orano

GABBIOLA

F.so del Castagnola

MEZZALUNA

F.so della Gabbiola

169
Fonte Napoleone

169
San Cerbone

Valle Gande

C. Peria

CAMPO ALLE SERRE

GTE

950

135

C. Campo lo Feno

Nazionale

162
M. Capanne 1018

Punta Nera

VIGNALE

F.so dell'Infernetto

F.so della Gnoccarina

IL TERRA

512

POIO
F.so Barione

897

GTE

MACINELLE

150
Chiessi

Valle di Pomonte

F.so Barione

Valle de Mori

647

Arcipelago

163
Punta della Testa

146
Pomonte

592

PRADAZZO

129

Parkgrenze

Spiaggia di Pomonte

Toscano

138
Seccheto

140
Fetovaia

Spiaggia di Fetovaia

99 Ortsbeschreibung auf Seite 99

99 Ortsbeschreibung auf Seite 99, mit Stadtplan

Punta di Fetovaia

DER WESTEN

D er Westen Elbas wird vom Massiv des **Monte Capanne** bestimmt. Mit seinen 1018 m ist er der **höchste Berg** der Insel sowie des gesamten Toskanischen Archipels. Seine schroffen Felsen und Küsten erinnern an Sardinien und das nahe gelegene Korsika. Kaum zu glauben, dass es nur 55 km sind, die zwischen Elba und dem jenseitigen Ufer liegen, denn bei klarem Wetter sind die Orte, Strände und einzelnen Bergketten Korsikas hervorragend zu erkennen.

Die **Vegetation** im Westteil Elbas ist abwechslungsreich. So fühlen sich die inseltypischen **Wildschweine** hier besonders wohl. Auf der Suche nach Nahrung durchwühlen sie den Boden nach Wurzeln, Kastanien und Eicheln. Unter Ginster und Zistrosen sind die einstmals zur landwirtschaftlichen Nutzung angelegten Terrassen noch zu erkennen.

➱ **Von Pomonte nach San Piero,** Wanderung | 148

➱ **Chiessi,** Sonnenuntergang | 150

➱ **Bucht von Sant'Andrea,** Felsformationen | 154

➱ **Monte Capanne,** Wanderung und Besteigung | 166

➱ **Von Marciana Marina nach Sant'Andrea,** Wanderung | 178

NICHT VERPASSEN!

Diese Tipps erkennt man an der gelben Hinterlegung.

Eine kurvenreiche **Küstenstraße** führt einmal um den westlichen Inselteil herum. Hinter jeder Kurve eröffnet sich eine neue Aussicht. Um diese genießen zu können, empfiehlt sich die etwa einstündige Fahrt mit dem Linienbus. Besonders beeindruckend ist die **Küste** im äußeren Westen: Auf der einen Seite ragen die Berge weit nach oben, auf der anderen Seite stürzen sie steil ins Meer hinab.

Dieser Teil der Straße wurde erst 1963 fertiggestellt. Bis dahin waren Chiessi und Pomonte nur über **Maultierpfade** am Monte Capanne mit dem Rest der Insel verbunden. Heute kann man auf diesen Pfaden genussvoll **wandern.**

Pomonte

Von Fetovaia aus gelangt man auf der Küstenstraße nach Pomonte, das am Fuße des gleichnamigen Tales liegt. Der **Name** stammt von lat. *pede montis*, was „am Fuße des Berges" bedeutet, bzw. von *post montem,* „hinter dem Berg". Schon in der **Antike** entstand hier eine Ansiedlung, um **Granit** abzubauen und zu verschiffen. Ein weiterer Grund, sich hier niederzulassen, war das weite und fruchtbare **Valle di Pomonte,** das durch viele kleine Bäche bewässert wird. Durch die hervorragende Lage, die einen gewissen Schutz und beste Sonneneinstrahlung bot, entstand hier eines der besten **Weinanbaugebiete** auf Elba. Das Tal zieht sich über 600 m weit hinauf, die Terrassen wurden bis auf 400 m Höhe kultiviert, wovon heute nur noch die Ruinen ehemaliger Vorratslager und Trockenmauern künden.

In diesem höher gelegenen Teil des Tales hat man auch einige **archäologische Funde** gemacht, wie Teile von etruskischen und mittelalterlichen Schmelzöfen und Reste einer romanischen Kirche und eines Dorfes, des einstigen Pomonte, das im 15./16. Jh. von den Piraten zerstört wurde.

In unmittelbarer Nähe des Ortes finden sich noch heute zahlreiche **bewirtschaftete Weinterrassen und Gärten,** was in anderen Orten auf Elba mittlerweile selten geworden ist. Hin und wieder begegnen dem Wanderer (meist ältere) Menschen in diesem Gebiet, die ihre Gärten bearbeiten, die Reben pflegen oder große Bündel wilden Fenchels nach Hause tragen. Die **Bewohner** Pomontes nennen sich selbst übrigens „Pomontinchi". Der Name stammt wahrscheinlich vom korsischen Wort *pumunticu* („Bergbewohner") ab.

Der **Tourismus** in Pomonte hält sich bisher in Grenzen. Es gibt einige Hotels und Restaurationen. Für **Wanderer** ist Pomonte ein guter **Ausgangspunkt** in die Bergwelt um den Monte Capanne. Der **Strand** liegt unterhalb der Straße und verfügt über Parkplatz und Verleihservice (Sonnenschirme und Liegestühle). Er besteht aus groben Kieseln und Felsplatten, sodass es empfehlenswert ist, Badeschuhe und eine Strandmatte dabeizuhaben.

Praktische Tipps

Anreise

■ Der öffentliche **Bus** zwischen Pomonte und Procchio/Portoferraio bzw. Marina di Campo verkehrt in saisonabhängig acht- bis zwölfmal täglich.
■ Das **Auto** kann an der kleinen Piazza bei der Kirche oder in einer der Straßen **geparkt** werden.

Information

■ In den Sommermonaten gibt es ein kleines **Informationsbüro** (in einer Holzhütte) gleich am Ortseingang, von Fetovaia kommend.

Nützliche Adressen

■ In der Via del Passatio gibt es eine **Bank mit Geldautomat,** geöffnet Mo–Fr 8.30–13.30 Uhr.

Unterkunft

■ **Hotel Sardi**⑤, Tel. (0565) 906045 oder 906280, www.hotelsardi.com (auch auf Deutsch). Hotel oberhalb des Meeres mit 25 hellen, freundlich eingerichteten Zimmern, einige mit Balkon, außerdem Garten und Sonnenterrasse.
■ **Hotel Corallo**③, Via del Passatoio 28, Tel. (0565) 906635 oder 906642, www.elbacorallo.it (auch auf Deutsch). Hotel mit 15 sehr angenehm eingerichteten Zimmern, die alle über Internetanschluss verfügen, 13 Zimmer haben Balkon oder Terrasse; gutes Restaurant.
■ **Villa Mare,** Via del Maestrale 8, Tel. (0565) 906 221, mobil 335-7762825, www.elbavillamare.it. Das neue Appartementhotel liegt auf einer Klippe oberhalb des Strandes von Pomonte. Die mit allem notwendigen ausgestatteten Wohnungen für 2–4 Personen verfügen alle über eine Terrasse bzw. einen Balkon, sieben liegen zum Meer. Angeschlossen an das Hotel ist ein kleines Restaurant. Idealer Ort für Urlaub am Meer und in den Bergen. Vermietung wochenweise für 450–1400 €, außerhalb der Hochsaison sind auch kürzere Aufenthalte möglich.

Essen und Trinken

■ **Restaurant Corallo,** Via del Passatoio 28, Tel. (0565) 906642; geöffnet tägl. 12–15 Uhr und ab 18 Uhr. Zum Hotel (s. oben) gehöriges Ristorante, gute Spaghetti mit Wildschwein.
■ **Bar und Restaurant L'Ogliera,** Via Provinciale (direkt an der Hauptstraße), Tel. (0565) 906010; geöffnet tägl. 12–15 und ab 18 Uhr. Gute lokale Küche, den frischen Fisch sollte man einmal probieren.

Einkaufen

In der **Via del Passatoio** rechts von der Kirche gibt es einen Alimentari, Bäcker, Fleischer und Supermarkt.

Wassersport

■ Das Küstengebiet vor Pomonte ist ein beliebtes Tauchrevier, nicht nur aufgrund des kleinen französischen Frachters, der hier in den 1970er Jahren sank, sondern auch wegen der vielfältigen Flora und Fauna. Hinter der Kirche in der Via del Passatoio gibt es im Laden **Articoli del Mare** eine Abfüllstelle für Tauchflaschen.

Wanderung Pomonte–San Piero

151 Colle d'Orano	157 Marciana
	Parco
	IL TERRA
	Il Capo 300
	F.so della Gnoccari
	Colle di S. Bartolòmmeo 512 ▲ GTE
150 Chiessi	Il Capo 437
	POIO
	M. S. Bartolòmmeo ▲ 437

Parkgrenze

99 Ortsbeschreibung auf Seite 99

99 Ortsbeschreibung auf Seite 99, mit Stadtplan

▲ 358

Valle di Pomonte
F.so Barione
Valle de
F.so delle Porterogna
GTE W9

P. de la Testa

146 Pomonte
134 Cavoli
M. Schiappone ▲ 293
M. Orlano ▲ 546

Spiaggia di Pomonte

In Pomonte geht man rechts an der **Kirche** die Straße in den Ort hinein, bis man nach etwa 5 Min. in einer Linkskurve auf eine **Betonbrücke** trifft. Diese überquert man und steigt auf alten **Treppenwegen** durch Weinterrassen bergauf (**Wanderweg Nr. 9).** Nach ca. 10 Min. gelangt man an eine Art **Weggabelung** mit einer großen Granitplatte, an der man sich rechts bergauf hält.

Allmählich lässt man die kleinen bewirtschafteten Weinterrassen und Gärten hinter sich. An der nächsten **Wegkreuzung** wandert man geradeaus weiter auf **Wanderweg Nr. 9.** Der Pfad schlängelt sich allmählich durch das Tal hinauf, quert einen Bach, und weiter geht es hinauf. Angelangt an einem idyllischen **Felsplateau** mit plätscherndem Wasser und Schatten, hat man etwa die Hälfte des Aufstiegs hinter sich.

Dann führt der Weg in einen **Wald** aus Esskastanien, später Steineichen. Hier

Der Westen

muss man z.T. genau auf die **Wanderzeichen** achten. Zwischendurch ist der kleine Bach noch zweimal zu queren. Wenn man aus dem Wald kommt, hat man einen wunderschönen Ausblick auf das **Valle di Pomonte** bis hinunter zur Küste und bei guter Sicht hinüber bis nach Korsika. Nach weiteren 20 Min. erreicht man einen **Sattel,** von dem mehrere Wege abgehen. Wer möchte, kann den kleinen **Abstecher auf die Colle della Grottaccia** unternehmen (20 Min). Ansonsten geht man weiter geradeaus auf dem **Wanderweg Nr. 30.** Dieser schlängelt sich erst leicht bergab und dann wieder hinauf bis auf eine Art Alm, auf der zwei **Caprili** (s. auch Exkurs „Caprili im Westen") stehen.

Von hier aus führt der Weg geradeaus weiter in Richtung Osten, erst abwärts und dann noch einmal hinauf und an einem weiteren Caprilo vorbei, bevor er dann auf einen breiten **Fahrweg** trifft

(Nr. 34). Diesem folgt man nach links, ignoriert alle Abzweigungen und erreicht nach etwa 20 Min. eine **Kreuzung,** zur Linken ein **Pinienhain.** Hier biegt man in den nach rechts abwärts führenden breiten Weg ab. Er ist zum Teil erodiert und dadurch leider etwas rutschig. Nach ca. 15 Min. gelangt man an eine **T-Kreuzung** (geradeaus sind Sant'Ilario und der Torre San Giovanni zu sehen) und biegt in den nach rechts abwärts führenden schmalen Weg ein, der zu einem **Ziegengehege** führt. Von hier aus geht man den Fahrweg hinunter und biegt vor dem **Bauplatz** nach links ab. Die kleine Straße führt hinunter zu einer weiteren Straße. Auf dieser geht man ca. 10 m nach rechts und biegt dann in den gleich darauf links abwärts führenden breiten Weg ein (es müssten **weiße Pfeile** auf dem Boden sein), der zur Piazza Garibaldi in San Piero führt.

4

Chiessi

Nur wenige Autominuten von Pomonte entfernt liegt das kleine **Fischerdorf** Chiessi. Hier hat man sich zwar auf Urlauber eingestellt, doch weil die Größe des Ortes eindeutige Grenzen setzt, wird der Tourismus im großen Stile hier nicht ankommen. Chiessi strahlt eine herrliche **Ruhe** aus, die einzig von durchfahrenden Bussen gestört wird. Zentrum

des Ortes ist eine Art **Balkon an der Straße,** die Piazza sozusagen, von dem man eine herrliche Aussicht auf das Meer und das gegenüberliegende Korsika hat. Viele sind der Ansicht, in Chiessi sieht man den **schönsten Sonnenuntergang** auf der Insel.

Eine kleine Straße führt von der Hauptstraße an schönen Häuschen vorbei hinunter zum **Strand.** Dieser besteht aus größeren und kleineren Kieseln und ist auch für Rollstuhlfahrer geeignet. Auf den großen Felsplatten seitlich der Bucht kann man sich gut sonnen.

Oberhalb des Ortes gibt es noch einige **Gärten und Weinterrassen** sowie Unmengen von wild wachsendem **Rosmarin.** Viele Exemplare sind mannshoch (s. „Wanderung von Marciana zur Madonna del Monte und evtl. weiter nach Chiessi").

Chiessi eignet sich, ebenso wie sein Nachbarort Pomonte, sehr gut als Ausgangspunkt für **Wanderungen** in die Bergwelt um den Monte Capanne. Beide Dörfer sind durch einen sehr schönen Wanderweg verbunden, für eine Strecke braucht man ca. 30 Min. Genau auf der Hälfte liegt übrigens der Friedhof, den sich beide Orte teilen.

Praktische Tipps

Anreise

■ Der öffentliche **Bus** zwischen Chiessi und Procchio/Portoferrio bzw. Chiessi und Marina di Campo verkehrt in Abhängigkeit von der Saison acht- bis zwölfmal täglich.

■ **Parkplätze** befinden sich an der Kirche im Ort sowie in den kleinen Sträßchen unterhalb der Hauptstraße. Im Sommer wird es sehr eng.

Caprili im Westen

Auf Wanderungen im Westen Elbas trifft man immer wieder auf **kleine, gewölbte Steinhäuser,** die frei stehen oder an den Fels gebaut sind. Es handelt sich dabei um sogenannte Caprili. Ein Caprilo ist eine Hütte, die früher von **Ziegenhirten** als Unterstand genutzt wurden. Daher auch der Name, denn *capra* bedeutet „Ziege".

Das Besondere an diesen Unterständen ist, dass die Steine **ohne Mörtel** übereinander geschichtet sind. Und trotzdem halten sie Wind und Wasser ab. Der Eingang ist meist so orientiert, dass er abgewandt von den vorherrschenden Winden liegt. Einige der Caprili verfügen neben der obligatorischen Sitz- und Liegebank sogar über einen Rauchabzug. Früher wurden sie auch als **Käsereien** oder zur Lagerung von Ziegenmilch genutzt. Heute dienen sie lediglich noch einigen wenigen Wanderern als Unterstand, sollten diese einmal von einem Unwetter überrascht werden.

Unterkunft

■**Hotel Il Perseo**③, Via Provinciale, Tel. (0565) 906010, www.htperseo.it (auch auf Deutsch). 21 gemütliche Zimmer, Sonnenterrasse mit kleinem Pool und Garten; es stehen auch einige Fitnessgeräte zur Verfügung. Rabatt für Familien mit Kindern und für bestimmte Zeiten der An- und Abreise sowie Aufenthaltsdauer inkl. Gratis-Fährüberfahrt (wird dann vom Hotel gebucht).

■**Hotel Aurora**③, Via dei Gerani 5, Tel. (0565) 906129, www.hotelauroraelba.it (auch auf Deutsch); geöffnet von Ostern bis Anfang Oktober. Familiengeführtes Hotel am Ortsausgang mit 16 Zimmern, zu empfehlen sind diejenigen zur Meerseite.

■**Hotel Dei Fiori**②, Via della Salita 9, Tel. (0565) 906013 oder 906264. 20 einfache Zimmer, viele mit Terrasse zum Meer; Frühstück extra (2,50 € p.P.).

■**Pension Da Annamaria**①, Via della Chiesa 27, Tel. (0565) 906032 oder 406032, mobil 328-8414 450, www.pensioneannamaria.it. Familiengeführte Pension mit Möglichkeit zur Halb- und Vollpension, freundlich eingerichtete Zimmer, zwei mit großer Terrasse zum Meer, eines mit kleiner Terrasse zur Seite, drei größere Zimmer ohne Terrasse.

■**Apartments Carla Catta,** Piazza del Ginestre 1, Tel. (0565) 908016, katia.anselmi@virgilio.it. Kleines, feines Haus für bis zu vier Personen mit Garten und Terrasse an der Straße zum Meer, Wohnzimmer mit Küche und zwei Zimmern; wunderbarer Blick auf die Abendsonne; April und Mai und ab Mitte September 500 € pro Woche, Hochsaison 700 € pro Woche plus 40 € Endreinigung; Bettwäsche und Handtücher sind selbst mitzubringen. Auf Anfrage auch tageweise Vermietung.

Essen und Trinken

■Das **Hotel Aurora** (s. oben) verfügt auch über ein **Restaurant,** das die üblichen italienischen Gerichte, vor allem auch Fisch zu moderaten Preisen anbietet; am schönsten sitzt man auf der Terrasse.

Einkaufen

In Chiessi gibt es einen kleinen Alimentari. Es empfiehlt sich jedoch, in **Pomonte** einkaufen zu gehen, da es dort ein größeres Angebot gibt.

Colle d'Orano und Patresi

Die Küstenstraße führt weiter nach Norden und zeigt sich in diesem Abschnitt von ihrer wildesten Seite. Schon bald hinter Chiessi erreicht man die **Punta Nera,** den **westlichsten Punkt der Insel.** Hier findet man kleine Parkbuchten, damit man anhalten und die Aussicht genießen kann. Die Ausblicke nach Westen zur Insel Korsika, hinüber nach Capraia oder einfach nur die steile Westküste hinunter sind atemberaubend. Kurz hinter der Punta Nera, im Campo Lo Feno, liegt gleich unterhalb der Straße einer der schönsten privaten **Weinberge** von Elba. Die Besitzer haben sich dem ökologischen Weinanbau verschrieben. Sogar auf Maschinen verzichtet man weitestgehend.

Nach einigen Kurven erreicht man das kleine **Colle d'Orano** mit kleiner Piazza und Alimentari. Hier kennt jeder jeden, und den Touristen begegnet man mit großer Freundlichkeit. Der kleine Ort ist ideal, um auszuspannen.

Über einen ausgeschilderten Wanderweg gelangt man in 25 Minuten in die felsige **Bucht Le Buche.** Etwas gemütlicher ist der Strand von **Patresi,** zu dem man ebenfalls über einen ausgeschilderten Wanderweg in etwa 20 Min. gelangt.

4

Er besteht aus großen Kieseln und Steinen. Zu empfehlen ist die **Steinmole,** auf der man sich sonnen und über eine Leiter ins Wasser gelangen kann. Der weiter oberhalb liegende Ort ist noch ruhiger als Colle d'Orano und bietet nichts außer zwei Hotels und einem Restaurant.

Beide Orte sind sehr gut für **Ruhesuchende** geeignet. Man kann hier gut wandern oder von hier aus Fahrradtouren unternehmen.

Praktische Tipps

Anreise

■ Der öffentliche **Bus** in Richtung Procchio/Portoferrio bzw. nach Marina di Campo verkehrt in Abhängigkeit von der Saison acht- bis zwölfmal täglich.
■ Öffentliche **Parkplätze** gibt es einige wenige an der Hauptverkehrsstraße. Die Straße am kleinen Strand beim Leuchtturm von Patresi ist nur für wendige Pkw geeignet.

⌃ Typische Landschaft im Westen mit Feigenkakteen

Unterkunft

■ **Hotel Beltramonto**⑤, Via Mortaio 3, Patresi, Tel. (0565) 908027, www.valverdehotel.it (auch auf Deutsch). 20 geschmackvolle Zimmer zum Wohlfühlen, kleine angenehme Anlage oberhalb der Straße mit Pool und gutem Restaurant; das Hotel hat nur von Juni bis September geöffnet.
■ **Hotel Villa Rita**④, Loc. Colle d'Orano, Tel. (0565) 908095, www.villarita.it (auch auf Deutsch). 20 gut eingerichtete Zimmer, drei davon mit großer Terrasse zur Meerseite; außerdem kleiner Pool mit Wassermassage und Parkplätze für Hotelgäste.
■ **Hotel Belmare**②, Patresi, Tel. (0565) 908312, www.hotelbelmare.it (auch auf Deutsch). Familiengeführtes Hotel mit 24 Zimmern in einer Gartenanlage; gepflegte Atmosphäre. Im Hotel werden Tauchflaschen nachgefüllt. Im hoteleigenen Restaurant wird oft frischer Fisch serviert. Im Sommer Buchung nur mit Halbpension.
■ **Apartments Carla Catta,** Loc. Colle d'Orano, Tel. (0565) 908016, katia.anselmi@virgilio.it. Zwei schöne, wohnlich eingerichtete Apartments für jeweils zwei bis vier Personen oberhalb der Straße mit verschiedenen Terrassen und Blick zum Meer, Wohnzimmer mit Küchenzeile und zwei weitere Zimmer inkl. Parkplatz; 350–600 € pro Woche plus

Der Westen

40 € Endreinigung; Bettwäsche und Handtücher sind selbst mitzubringen, auf Anfrage auch tageweise Vermietung. Ideal für zwei Familien.

MEIN TIPP: **Agriturismo Jolanda Polini,** Loc. Colle d'Orano, Tel. (0565) 908182. Sehr schöne alte ausgebaute Magazzini in Panoramalage mit Blick zum Leuchtturm und auf das Meer; Apartments für zwei bis vier Personen mit großem Zimmer und Küche sowie zwei weiteren Zimmern und Terrasse, 350–750 € pro Woche; Apartments für vier bis sechs Personen mit riesiger Wohnküche, drei Zimmern und zwei Bädern über zwei Etagen inkl. drei Terrassen, 420–1250 € pro Woche; bei beiden Parkplatz und Grillplatz inkl., Bettwäsche und Handtücher sind selbst mitzubringen. Auf Anfrage außerhalb der Hochsaison auch tageweise Vermietung.

Essen und Trinken

■ **Restaurant, Pizzeria und Bar Bastia's,** Tel. (0565) 908383 oder 908119; geöffnet tägl. ab 9 Uhr. Lokal oberhalb der Hauptstraße in Colle d'Orano; wunderbarer Blick aufs Meer und Korsika; gute Pizza aus dem Steinofen (5–7 €), typisch elbanische Spezialitäten und *mariscada* (eine Suppe aus Muscheln und Meeresfrüchten) für 11 €.

■ **Bar/Pizzeria Il Faro,** Tel. (0565) 908049, an der Küstenstraße in Patresi; geöffnet tägl. 9–15 und ab 17 Uhr. In rustikalem Ambiente mit Blick auf Korsika und den Sonnenuntergang kann man Pastavariationen um die 8 € und Pizza um die 7 € genießen.

Einkaufen

■ Ein **Alimentari** (auch Postkarten) befindet sich in der kleinen Piazza in Patresi; geöffnet Mo–Sa 8.30–12.30 und 16–18 Uhr, So nur vormittags.

Sant'Andrea

Von **Zanca,** das an der Hauptstraße liegt, führt eine kleine Straße hinunter nach Sant'Andrea. Für viele ist dieses Örtchen mit seinen individuellen Hotels, seinem schmalen Sandstrand und den vielen bizarren Felsformationen am Meer der **Inbegriff von Urlaub.**

Die ersten Touristen kamen Anfang der 1950er Jahre und mussten noch mit dem Boot in Marciana Marina abgeholt werden. 1959 wurde die Straße von Zanca nach Sant'Andrea gebaut, denn mittlerweile hatte sich der besondere **Charme** des kleinen Fleckens auf Elba besonders bei deutschen Urlaubern herumgesprochen. Die Landwirtschaft wurde zugunsten des **Tourismus** zunehmend aufgegeben.

Den Gewinn aus dem Geschäft mit den Fremden steckten die Einheimischen in die Modernisierung ihrer Häuser bzw. in Neubauten. Bis heute befinden sich die **Hotels** in Familienbesitz. Nahezu alle liegen sie an der kleinen Straße, die sich zum Meer hinabwindet. Jedes Haus ist um Individualität bemüht. Eines der ältesten Hotels am Ort ist das Cernia (s. „Praktische Tipps, Unterkunft"), das zusätzlich über einen 10.000 m² großen **Botanischen Garten** verfügt, den man auf Anfrage besichtigen kann.

Der Hotelier *Nello Anselmi* hat außerdem ein sehr schönes und interessantes Buch herausgebracht. In dem **Bildband** „I Mostri di Pietra" („Ungeheuer aus Stein", Näheres auf der Website www.mostridipietra.it) hat er viele Fotografien veröffentlicht, die er im Laufe der Jahre auf der ganzen Insel gemacht hat. Die

4

Steinformationen, besonders diejenigen im Westen Elbas, regen die Fantasie an, und es ist nicht schwer, riesenhafte Tiere oder Monster zu erkennen.

Es sind nicht nur die sehr angenehmen Hotels in Sant'Andrea, welche die Urlauber anlocken, sondern auch und vor allem der schöne **Strand.** Am Fuße der Bucht liegt ein etwa 150 m langer, sanft abfallender Sandstrand, der schon früher zum Verladen von Wein genutzt wurde. Familien mit Kindern kommen besonders gern hierher. Man kann aber auch auf die Felsen des **Capo Sant'Andrea** im Westen oder nach Osten ausweichen. Das Meer hat die Felsen hier so glatt gespült, dass man sich wunderbar darauf sonnen kann. Nach Osten hin hat man sogar einen Weg in die Felsen gehauen, der an bizarren Formationen vorbei und über ausgewaschene Steine bis an den Sandstrand von **Cotoncello** führt. Der Strand ist zwar klein, dafür umso idyllischer.

Besonders schön ist es in der Bucht von Sant' Andrea im **April und Mai,** wenn die Felsen rosa scheinen von der hier in Massen blühenden **Mittagsblume.**

⌂ Die ausgewaschenen Felsen bei Sant'Andrea

Der Westen

Praktische Tipps

Anreise

■ Der öffentliche **Bus** zwischen Zanca und Procchio/Portoferrio bzw. Marina di Campo verkehrt in Abhängigkeit von der Saison acht- bis zwölfmal täglich. Von Mitte Juni bis Mitte September fährt der **Mare-Bus**, der die Strecke zwischen Sant'Andrea und Zanca bedient. Außerhalb dieser Zeit muss man zu Fuß hinab bzw. hinauf gehen (ca. 120 Höhenmeter).
■ Für Pkw gibt es mehrere öffentliche **Parkplätze** im Ort, im Sommer gebührenpflichtig.

Information

■ **Consorzio Capo Sant'Andrea,** www.caposantandrea.info (auch auf Deutsch) – eine Vereinigung der ortsansässigen Hoteliers. Die Webseite gibt einen ersten Einblick in die Region, u.a. auch mit Wandermöglichkeiten und Fotos, die Appetit auf einen Aufenthalt vor Ort machen.

Unterkunft

MEIN TIPP: **Hotel Cernia Isola Botanica**⑤, an der Straße von Zanca nach Sant'Andrea, Tel. (0565) 908210, www.hotelcernia.it (auch auf Deutsch). Eines der ältesten Hotels im Ort (an der Straße zum Meer) mit 30 Zimmern, bei der Gestaltung des Hotels und der Anlage mit Botanischem Garten wurde jedes Detail bedacht; ein Ort zum Wohlfühlen, allerdings etwas teurer. Bis zum Meer sind es 300 m.
■ **Hotel Ilio**⑤, Via Sant'Andrea 5, Tel. (0565) 908018, www.hotelilio.com (auch auf Deutsch). Das erste Botique-Hotel Elbas, sehr stilvoll eingerichtet, in ruhiger Lage und mit Garten, alle Zimmer haben Balkon oder Terrasse, der Luxus hat allerdings auch seinen Preis.

■ **Gallo Nero**⑤, Tel. (0565) 908017 oder 908277, www.hotelgallonero.it (auch auf Deutsch). Eines der ersten Hotels aus den 1950er Jahren mit 29 liebe- und geschmackvoll eingerichteten Zimmern, 12 weitere in kleinen Villen. Alle verfügen über Balkon, Terrasse oder Garten. Außerdem gibt es einen Pool. Ein 300 m langer Weg führt hinunter zum Strand, vorbei an Zitronen-, Kirsch- und Feigenbäumen sowie Tomaten- und anderen Pflanzen, die alle für die hoteleigene Küche mit angebaut werden. Alles strahlt eine sehr erholsame Atmosphäre aus. Im Sommer Buchung nur mit Halbpension.
■ **Hotel Sant'Andrea**⑤, an der Straße von Zanca nach Sant'Andrea, Tel. (0565) 908006, www.hotelsantandrea.com (auch auf Deutsch). Hotel mit 18 Zimmern, sehr kinderfreundlich und mit eigenem Parkplatz. Der Chef des Hauses kocht zuweilen selbst. Im Sommer nur mit Halbpension.
■ **Hotel L'Oleandro**④, etwas außerhalb in der östlich von Sant'Andrea gelegenen kleinen Ortschaft Cotoncello, Tel. (0565) 908088, www.hoteloleandro.it (auch auf Deutsch). Ruhiges Hotel mit wunderschönem Blick über das Meer, z.T. hat man die Felsen in die Anlage integriert, unterhalb Sand- und Kieselstrand, ideal zum Ausruhen, alle 14 Zimmer mit Balkon und Meerblick.
■ **Hotel Il Veliero**③, nur 50 m vom Strand entfernt an der Hauptstraße, Tel. (0565) 908029, www.ilvelierohotel.com (auch auf Deutsch); geöffnet Mai bis September (Kontakt von Oktober bis April unter Tel. (0521) 245197). Hotel mit Restaurant, nicht weit vom Strand, 16 schlichte Zimmer mit Balkon.
■ **Villa dei Limoni**②, ausgeschildert an der Straße nach Cotoncello, Tel. (0565) 908332, www.villadeilimoni.it (auch auf Deutsch). Fünf helle Zimmer mit Balkon oder Garten in einem Bed & Breakfast abseits der Straße, Sonnenterrasse, schön ruhig.

Essen und Trinken

■ **Bar Il Gabbiano,** Tel. (0565) 908033 oder 908273, ganztägig geöffnet (ab 8 Uhr). Schön gele-

4

gene Bar unten am Strand mit wohlschmeckendem Eis und besonders guten *bruschette tradizionale* (*al pomodoro,* also mit Tomaten).

■ **Bar Le Sirene,** Via del Mare 8, mobil 380-380 6652, in der Saison tgl. ab 8/9 Uhr. Schöne Bar unter imposanten, alten Tamarisken, wo man neben Eis und diversen Getränken auch sehr leckere *Panini* und kleine warme Speisen zu fairen Preisen bekommen kann.

Einkaufen

Vor allem in Küstennähe liegen einige kleine **Läden und Alimentari,** die das Notwendigste anbieten.

Wassersport

■ **Bootsverleih Da Giuseppe e Andrea,** Tel. (0565) 908221, mobil 347-6610482 oder 349-855 4104, www.santandrea-rent.it. Verleih von Kajaks (5 €/Std. für Zweier-Kajak) und Schlauchbooten mit 40-PS-Motor (25 €/Std., 60 €/4 Std.).

⌄ Die Bucht von Sant'Andrea

085el jc

Marciana

Fährt man auf der Küstenstraße weiter um den Monte Capanne herum, gelangt man als Nächstes nach Marciana Alta. Den Zusatz *alta* („hoch") erhielt der Ort nicht nur, weil er auf 375 m Höhe liegt, sondern vor allem, um sich vom am Meer liegenden Marciana Marina zu unterscheiden.

MEIN TIPP: Marciana gehört zu den **ältesten Gründungen** auf Elba und ist einer der wenigen seit der Antike durchgehend bewohnten Orte. Von den **Römern** 35 v. Chr. gegründet, erhielt er den Namen „Marcius". Er wurde von den **Pisanern** im 11. Jh. befestigt und später zum Familiensitz der **Appiani.** Diese hatten nach den Pisanern die Herrschaft auf Elba übernommen und wählten Marciana aufgrund seiner exponierten Lage sowie der Befestigung des Ortes und der bereits im 12. Jh. errichteten **Fortezza Pisana** als ihren **Regierungssitz.** Die Festung wurde von den *Appiani* zwischen 1450 und 1457 weiter ausgebaut und befestigt. Ihren eigenen **Palazzo** errichteten sie nur wenig unterhalb der Festung. Er ist heute in Privatbesitz und kann nicht besichtigt werden. Es handelt sich dabei um ein eher schlichtes Gebäude am Ende einer kleinen Gasse, gut an den acht Granitsäulen zu erkennen. Gleich am Fuße des kleinen Anwesens befand sich *la zecca,* wo die *Appiani* ihre eigenen Münzen prägten, ein Privileg, das ihnen Kaiser *Maximilian I.* gewährt hatte.

Nicht weit davon entfernt kann man die kleine, schlichte **Kapelle San Francesco** besichtigen, in der kaum mehr als zehn Personen Platz finden.

Durch die **dicht aneinander gebauten Häuser** macht Marciana einen sehr trutzigen Eindruck. Die untere Terrasse ist eine Art **Aussichtsbalkon,** von dem aus man einen wunderbaren Ausblick auf die Nordküste genießen kann. Dabei kann man sich ein Eis, eine Bruschetta oder einen Kaffee schmecken lassen, denn hier finden sich die meisten **Bars und Lokale** von Marciana.

Gleich oberhalb der Aussichtsterrasse steht die kleine **Kirche Santa Caterina,** die ein Bürger Marcianas errichten ließ. Manche der kleinen, verwinkelten Gassen sind durch Treppenwege miteinander verbunden; überall stehen Blumentöpfe, die dem ruhigen Ort etwas sehr Idyllisches geben. Marciana kann man nur **zu Fuß** durchstreifen.

Der Ort ist sehr gut als **Ausgangspunkt** für Wanderungen in der Bergwelt Westelbas geeignet. Nur wenig außerhalb des Ortes (5 Min. Fußweg) an der Straße in Richtung Poggio befindet sich die Talstation für die Seilbahn auf den Monte Capanne (s. „Monte Capanne").

Sehenswürdigkeiten

Fortezza Pisana und Museo Arceologico

Von der Bushaltestelle aus ist der Weg zur Fortezza Pisana ausgeschildert, die sich am höchsten Punkt des Ortes befindet. Eigentlich muss man aber nur den aufwärts führenden Gassen folgen und gelangt automatisch dorthin. In der ehemaligen **Befestigungsanlage** ist nicht mehr viel zu besichtigen. Gut zu erkennen sind noch die vier **Wachtürme,** die unter den *Appiani* errichtet wurden. Im

Der Westen

4

Hof finden im Sommer regelmäßig **kulturelle Veranstaltungen** statt. Vor der Festung befindet sich eine schöne **Aussichtsterrasse.**

Etwas unterhalb (Pfeile weisen den Weg) liegt das **Archäologische Museum,** das über eine kleine Sammlung zur Geschichte der Insel verfügt. Leider stimmen aber die angegebenen Öffnungszeiten nicht immer mit der Realität überein.

■ **Fortezza Pisana** und **Museo Arceologico,** Tel. (0565) 901215; Fortezza geöffnet März bis Oktober tägl. 9.30–12.30 und 15–19 Uhr, im August 18–23 Uhr, Mi Ruhetag; Museo Arceologico geöffnet Mo–Sa 9–12 Uhr, im Juli/August auch 18–23 Uhr; Eintritt 2 €, Senioren und Kinder unter 12 Jahren 1 €, 3 € für Festung und Museum zusammen.

Casa del Parco

Unterhalb der Festung befindet sich die **Casa del Parco,** ein vom Nationalpark eingerichtetes Museum, das didaktisch sehr gut aufbereitet ist und viele wertvolle Informationen zu **Flora und Fauna des Toskanischen Archipels** gibt. Bislang sind die Erklärungen nur in Italienisch vorhanden, doch viele der Bilder und Skizzen sind sehr anschaulich und selbst erklärend.

■ **Casa del Parco,** Fortezza Pisana, Tel. (0565) 901 030, mobil 348-7039374, www.islepark.it; geöffnet Juni bis September Mo/Di 10–13, Do/Sa 10–13 und 17–19 Uhr, So 9–13 Uhr, März bis Juni sowie September bis November Do/Fr/Sa 10–13 und 15–18, So 11–13 Uhr. Zuweilen werden auch geführte Touren angeboten.

Madonna del Monte

MEIN TIPP: In der Nähe von Marciana befindet sich der bekannteste **Wallfahrtsort** Elbas. Etwa 300 m oberhalb des Ortes liegt die kleine **Kirche** Madonna del Monte. Man vermutet, dass hier schon in der **Antike** ein Heiligtum errichtet wurde, auf dessen Überresten man im 16. Jh. die Kirche errichtete. Seitdem ist sie Wallfahrtsort, an dem sich besonders **Anfang Mai** und in den Tagen um **Mariä Himmelfahrt** viel Volk trifft.

Auf einem alten, gepflasterten Karrenweg mit nur wenig Schatten (s. „Wanderung von Marciana zur Madonna del Monte und evtl. weiter nach Chiessi") wandert man hinauf. Der Weg ist gesäumt von kleinen **Pilgerstationen** (s. Exkurs „Deutsches Engagement auf dem Pilgerweg"). Einige Besucher hinterlegen Gaben wie Kastanien, Blumen oder Steine, wodurch die Stationen lebendig gehalten werden.

Oben angelangt, kann man auf Bänken unter jahrhundertalter Esskastanien rasten und sich im kleinen Rund vor der Kirche, dem **Teatro della Fontana** (17. Jh.), an frischem **Quellwasser** laben.

Im Innenraum der kleinen Kirche ist das **Madonnenbild** aus dem 16. Jh. die Hauptattraktion. Ihm werden **Wunderkräfte** zugesprochen. Auch wenn durch die kleinen Fenster nur relativ wenig Licht fällt, so kann man doch gut das Besondere, ja Verwunschene dieses Ortes erfassen. Im Eingangsbereich haben viele Bittende ihre Wünsche hinterlassen, versehen mit persönlichen Gaben.

Auch **Napoleon** besuchte diesen Ort und schlug im heißen August des Jahres 1815 sein kleines Feldlager hier auf. In dieser Zeit erschloss er die nach ihm

benannte Quelle Fonte Napoleone (siehe auch Poggio) und erhielt Besuch von seiner polnischen Geliebten Gräfin *Maria Walewska* und ihrem gemeinsamen Sohn *Alexander.* Dieses Familienidyll dauerte jedoch nur zwei Tage und Nächte, denn mittlerweile hatte man in Marciana von dem Damenbesuch Wind bekommen. Weil man dachte, es sei die lang erwartete Gattin des Kaisers, *Marie-Louise,* wollte man dem Herrscherpaar seine Aufwartung machen. *Napoleon,* der Gefahr lief, seinen guten Ruf als Landesvater zu verlieren, schickte seine Geliebte und den unehelichen Sohn also schnell wieder von der Insel. Beide sah er nie wieder. Gräfin *Walewska* starb schon wenige Jahre später, im Jahre 1817. *Napoleon,* der zu diesem Zeitpunkt bereits in seinem nächsten Exil auf Sankt Helena lebte, erfuhr nie davon.

Praktische Tipps

Anreise

■ Der öffentliche **Bus** zwischen Marciana und Procchio/Portoferrio bzw. Pomonte/Marina di Campo verkehrt in Abhängigkeit von der Saison acht- bis zwölfmal täglich.

■ Unterhalb des Aussichtsbalkons sowie am Ortausgang in Richtung Zanca gibt es einige **Parkplätze.** Allerdings sind sie besonders am Wochenende und in den Sommermonaten bis auf den letzten Platz belegt. Bessere Chancen hat man bei der **Seilbahn** *(cabinovia),* auch wenn man dann ca. 5 Min. an der Straße in den Ort hochgehen muss.

⌂ Blick auf Marciana und Marciana Marina

4

Nützliche Adressen

■ Marciana verfügt über **keine eigene Post,** Briefmarken bekommt man jedoch in der kleinen **Tabacchi** gleich oberhalb der Piazza.
■ Eine **Bank mit Geldautomat** befindet sich an der Bushaltestelle in Richtung Pomonte, geöffnet Mo–Fr 8.20–12.30 Uhr.

Unterkunft

Bed & Breakfast Relais Valle dei Mulini②, Via del Pozzatello 5, Tel. (0565) 901130, www.val ledeimulini.it (auch in Deutsch). In der Nähe der Seilbahn auf den Monte Capanne; fünf liebevoll eingerichtete Zimmer mit Blick auf die Berge, benannt nach inseltypischen Pflanzen; Frühstück der beson-

Deutsches Engagement auf dem Pilgerweg

Unter den deutschen Touristen, die Anfang der 1960er Jahre nach Elba kamen und sich in die Insel verliebten, war auch **Irma Blohm.** In Sant'Andrea erwarb sie eine Unterkunft, in der sie jedes Jahr sechs Wochen verbrachte.

Während ihrer ersten Streifzüge über die Insel entdeckte sie den Pilgerweg zur Madonna del Monte mit den damals **völlig zerfallenen Kreuzstationen.** Als Lutheridin (Nachfahrin *Martin Luthers)* und aktives Mitglied der Landessynode der Evangelischen Kirche in Hamburg (u.a. hatte sie dort das „Pastorinnengesetz" durchgesetzt, das erstmalig in Deutschland Frauen zu gleichberechtigten Gemeinde-Pastorinnen ordinierte) war es ihr ein Anliegen, den Weg zur Madonna del Monte wieder zu einem Pilgerweg zu machen. So malte sie für jede Station eine **Passionstafel** der Leidensgeschichte Christi, die sie der Kirchengemeinde und Kommune von Marciana unentgeltlich zur Verfügung stellen wollte. Leider hatte sie anfangs nur wenig Glück. Doch nach gut zehn Jahren wurde endlich eine Lösung gefunden: Ein Pfarrer aus Freiburg im Breisgau mauerte 1985 mit seiner katholischen Jugendgruppe die einzelnen Häuschen des Kreuzweges auf,

verputzte sie, setzte die Passionstafeln ein, und eine Hamburger Grafikerin malte die **Zitate und Sprüche** dazu auf den Putz. Diese stammten aus der Bibel sowie von *Augustinus, Blaise Pascal, Martin Luther King, Dietrich Bonhoeffer* und *Martin Luther. Irma Blohm* hatte sie in der Zwischenzeit ausgewählt, um den ökumenischen Charakter ihres Projektes herauszustellen.

Der damit endlich restaurierte Weg mit seinen Kreuzstationen hinauf zur Madonna del Monte wurde **1985** mit einer großen **Prozession** eingeweiht, an der sich auch viele Einheimische beteiligten. Seitdem ist er für Gläubige und Touristen gleichermaßen zu einem Anziehungspunkt geworden.

Waldbrände und die im Winter feuchte Witterung **beschädigten** die einzelnen Stationen in unterschiedlichem Maße, sodass viele Bilder sehr verblasst waren. 2008 wurden die 14 Kreuzstationen vom Circolo Amici dell'Arte di Villasanta **neu gestaltet** und ersetzt. Die Zitate wurden dabei leider nicht erneuert. In der ersten Kreuzstation erinnert jetzt eine kleine, leicht zu übersehende Tafel in italienischer Sprache an das Engagement von *Irma Blohm.*

deren Art mit vielen hausgemachten Produkten, auf Wunsch auch ein gemeinsam zubereitetes Abendessen. Wer ohne eigenes Fahrzeug anreist, wird auf der Piazza an der Bushaltestelle in Marciana abgeholt. Guter Ausgangpunkt zum Wandern im Westen der Insel.

■ Ansonsten kann man auch in den zentralen **Bars** vor Ort nach Unterkünften fragen.

Essen und Trinken

MEIN TIPP: **Osteria del Noce,** Via della Madonna 19, Tel. (0565) 901284, www.osteriadelnoce.it; geöffnet Ostern bis Ende September tägl. 12–14.30 und 19–2 Uhr. Gemütliches Lokal mit Blick auf das Meer, bekannt für sein selbstgebackenes Brot und die gute Küche; es ist Slow-Food-gelistet. Unbedingt zu empfehlen sind die Wildschweingerichte, der frische Fisch und *castagnaccio al lardo* („Kastanienspeck", nur auf Vorbestellung), Platzreservierung für den Abend ist angeraten.

■ **Bar La Porta,** Piazza Umberto 1, Tel. (0565) 90 1275, geöffnet tägl. 8–23 Uhr. Bekannt für *Panini* und gute *Bruschette;* internationale Biersorten, oft selbst gemachte Kuchen, in ausgefallenen Kombinationen wie Apfel und Rosmarin oder Birne und Salbei und gut ausgewählte Musik.

Einkaufen

🦋 Seit Ende 2008 gibt es das **Il Capepe** in der Via del Pretorio 2, mobil 349-1447305, www.ilcapepe. com, täglich geöffnet 10–13 und 15–19 Uhr. *Renato Paolini* und sein Team stellen **Marmeladen** aus einheimischen Früchten wie Feigen, Zitronen und Rosmarin, Apfel und Zimt her. Dabei kommen, abhängig von der Jahreszeit, sehr ungewöhnliche Kreationen heraus, wie z.B. eine Kürbis-Zimt-Marmelade. Jedes Produkt kann vorher probiert werden. Ein Glas kostet zwischen 5 und 7 €.

Feste

■ Seit einigen Jahren versucht man, im **Juni** die **„Marcianelle"** zu etablieren. Dabei handelt es sich um einen **Lauf** von 5 bzw. 15 km um die Bergdörfer Marciana und Poggio. Die Strecke kann man auch erwandern. Anmeldungen dazu im Büro der APT in Portoferraio (s. dort, „Praktische Tipps").

■ Am **25. November** wird zu Ehren der Ortsheiligen **Santa Caterina** ein Fest gefeiert.

▷ Kirche Madonna del Monte

Der Weg zur Madonna del Monte ist ab der Bushaltestelle **ausgeschildert.** Insgesamt ist man gut 40 Min. unterwegs. Da man viel in der Sonne und bergauf geht, ist der Aufstieg etwas beschwerlich. Dafür wird man mit tollen Ausblicken belohnt. Oben angelangt, kann man die Kirche besichtigen und seine Wasserflaschen auffüllen. Auf dem gleichen Weg geht es wieder nach Marciana.

Nach Pomonte

Es besteht auch die Möglichkeit, an der Wallfahrtskirche dem **Wanderweg Nr. 3 nach rechts** zu folgen. Er wird zu einem wunderschönen Panoramaweg, der erst ebenerdig verläuft, dann leicht abwärts und letztlich wieder bergauf zum **Il Troppolo** (Berg) führt. Die ganze Zeit hat man faszinierende Ausblicke die Westküste hinunter, unter Umständen sogar bis Korsika. Nach Il Troppolo ver-

läuft der Pfad erst eben weiter, dann allmählich bergab, direkt in das **Tal von Pomonte** (Weg Nr. 4). Zeitweilig geht es durch ausgewaschene Rinnen, wo der Weg etwas rutschig sein kann. Die Landschaft, die man dabei durchwandert, erscheint wie ein riesiger **Steingarten.** Am Ende ist der Weg, der in den Ort führt.

Das Schwierige bei dieser Wanderung ist vor allem der Abstieg, bei dem etwa 600 m am Stück bergab bewältigt werden müssen.

Der Monte Capanne

Der Monte Capanne ist die **höchste Erhebung** Elbas und mit 1018 m von beachtlicher Höhe im Verhältnis zur Größe der Insel. Aufgrund des guten Rundblicks, den man von seinem Gipfel hat, wird er auch „Terrasse des Toskanischen Archipels" genannt. Bei klarer Sicht sind das Festland im Osten sowie die Inseln Pianosa, Montecristo und Giglio im Süden, Korsika im Westen und Capraia im Nordwesten zu sehen. Mit etwas Glück taucht die Insel Gorgona im Norden auf.

Ebenso faszinierend ist der Blick über die Insel selbst mit all ihren Bergen, Hügeln, Küsten und Buchten. Dabei fallen die unterschiedlichen **Vegetationszonen** am Monte Capanne selbst auf. Durch die Höhe des Gipfels regnen sich viele Wolken bereits auf der **Nordseite** ab, sodass hier üppige **Kastanienwälder** gedeihen können. Die Vegetation auf der **West- und Südseite** ist aufgrund der hohen Sonneneinstrahlung und geringerer Nie-

Wanderung Marciana–
Madonna del Monte–Pomonte

© REISE KNOW-HOW 2014

0 ▬▬▬ 1 km

ElbaW13

Poggio

la Casine○

Maciarello ○

L'Aia○

166

171 Marciana Marina

157 **Marciana**

130 Sant'Ilario

Uomo Masso 533 ▲

CIMO DELLE PUNTATE

W6

W13

153 Sant' Andrea

158 *Madonna del Monte* **▲630**

W14

W10

L'Aquila 634 ▲

F.so di Pedalta

Uviale di Capepe

CAMPO AL CASTAGNO

F.so dei Marconi

M. Glove 855 ▲

W3

GTE

CANALI

BOLLERO

La Galera 969 ▲

Zanca

SERRA PRIOSA

La Stretta 806 ▲

La Tavola 838 ▲

Parco

M. di Cote 950 ▲

PATRESI

F.so del Castagnola

W27

F.so della Pente di Curello

Nazionale

La Tabella 882 ▲

Arcipelago

MEZZALUNA

S. FREDIANO

Toscano

La Guardia

GABBIOLA

il Troppolo 758 ▲

W10

IL TERRA

F.so della Gabbiola

W25

CAMPO ALLE SERRE

F.so di Vignale

VIGNALE

W3

GTE

151 Colle d'Orano

Uviale dell'Infernaccio

Colle di S. Bartolommeo 512 ▲

Semaforo 599 ▲

○ C. Peria

Il Capo 300 ▲

W4

F.so dell'Infernetto

F.so della Gneccarina

M. di S. Bartolommeo 437 ▲

Parkgrenze

C. Campo ○ lo Feno

W41

F.so Barione

99 Ortsbeschreibung auf Seite 99

99 Ortsbeschreibung auf Seite 99, mit Stadtplan

150 Chiessi

146 **Pomonte**

135 Càvoli

Punta Nera

Punta del Timone

4

derschlagsmengen wesentlich mediterraner, was wiederum die Qualität des dort angebauten **Weines** begünstigt.

Um das Massiv des Monte Capanne gibt es viele schöne **Wanderwege** unterschiedlicher Länge. Auf jedem dieser Wege kann man sich die Vielfalt der Landschaft erschließen. Einige der Wege führen auch auf den Gipfel selbst, wobei besonders das letzte Stück sehr schweißtreibend ist. Der Aufstieg sollte nur mit passenden Schuhen und ausreichendem Wasservorrat unternommen werden, denn er ist passagenweise sehr steil und erfolgt zum großen Teil in der Sonne.

Es gibt allerdings auch eine **Seilbahn** von Marciana aus, in deren Stehgondeln jeweils zwei (schwindelfreie) Personen den Berg hinauf- und hinunterschweben können. Oben gibt es eine kleine Bar, in der Getränke und kleine Imbisse angeboten werden (Preise inkl. „Höhenaufschlag"). Auf dem Gipfel selbst gibt es außerdem noch eine große **Antennenanlage** und einen **Hubschrauberlandeplatz.** Man findet aber ein Plätzchen, wo diese nicht den Blick verstellen.

Bei Wanderungen im Gebiet des Monte Capanne kann man häufig **Mufflons** und **Wildschweine** sehen, vorausgesetzt, man verhält sich entsprechend leise.

Anreise

Kurz vor Marciana Alta (aus Poggio kommend) liegt auf der linken Seite ein großer **Parkplatz.** Hier gibt es zum einen eine Haltestelle für den öffentlichen **Bus,** der zwischen 7 und 20 Uhr etwa stündlich fährt. Zum anderen befindet sich hier die **Seilbahn** zum Monte Capanne, die Cabinovia, Tel. (0565) 901020, März bis Mai und September/Oktober 10–12.30 und 14.20–17 Uhr, Juni bis August bis 18.30

Uhr, von Oktober bis März telefonisch anmelden; Fahrzeit ca. 17 Min.; Hin- und Rückfahrt 18 €, Kinder unter 12 Jahren 7 €, einfache Fahrt 12 €.

Essen und Trinken

MEIN TIPP: Le Coti Nere, Via del Pozzatello Loc. Ponte Vecchio, Tel. (0565) 918879, mobil 335-7741585, www.lecotinere.it, täglich 11–13 und 14.30–18 Uhr. Diese kleine Brauerei am Hang des Monte Capanne, gleich bei der Seilbahnstation, gibt es seit 2011. Ihr Verkaufsschlager ist das Kastanienbier, dunkel und würzig. Daneben gibt es aber auch noch einfaches Pils, Ale und ein mit Rosmarin versetztes Bier. Das Bier kann verkostet und in Flaschenabfüllungen (0,33l) erworben werden. Für Bierliebhaber ein Muss!

Wandern auf dem Monte Capanne

Verschiedene Wanderungen führen auf den Gipfel des Monte Capanne. **Poggio** ist der Ausgangspunkt für einen direkten, rot-weiß markierten Wanderweg (Nr. 2 auf der Kompasskarte). Der Weg beginnt bei den Treppen am ehemaligen Hotel Monte Capanne. Es geht häufig über Granitblöcke und beständig steil bergauf. Diese Variante ist sehr **sportlich,** Dauer ca. 2 Std. 30 Min.

Landschaftlich reizvoller ist jedoch der Weg von Sant'Ilario über den Monte Perone, bzw. von diesem startend auf den Berg (s. „Wanderung von Sant'Ilario nach Poggio mit einem Abstecher auf den Monte Capanne").

▷ Viele Wege führen auf den Gipfel des Monte Capanne

4

090el hk

Wanderung von Marciana auf den Monte Capanne

- **Ausgangs- und Endpunkt:** Marciana
- **Schwierigkeitsgrad:** schwer
- **Gehzeit:** 3½ Std.
- **Höhenmeter:** +700 m
- **Wegbeschaffenheit:** alte Wirtschaftswege, Wanderwege, große Steinstufen, einige Wackelsteine, Felsen
- **Ausrüstung:** feste Schuhe, ausreichend Wasser, Proviant, Sonnenschutz und Kopfbedeckung

Im Folgenden noch eine weitere, **landschaftlich sehr schöne Variante:**

An der **Fortezza Pisana** in Marciana geht man die Straße, später Fahrweg, in Windungen hinauf. An der Weggabelung bleibt man auf dem eben weiterführenden **Wanderweg Nr. 6,** bis dieser nach etwa 25 Min. und einem Feuerlöschteich im spitzen Winkel nach rechts vom Fahr-/Wanderweg abzweigt und bergauf führt. Nach ungefähr 10 Min. Aufstieg gelangt man auf einen Wanderweg, der gleichzeitig der G.T.E. ist und nach links als **Weg Nr. 6** weiterführt. Auf einem der schönsten Panoramawege Elbas wandert man am Monte-Capanne-Massiv entlang, unter der Seilbahn hindurch, und genießt die Aussicht auf Marciana Alta, Poggio und Marciana Marina. Nach etwa 50 Min. gelangt man an eine **Wegkreuzung.** Nach links führt der Wanderweg Nr. 2 steil bergab nach Poggio, nach rechts führt er steil bergauf zum **Gipfel** (ca. 1 Stunde).

Oben angelangt, kann man nach einer ausgiebigen Pause entweder mit der Seil-

bahn nach Marciana Alta hinabschweben oder aber auf **Wanderweg Nr. 2** nach **Poggio** absteigen. Dieser Weg führt über große Steine und Stufen, z.T. recht steil, und stetig bergab.

Poggio

MEIN TIPP: Nur 3 km von Marciana Alta entfernt liegt Poggio, **einer der idyllischsten Orte** auf Elba. Im Winter leben hier nur knapp 200 Personen, im Sommer mehr als dreimal so viele. Dennoch verweilt man gerne hier, sei es in den mit Blumen geschmückten Gassen oder auf der **Piazza Castagnetto,** dem Zentrum des Ortes. Wie eine große Aussichtsterrasse liegt sie am Hang und bietet einen berauschenden Ausblick auf die Insel Capraia, das Capo d'Enfola und Marciana Marina an der Küste. Auf dem Meer ziehen Schiffe und Segelboote vorbei, und aus dem liebevoll angelegten Kräutergarten gleich unterhalb wehen typische Macchia-Düfte empor. Auf der Piazza sitzen die Alten und lesen Zeitung oder überwachen das Spiel der Dorfjüngsten. Ein Stückchen oberhalb liegt die kleine verträumte **Piazzetta Colle Reciso,** die eine ganz besondere Idylle ausstrahlt.

Beim Schlendern durch den Ort gelangt man unweigerlich auch zur **Kirche San Nicola,** die zu Zeiten der Piratenüberfälle wie ein Bollwerk verstärkt wurde. Ähnliche „Kirchenfestungen" finden sich auch in San Piero (San Niccolo) und in Rio nell'Elba (Santi Martini Giacomo e Quirico). Die schlichte Kirche bildet den **höchsten Punkt des Ortes.** Wer auf

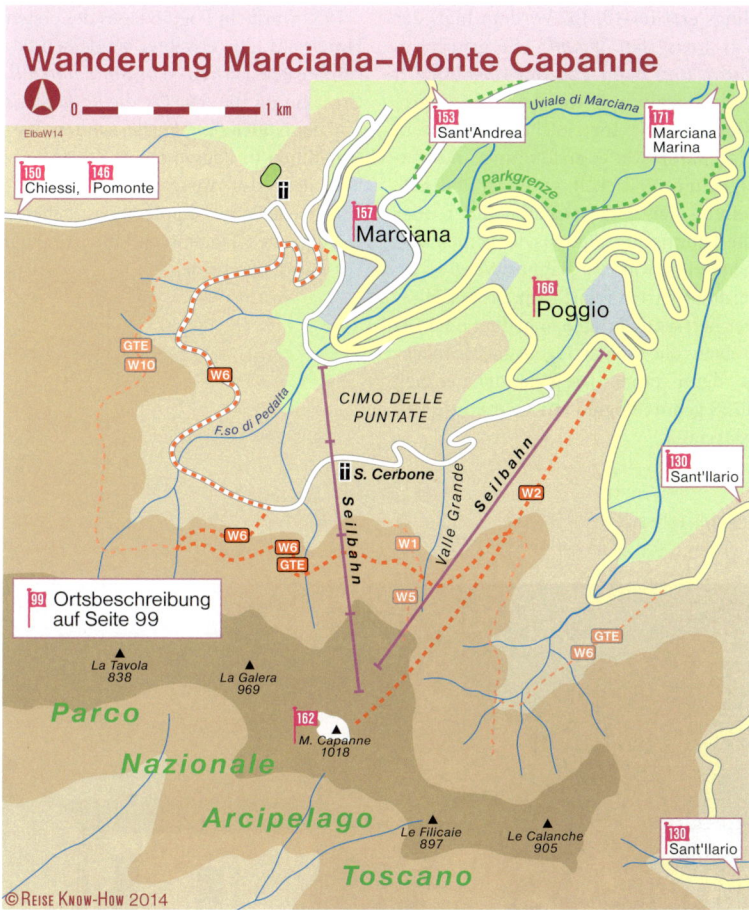

Wanderung Marciana–Monte Capanne

ElbaW14

0 ————————— 1 km

153 Sant'Andrea   *Uviale di Marciana*   **171** Marciana Marina

Parkgrenze

150 Chiessi,   **146** Pomonte

157 Marciana

166 Poggio

GTE
W10

W6

F.so di Pedalta

CIMO DELLE PUNTATE

ii **S. Cerbone**

130 Sant'Ilario

Seilbahn   *Valle Grande*   *Seilbahn*

W6   W6   W1   W2

GTE   W5

99 Ortsbeschreibung auf Seite 99

GTE
W6

▲ La Tavola 838

▲ La Galera 969

162 ▲ M. Capanne 1018

Parco

Nazionale

Arcipelago

▲ Le Filicaie 897   ▲ Le Calanche 905

130 Sant'Ilario

Toscano

© Reise Know-How 2014

einer der Wanderungen in der näheren Umgebung von oben auf Poggio schaut, wird feststellen, dass das Dorf die Form einer Schnecke hat, deren Zentrum die Kirche bildet.

In Poggio kann man es stundenlang aushalten, und sei es nur, dass man unter schattigen Bäumen sitzt und liest. Der kleine Ort eignet sich außerdem gut als **Ausgangspunkt für Ausflüge** in den Westen der Insel.

Geschichte

Poggio wurde **527** gegründet und gehört damit **zu den ältesten Ansiedlungen** auf Elba. Der jetzige Name entstand allerdings erst im 18. Jh. Vordem hieß der Ort Jovis (lat. *iugum,* „Bergrücken"), Giove und dann Podium („Anhöhe"), denn Poggio liegt wie das benachbarte **Marciana** auf einer solchen. Mit seinem Nachbarort war es auch immer in **Streitigkeiten** verwickelt, sei es um die Aufteilung der Esskastanien-Wälder oder die Thunfischerträge aus der gemeinsam genutzten Tonnara Bagno. Wenn es allerdings hart auf hart kam, großer Hunger herrschte, Piraten angriffen oder die Reblaus alle Weinerträge zunichte machte, dann standen sie einander bei. Seit 1738 gehört Poggio zur **Gemeinde von Marciana.**

1950 wurde in Poggio eines der ersten **Hotels** auf Elba errichtet, zu dessen berühmtesten Gästen *Winston Churchill, Greta Garbo,* die *Agnellis,* die *Rothschilds* und der Nudelkönig *Barilla* zählten. Viele nahmen in Poggio einen **Kuraufenthalt,** denn das Wasser der nahe gelegenen Quelle **Fonte Napoleone** (s. „Sehenswürdigkeiten") versprach Linderung bei verschiedenen Leiden.

⌄ Idylle in Poggio

092el js

Sehenswürdigkeiten

Fonte Napoleone

🦋 Gleich in der ersten Kurve an der Straße von Poggio nach Marciana Alta liegt die Fonte Napoleone. Meist stehen hier Elbaner und Touristen mit Wasserbehältern und füllen sich das begehrte Nass ab. Gleich daneben, hinter einer gelben Fassade, ist die Abfüllstation für das Quellwasser, das dann in Flaschen u.a. in den Hotels auf Elba wiederzufinden ist. Das **Wasser von Poggio** ist bekannt für seine heilende Wirkung z.B. bei Magen-, Darm-, Nieren- und Blasenleiden sowie Arthritis und Gicht. Ihren Namen hat die Quelle von *Napoleon,* der das Wasser nahezu täglich getrunken und die Quelle als solche erschlossen haben soll.

Kirche San Cerbone

Auf halber Strecke zwischen Poggio und der Abfüllstation an der Fonte Napoleone biegt man am Friedhof nach links in die gepflasterte Straße ab. Diese führt den Berg hinauf, und durch einen üppigen Kastanienwald gelangt man zu Fuß in etwa 40 Min. zur kleinen Kirche San Cerbone. Hier stand einst die kleine **Kartause des Bischofs von Populonia,** der im 6. Jh. vor den Langobarden nach Elba flüchtete und sich in den Wäldern bei der Quelle niederließ. Bevor er starb, verfügte er, in seiner Diözese auf dem Festland begraben zu werden. **Legenden** berichten, dass Piraten zu dieser Zeit das Meer unsicher machten. Doch senkte sich für die letzte Fahrt des San Cerbone ein dichter Nebel über das Meer, der sich erst verflüchtigte, nachdem der Leichnam seinen Bestimmungsort erreicht hatte.

An Stelle der mittlerweile verfallenen Einsiedelei errichteten die **Appiani** im Jahr 1421 eine kleine Kirche, zu der bis ins 20. Jh. regelmäßig Prozessionen stattfanden.

Man kann auf dem gleichen Weg wieder zurückgehen oder hinter der Kirche geradeaus **weiterwandern.** Kurz nachdem der Weg (Nr. 1) unter der Cabinovia zum Monte Capanne hindurchführt, geht es rechts direkt zur **Talstation bei Marciana** (insgesamt etwa 2 Std.).

Praktische Tipps

Anreise

■ Der öffentliche **Bus** zwischen Poggio und Procchio/Portoferraio bzw. Pomonte/Marina di Campo verkehrt in Abhängigkeit von der Saison acht- bis zwölfmal täglich.

■ Im Ort gibt es einige **Parkplätze** an der Straße.

Unterkunft

MEIN TIPP: **Apartments Uta Mazzei** (eine Deutsche), Via Lavachio 23, Marciana, Tel. (0565) 996840, www.traum-ferienwohnungen.de/47170.htm. Zwei stilvoll eingerichtete Apartments in ausgebauten Weinkeltereien für zwei bis vier Personen, wundervoll in einem Terrassengarten abseits der Straße gelegen, mit kleinem Pool und Blick auf die Berge sowie Poggio und Marciana, ideal zum Entspannen; 350–650 € pro Woche plus 50 € Endreinigung. Wäsche ist selbst mitzubringen. Auf Anfrage auch tageweise Vermietung.

Essen und Trinken

MEIN TIPP: **Restaurant Publius,** Piazza XX. Settembre, Tel. (0565) 99208; geöffnet tägl. 12–15 und 19–23 Uhr, in der Nebensaison Mo Ruhetag. Gerühmtes und auch teures Restaurant mit herrlicher Aussicht aufs Meer, bekannt für seine Wildschweingerichte.

■ **Restaurant und Pizzeria Monte Perone,** Via Fontanella 2, Tel. (0565) 909014; geöffnet Mai bis Sept. tägl. 12.30–15.30 und 19–23 Uhr. Preiswerte Pizza; mit Blick auf die Nordküste auch bei schlechtem Wetter auf einer verglasten Terrasse.

■ **Trattoria Sciamada,** Piazza del Castagnetto, Tel. (0565) 909098, mobil 348-7087932; geöffnet tägl. 12–14.30 und 19–23 Uhr, Di Ruhetag. Es gibt

Esskastanien im Westen Elbas

Esskastanien *(Castanea sativa)* werden **seit dem 14. Jh.** auf den elbanischen Bergen gepflanzt. Die Pflanze stammt ursprünglich nicht von der Insel, sondern wurde vom nahe liegenden **Festland** eingeführt. Schnell hat sich diese Nutzpflanze in das Landschaftsbild und die Geschichte Westelbas integriert. Besonders an den **Nordhängen** gedeiht sie wegen der häufigen Regenfälle ausgezeichnet.

Noch bis Mitte der 1950er Jahre bildeten ihre frischen, getrockneten, gekochten, gerösteten, gedörrten oder gemahlenen Früchte die **Hauptnahrungsgrundlage** für die Bergbevölkerung von Marciana und Poggio. Und nicht selten gab es Streitereien zwischen beiden Orten über die genauen Besitzverhältnisse der Kastanienwälder.

Wie wichtig die Frucht war, zeigt ein Erlass von 1719, in dem verfügt wurde, dass **Schulden auch mit Kastanien gezahlt** werden konnten, wenn man über keinerlei Geldmittel verfügte.

In den Wäldern um Poggio und Marciana wachsen noch heute viele Esskastanienbäume, allerdings werden sie nicht mehr gepflegt und **verwildern** zunehmend. Immer seltener sieht man die Bewohner von Marciana und Poggio mit gefüllten Beuteln und Eimern aus den Wäldern kommen; wenn, dann sind es vor allem ältere Menschen oder Besucher. Heute laben sich eher die Wildschweine an den Früchten.

Seit 1984 findet in Poggio immer im November die **Festa della Castagna** statt, die seit 2012 von *Slow Food* unterstützt und gefördert wird. Dann liegen verführerische Düfte über dem Bergdorf. Es werden verschiedene Leckereien rund um die Früchte angeboten, ebenso wie Säckchen mit Kastanienmehl zum Backen von Pizza und Brot. Die Bewohner von Poggio haben das Fest unter anderem zum Anlass genommen, um an handwerkliche Bräuche und Traditionen wie das Holz- und Keramikhandwerk zu erinnern.

An dieser Stelle noch ein kleines **Rezept für eingelegte Kastanien** zum Ausprobieren: Die Kastanien einschneiden und fast gar kochen (ca. 20 Min.), dann rasch schälen und die nicht zerbröckelten Stücke in ein Glas legen, welches man mit dickem Zuckersirup auffüllt. Bevor das Glas verschlossen wird, gibt man nach Belieben Brandy oder Calvados dazu. Nach zwei Monaten darf dann gekostet werden ...

eine spezifische Auswahl an Gerichten mit Produkten aus der Region wie Pilze oder Wildschwein, jeweils um die 10 €. Man sitzt hier sehr gemütlich auf der Terrasse und genießt rustikale Gerichte in einem rustikalen Ambiente.

Einkaufen

■ Im Ort gibt es neben einem **Spezialitätenladen** an der Straße zum Monte Perone auch einen **Bäcker** (ausgeschildert mit „Panificio").

Marciana Marina

Von Poggio gelangt man über eine kurvige Straße hinunter nach Marciana Marina. In dem charmanten Städtchen leben im Winter ca. 2100 Einwohner. Im Sommer sind es weit mehr als das Doppelte, und dennoch verliert dieser Ort nichts von seinem Reiz. Lang am Meer hingestreckt liegt Marciana Marina an einem **sichelförmigen Hafen.** Dieser wird auf der westlichen Seite vom **Torre Pisana** und im Osten vom **Stadtteil Il Cotone** begrenzt. Dies ist nicht nur der älteste Stadtteil, sondern hier gibt es auch die für Elba typischen „gelöcherten" Felsen, die **Tafoni** (s. „Land und Leute, Elbas Geografie und Geologie"). In der alten Hafenanlage von Il Cotone sind sie besonders bizarr und vielfältig.

Gleich westlich davon beginnt mit der kleinen Parkanlage an der Piazza della Vittoria die **Uferpromenade.** Hier treffen sich zumeist die Alten. Es wird Zeitung gelesen, ein Schwätzchen gehalten, der Nachwuchs bewundert oder auch mal ein Blick auf die Touristen geworfen.

Im Mai erstrahlt die Promenade in zartem Rosa, wenn die Tamarisken blühen. Sobald es warm genug ist, stellen die Lokale ihre Stühle und Tische nach draußen und spannen die Sonnensegel auf.

Scheint die Sonne und gibt es guten Wind, ist die kleine Bucht vor Marciana Marina voller kleiner und großer **Segel.**

Wer von der Uferpromenade genug hat, kann mit Muße durch die gleich daneben liegenden Straßen und Gassen schlendern, in denen viele liebevoll eingerichtete **Lädchen** zu entdecken sind.

Zentrum des Ortes ist die **Piazza Vittorio Emanuele** mit der **Pfarrkirche Santa Chiara.** Sie ist der Patronin des kleinen Ortes gewidmet, und ihr zu Ehren wird jedes Jahr am 12. August ein Fest veranstaltet. Ganz und gar in italienischer Manier gibt der Ort sich an diesem Tag besonders farbenfroh. In einer feierlichen **Prozession** wird die Ortsheilige von der Kirche zum mit Fackeln erleuchteten Hafen getragen. Hier wird sie von festlich illuminierten Fischerbooten in Empfang genommen und aufs Meer hinausgebracht. Das Ganze wird mit einem Feuerwerk gekrönt. Ist die Ortsheilige an ihrem angestammten Platz in der Kirche, ist das Fest jedoch noch lange nicht zu Ende. Dann wird ausgelassen weitergefeiert, oft bis in den Morgen.

Ein Fest ganz anderer Art, das man jedoch genausowenig missen sollte, ist erst 2003 in Marciana Marina etabliert worden: **„Un Mare di Sapori",** was so viel bedeutet wie „Ein Meer der Genüsse". An einem Wochenende Mitte/Ende Mai werden um die Piazza della Vittoria Stände aufgebaut, an denen Grappa, Weine, Olivenöle (es gibt wirklich bemerkenswerte Unterschiede), Konfekt, Käse, Wurst, Fischspezialitäten und vieles mehr probiert werden können. Für einen Obolus von 15 € erhält man eine Art Brustbeutel mit einem Weinglas darin (gilt für beide Tage). Damit kann man von Stand zu Stand wandeln und sich an den Köstlichkeiten gütlich tun. Am Samstagabend zieht eine **Kapelle** durch den Ort und dann an der Promenade entlang. Mit viel Geschrei schließen sich die Kinder den Musikern an und eröffnen den Tanz, schon bevor die Kapelle auf der kleinen Piazza della Vittoria Halt macht. Diese Sagra wird von *Slow Food* unterstützt. 2013 kam die Veranstaltung jedoch erst sehr kurzfristig und im Juni zustande, da die allgemeine Krise auch hier für finanzielle Engpässe sorgt.

⌄ So mancher hisst die Segel im Hafen von Marciana Marina

093el jc

Geschichte

Ganz zu Anfang gab es nur den **Torre Pisana,** der im 12. Jh. von den **Pisanern** erbaut wurde. Hier hatten die Bewohner von Marciana einen **Aussichtsposten** eingerichtet, um rechtzeitig vor Piraten-angriffen gewarnt zu werden. Die gro-ßen Steine am anderen Ende der Bucht nutzten sie als gut geschützten Hafen für ihre Fischerboote – das heutige **Il Coto-ne.** Der Name stammt von *cote* ab, dem italienischen Wort für Felsen oder Stein, der das Fundament bildet.

Als Ende des 17. Jh. die Piratenplage allmählich gebannt war, begannen die Fischer aus Marciana in dem kleinen Hafen auch Häuschen zu bauen und sich hier anzusiedeln. Es entstand **Marina di Marciana,** der Hafen von Marciana. Im 18. Jh. hatte sich der Ort bereits zu ei-nem **Handelszentrum** entwickelt, das immer mehr Menschen anzog. Marciana weiter oben in den Bergen verlor an Be-deutung und sträubte sich gegen die Freiheitsbestrebungen der zugehörigen Hafenstadt. 1884 war es dann aber doch so weit. Der Ort wurde **unabhängig,** heißt seitdem Marciana Marina und ist die drittkleinste Gemeinde Italiens. Der schützende Hafen mit der langen Mole, wie er heute existiert, wurde erst 1911 gebaut.

Der **Fischfang** war sehr lange Zeit die Haupteinnahmequelle, wird heute aber nur noch in kleinerem Maßstab betrie-ben. Die Fischfabrik von Marciana Ma-rina, letzter verbleibender Industrie-zweig auf Elba, musste 1995 schließen (siehe auch unter „Land und Leute, Wirtschaft"). Ihre Gebäude werden jetzt für die Lagerung und Reparatur von Booten genutzt.

Praktische Tipps

Anreise

■ Der öffentliche **Bus** zwischen Marciana Marina und Procchio/Portoferraio bzw. Pomonte/Marina di Campo verkehrt in Abhängigkeit von der Saison acht- bis zwölfmal täglich.

■ Im Ort gibt es verschiedene **Parkplätze,** aller-dings wird es im Sommer sehr eng.

Information

■ **APT** *(Azienda di Promozione Turistica),* Piazza Vit-torio Emanuele 19, Tel. (0565) 904207, www.aptel ba.it; geöffnet nur in der Hochsaison, tägl. 17–23 Uhr, Do Ruhetag; Sprachen: Englisch, Französisch, Deutsch.

Nützliche Adressen

■ **Post:** an der kleinen Via Lloyd, die von der Hauptstraße Viale P. Amedo in Richtung Meer führt; geöffnet Mo–Fr 8.15–13.30, Sa 8.15–12.30 Uhr.

■ Im Ort gibt es **mehrere Banken,** geöffnet Mo–Fr 8.15–12.20 Uhr. Gleich gegenüber dem Super-markt Coop an der Viale P. Amedo befindet sich ein **Geldautomat.**

■ Das **Fotogeschäft Berti** in der Via Scali Mazzini 10, Tel. (0565) 997053, bietet auch **Internetzu-gang** an; geöffnet tägl. 10–13 und 16–19 Uhr, sonn- und feiertags geschlossen; 15 Min. für 3 €.

Unterkunft

■ **Hotel Marinella**④, Viale Margherita 38, Tel. (0565) 99018, www.elbahotelmarinella.it (auch auf Deutsch). Familiäres Hotel direkt an der Prome-nade; ein Teil der 27 gemütlichen Zimmer geht zur Promenade bzw. nach hinten hinaus, andere sind in einem separaten Gebäude untergebracht; auch Tennisplatz und Pool stehen zur Verfügung.

■ **Hotel Imperia**③, Viale Amedeo 12, Tel. (0565) 99082, www.hotelimperia.it. Einfaches Hotel im alten Stadtkern, 22 schlichte DZ, teils zur Straße; Frühstück im Garten mit selbst gemachten Marmeladen. Bieten auch Tauch- und Segelkurse an.

■ **Hotel Anselmi**③, Viale Amedeo 15, Tel. (0565) 99078, www.hotel-anselmi.it (auch auf Deutsch). 24 Zimmer, teils zur Straße; das Frühstück wird im Hotelgarten auf der anderen Straßenseite serviert; 5 Min. bis an die Uferpromenade.

■ **Apartments Soggiorno Tagliaferro**③, Via Amedeo 10, Tel. (0565) 99029, www.soggiornotagliaferro.it. Fünf unterschiedlich eingerichtete Zimmer mit Bad und kleiner Küchenzeile, gleich um die Ecke vom Lungomare; ohne Frühstück, doch dafür gibt es ja die Küchenzeile und genügend einladende Bars an der Promenade.

⬂ Immer mit der Ruhe:
Mußestunde in den Gassen Marciana Marinas

Essen und Trinken

MEIN TIPP: Trattoria Da Teresina, Piazza della Vittoria 1, Tel. (0565) 99049; geöffnet tägl. 12–24 Uhr, außerhalb der Saison Di Ruhetag. Typische Trattoria mit guter italienischer Küche zu angemessenen Preisen (7–10 €), benannt nach *Teresina*, die mittlerweile *nonna* (Oma) ist und in der Küche das Zepter schwingt; viel frischer Fisch und Muscheln.

■ **Rendevous,** Piazza della Vittoria, Tel. (0565) 99251; geöffnet tägl. 12–15 und 19.30–23 Uhr. Nett am Hafen gelegenes Ristorante, besonders zu empfehlen ist La Patate di Marcello: verschiedene Fischarten, angerichtet auf kleinen Kartoffelhäppchen – köstlich!

■ **Restaurant La Scaletta,** Via della Fossa 6, Tel. (0565) 997071; geöffnet tägl. ab 19 Uhr. Gute Pasta, Pizza und Vorspeisen um die 7 € und leckere selbst gemachte *dolci*.

■ **Restaurant Zorba,** Piazza della Vittoria 14, Tel. (0565) 99225; geöffnet tägl. 11–14.30 und ab 17.30 Uhr, außerhalb der Hochsaison Mo Ruhetag. Typisch italienisches Ristorante mit schönem Blick aufs Meer; Menü um die 20 €.

■ **Bar La Perla,** Piazza della Vittoria 29, Tel. (0565) 904133. Schöne Bar mit selbst gemachtem Eis und Dolci im Osten der Bucht am Meer; hier kann man gut seinen Cappuccino samt Cornetto zum Frühstück nehmen und das erste Schwätzchen halten, dann kann der Tag beginnen.

■ Entlang des **Lungomare** gibt es viele weitere Lokale.

Einkaufen

■ Der **Markt** findet jeden Dienstag von 8–13 Uhr in der Viale G. Vadi (gleich beim COOP) statt.
■ Im Ort selbst findet man viele kleine Geschäfte und Boutiquen.

Feste

■ Jedes Jahr am **12. August** wird das **Fest der Ortsheiligen Santa Chiara** mit einer feierlichen Prozession begangen.
■ An einem Wochenende im **Mai/Juni** findet das **Feinschmecker-Event „Un Mare di Sapori"** statt.

Kino

■ **Cinemare,** Via Dusso; Sommerkino ohne feste Öffnungszeiten.
■ **Cinema Metropolis,** Via Vadi, mobil 347-907 1843; Vorstellungen ganzjährig Fr–Mo.

Wassersport

■ **Segelschule Circolo della Vela,** Viale R. Margherita 52, Tel. (0565) 99027, www.cvmm.it. Wochenkurs für Erwachsene 180 €, Kinder 160 €; Verleih von Booten auf Anfrage.
■ **Tauchstation Elba Diving Center,** Viale Aldo Moro, Tel. (0565) 904256, mobil 348-7045202. Bieten sowohl Kurse als auch geführte Tauchgänge an, vermieten Tauchausrüstungen, auch Flaschenfüllungen sind möglich.

Bootstouren

■ **Aquavision,** Tel. (0565) 976022, mobil 328-7095470, www.acquavision.it; Abfahrt am Steg gegenüber der Viale Principe Amedeo (rotes Schiff), Anmeldung nur dort direkt oder per Telefon möglich bzw. Buchung über ein Reisebüro auf Elba. Fahrt mit einem Glasbodenschiff die Nord- und Westküste entlang bis **Pomonte;** April bis Oktober Abfahrt 15.30 Uhr, im Juli/August 14.30 und 17 Uhr, Dauer 2 Std. 15 Min.; 15 € p.P., Kinder unter 12 Jahren 8 €. Die verglasten Lufttanks können während

der Fahrt nicht betreten werden, sondern erst, wenn das Schiff bei Pomonte vor Anker geht, wo Fische beobachtet werden und das Wrack eines kleinen französischen Handelsschiffes zu sehen ist.

■ *Acquavision* (siehe oben) bietet auch **Fahrten nach Capraia** an (siehe dort); Abfahrt am Steg gegenüber der Viale Principe Amedeo, Anmeldung direkt am Schiff oder per Telefon möglich bzw. Buchung über ein Reisebüro auf Elba.

Fahrzeugvermietung

■ **Mazzei,** Via XX. Settembre 13, Tel. (0565) 99447; Fahrräder ab 15 €, Scooter ab 35 €, Autos ab 40 € pro Tag.
■ **Rent Lupi,** Viale Amedeo 38, Tel. (0565) 904355, www.rentlupi.it. Fahrräder 11 €, Mopeds ab 30 €, Autos ab 36 € pro Tag.

Taxi

■ **Mazzei,** Via XX. Settembre 13, Tel. (0565) 99447, mobil 333-6147165. Von Marciana Marina nach Portoferraio für vier Personen 40 €, für acht Personen 60 €.

Strände

Marciana Marina

Entlang der Uferpromenade zieht sich der Kieselstrand von Marciana Marina mit Blick auf den Seglerhafen und das offene Meer. Gleich hinter dem Strand, der auch einen guten Zugang für Rollstuhlfahrer bietet, gibt es Bars und Cafés.

■ **Service:** Parkplatz, Verleih von Liegestühlen und Sonnenschirmen, Wassersport, Gastronomie, Unterkunft

Fenicia und Fenicetta

Westlich des Torre Pisana befindet sich Fenicia, der meistbesuchte Strand von Marciana Marina. Etwas weiter liegt der winzige Kiesstrand Fenicetta, zu dem ein zementierter Pfad führt. Auch hier haben Rollstuhlfahrer keine Probleme.

■ **Service:** Parkplatz, Liegestühle und Sonnenschirme, Wassersport, Gastronomie, Unterkunft.

Crocetta

Unterhalb der Straße von Marciana Marina nach Procchio (ca. 1 km nach dem Ortsausgang) liegt der kleine Kiesstrand Crocetta. Durch die weißen und schwarzen Kiesel sowie das klare Wasser wirkt er sehr einladend. Ein kleiner Fuß- und Treppenweg – zu erkennen an einem kleinen grünen Tor – führt von der Straße aus hinunter. Liegematten sind empfehlenswert. Kaum Parkmöglichkeiten.

◁ Baden vor dem Torre Pisana
am Stadtstrand von Marciana Marina

■ **Service:** keine Einrichtungen

4

Wanderung Marciana Marina–Sant'Andrea

Ortsbeschreibung
auf Seite 99

Ortsbeschreibung auf
Seite 99, mit Stadtplan

Wanderung von Marciana Marina nach Sant'Andrea

- **Ausgangspunkt:** Torre Pisana in Marciana Marina
- **Endpunkt:** der Strand von Sant'Andrea
- **Schwierigkeitsgrad:** mittel
- **Gehzeit:** 3 Std.
- **Höhenunterschiede:** +/-200 m
- **Wegbeschaffenheit:** Wanderwege, z.T. auch Straße, das letzte Stück über ausgewaschene Felsen am Meer
- **Ausrüstung:** gutes Schuhwerk, Sonnenschutz, ausreichend Wasser, evtl. Proviant

Vom Torre Pisana aus folgt man der Straße nach **rechts** den Berg hinauf. Hinter der ersten großen Rechtsbiegung geht nach ca. 50 m ein **rot-weiß markierter Wanderweg** (vor einem Zaun, die Markierung ist leider sehr schlecht) nach links in den Wald. Der Weg führt zwischen Pinien, Erdbeerbäumen und mannshoher Baumheide stetig bergan. Ein Blick zurück lohnt sich hin und wieder, um z.B. den Ausblick auf den Golf von Procchio und das Capo d'Enfola im Osten zu genießen.

An der **Wegkreuzung** ist der Aufstieg geschafft, und es geht geradeaus weiter durch einen **Steineichenwald** in Richtung La Cala. Der Weg ist oftmals von **Wildschweinen** aufgewühlt, die hier häufig auf Nahrungssuche sind.

Wenn der **Fahrweg** erreicht ist, geht man diesen etwa 10 m nach links und folgt dann dem ausgeschilderten **Wanderweg** nach rechts in den Wald.

Mit herrlichen Ausblicken auf die Küste führt der Weg zur **Cala-Bucht.** Hier liegen öfter Jachten vor Anker, und das glasklare Wasser lädt zu einem Bad ein. Leider ist es ein Kieselstrand, sodass Badeschuhe zu empfehlen sind. Übrigens

lohnt ein genauer Blick auf die Steine, denn manch einer hat hier schon einen schönen **Jaspis** gefunden.

Ansonsten führt der Weg weiter über einen **Bach** und dann gleich nach links durch einen Weinberg wieder hinauf. Durch den kleinen, verschlafenen Ort **Maciarello** mit seinen schönen Gärten voll Orangen und leuchtender Bougainvillea geht es weiter in Richtung Westen. Kurz vor dem Ortausgang ist **Sant'Andrea** nach rechts wieder ausgeschildert.

Ab hier ist der Weg ein einziger **wunderschöner Ausblick.** Sant'Andrea ist bereits zu sehen, und bei gutem Wetter erblickt man auch Capraia und den Norden Korsikas. An einem kleinen **weißen Haus** (hinter dem *Hotel Oleandro*) geht es nach rechts die Treppen hinunter. Im Frühjahr leuchtet hier ein Meer von Mittagsblumen. Der Duft von Rosmarin steigt dem Wanderer zu jeder Jahreszeit in die Nase.

Und dann erreicht man die kleine **Bucht Cotoncello.** Der Sandstrand und die glatten Felsen laden zu einem Sonnenbad ein. Außerdem gibt es an dieser Stelle auch eine Vielfalt von **Tafoni** (s. „Land und Leute, Elbas Geografie und Geologie") zu entdecken. Das Ziel der Wanderung ist schon zu sehen. Über herrlich ausgewaschene Felsformationen geht es zum Strand und zur Uferpromenade von **Sant'Andrea,** wo es die eine oder andere Bar zur Einkehr gibt.

Bei **stürmischem Wetter** ist der Weg über die Felsen nicht passierbar. Dann muss man den Weg über die Straße etwas weiter oberhalb nehmen.

Wer will, kann den gleichen Weg wieder zurücklaufen. Ansonsten fährt ein **Bus** zurück nach Marciana Marina (30 Min. Fahrzeit). Der Zubringerbus hoch an die Küstenstraße (nach Zanca) fährt jedoch nur in der Hochsaison. Zu Fuß dauert der Weg gute 20 Minuten.

4

5 Die anderen Inseln des Toskanischen Archipels

Neben Elba gehören sechs weitere,
in sich sehr unterschiedliche Inseln
zum Toskanischen Archipel.

Gorgona ·   Livorno

Capraia

Elba   Piombino

Pianosa

Orbetello

Giglio

Montecristo

Giannutri

◁ Ein etwas respektloses Felsmonster auf Giglio

Die Inseln des Toskanischen Archipels

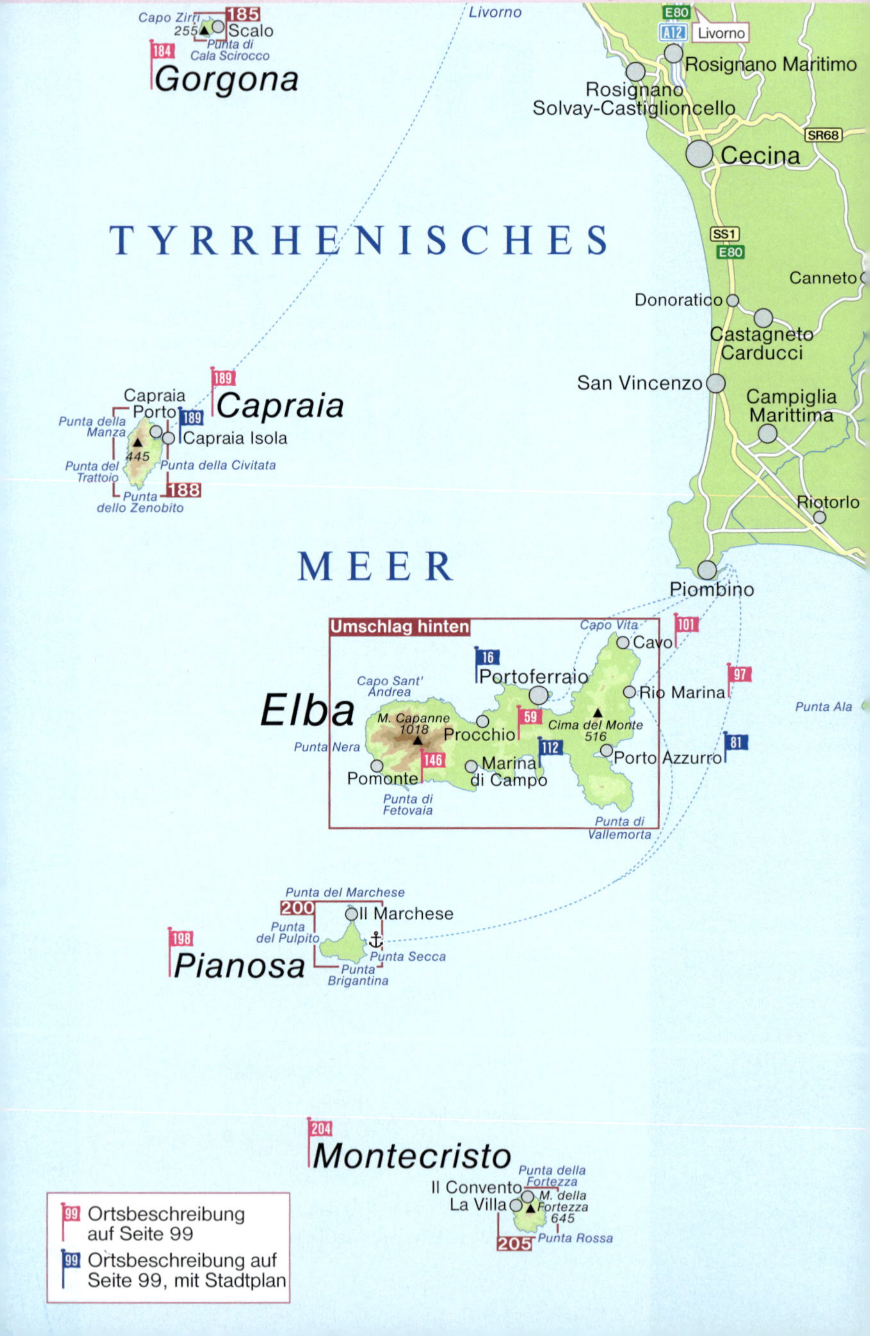

Livorno

E80

A12 Livorno

Rosignano Maritimo

Rosignano
Solvay-Castiglioncello

Cecina

SR68

185 Scalo
Capo Zirti
255 ▲
Punta di
Cala Scirocco
184
Gorgona

T Y R R H E N I S C H E S

Canneto

Donoratico

Castagneto
Carducci

San Vincenzo

Campiglia
Marittima

Capraia
Porto
189
Punta della
Manza
189
445 ▲ Capraia Isola
Punta della Civitata
Capraia

188
Punta
dello Zenobito
Punta del
Trattoio

Riotorlo

M E E R

Piombino

Umschlag hinten

Capo Vita

101 Cavo

16 Portoferraio

Capo Sant'
Andrea

Elba

59 Rio Marina

97

Punta Ala

M. Capanne
1018 ▲ Procchio

Cima del Monte
516

Punta Nera

146 Marina
di Campo

112

Porto Azzurro

81

Pomonte

Punta di
Fetovaia

Punta di
Vallemorta

Punta del Marchese

200 Il Marchese

Punta
del Pulpito

⚓ Punta Secca

198
Pianosa

Punta
Brigantina

204
Montecristo

Punta della
Fortezza

Il Convento
La Villa

M. della
Fortezza
645 ▲

205 Punta Rossa

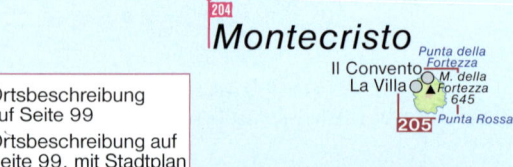

DIE ANDEREN INSELN DES TOSKANISCHEN ARCHIPELS

Zum Toskanischen Archipel zählen neben Elba sechs weitere Inseln. Sie werden in diesem Kapitel von Nord nach Süd vorgestellt.

Gorgona, die Grüne, wird als einzige noch als Gefängnisinsel genutzt. **Capraia,** die abweisende Schöne, ist die einzige Insel vulkanischen Ursprungs. **Pianosa,** die Flache, sieht einer ungewissen Zukunft entgegen. **Montecristo,** die Majestätische, bekannt geworden vor allem durch Alexandre Dumas und sein Buch „Der Graf von Monte Cristo", hütet ihre Geheimnisse. **Giglio,** die Lilie,

NICHT VERPASSEN!

Diese Tipps erkennt man an der gelben Hinterlegung.

schlägt alle schon beim Anlegen im kleinen Hafen in ihren Bann. Und **Giannutri** ist die zurückgezogene Stille. Sie alle gehören seit 1996 zum **Parco Nazionale dell'Arcipilago Toscano.**

Viele der Inseln sind **ehemalige Gefängnisinseln** und waren nur spärlich bewohnt. Aus diesem Grunde weisen besonders die kleinen Inseln noch **viel unberührte Landschaft** auf.

Wer auf diesen Inseln im Sommer seinen Urlaub verbringen möchte, sollte auf jeden Fall **vorbuchen,** denn die Anzahl der Unterkünfte ist begrenzt.

Gorgona

Das sehr grüne Gorgona ist **die nördlichste Insel** des Archipels und mit 2,2 km² auch die kleinste. Sie gehört zur **Gemeinde von Livorno,** das 37 km entfernt ist. Die knapp 5 km lange Küstenlinie fällt steil ins Meer ab und ist wie das gesamte Innere der Insel sehr **felsig.** Die höchste Erhebung ist die Punta Gorgona mit 225 m. Auf der Insel wohnen ca. **300 Menschen,** wovon nicht mal hundert Gefängnisinsassen sind.

Gorgona ist die einzige Insel im Toskanischen Archipel, die noch **als Gefängnisinsel genutzt** wird. Daher findet man hier auch noch viel unberührte Natur. Die 1869 eröffnete Strafanstalt gilt heute unter Gefangenen als eine der besten in Italien. Hier wird der sogenannte **offene Vollzug** praktiziert, d.h., die Häftlinge züchten Rinder und Hühner, bauen Gewürze, Oliven und auch Wein an. Der Wohntrakt der Häftlinge befindet sich im Norden der Insel. Einige von ihnen dürfen aufgrund guter Führung sogar in eigenen kleinen Hütten mit einem Garten wohnen.

Was der Häftlinge Freud, ist der meisten **Wärter** Leid, denn sie fühlen sich ihrerseits eingesperrt. Für sie es gibt einen Grund, hier Dienst zu tun: Sie erhalten viermal so viele Rentenpunkte wie in einer Strafanstalt auf dem Festland.

Legende und Wissenschaft

Eine Legende erzählt, dass **Venus,** die Göttin der Schönheit, ein wundervolles **Diadem** trug, bestehend aus einer großen Perle, die von sechs kleineren umringt war. Als sie eines Tages badete, wurde ihr dieses Schmuckstück durch eine große Welle entrissen. Beim Aufprall der **Perlen** auf das Wasser verwandelten sich diese in die sieben Inseln, deren größte heute Elba ist.

Geologisch betrachtet, ist die Inselgruppe durch das **Zusammentreffen der afrikanischen und europäischen Kontinentalplatte** entstanden. Bis vor 20.000 Jahren waren sie noch Erhebungen am westlichsten Zipfel des toskanischen Festlandes. Durch die Erderwärmung und die dann einsetzende Gletscherschmelze hob sich der Meeresspiegel, und es entstand der Toskanische Archipel.

Die Strafanstalt ist auch der Grund, dass die Insel **nicht für den Tourismus geöffnet** ist; nur in Notfällen dürfen Schiffe hier anlegen. Ansonsten ist ein vorgegebener Abstand zur Insel einzuhalten. Die Fähren, die auf dem Weg nach oder von Capraia hier Station machen, müssen außerhalb vor Anker gehen, und ein Patrouillenboot übernimmt notwendige Transfers.

Wer der Insel dennoch einen Besuch abstatten möchte, kann sich zu einer **geführten Tour** anmelden. So hat man die Chance, die sehr unberührte **Natur** Gorgonas kennenzulernen und zu genießen. Gorgona ist zu 90 % von Mittelmeermacchia bedeckt, an die **400 verschiedene Pflanzenarten** kommen hier vor. An den Küsten findet man den nur auf der Insel vorkommenden kleinen, violetten

Lavendel von Gorgona *(Limonium gorgonae).* Was die Inselfauna betrifft, so gibt es neben unzähligen **Wildkaninchen** verschiedene **Möwenarten, Seeschwalben** und **Zugvögel,** die in der felsigen Landschaft Unterschlupf finden.

Da Gorgona in einer Schutzzone liegt, ist auch das **Meer** um die Insel herum **sehr sauber.** Die Insel ist bereits 1971 zum Naturschutzgebiet erklärt worden und gehört seit 1998 auch zum **Naturpark Toskanischer Archipel,** dessen nördliche Begrenzung sie und ihre Gewässer bilden.

Geschichte

Die in der Antike „Urgon" genannte Insel war zuvor wahrscheinlich schon von den **Etruskern** bewohnt. Die **Römer** müssen im 1./2. Jh. auf Gorgona gesiedelt haben, denn im Jahr 2000 hat man auf dem Piano dei Morti („Ebene der Toten") im Norden begonnen, die Ruinen einer römischen Villa freizulegen.

Im Mittelalter flüchteten auch einige **Mönche** nach Gorgona. Benediktiner wie Zisterzienser errichteten kleine Einsiedeleien, von denen es heute nur noch

058el as

Toskanischer Archipel

mittlerweile verwaiste Insel wiederzube-
siedeln; 1869 wurde Gorgona zu einer
landwirtschaftlichen Strafkolonie.

Besuch der Insel

Es ist nicht möglich, die Insel privat zu
besuchen, sondern man muss sich einer
geführten Tour anschließen.

■ Die **Agentur Atelier del Viaggio** (Piazza Italia
15, 57100 Livorno, Tel. (0586) 884154, www.ate
lierdelviaggio.it) bietet Exkursionen auf die Insel
an. Die **Anmeldung** sollte am besten im Frühjahr
erfolgen, denn es sind auch noch einige **Formalitäten** erforderlich. So kann z.B. Personen mit Vor-
strafen die Teilnahme verweigert werden. Die Touren finden von April bis September ein- bis zweimal
im Monat statt; sie kosten 62 € p.P., für Gruppen ab
25 Personen gibt es Ermäßigung. Abfahrt ist 8 Uhr
in Livorno, Rückkehr gegen 19 Uhr. Die Überfahrt
dauert ca. 1½ Std. Die Führungen werden auf Italienisch oder Englisch gehalten.

wenige Überreste gibt. Die **Piraten** ver-
schonten auch Gorgona nicht und holten hier ihre Sklaven, sodass viele Mönche die Insel wieder verließen.

Als im Jahr 1283 die Insel in den Besitz der **Pisaner** überging, errichteten
diese den Torre Vecchia im Westen der
Insel. Die **Medici** besetzten Gorgona
1406 und bauten den Torre Nuova und
die Befestigungsanlagen in der Scalo-
Bucht.

Nach den *Medici* gelangte die Insel in
den Besitz von **Großherzog Pietro Leo-
poldo,** der vergeblich versuchte, die

◁ Auf Gorgona gibt es um die 400 Pflanzenarten;
der Affodill, der laut der griechischen Mythologie
am Übergang zum Totenreich wächst, gehört dazu

Capraia

Punta della Teglia

★ Torre della Regina

Livorno

Cala del Mortola

Punta del Vecchiaione

Punta del Cavallo

Punta dell' Acquissucola

Punta della Seccatoia

Mortola

198

Caseifico

Porto Vecchio

Punta di Porto Vecchio

Cala San Francesco

Punta della Manza

M. Castelluccio ▲ 433

Torre del Porto ★

Aghiale

Capraia Porto

Festung San Giorgio

Capraia Isola

194

M. Castello ▲ 445

▲ 420

Punta della Bellavista

Cala dello Zurletto

Punta del Recisello

See Stagnone

Punta del Fondo

▲ 366

IL PIANO

La Peraiola

ⓘⓘ Santo Stefano

M. Pontio ▲ 426

▲ 344

Cala del Vetriolo

Cala del Ceppo

Punta della Civitata

Punta del Patello

Punta del Trattoio

Cala della Carbicinza

Punta del Capo

Punta del Cote

Cala dei Porcili

▲ 199

Punta delle Linguelle

Cala del Moreto

★ Torre Zenobito

Punta del Turco

Cala Rossa

Punta dello Zenobito

Capraia

Capraia ist wild und schön zugleich. Nähert man sich der bergigen, zerklüfteten Insel, macht sie einen abweisenden Eindruck. Gleichzeitig schickt sie einem den so typischen Macchiageruch wie eine Verlockung entgegen. Für einen Badeurlaub ist Capraia nur bedingt geeignet. Doch wer unberührte **Natur und Idylle** sucht, findet sie hier.

Mit **19,5 km²** ist Capraia nach Elba und Giglio die drittgrößte Insel des Toskanischen Archipels. Sie ist die einzige Insel **vulkanischen Ursprungs.** Vor ca. 9 Mio. Jahren entstand der erste Vulkan, dessen Massiv noch heute den größten Teil der Insel ausmacht. Lange Zeit hielt man den **See Stagnone** im Westen für einen Kratersee. In Wirklichkeit ist er nicht tiefer als 1 m und in einer Bodensenke entstanden. Er ist der einzige natürliche See des Archipels, um den in den Frühjahrsmonaten Teppiche aus wilder Minze blühen. Weiter südlich befindet sich die **Quelle Fontanello,** deren Wasser trinkbar ist. Leider ist sie, wie auch der See, im Sommer oft ausgetrocknet.

4 Mio. Jahre nach dem ersten Vulkanausbruch stürzte durch ein **Erdbeben** ein umfangreicher Teil dieses Vulkanmassivs im Westen ab und versank im Meer. So ist auch die Küste dort viel steiler und schroffer als jene an der Ostseite. Gleichzeitig gab es im Süden einen neuen Vulkanausbruch, und Capraia erhielt seine jetzige Form. Bei einer Bootsfahrt um die Insel kann man an einigen Stellen wie etwa an der Cala Rossa das Aufeinandertreffen der **verschiedenen Gesteine** sehr gut erkennen.

Capraias vulkanischer Ursprung erklärt auch eine der zwei Varianten für die Entstehung des **Namens;** diese führt ihn auf das etruskische Wort *carpa* zurückführt, was „Stein" bedeutet. Eine andere Erklärungsvariante leitet den Namen von dem lateinischen Wort *capra* („Ziege") ab, was auch möglich wäre, denn bis vor ca. 200 Jahren gab es hier noch wilde Ziegen.

Capraia ist eine eigenständige **Gemeinde,** die zur 64 km entfernten **Provinz von Livorno** gehört. Bis nach Elba sind es 42 km, bis Gorgona 37 km und bis Korsika nur 31 km. Bei klarem Wetter scheinen diese Inseln oft zum Greifen nahe. Auf Capraia gibt es nur **zwei Orte: Capraia Porto,** der kleine Hafen der Insel, und **Capraia Isola,** der kleine Ort oberhalb des Hafens. Beide sind durch die einzige asphaltierte Straße der Insel miteinander verbunden, die knapp 800 m lang ist.

Gerade mal **400 Einwohner** zählt die Insel, von denen im Winter viele wegen Schule und Arbeit aufs Festland abwandern. Im **Sommer** jedoch steigt die Zahl durch den Tourismus auf knapp das Zehnfache. Wer zu dieser Zeit nach Capraia reisen möchte, sollte seine Unterkunft besser schon vorab reserviert haben, denn eventuell ist dann kein Bett mehr frei. Im kleinen Hafen liegen Jachten und Segelboote vieler Nationen dicht gedrängt beieinander, und es herrscht eine quirlige Atmosphäre. Die Lokale an der Uferpromenade sind in dieser Zeit rege besucht.

Ganz anders sieht es in der **Vor- und Nachsaison** aus. Im Frühjahr ist die Insel ein Blütenmeer, im Herbst kann man die Früchte der Erdbeerbäume und der wild wachsenden Opuntien genießen.

Auf Capraia herrscht die typische **Macchia** vor, die hier besonders durch Baumheide, Erdbeerbäume und Mastix geprägt ist. Die Insel lädt jederzeit zu kleinen Spaziergängen und Wanderungen ein. Überall findet man geeignete Plätze, um **Vögel zu beobachten**, z.B. Bienenfresser, Mauersegler, Silbermöwe und Haubenkormoran. Etwas ganz Besonderes ist jedoch die **Korallenmöwe** mit ihrem typisch dunkelroten Schnabel. Sie gehört zu den seltensten Möwenarten der Welt und ist Symbol des Nationalparks Toskanischer Archipel. Zahlreich ist auf Capraia auch der **Sardische Laubfrosch** vertreten, die einzige Amphibienart der Insel. Aus der Familie der **Schlangen** findet man lediglich die harmlose Bachennatter. Endemische Besonderheiten sind die **Flockenblume** von Capraia (*Centaurea gymnocarpa*) und das **Löwenmaul** (*Linaria Capraria*).

Für **Taucher** ist das Revier um Capraia ein besonderes Paradies, denn das Wasser bleibt während des ganzen Jahres klar, was eine horizontale Sicht von gut 10 m ermöglicht. **Delfine** und auch **Wale** sind im Frühjahr und Sommer bei ruhiger See durchaus keine Seltenheit.

Capraia hat zu seiner neuen, touristischen Eigenständigkeit relativ spät gefunden. Erst 1986 wurde die **Strafkolonie aufgelöst**, die seit 1873 ein Drittel des Inselterritoriums ausmachte, und erst danach begann man mit dem Aufbau einer touristischen Infrastruktur. Mittlerweile sind viele Häuser im schon fast märchenhaft idyllischen Capraia Isola restauriert worden, sie gehören Familien auf dem Festland oder werden vermietet. Die **Festung San Giorgio** wurde bis in die 1980er Jahre als Unterkunft und Diskothek genutzt. Nach 20 Jahren Leerstand wurde sie nun verkauft und soll zu einer Apartmentanlage umgebaut werden.

Geschichte

Capraia wurde anfangs von **Etruskern** und seefahrenden **Griechen** besiedelt, später dann von **Römern,** die sich hier wie auf allen Inseln des Archipels ihre Sommervillen errichteten. Bevorzugter Landungsplatz war schon in jenen Zeiten der heutige Alte Hafen. In der Nähe der Kirche Assunta kann man noch einige spärliche Überreste der einst prachtvollen **Villen** finden.

Mit dem Zerfall des Römischen Reiches begann auch die Zeit der **Vandaleneinfälle** in den Süden Europas, und einige Mönche sowie Eremiten suchten hier Zuflucht. Man vermutet, dass der damalige Ort in der Ebene von Il Piano lag, wo noch die Mauern der ältesten, im 5. Jh. erbauten **Kirche** auf Capraia stehen, die Santo Stefano geweiht war.

Mit dem Beginn der **Piratenüberfälle** verließen die Mönche im 9. Jh. die Insel. Mit der großen Seeschlacht von 1104 vertrieben die **Pisaner** die Piraten bis hinter die Balearen. Damit gehörte Capraia zur Seerepublik Pisa, die sofort damit begann, die Insel zu **befestigen,** denn die Insel war strategisch wichtig und neuerliche Piratenüberfälle waren nicht ausgeschlossen.

▷ Vom Torretta del Bagno aus wurde einst die Ostküste Capraias überwacht

098el jc

Die Herrschaft über die Insel wechselte in der Folgezeit mehrmals zwischen Genua und Pisa. Die **Genueser** waren es jedoch, die Capraia im 15./16. Jh. zu der **am stärksten befestigten Insel des Archipels** ausbauten. Neben der Verstärkung der Festung San Giorgio, deren Hauptteil von den Pisanern aus dem 12. Jh. stammt, errichteten die Genueser auch die **vier Wachtürme** der Insel. Vom Torretta del Bagno wurde die Küste östlich der Insel überwacht. Vom Torre del Porto überblickte man die Bucht mit der Einfahrt zum Hafen. Der 1516 erbaute Torre Zenobito an der Südspitze, der fast vollständig von Wasser umgeben ist, ermöglichte die Kontrolle über den Kanal von Korsika. An der Nordspitze befindet sich der Torre della Regina, der im Gegensatz zu den anderen Türmen einen quadratischen Grundriss hat. Er diente der Überwachung des Kanals von Gorgona und des Meeres zwischen Capraia und der toskanischen Küste.

Nach der Zerschlagung der mächtigen Seerepubliken übernahmen die **Korsen,** später auch kurzzeitig die **Franzosen** die Herrschaft über Capraia, bis die Insel ab 1815 zum **Königreich Sardinien** gehörte und später zur **Republik Italien.**

Die Einwohner der Insel kannten **keinen Wohlstand.** Sie lebten von Fisch-

△ Blick auf Capraia Isola
und die Festung San Giorgio

fang und etwas Landwirtschaft, die in den wenigen Ebenen der Insel betrieben wurde. Eine Terrassierung des Geländes war nie vorgenommen worden, weil das Leben durch die ständigen Pirateneinfälle und die Verschleppung der Einwohner zu unstet war. Einige Jahrzehnte vor Gründung der italienischen Republik, 1837, war **Carlo Alberto,** König von Piemont-Sardinien und Herzog von Savoyen, auf Capraia zu Besuch. Er war von der dort herrschenden Armut so entsetzt, dass er sofort anordnete, der Insel aus seinem persönlichen Besitz eine jährliche Geldsumme zur Verfügung zu stellen, um eine Zigarrenfabrik aufzubauen. Diese wurde jedoch mit der Vereinigung Italiens geschlossen.

Um nicht wieder in die Armut zu versinken, wurde kurz darauf, 1873, auf Wunsch der Einwohner eine **Strafkolonie** errichtet. Ein Drittel des Territoriums im nördlichen Teil der Insel wurde dem Staat für eine Gefangenenanstalt abgetreten. Durch das Gefängnis bekam Capraia Strom und Wasser, viele Einwohner auch Arbeit. Die auf der Insel lebenden Gefangenen terrassierten das Gelände bis weit die Hänge hinauf und betrieben Landwirtschaft. Die Produkte wurden auf der Insel verkauft. Der im 17. Jh. von Franziskanermönchen errichtete **Klosterkomplex von San Anton** im Dorf wurde während der Zeit der Strafkolonie von der Gefängnisleitung genutzt. 1986 wurde die Strafanstalt aufgelöst und Capraia zum **Naturpark** erklärt.

Die Gebäude auf dem Territorium der ehemaligen Strafanstalt wie auch die einst so mühevoll angelegten Terrassen zerfallen seitdem. Heute sind 13 km² der Insel Capraia in Gemeindebesitz, der Rest gehört dem Staat. Durch die **geteil-**

ten Besitzverhältnisse und den **Nationalpark Toskanischer Archipel,** zu dem 75 % des Territoriums gehören, ist es schwierig, gemeinsame Entscheidungen zu treffen. Größere Bauvorhaben und Neubauten dürfen auf Capraia nicht umgesetzt werden. So hat man begonnen, leer stehende Häuser auszubauen.

Bademöglichkeiten sind auf Capraia leider begrenzt, Gerade einmal 2 % der knapp 30 km langen Küstenlinie sind dafür geeignet. Der einzige Sandstrand in der Cala del Mortola ist nur per Boot zu erreichen. Die zugänglichen Strände in der Nähe des Dorfes sind Toretta del Bagno, Cala del Zurletto und Cala San Francesco, die jedoch allesamt mit etwas Kletterei verbunden sind.

Praktische Tipps

Anreise

■ Einmal täglich **Fährverbindung von Livorno** mit der Toremar (in Livorno Porto Mediceo, Tel. (0586) 896113, auf Capraia Tel. (0586) 905069) oder www.toremar.it); vormittags Livorno – Capraia, nachmittags zurück, Dauer 2 Std. 45 Min. bei Direktverbindung, 3½ Std. mit Stopp vor Gorgona; Passagiere 20,50 €, Auto 40–60 €, Motorräder 24 € pro Fahrt. Es kann vorkommen, dass die Fähre bei bewegter See nicht anlegen kann oder früher ablegen muss als geplant. In letzterem Falle wird vorher ein langes Signal mit dem Schiffshorn gegeben.

■ In der Saison werden von *Acquavision* meist Freitags **Ausflüge von Portoferraio und Marciana Marina aus** angeboten; Abfahrt 9.30 bzw. 10 Uhr, Ankunft auf Capraia 11.30 Uhr, zurück 16.30 Uhr mit Stopp in Marciana Marina; hin und zurück 30 € p.P., Ermäßigung für Kinder; Kontakt: *Acquavision,* Tel. (0565) 976022, mobil 328-7095470, www. acquavision.it.

Verkehrsmittel

■ Es gibt auf Capraia nur eine **gut 1 km lange asphaltierte Straße,** die vom Hafen zum Dorf hinaufführt. Das **Auto** kann man also auf dem Festland zurücklassen und somit das Geld für die Überfahrt sparen. Fahrzeuge sind zwar nicht verboten, aber im Sommer ist deren Benutzung nur eine Stunde vor und nach Ankunft der Fähre erlaubt.

■ Im Sommer bedient ein **Inselbus** halbstündlich die Strecke zwischen Hafen und Dorf, die aber auch gut zu Fuß bewältigt werden kann.

Information

■ **Associazione Turistica Pro Loco Isola di Capraia,** Via Assunzione (durch den großen Torbogen gleich hinter dem Hafenamt, hinein in einen bemalten Innenhof), Tel. (0586) 905138, 905884, www.prolococapraiaisola.it (auf Italienisch); geöffnet Ostern bis Oktober tägl. außer Do 9.30–12.30 und 16.30–19 Uhr, im August tägl. Italienisch- und englischsprachig.

■ **Agenzia Viaggio e Turismo,** Via Assunzione 42 am Hafen (nur Mai bis September) und Via Carlo Alberto 42 im Dorf (ganzjährig); geöffnet Mo–Fr 9.30–12.30 und 16–19 Uhr, Juli/August auch am Wochenende; Tel. (0586) 905071, www.isoladicapraia.it (bisher leider nur auf Italienisch). Gutes Angebot an Broschüren und Infomaterial auf Italienisch und Englisch über die Insel (u.a. Wanderkarte), Vermittlung von Apartments und Häusern auf Capraia.

Nützliche Adressen

■ Die **Post** liegt in der Via Umberto Primo 10; geöffnet Mo–Fr 8.30–12.30 Uhr.

■ Es gibt keine Bank, dafür jedoch einen **Geldautomaten** im Dorf.

0 ——————— 200 m

Elba08

■ **Übernachtung**
1 Camping Le Sughere
3 Pension Da
  Beppone
6 Apartments Casa
  Vacanza Solmar
8 Hotel Relais
  La Mandola

■ **Essen und Trinken**
3 Rest. Da Beppone
4 Rest. Il Vecchio
  Scorfano
5 Bar Massimo
7 Restaurant
  Capraia D.O.C.
10 Pizzeria Il Corsaro

■ **Sonstiges**
9 Apothek

■ **Wassersport**
2 Tauchstation
  Capraia Diving Club

Il Bagno
★ *Toretta
  del Bagno*

■ **Apartments Casa Vacanza Solmar**②, Via Assunzione 1, Tel. (0586) 905198, mobil 335-1778 024, www.solmar.it (auch auf Deutsch). Neue Anlage mit zehn sehr stilvoll eingerichteten Apartments für zwei bis sechs Personen direkt am Hafen.

■ Auch die **Agenzia Viaggio e Turismo** (s. „Information") hilft bei der Vermittlung von Unterkünften auf Capraia.

Camping

■ **Le Sughere,** Via delle Sughere 1, Tel. (0586) 905 066, www.campeggiolesughere.it. Einziger Campingplatz auf Capraia mit ca. 100 Stellplätzen, ca. 250 m von der Anlegestelle entfernt, rechts an der Kirche Assunta vorbei; geöffnet Juni bis September. Kleiner Supermarkt und Bar vorhanden, ansonsten eher schlicht; pro Person 10,50–13 €, Zelt 6,50– 10,50 €, Wohnwagen/-mobil 9,50–12 €, Auto 2–3 €.

■ **Hafenamt,** Via Assunzione 72, Tel. (0586) 905290.

■ In der ganzjährig geöffneten Agenzia Viaggio e Turismo (s. „Information") wird auch **Internetzugang** angeboten.

■ **Medizinische Versorgung:** Ambulatorio Farmacia, Via Roma 2, Tel. (0586) 905148, im Notfall 335-7865151.

Unterkunft

■ **Hotel Relais La Mandola**⑤, Via della Mandola 1, Tel. (0586) 905119, www.maxhotels.it. Ein geschmackvoll eingerichtetes Hotel im Ort oberhalb der Bucht mit schönem Blick auf den Hafen und eigenem Pool; ganzjährig geöffnet.

■ **Pension Da Beppone**②, Via Assunzione 68, Tel. (0586) 905001, www.dabeppone.it (italienisch und englisch). Pension über dem gleichnamigen Restaurant (s. „Essen und Trinken") gleich am Hafen.

Essen und Trinken

■ **Restaurant Il Vecchio Scorfano,** Via Assunzione 44, Tel. (0586) 905132; geöffnet Mai bis September mittags und abends. Mehrfach ausgezeichnetes Feinschmeckerlokal gleich am Hafen, bekannt für frische Pasta und frischen Fisch; eher gehobenes Preisniveau.

■ **Restaurant Da Beppone,** Via Assunzione 78, Tel. (0586) 905001; geöffnet April bis November tägl. zu Mittag und Abend. Familiengeführtes Restaurant mit viel frischem Fisch und Pasta, Blick auf den Hafen.

■ **Pizzeria Il Corsaro,** Tel. (0586) 905172; geöffnet Mai bis September. Nicht ganz so preiswertes Lokal im Dorf gleich unterhalb der Festung.

■ **Restaurant Capraia D.O.C.,** Via Regina Margherita 9, neben der Bar Centrale gleich am Dorfeingang, Tel. (0586) 905232; ganzjährig geöffnet, jeweils mittags und abends. Gutes Restaurant mit Fisch- und Pastagerichten, gehört zur Vereinigung

Slow Food (s. gleichnamiger Exkurs); es wird stets ein Fisch des Tages angeboten.

■ **Bar Massimo,** Via Assunzione 56; geöffnet von Ostern bis Oktober täglich und ganztägig. Bietet kleine Speisen wie belegte Brote an; netter Service und viel buntes Volk.

Einkaufen

Ein kleiner **Supermarkt** befindet sich am Hafen, ein weiterer im Dorf inklusive einer Bäckerei. Da diese regelmäßig mit frischen Waren vom Festland beliefert werden, sind die Preise hier entsprechend höher als andernorts.

Feste

■ Wer **Ende Oktober** bzw. **Anfang November** auf Capraia Urlaub macht, kann nicht nur Ruhe und Natur genießen, sondern auch an der **Sagra del Totano** (www.sagradeltotano.it), dem „Fest des Pfeilkalmars", teilnehmen, das jedes Jahr um den Monatswechsel herum stattfindet. Für einen Beitrag von etwa 15 € kann man eine Fischerlizenz erwerben und nimmt an einem Wettfischen teil. Der Gewinner bekommt einen Pokal, am Ende werden die gefangenen Kalmare und Fische zubereitet, und es gibt ein großes Festessen à la Cucina di Capraia.

Wassersport/Angeln

■ **Tauchstation Capraia Diving Club,** Via Assunzione 72, Tel. (0586) 905137, www.capraiadiving.it (auch auf Englisch); geöffnet von April bis Mitte November. Hier kann man in Begleitung Tauchgänge (ab 30 €) buchen und seine Tauchflaschen nachfüllen lassen; englischsprachig.

■ Auf Capraia ist das **Sportfischen/-angeln nur Einheimischen** gestattet. Als solcher gilt aber schon, wer länger als sieben Tage seinen Aufenthalt auf der Insel nimmt. Capraia ist Wasserschutzzone, und so braucht man eine Erlaubnis, die man entweder in den örtlichen Fremdenverkehrsbüros oder beim Hafenamt bekommt.

Bootstouren und -verleih

■ Die **Agenzia Viaggio e Turismo** (s. „Information") bietet Inselrundfahrten sowie einen Verleihservice von Motor- und Tretbooten. Touren ab 25 € mit Badestopp.

Wandern auf Capraia

Die Insel Capraia bietet wunderbare Möglichkeiten zum Wandern, allerdings sind noch **nicht alle Wege** entsprechend gut **ausgeschildert.** Wenn auch die höchste Erhebung, der Monte Castello, nur 445 m hoch ist, so braucht man doch dringend **Wanderschuhe,** denn es geht oft über alte, steinige Maultierpfade sowie z.T. durch sehr unwegsames Gelände. In der *Agenzia Viaggio e Turismo* (s. „Information") kann man für 2,50 € eine brauchbare **Wanderkarte** kaufen.

◁ Am Hafen von Capraia

Wanderung zur Punta dello Zenobito

© Reise Know-How 2014

0 ———— 1 km

ElbaW16

Hafen

Capraia Isola

Punta della Bellavista

Cala dello Zurletto

Cala Nuova

Aghiale

M. Castello
445

IL PIANO

ii **Santo Stefano**

Punta della Civitata

See Stagnone

FINASTRA PISANA

M. Forcone
366

Cala del Ceppo

Aussichts-punkt

STAGNOLI

Punta del Patello

M. Albero
344

Cala della Carbicina

M. Pontio
426

Punta del Capo

Alloggio del Capitano

M. Rosso
254

Cala dei Porcili

Le Colombaie

Arpagna
410

Semaforo

P.ta La Manica
199

Punta delle Cote

Punta del Turco

Cala del Moreto

Cala Rossa

Torre Zenobito

Punta delle Linguelle

Punta dello Zenobito

**Wanderung zur
Punta dello Zenobito**

- ■ **Ausgangs- und Endpunkt:** Piazza Milano in Capraia Isola
- ■ **Schwierigkeitsgrad:** schwer
- ■ **Gehzeit:** 7½ Std.
- ■ **Höhenmeter:** +/-400 m
- ■ **Wegbeschaffenheit:** Straße, alter Maultierpfad, Wanderweg über Felsen und Steine
- ■ **Ausrüstung:** feste Schuhe, viel Wasser, Proviant, Sonnenschutz und Kopfbedeckung

Die wohl schönste und auch anspruchsvollste Wanderung ist der Besuch der Punta dello Zenobito an der Südspitze von Capraia, einem von den Genuesen errichteten **Wachturm.**

Von der Piazza Milano folgt man der **Straße links neben der Kirche,** die leicht ansteigt und nach dem letzten Haus in eine Art **Fahrweg** übergeht. Diesem folgt man bis zur ersten **Weggabelung,** an der bereits nach rechts der Weg zur Punta dello Zenobito **ausgeschildert** ist. Der Weg ist ein alter Maultierpfad, der durch Macchia führt, dominiert von Baumheide und Erdbeerbäumen. Mit Glück sieht man auch **Mufflons** und Hasen.

Der Weg bleibt klar bis zum alten **Semaforo,** einem Beobachtungspunkt aus dem Zweiten Weltkrieg, heute nur noch ein rostiges Gerüst. Danach beginnt der steile **Abstieg** durch Macchia und Lavasteine. Anfangs ist der Weg noch gut zu erkennen, dann muss man sich an den **Steinmännchen** orientieren, die den steinigen Abstieg und den Weg über eine Ebene bis zum Turm begleiten. Über den gleichen Weg geht es dann auch zurück.

Bei **Nebel oder schlechter Sicht** sollte man das letzte Stück nicht gehen, da die Steinmännchen in zu großem Abstand zueinander stehen und der Weg so nicht mehr erkennbar ist.

🦋 Bei der **Cooperativa Pelagos,** mobil 347-6004835; kann man Exkursionen buchen, meist italienisch- und englischsprachig.

Pianosa

Pianosa – die Flache, die wie ein Teppich auf dem Wasser schwimmt und deren **höchste Erhebung nur 28 m** hoch ist. Pianosa ist die einzige Insel, die von Elba aus gut zu erreichen ist. Die beiden Inseln trennen lediglich 14 km. Im Sommer fahren nahezu täglich Ausflugsboote von Marina di Campo nach Pianosa, in der Nebensaison nur am Wochenende und bei Bedarf. Besonders im Frühjahr und Sommer kann es vorkommen, dass **Delfine** das Boot begleiten, und auch **Wale** wurden schon gesehen. Die Boote legen nach einer ca. 40-minütigen Überfahrt in dem kleinen Hafen an. Um diesen herum befindet sich der Ort, welcher entstand, als Pianosa 1856 zur **Gefängnisinsel** wurde. Hier lebten einst die Gefängnisangestellten und ihre Familien. Es gab eine Infrastruktur mit Bäcker, Post, Supermarkt und Kirche. Doch als die Strafanstalt 1998 aufgegeben wurde, gab es für all jene keine Zukunft mehr, und sie mussten notgedrungen die Insel verlassen. Viele ließen sich in der Gemeinde von Campo nell'Elba nieder, zu der Pianosa verwaltungstechnisch gehört, andere gingen aufs Festland.

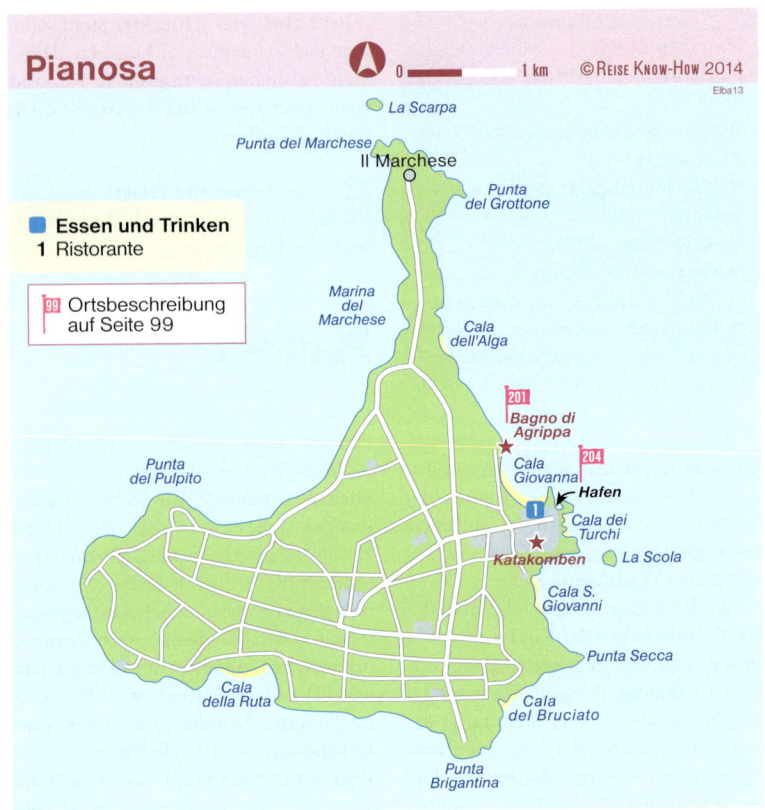

Pianosa

0 ———— 1 km   © Reise Know-How 2014

Elba13

La Scarpa

Punta del Marchese
Il Marchese

Punta del Grottone

■ Essen und Trinken
1 Ristorante

Marina del Marchese

Cala dell'Alga

99 Ortsbeschreibung auf Seite 99

201 Bagno di Agrippa

Cala Giovanna

204

← Hafen

Punta del Pulpito

1 Cala dei Turchi

Katakomben La Scola

Cala S. Giovanni

Punta Secca

Cala della Ruta

Cala del Bruciato

Punta Brigantina

In den wenigen Jahren danach haben der Hafen und der umliegende Ort allmählich ihren einstigen **Reiz verloren.** Alles ist verlassen, und Verfall wird sichtbar. Oberhalb des Ortes, kurz vor dem Eingang zum eigentlichen Gefängnisareal, das vom Dorf durch eine hohe Mauer getrennt ist, befindet sich ein Gebäude, das einfach nur „Museo" genannt wird. Hier haben die ehemaligen Bewohner in mehreren Räumen Fotos

zusammengetragen, die von ihrem einstigen Leben im Dorf und mit der Strafanstalt und ihren Angestellten berichten.

Einer der berühmtesten Gefangenen war der Sozialist **Sandro Pertini,** der später der älteste Staatspräsident Italiens wurde (1978–1985). Zu diesem Zeitpunkt war er bereits 81 Jahre alt, es war die Zeit der Brigate Rosse und kurz darauf auch des Krieges innerhalb der Mafia. Anfang der 1990er Jahre folgte die

Aktion „Mani Pulite". In dieser Zeit wurde innerhalb des Gefängnisareals auf Pianosa ein **Hochsicherheitstrakt** errichtet, der bis heute für die Öffentlichkeit gesperrt ist.

Das Gelände des alten Gefängnisses, das mehr als 90 % der gut 10 km² großen Insel einnimmt, kann man nur im Rahmen einer **Führung** besuchen, entweder zu Fuß, mit dem Rad oder per Kleinbus. Auf dieser Tour sieht man alte Gebäude, Baracken und die Felder, die von den Gefangenen bewirtschaftet wurden.

Pianosa gehört zum **Nationalpark Toskanischer Archipel** in der **Schutzzone 1,** die absolutes Bauverbot beinhaltet und nur Tagestourismus zulässt. Für die Instandhaltung der Gebäude und des Geländes sind ca. zehn Häftlinge abgestellt, die sich um das Allernotwendigste kümmern. Geld dafür gibt es kaum.

Was in **Zukunft** aus der Insel werden soll, ist ungewiss. Pianosa gehört dem Justizministerium, der Kommune von Marina di Campo und dem Nationalpark, und jede Seite hat andere Interessen. Die Gefängnisse in Italien sind überfüllt, also könnte man das hiesige auch wieder eröffnen. Doch das lässt der Nationalpark nicht zu. Man könnte die Insel über den Tagestourismus hinaus nutzen, d.h. Hotels und Apartmentanlagen bauen, um das Dorf zu beleben. Das wäre natürlich den ehemaligen Inselbewohnern und auch der Kommune sehr recht. Doch daran haben Justizministerium und Nationalpark kein Interesse. Der Nationalpark könnte sich hier eine ökologisch motivierte Landwirtschaft vorstellen, doch daran sind Kommune und Justizministerium wiederum nicht interessiert. Vielleicht wird es ja eine Mischung aus allem …

Geschichte

Die Entdeckung der Insel durch Menschen begann bereits **vor 12.000 Jahren.** Pianosa und Elba bildeten damals ein Vorgebirge der toskanischen Küste, und man konnte die „Insel" zu Fuß erreichen. Es wurden Erzeugnisse aus Obsidian gefunden, was auf Handel mit anderen süditalienischen Inseln um 2000 v. Chr. hindeutet. Von da an war die Insel ständig besiedelt. Hier war es möglich, Landwirtschaft zu betreiben, denn es gab ausreichend Wasser, Früchte und Meerestiere.

Die Griechen nannten die Insel „Planesia", die Römer „Pianasia". Letztere nutzten die Insel nicht nur als Sommerresidenz, sondern auch als **Verbannungsort.** Der berühmteste Bewohner war der zur Kaiserfamilie gehörige *Agrippa Postuma.*

Nach den Römern ließ sich hier eine **christliche Gemeinde** nieder, deren **Katakomben** ganz in der Nähe des Hafens heute wieder geöffnet und zu besichtigen sind.

1856 wurde Pianosa eine **Strafkolonie,** deren Häftlinge begannen, das Gelände landwirtschaftlich zu nutzen. 1996 wurde die Insel Bestandteil des **Nationalparks Toskanischer Archipel,** 1998 wurde das Gefängnis geschlossen.

Sehenswürdigkeiten

Nördlich des Hafens befindet sich das **Bagno di Agrippa.** *Agrippa Postuma* (12 v. Chr.–14 n. Chr.), Enkel des *Augustus,* wurde wegen seines ausschweifenden Lebensstils hierher verbannt. Doch die Verbannung hinderte ihn keineswegs daran, sein bisheriges Leben weiterzuführen. Er verfügte über Thermalbäder und auch ein kleines Theater für mehr als 200 Zuschauer. Die Überreste seines luxeriösen Lebens im Exil sind noch heute an der Ostküste der Insel zu bewundern. Von dem erstaunlich gut erhaltenem **Amphitheater** hat man einen schönen Blick nach Elba.

Praktische Tipps

Anreise

■ **Toremar,** in Rio Marina auf Elba, Calata Voltoni 20, Tel. (0565) 9620734, www.toremar.it; jeweils Di, Abfahrt in Rio Marina 9.20 Uhr, Ankunft in Pianosa 11.20 Uhr, Rückfahrt 13.35 Uhr; ca. 30 € p.P. hin und zurück; mit der Toremar hat man allerdings nur eine Verweildauer von ca. 2 Std. auf der Insel.
■ **Acquavision,** Tel. (0565) 976022, mobil 328-709570, www.acquavision.it, bietet in der Saison tgl. und in Abhängigkeit vom Wetter Touren **von Marina di Campo nach Pianosa** an, Abfahrt 10.15, Rückfahrt 17, Dauer 45 Min. In der Hochsaison verschieben sich die Zeiten etwas. Hin- und Rückfahrt 21 € p.P., Kinder von 4 bis 12 Jahren 10 €. Jeweils von Dienstags bis Donnerstag werden von Acquavision auch Touren **von Porto Azzuro nach Pianosa** angeboten, Abfahrt in Porto Azzurro 9.15, Rückfahrt 17 Uhr, Dauer 1 Std. 45 Min., Hin- und Rückfahrt 26 €, Kinder von 4 bis 6 Jahren 14 €. Man kann sich entweder telefonisch anmelden oder noch besser bei einer Information im Ort bzw. einem Reisebüro.

Unterkunft

■ **Hotel Milena**③, Via Peppino e Felicia Impastato, mobil 340-0689920 *(Giulia Manca)*, www.hotel pianosa.it. Eine Initiative *(Coop San Giacomo-Team)* bemüht sich darum, Pianosa attraktiver zu machen, mehr zu beleben. Und so hat man das ehemalige Haus des Gefängnisdirektors zu einem Hotel umgestaltet. Seit 2011 kann man sich in den warmen Monaten in eines der 10 Zimmer einmieten. Diese sind einfach, doch ordentlich und wer die Einsamkeit liebt, wird sich auf Pianosa sicherlich wohl fühlen. Lediglich die Einkäufe muss man auf Elba erledigen, denn eine entsprechende Infrastruktur gibt es auch weiterhin nicht.

Essen und Trinken

■ **Zwischen Hafen und Cala Giovanna** gibt es das einzige **Ristorante** der Insel, das jedoch eher an eine Kantine erinnert, betrieben wird es von Häftlingen. Hier bekommt man einen kleinen Imbiss oder auch ein einfaches Mittagsmenü; geöffnet 12–15 Uhr.

Aktivitäten auf Pianosa

Da man sich nur im ehemaligen Ort sowie am Strand der Cala Giovanna frei bewegen darf, gibt es die Möglichkeit, verschiedene **Exkursionen** zu buchen, wenn man nicht die ganze Zeit am Meer verbringen möchte. Obwohl genügend Leute die Insel aus eben diesem Grund besuchen.

Die Exkursionen können vorab auf Elba in einer Touristinformation/Reisebüro gebucht werden oder direkt an Bord.

■ **Geführte Tour** durch den Ort 5 €, Dauer 1 Std. 30 Min., **Wanderung** durch das ehemalige Gefäng-

> Zistrosenwürger

5

101elhk

nisgelände 8 €, Dauer ca. 2 Std., eine **Mountainbiketour** über das ehemalige Gefängnisgelände 15 €, Dauer ca. 2 Std., **Rundfahrt im Minibus** durch das ehemalige Gefängnisgelände 19 €, Dauer ca. 1 Std. 30 Min., **Schnorcheln** in der Cala dei Turchi 15 €, ca. 1 Std. 30 Min., jeweils Ermäßigungen für Kinder.

Strände

Zwischen dem Bagno di Agrippa und dem Ort liegt die **Cala Giovanna.** Es ist der einzige, dafür allerdings auch sehr schöne Strand, der an der 26 km langen Küstenlinie den Besuchern für ein Bad im Meer zur Verfügung steht.

Montecristo

Dies ist die einsamste und geheimnisvollste Insel des Archipels. Wer vom 16 km entfernten Elba nach Montecristo schaut, sieht einen einsamen **Berg** majestätisch aus dem Meer ragen, der wie ein Vulkankegel aussieht. Von Giglio und Pianosa aus betrachtet ist es ein Höhenzug mit drei Gipfeln. Der höchste ist der Monte della Fortezza (645 m).

Bei klarem Wetter scheint die Insel zum Greifen nahe. Doch man kann sie nicht so einfach besuchen. Montecristo, das zur Gemeinde von Portoferraio gehört, ist bereits seit 1971 **Naturschutzgebiet** der Zone 1, d.h., die Insel ist für die Öffentlichkeit gesperrt und darf nur mit amtlicher Genehmigung betreten werden. Diese ist jedoch nicht ohne Weiteres zu bekommen, ein **begründetes Interesse** muss nachgewiesen werden.

Bereits in den 1950er Jahren war die Insel nicht mehr besiedelt, und man stellte sogenannte **Inselwächter** an, stets ein Ehepaar, das für ca. ein Jahrzehnt hier lebte und einmal in der Woche von Marina di Campo aus versorgt wurde. Seit 1971 werden sie von ein bis zwei Wächtern der Naturschutzbehörde unterstützt. Boote und Schiffe dürfen sich der Insel bis auf einen Kilometer nähern.

Der einzige Strand und die einzige Landungsmöglichkeit an der 16 km umfassenden Küstenlinie ist die **Cala Maestra** im Westen der Insel. Hier befinden sich die Gebäude der ehemaligen Villa Reale, in denen heute die Inselwächter leben und wo ein kleines Naturkundemuseum untergebracht ist. Von der Cala Maestra führt ein steiler Maultierpfad hinauf zur **Grotta del Santo,** in der der heilige *Mamiliano* lebte. Ganz in der Nähe befinden sich auch die Reste einer Klosterruine. Folgt man dem Weg weiter, gelangt man auf den Gipfel des **Monte della Fortezza,** von dem man eine wunderbare Aussicht auf die umliegenden Inseln Elba, Pianosa und Giglio hat.

Montecristo weist neben der typischen **Mittelmeerflora** (vor allem Zistrosen und Baumheide) auch eine interessante **Fauna** auf. Neben vielen Zugvögeln, die hier brüten, lebt auf Montecristo auch eine endemische Art. Es ist die giftige **Aspisviper von Montecristo** *(Vipera aspis Montecristi),* die mit den Piraten hierher gelangte. Montecristo ist auch die einzige Insel, auf der **wilde Ziegen** leben. Obwohl erst im 18. Jh. hier angesiedelt, nennt man sie bereits „Montecristo-Ziege". Da sie keine natürlichen Feinde hat, kann sie sich ungehindert ausbreiten, sodass die Population für die 10,4 km² kleine Insel eigentlich zu groß

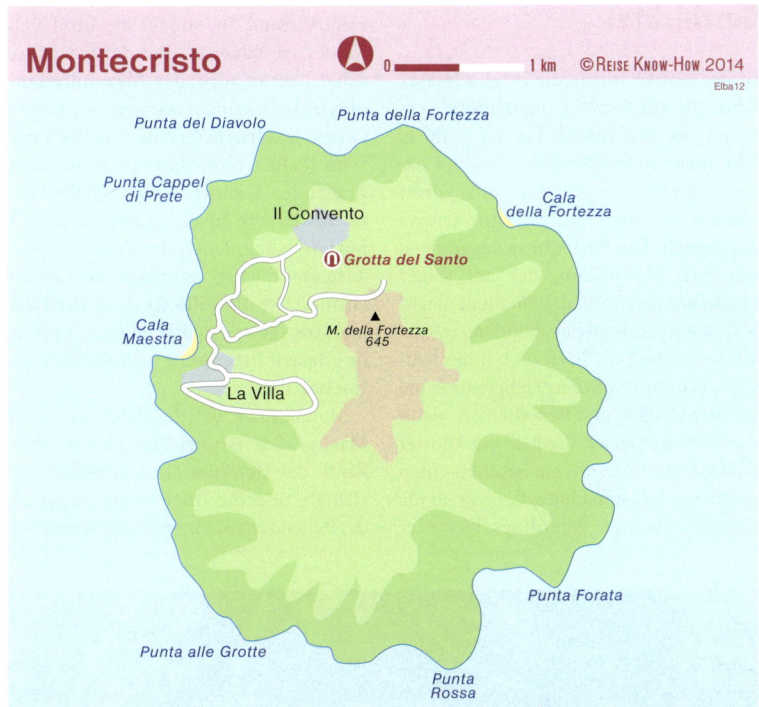

geworden ist. Eine Lösung hat man jedoch noch nicht gefunden, da das Jagen im Naturschutzgebiet verboten ist.

Wem es gelingt, Montecristo zu besuchen, dem wird auffallen, dass es neben der typischen Macchia auch eine andere, hier eigentlich nicht heimische Pflanze gibt, die sich immer mehr ausbreitet. Es ist der **Götterbaum** *(Ailanthus altissima),* den man 1760 von China nach Italien für die Seidenraupenzucht importierte. Heute stellt er ein großes **Problem** dar, das man besonders hier auf Montecristo nur schwer in den Griff bekommt.

Verschärft wird die Situation wiederum durch die wilden **Ziegen.** Aufgrund ihrer Fressgewohnheiten haben sich weite offene Flächen gebildet, auf denen sich der Götterbaum leicht ausbreiten kann. Er ist extrem widerstandsfähig gegenüber Trockenheit und hat außergewöhnlich kräftige Wurzelschösslinge, die sich sehr schnell vermehren. All diese Eigenschaften und Bedingungen machen eine Bekämpfung nahezu aussichtslos. Noch ein Grund mehr, dass sich die verantwortlichen Behörden bald auf eine Lösung einigen müssten.

Geschichte

In der Antike wurde die Insel „Oglasa", dann „Monte Giove" („Jupiterberg") genannt. Sie war jedoch bis ins 5. Jh. n. Chr. nicht besiedelt, obwohl es hier natürliche Quellen gibt. Das Eiland war einfach zu unwirtlich und nur schwer zugänglich. Die **Besiedlung** begann erst mit **San Mamiliano,** der auf seiner Flucht vor den Vandalen hier halt machte und eine Einsiedelei gründete. In dieser Zeit erhielt die Insel auch ihren heutigen Namen. Mit dem Heiligen kamen einige **Mönche,** erst Benediktiner, dann die Kamaldulenser, die hier ein Kloster errichteten. Es heißt, sie besaßen einen kostbaren **Klosterschatz,** der jedoch nie gefunden wurde. Allerdings lockte er

viele **Piraten** an, sodass die Insel sich wieder entvölkerte. Und der legendäre Schatz war es auch, der **Alexandre Dumas d.Ä.** zu seinem „Grafen von Monte Cristo" inspirierte (erschienen 1845/46).

Im 18. Jh. wurde Montecristo von dem Engländer **George Green Taylor** gekauft, der die Insel landwirtschaftlich nutzen wollte. Doch das Projekt scheiterte. Das Einzige, was heute noch an ihn erinnert, ist die **Villa Reale** in der Cala Maestra, die er für sich und seine Familie erbauen ließ. Heute wohnen dort die Inselwächter.

Montecristo wurde dann an dem **Markgrafen Ginori** aus Florenz verkauft, der sich hier ein Jagdrevier einrichtete und die Insel wenig später an das italienische Königshaus weiterreichte.

115el ah

Heute ist Montecristo **Staatsbesitz.** Bereits in den 1920er Jahren wurde hier eine Naturschutzzone eingerichtet, und seit 1996 gehört die Insel zum **Nationalpark Toskanischer Archipel.**

Besuch der Insel

Wer die Insel besuchen möchte, muss sich (bis jeweils Ende Januar) unter folgender Adresse **anmelden:** *Corpo Forestale dello Stato Ufficio Territoriale per la Biodiversitá,* 58022 Folonica Grosseto, Tel. (0565) 40611. Dabei sind der Grund für den Besuch und der gewünschte Zeitpunkt mit anzugeben. Jährlich sind etwa 1000 Besucher zugelassen. Die Aussichten, als Tourist einer von ihnen zu sein, sind allerdings sehr schlecht.

Informationen erhält man auch beim *Parco Nazinale Arcipelago Toscano,* Tel. (0565) 919411, www.islepark.it.

Giglio

Giglio, den meisten bekannt durch das Unglück des Kreuzfahrtschiffes „Costa Concordia" am 13. Januar 2012, bedeutet Lilie. Eigentlich leitet sich der Name vom griechischen *aegilium* („Ziege") ab. Die Römer machten daraus jedoch *lilium;* möglicherweise empfanden sie schon damals, dass diese Insel sich entfaltet wie eine Blume, wenn man sich auf sie einlässt. Aus der Ferne hat der Felsen im Meer nichts Liebliches zu bieten, doch aus der Nähe offenbart er seine raue Schönheit.

Zuerst entdeckt man Giglio Castello oben in den Bergen. Die Küste fällt steil ins Meer. Und dann wird Giglio Porto sichtbar, der Hafen der Insel. Er scheint zu klein für die große Fähre und hat damit schon das Herz des Besuchers erobert.

Giglio ist mit 21,2 km² Fläche und 28 km Küstenlinie die **zweitgrößte Insel** des Toskanischen Archipels. Sie hat ca. **1500 Einwohner,** ist 13 km vom Festland entfernt und gehört zur **Provinz von Grosseto.**

Giglio besteht vorwiegend aus Granit und ist vollkommen **bergig,** sodass an Landwirtschaft in großem Stile nie zu denken war. Stattdessen hat die Bevölkerung von damals die Hänge terrassiert und **Wein** angebaut, wovon besonders das Gebiet um Giglio Castello heute noch zeugt. Von hier kam der berühmte **Ansonica,** der schon von den Römern geschätzt wurde, ein starker Wein von 14 % mit bernsteinfarbenen Reflexen. Benannt wurde er nach der gleichnamigen weißen Rebsorte mit leicht nussigem

◁ Neugeborenes Zicklein auf Montechristo

5

Giglio

0 ___ 1 km © REISE KNOW-HOW 2014

Elba10

Leuchtturm ★

Cala Calbugina

Punta della Calbugina

Punta delle Secche

Punta di Radice

Punta della Campana

Punta Faraglione

216 Giglio Campese

Cala dell'Arenella

216

Giglio Castello ★ Arenella ℹ

Punta del Lazzaretto

Cala del Lazzaretto

Punta del Gesso

Giglio Campese

ℹ Giglio Porto

Punta Mezzo Franco

Poggio della Chiusa 487 ▲

Cala del Allume

▲ 496

Cala delle Cannelle

216

Punta Capo Marino

Cala delle Caldane

216

▲ 476

Porto Santo Stefano

Cala del Corvo

Poggio del Sasso Ritto 358 ▲

Punta Torricella

Cala degli Alberi

Cala di Pietrabona 217

99 Ortsbeschreibung auf Seite 99

Punta Corbaia

Cala Tamburato

Cala Schizzatoio

Punta del Capel Rosso

Geschmack, die heute noch besonders in Sizilien verbreitet ist.

In der **Burg** und auf den Hängen der Umgebung wurde gelebt und gearbeitet. Nicht nur die alten Weinterrassen zeugen davon, sondern auch die kleinen, größtenteils verfallenen **Magazzini,** die überall zu entdecken sind. Auf keiner der anderen Inseln gibt es so viele dieser kleinen Vorratskammern wie auf Giglio.

Was von den Menschen aufgegeben wurde, wird von der **Macchia** zurückerobert. Besonders häufig sind hier Erdbeerbäume, Baumheide, Zistrosen und auch Myrte zu finden. Ebenso gibt es Rosmarin, Schopflavendel und wilde Minze, typische Pflanzen der Garigue. Wie alle Inseln, wird auch Giglio von **Zug- und Strandvögeln** bewohnt. Zu ihnen gehören die Alpenbraunelle *(Pru-*

nella collaris) und der Mauerspecht *(Tichodroma muraria)*, die hier überwintern. Der Turmfalke *(Falco tinnunculus)* hingegen ist ständig da. Bei Streifzügen über die Insel gibt es viele Möglichkeiten, die Flora und Fauna zu entdecken, besonders im nicht bewohnten Süden.

Giglio lebt heute ausschließlich vom **Tourismus** und hat sich darauf eingestellt. Neben Elba hat die Insel die beste touristische Infrastruktur. 53 % der Insel stehen unter **Naturschutz**, d.h. in diesem Territorium herrscht absolutes Bauverbot. Auf den restlichen 47 % darf nur mit Genehmigung gebaut bzw. etwas verändert werden. Allerdings sind durch das Unglück der *Costa Concordia* die Einnahmen durch den Tourismus um mehr als 30 % zurück gegangen. Das Schiffswrack ist durch Experten und viel Technik Ende 2013 aufgerichtet worden und soll 2014 in einen Hafen auf dem italienischen Festland, vermutlich Piombino, geschleppt werden, wo es dann zerlegt werden soll. Den Bewohnern von Giglio wäre das nur recht.

Giglio Campese im Nordwesten hat sich erst im letzten Jahrhundert zu einer Ortschaft entwickelt. Bis dahin gab es nur den Wachturm der *Medici* und einen kleinen Hafen für die Fischerboote. Der lange und breite **Sandstrand** war und ist ein idealer Ort für Taucher und Sonnenanbeter, und so gibt es heute die Küstenstraße, viele neue Häuser, Hotels, Bars, Restaurants und Souvenirshops. Der Ort selbst kann nicht viel Charme entfalten, doch hier kann man den **schönsten Sonnenuntergang** der Insel bewundern.

Der andere Küstenort ist **Giglio Porto**, der **Hafen** der Insel. Auch hier gab es anfangs nur einen Wachturm zum Schutz vor den Sarazenen. Als die Bedrohung vorbei war, begannen die Fischer, sich hier anzusiedeln. Mit dem Tourismus kamen dann auch einige **Neubauten**, von denen sich manche gut in den Hafen und die Landschaft einfügen. Andere bleiben durch ihre klotzige Bauart jedoch ewige Fremdkörper im Bild. Dennoch hat alles in Giglio Porto etwas **Idyllisches**: die dicht gedrängten Häuser am Hafen und an den Hängen, der kleine rote Leuchtturm und das durch Mauern geschützte Hafenbecken. Die Hafenpromenade ersetzt die Piazza. Hier sitzen die Damen und Herren und schwatzen, hier wird flaniert, eingekauft und in Bars oder Restaurants eingekehrt. Durch die täglich an- und ablegenden Fähren ist immer für Abwechslung gesorgt, wobei es jedoch nie hektisch wird.

Giglio Castello ist das historische Zentrum der Insel, das auf einem 400 m hohen Hügel liegt und die gesamte Landschaft dominiert. Es wurde in **pisanischer Zeit** erbaut, später verstärkt und von den Großherzögen der Toskana erweitert und befestigt, um die Insel vor den Sarazenen zu schützen. Noch heute ist die turmbewehrte Befestigungsmauer komplett erhalten, innerhalb derer es ein Gewirr aus Gassen und Treppen gibt. Besonders in der Abenddämmerung und in der Nacht kann es hier manchmal richtig unheimlich sein.

Im Norden befindet sich der **Punto Panoramico**, von dem aus man eine wunderbare Aussicht nach Campese und bis Montecristo hat. Im Inneren befindet sich außerdem die **Kirche San Pietro**. In einem gesicherten Schrein liegen zusammen mit anderen **Reliquien** die Hand und der Unterarm des Inselpatrons San Mamiliano, der im 12. Jh. hier beigesetzt wurde. Die Reliquien wurden nach langen Irrfahrten im 17. Jh. wieder nach Giglio Castello zurückgebracht. Vor der Kirche befindet sich die alte **Zisterne,** die einst die *Medici* stifteten. Der Platz um diese Zisterne war in früheren Zeiten der zentrale Treffpunkt, die Piazza. Heute ist dies die Piazza Gloriosa zwischen Festung und neuer Stadt, wo die Busse ankommen und abfahren.

Geschichte

Funde deuten darauf hin, dass vor den Römern schon die **Etrusker** hier siedel-ten. Die **Römer** selbst nutzen die Insel nur als Sommerfrische, das Festland um den Monte Agentario war nicht fern. Als im 5. Jh. die **Vandalen** in Südeuropa einfielen, flüchteten die Jünger des heiligen Mamiliano hierher. 400 Jahre später erhielten die **Zisterziensermönche** von der Abtei Tre Fontane die Insel von Rom als Geschenk. Aufgrund der Piratenplage im Mittelmeer überließen diese wiederum die Insel verschiedenen Geschlechtern, hauptsächlich jedoch den **Pisanern,** die zwischen dem 10. und 12. Jh. das Castello errichteten. Über einige Besitzerwechsel gelangte Giglio in den

Der heilige Mamiliano

Mamiliano war **Bischof von Palermo,** als die **Langobarden** nach Südeuropa einfielen und die **Christen verfolgten.** Vor ihnen **flüchte-te** er über Korsika und Giglio nach Elba, wo er nur kurz verweilte. Es heißt, er habe täglich meditierend an der Südküste im Westen gesessen und dabei zu der Insel hinübergesehen, die damals noch „Monte Giove" genannt wurde. Der mystisch wirkende, einsame Felsen habe eine anziehende Wirkung auf ihn gehabt, sodass er schon nach kurzer Zeit beschloss, Elba zu verlassen und auf dem Felsen eine **Einsiedelei** zu gründen. Die **Legende** erzählt, dass er, auf Monte Giove angekommen, zuerst mit einem Drachen kämpfen musste, der in einer Höhle lebte. Diesen besiegte er natürlich und lebte fortan bis zu seinem Ende in ebendieser Höhle, die seitdem den Namen „Grotta del Santo" („Höhle des Heiligen") trägt. Die Insel heißt seither Montecristo, denn Mamiliano hatte den Drachen ja nur mit Hilfe seines Glaubens besiegen können.

Erzählenswert ist auch die – allerdings etwas makabre – Geschichte über **Mamilianos Tod:** Als der Heilige im Jahre 465 sein Ende nahen fühlte, entzündete er auf dem Gipfel des Monte Fortezza ein großes **Feuer** als Zeichen, dass sein Tod bevorstand und er ein christliches Begräbnis wünschte, so war es ausgemacht. Nun erhoben aber sowohl Giglio als auch Elba Anspruch auf den Heiligen, und zu allem Unglück kamen beide Abordnungen gleichzeitig auf Montecristo an, sodass ein heftiger, ja wilder **Streit um den Toten** entbrannte. Im Eifer des Gefechts wurde der **Leichnam** von den engagierten Bestattern **entzweigerissen,** und so gelangte je ein Teil nach Giglio und nach Elba. Der Legende nach soll sogar eine Hand von ihm bei der Stadt Pisa in der Arnomündung angeschwemmt worden sein.

Besitz der Familie **Medici,** welche die Insel weiter befestigte. In der Zwischenzeit hatten die **Piraten** *Dragut* und *Barbarossa* die Insel mehrmals heimgesucht und durch Sklavennahme nahezu entvölkert. Mit dem Tod des letzten *Medici* 1737 gehörte die Insel schließlich zum **Herzogtum Toskana** und später zu Italien.

Praktische Tipps

Anreise

■ Giglio wird von **Porto Santo Stefano** von zwei Fährunternehmen angefahren. Die **Toremar,** Tel. (0564) 810803, www.toremar.it, fährt 3x täglich, in der Hauptsaison 5x tägl.; 13 € p.P., Autos 37–50 €, Motorräder 17,50 €. **Maregiglio,** Tel. (0564) 8129 20, www.maregiglio.it, fährt drei- bis sechsmal täglich; 12 € p.P., Autos 40–60 €, Motorräder 20 €.
■ In der Saison und bei gutem Wetter werden von **Aquavision,** Tel. (0565) 976022, mobil 328-7095 470, www.acquavision.it, auch **Ausflüge von Elba** nach Giglio angeboten, meist Montag, Mittwoch und Samstag; Abfahrt in Porto Azzurro 9.30 Uhr, Dauer 1 Std. 45 Min., Rückfahrt 16.30 Uhr; 35 € p.P., Kinder von 4 bis 12 Jahren 20 €. Unbedingt vorher anrufen und buchen.

Verkehrsmittel

■ Giglio verfügt nur über ein kleines Straßennetz. Der **Inselbus** fährt zwischen den drei Orten hin und her, sodass man sein Auto gut auf dem Festland zurücklassen kann. Der Preis pro Fahrt ist ca. 1,50 €.

Information

■ **Ufficio Informazioni Turistiche Pro Loco,** Via Provinciale 9, Tel. (0564) 809400, www.isoladelgig

lio.it (auch auf Deutsch); geöffnet tägl. außer Di 9–12 Uhr, im Sommer auch 15–19 Uhr. Sehr freundlicher Service, italienisch- und englischsprachig; hier bekommt man auch eine Übersicht mit allen wichtigen Adressen und Telefonnummern.
■ Außerdem gibt es das **Reisebüro Agenzia Giglio Multiservizi,** Via Umberto 1, gleich gegenüber der Anlegestelle, Tel. (0564) 809056, www.gigliomultiservizi.com (bisher nur auf Italienisch); geöffnet tägl. außer So 9.30–12.30 und 15.30–18.30 Uhr. Neben der Vermietung von Mopeds sind die Mitarbeiter auch bei der Vermittlung von Apartments und Zimmern behilflich.

Nützliche Adressen

■ Eine **Bank mit Geldautomaten** gibt es in **Giglio Porto** gleich bei der Kirche und gegenüber der Information; geöffnet Mo–Fr 8.30–13.20 Uhr. Eine weitere Bank findet man in **Castello** an der Piazza Gloriosa; geöffnet Mo–Fr 8.30–13 Uhr.
■ In **Giglio Porto** befindet sich gleich neben der Bank auch eine **Post;** geöffnet Mo–Fr 8.15–13.30 Uhr, Sa nur bis 12.30 Uhr.
■ **Hafenamt:** beim Medici-Turm, Tel. (0564) 809 480.

Unterkunft

Giglio Porto
■ **Hotel Castello Monticello**④, Via Provinciale, Tel. (0564) 809252, www.hotelcastellomonticello.com (auch auf Englisch). Sehr feines Hotel mit allem Komfort oberhalb des Ortes, mit eigenem Shuttleservice zu Strand und Fähre, Sonnenterrasse und schöner Aussicht.
■ **Hotel Saraceno**③, Via del Saraceno 69, Tel. (0564) 809006, www.saracenohotel.it. Wunderschönes, in den Felsen gebautes Hotel oberhalb des Hafens mit Blick auf diesen oder in Richtung Südküste.

■ **Hotel Bahamas**③, Via C. Oreglia 22, Tel. (0564) 809254, www.bahamashotel.it (auch auf Englisch). Schönes B&B-Hotel oberhalb des Hafens; einige Zimmer mit Blick auf Meer und Festland.
■ **Bed & Breakfast-Pension La Pergola di Demo**③, Via Thaon De Revel 30, Tel. (0564) 809051. Feines B&B an der Hafenpromenade.
■ **Bed & Breakfast-Pension Da Ruggero**②, Via del Saraceno 36, Tel. (0564) 809121, daruggero @tin.it. Kleine Pension im südlichen Teil des Hafens.

Giglio Castello

■ **Hotel Airone**②, Via Santa Maria 12, Tel. (0564) 806076, www.isoladelgiglioccamereairone.it. Sechs angenehme Zimmer mit Bad; es steht auch eine Sonnenterrasse mit Pergola zur Verfügung.
■ **Hotel Landini Angelo**①, Piazza Gloriosa 12, Tel. (0564) 806074. Die Wirtin vermietet acht hübsch eingerichtete Zimmer mit Bad, einige mit Balkon; ohne Frühstück. Zum Haus gehört auch eine große Sonnenterasse mit Blick auf Montecristo. Ganzjährig geöffnet.

Giglio Campese

■ **Hotel Da Giovanni**④, Via di Mezzo Franco 10, Tel. (0564) 804010, www.albergodagiovanni.it (auch auf Deutsch). Kleine, familiengeführte und gemütliche Hotelanlage auf einem Felsen in der Mitte des Strandes; sehr idyllisch, mit eigenem Lokal und guter Küche.
■ **Hotel Il Giardino delle Palme**③, Via delle Torre 3, Tel. (0564) 804037, www.giardinolepalme.it. Einfaches Hotel mit Palmengarten und schöner Dachterrasse.
■ **Hotel La Lampara**②, Via Provinciale 66, Tel. (0564) 804022, www.albergolalamparagiglio.it. Freundliches kleines Hotel oberhalb der Straße und des Torre; alle 16 praktisch eingerichteten Zimmer haben Meerblick.

◁ Giglio Porto, im Hintergrund Giannutri

Camping

■ **Baia del Sole,** Tel. (0564) 804036, baiadelso le@flashnet.it. Der einzige Campingplatz der Insel an der Straße nach Campese, leider nicht sehr groß, daher sollte man reservieren. In Terrassen mit ausreichend Schatten über dem Meer angelegt, mit eigenem Felsstrand, Bar und kleinem Supermarkt; 7–13 € p.P., 7–12 € pro Zelt, 9–17 € für Wohnwagen/-mobil.

Essen und Trinken

Giglio Porto

■ **Restaurant La Vecchia Pergola,** Via Thaon De Revel, Tel. (0564) 809080; geöffnet Mai bis September tägl., außerhalb der Saison nur Do–Mo. Gutes Ristorante mit rankengeschmückter Terrasse gleich neben der Pension *La Pergola di Demo* (s. „Unterkunft") am Hafen. Serviert werden viel Fisch und Pasta.
■ **Restaurant Da Ruggero,** Via Umberto 1, Tel. (0564) 809153; tägl. geöffnet. Nettes Lokal mit freundlicher Bedienung und guter Pasta.
■ **Restaurant Da Meino,** Via Umberto 1, Tel. (0564) 809228; geöffnet von Mai bis September tägl. zu Mittag und Abend, ansonsten nur Do–Mo. Auf Fisch spezialisiertes Restaurant in Familienbetrieb, man sitzt auf einer Terrasse über dem Wasser.

Am **Hafen** gibt es viele weitere Lokale. Das **Preisniveau** ist überall etwas gehoben.

Giglio Castello

MEIN TIPP: **Restaurant Da Maria,** Via della Casamatta 12, Tel. (0564) 806062; geöffnet tägl. zu Mittag und Abend, Mi Ruhetag, im Januar und Februar geschlossen. Gemütliches Ristorante im historischen Teil an der Festungsmauer gelegen, mit Blick auf Montecristo; gute lokale Küche, allerdings etwas teurer, Spezialität des Hauses ist *coniglio a la cacciatore* (Hase nach Jägerart, mit viel Rosmarin).

■**Restaurant Arcobalena,** Via V. Emanuele 52, Tel. (0564) 806106; geöffnet tägl. mittags und abends, Di Ruhetag. Feines Ristorante innerhalb der Festungsmauern, jeden Tag wechselnde Gerichte, je nachdem, was frisch in die Küche kommt; hier gibt es Ansonica direkt vom Winzer aus Giglio; gehobenes Preisniveau.

Auf der **Piazza Gloriosa** und auch innerhalb des **Castellos** gibt es noch weitere Lokale, ebenfalls alle etwas teurer.

Giglio Campese

■**Mario di Meino,** Via Provinciale, Tel. (0564) 804087; geöffnet April bis Oktober. Familienbetriebenes Lokal mit regionaler Küche, vor allem Fisch.
■**Pizzeria Da Tony,** Via delle Torre, Tel. (0564) 806453; geöffnet April bis November. Gute und gern besuchte Pizzeria mit flottem Service.

An der **Hauptstraße** gibt es weitere Lokale, die z.T. auch kleine Snacks anbieten.

Einkaufen

In allen Ortschaften gibt es kleine **Supermärkte,** mindestens eine **Tabacchi** und diverse andere kleine Geschäfte.

Feste

■Jährlich am **18. November** findet in Giglio Campese das Fest zur Erinnerung an **San Mamiliano** und den **Rückzug der Türken im Jahre 1799** statt. Damals hatte der Stadtkommandant von Castello die Eingebung, die Kanonen abzufeuern, was die Türken annehmen ließ, die Gigliesen wären in einer absoluten Überzahl und hätten militärische Verstärkung. Daraufhin ergriffen die Türken die Flucht und wurden seitdem nie wieder auf Giglio gesehen. Der Dank dafür gebührt dem Schutzheiligen der Insel, San Mamiliano, der an diesem Tag, Commemorazione, in einer feierlichen **Prozession** geehrt wird.

◁ Die schmalen Gassen von Giglio Castello können nachts etwas unheimlich sein

▷ Am Strand von Giglio Campese kann man den wohl schönsten Sonnenuntergang genießen

■ Jedes Jahr am **15. September** wird in Giglio Castello der **Palio dei Somari** begangen, mit dem das Ende des Sommers gefeiert wird. In einer feierlichen Prozession werden die Reliquien des Inselpatrons San Mamiliano durch den Ort getragen. Danach findet das traditionelle Eselwettrennen statt, Orchester spielen auf, und alles wird mit einem großen Feuerwerk gekrönt.

Wassersport

🦋 Giglio ist ein Eldorado für Taucher, denn hier finden sich verschiedene Schwierigkeitsgrade. Allein in Porto gibt es um die **zehn Tauchzentren,** bei denen man auch seine Sauerstoffflaschen nachfüllen kann. Für deutschsprachige Tauchlustige empfiehlt sich aber am ehesten das **Campese Di-**

ving Center. Von Februar bis Oktober werden hier Tauchkurse und meeresbiologische Exkursionen angeboten. Weitere Informationen finden sich unter unter www.cdc-giglio.de, Ansprechpartner ist *Reiner Krumbach.* Via di Mezzo Franco 14, Tel. (0564) 804121, oder Eckdorfer Mühlenweg 1b, 50321 Brühl, Tel. (02232) 149675. Es wird auch Hilfe bei der Vermittlung von Unterkünften angeboten.

Fahrzeugvermietung

■ Auf Giglio ist man besser mit **Zweirädern** unterwegs als mit dem Auto. Das **Reisebüro Agenzia Giglio Multiservizi** gegenüber der Anlegestelle vermietet Mopeds; 35 € für einen halben Tag, 40 € für 24 Std.

106el jc

Strände

Giglio hat einige schöne Strände zu bieten. Häufig sind sie nicht schnell zu erreichen, einige auch nur zu Fuß, sodass nur selten Platzmangel herrscht, abgesehen natürlich von der Hochsaison.

Bei den Stränden um Porto kann es vorkommen, dass durch die Strömung **Seegras und Algen** angeschwemmt werden.

Giglio Campese

Der für viele schönste, weil auch der größte Sandstrand, ist der von Campese. Er füllt die gesamte 500 m breite Bucht aus und ist für Rollstuhlfahrer geeignet. Von hier aus kann man den schönsten Sonnenuntergang auf Giglio beobachten. Der Strand ist sehr gut mit dem Bus von Porto oder Castello aus zu erreichen. Wer in Castello sein Quartier bezogen hat, kann auch über den ca. einstündigen und sehr schönen Wanderweg ans Meer nach Campese absteigen.

■**Service:** Verleih von Liegestühlen und Sonnenschirmen, Wassersport, Gastronomie

Cannelle

Ein anderer schöner Strand ist der Cannelle-Strand mit feinem Sand in der Nähe von Porto. Man erreicht ihn über eine 1 km lange Asphaltstraße in südliche Richtung am *Hotel Saraceno* vorbei. Es gibt eine Bar mit wunderbarer Terrasse.

■**Service:** Verleih von Liegestühlen und Sonnenschirmen, Gastronomie

Caldane

Vom Cannelle-Strand aus gelangt man zum etwas versteckten, einsamen Caldane-Strand. Dazu geht man am Ende des Strandes die Stufen hinauf in Richtung eines kleinen Hafenbeckens und folgt der Privatstraße etwas bergan. Nach ca. 5 Min. geht nach links ein kleiner Küstenweg zum Caladane-Strand (auf den Boden geschrieben). Man benötigt etwa 20 Min. Gehzeit.

■**Service:** keine Einrichtungen

Arenella

Geht man von der Anlegestelle in Porto am Hafen in nördliche Richtung und folgt an der Gabelung der Straße links aufwärts, kommt man nach ca. 15 Min. zum *Hotel Monticelli*. Dort ist nach rechts abwärts der Arenella-Strand ausgeschildert. Nach etwa 1,5 km auf der Asphaltstraße erreicht man den schmalen Sandstrand, der von Felsen eingeschlossen ist und von dem man einen wunderschönen Blick auf das gegenüberliegende Festland hat.

■**Service:** Verleih von Liegestühlen und Sonnenschirmen, Wassersportangebote, Gastronomie

Wandern auf Giglio

Auf Giglio kann man sehr gut wandern. Bei der **Information** bekommt man eine annehmbare **Karte** mit den Wanderwegen der Insel inkl. Schwierigkeitsgrad und Gehzeit. Viele Wege sind inzwischen ausgeschildert und markiert wor-

Wanderung Giglio Castello–Poggio del Sasso Rito

© REISE KNOW-HOW 2014

0 ▬▬ ▬▬ 300 m

ElbaW17

Giglio Castello

Arenella

Cala dell'Arenella

Giglio Campese

V. DEL MOLINO

Giglio Campese

Porto Santo Stefano

Poggio della Chiusa 487

Giglio Porto

Poggio della Pagana

DOBBIARELLO

496

V. DEL DOBBIARELLO

Cala delle Cannelle

Castellucci 476

V. DELLA BUZZENA

Cala delle Caldane

V. DELLE CALDANE

BRENDICI

MORTOLETO

Poggio del Sasso Rito 358

Punta del Capel Rosso

Punta del Capel Rosso

Cala degli Alberi

5

den und gut zu finden. Dennoch ist es besser, sich vorher noch einmal im Informationsbüro zu versichern.

Giannutri

- ■ **Ausgangs- und Endpunkt:** Piazza Gloriosa in Giglio Castello
- ■ **Schwierigkeitsgrad:** leicht
- ■ **Gehzeit:** 3½ Std.
- ■ **Höhenmeter:** +/-130 m
- ■ **Wegbeschaffenheit:** Straße, Wanderwege
- ■ **Ausrüstung:** feste Schuhe, Wasser, evtl. auch Proviant, Sonnenschutz und Kopfbedeckung

Die Wanderung zum Poggio del Sasso Rito im Süden bietet herrliche Ausblicke nach Giannutri, Montecristo, das Festland und bei richtig guter Sicht auch nach Elba und Korsika.

Von der Piazza Gloriosa folgt man erst der **Asphaltstraße** ein Stück hinauf bis an eine kleine **Abzweigung,** wo bereits Wegweiser aufgestellt sind. Der Weg nach Sasso Rito ist als „Castellucci" ausgeschildert und **rot-weiß markiert.** Nach einem kurzen ebenen Stück geht es auf einem schmalen Weg den Berg hinauf. Hier läuft man eine Weile auf dem **Kammweg** entlang, bevor der Weg steil wieder bergab führt und auf einen bequemen **Wanderweg** trifft, der nach rechts bis Sasso Rito führt.

Man kann den gleichen **Rückweg** nehmen oder statt des erneuten Aufstiegs nach links hoch zum Punkt von Castellucci dem breiten **Wanderweg** geradeaus bis nach Castello folgen.

Giannutri ist die **südlichste Insel des Toskanischen Archipels.** Wer auf das 2,6 km² kleine Eiland kommt, sucht Ruhe und Abgeschiedenheit. Es gibt **keine Straßen,** sondern nur Wege, und alle Entfernungen auf dem kleinen Eiland sind gut zu Fuß oder mit dem Moped zu bewältigen. Verlaufen kann man sich hier nicht.

Auf Giannutri bleibt man unter sich, es gibt so gut wie **keine Unterkunftsmöglichkeiten** für Reisende, und es wird auch in Zukunft kaum mehr geben. Bis Ende der 1980er Jahre, bevor Giannutri zur **Naturschutzzone I** erklärt wurde, konnten wohlhabende italienische Bürger hier noch ein Stück Land erwerben und ein Haus bauen. Seit 1996 ist das nicht mehr möglich. Und so gibt es auf der Insel heute nur Privathäuser und keinerlei Bauspekulationen. Viele der Häuser sind kaum zu sehen, da sie größtenteils von der Vegetation verdeckt werden, wodurch sich der Eindruck der Abgeschiedenheit noch verstärkt. Im Winter zählt die Insel gerade einmal **zehn Einwohner,** welche die wichtigsten Dienstleistungen erledigen. An warmen Wochenenden und in den Sommermonaten füllt sich die Insel, und die kleine Piazza am efeuberankten Torre oberhalb des Hafens belebt sich. Dann öffnen hier auch einige kleine Läden.

Wer auf Giannutri kein Haus besitzt, kann die Insel auf einem **Tagesausflug** entdecken. Die Italiener vom nahen Festland kommen öfter hierher, denn man kann hier gut tauchen, die Stille der Insel genießen oder auch an der Hafen-

Giannutri

0 ▬▬▬ 1 km   © REISE KNOW-HOW 2014   Elba09

Punta Secca

Giglio, Porto Santo Stefano

Punta Scaletta

Cala Maestra

★ Villa Romana

Cala Spalmatoio

Punta S. Francesco

Cala Volo di Note

La Scaletta

▲ Poggio Capel Rosso 88

Cala Brigantina

Punta del Capel Rosso

■ **Essen und Trinken**
1 Taverne del Gran Duca,
  Restaurant La Torre

■ **Wassersport**
2 Tauchstation,
  Bootsverleih Mare e Dintorni

mauer angeln. Für Wanderungen ist Giannutri zu klein, und die höchste Erhebung der Insel, der Capel Rosso mit 88 m, kann quasi auf einem Spaziergang „bezwungen" werden.

Aufgrund ihrer **Sichelform** nannten die Griechen die Insel nach der Göttin der Jagd und des Mondes „Artemisia", bei den Römern hieß sie entsprechend „Dianum". Da es im Inneren kein Wasser gibt, war die Insel nie im größeren Stil besiedelt, sondern war, abgesehen von der römischen Zeit, lediglich eine **Zuflucht für Piraten und Fischer.**

Der **große Turm** auf einer Anhöhe oberhalb des Hafens könnte irrtümlich für einen Befestigungsbau aus pisanischer Zeit gehalten werden, wie sie so typisch für die Inseln des Archipels sind. Doch es ist eine **Zisterne,** die in der Zeit *Mussolinis* erbaut wurde und noch heute die Insel mit Wasser versorgt.

Sehenswürdigkeiten

Ausgrabungen aus römischer Zeit

Auf Giannutri gibt es die interessantesten Ausgrabungen aus römischer Zeit, die auch weitaus umfangreicher als auf den anderen Inseln sind. Um die Bucht Cala Maestra sind die Überreste der **Villa Romana** zu besichtigen. Die Familie der *Dimitii,* die einige Villen an der Thyrrenischen Küste besaß, hatte im 1./2. Jh. diesen Platz für eine weitere Sommerresidenz gewählt, welche aus diversen Wohnräumen, Bädern, Lagerhäusern, Latrinen, Zisternen und einer kleinen Anlegestelle bestand. Alles ist eingebettet in die typische Mittelmeerflora, die auf Giannutri hauptsächlich aus Steineichen und Macchia besteht.

Einen Großteil des Geländes hat man vor einigen Jahren **umzäunt,** da viele

5

Besucher sich an den Mosaiken mit Szenen aus der Mythologie bedient haben. Diese historisch bedeutsame Ausgrabungsstätte ist in letzter Zeit jedoch nur noch ausnahmsweise, eher jedoch gar nicht zu betreten. Bereits seit einigen Jahren werden Befestigungsarbeiten und Erhaltungsmaßnahmen ausgeführt, deren Ende nicht abzusehen ist. Über die **Forestale Giannutri** erhält man Auskunft, ob und wann die Ausgrabungsstelle wieder besichtigt werden kann, mobil 333-57845774, leider nur auf Italienisch.

Praktische Tipps

Anreise

■Im Sommer täglich mehrere **Fährverbindungen** von **Porto Santo Stefano** mit Maregiglio, Tel. (0564) 812920, www.maregiglio.it; 12 € p.P., außerhalb der Hochsaison nur von Porto Santo Stefano am Mi, Sa und So, immer in Abhängigkeit vom Wetter.

Information

■ **Agenzia per il Turismo della Maremma,** Viale Monterosa 206, 58100 Grosseto, Tel. (0564) 462 611, www.turismoinmaremma.it. Besser wendet man sich jedoch direkt vor Ort an *Giuseppe Morbidelli*, den sehr hilfsbereiten Besitzer der Taverne *Gran Duca* (s. „Essen und Trinken").

Unterkunft

Es gibt **keine Hotels oder Pensionen** auf Giannutri. Einige der Privathäuser werden vermietet, meist jedoch erst ab einem zweiwöchigen Aufenthalt. Auf folgenden Webseiten kann man fündig werden: *Agentur Brandaglia,* www.brandaglia.com (auch auf Deutsch); *Le Dimore di Mimmina,* www.ledimoredimimmina.com (nur italienisch).

Essen und Trinken

■**Taverna del Gran Duca,** Cala Maestra, Tel. (0564) 898890, mobil 338-4684020, tavernadelgranduca@libero.it, Inhaber *Giuseppe Morbidelli;* geöffnet ganzjährig, tägl. lokale und einfache Küche zu annehmbaren Preisen.
■**Ristorante La Torre,** oberhalb des Hafens, Tel. (0564) 898892; geöffnet nur im Sommer.

Wassersport

■**Tauchstation** und **Bootsverleih Mare e Dintorni,** oberhalb der Anlegestelle gelegen, mobil 368-414728. Verleih von Ausrüstungen und Booten, Flaschenfüllungen, verschiedene Tauchkurse, nur im Sommer.

Strände

Zum Baden eignet sich Giannutri leider nur bedingt. Die 11 km lange Küste weist viele Höhlen und zerklüftete Passagen auf. Lediglich in der **Cala Spalmatoio** und der **Cala Maestra** kann man an einem Kieselstrand bzw. über eine Leiter ins Wasser.

▷ Segelboot vor Anker auf Giannutri

6 Praktische Reisetipps von A bis Z

Nach Elba gelangt man sowohl auf dem Luft- als auch auf dem Land- und dann Wasserwege, wobei gerade die Fährüberfahrt dieses Gefühl von „jetzt beginnt der Urlaub" aufkommen lässt.

Die anderen Inseln des Archipels werden nicht angeflogen. Doch von welchen Häfen sind sie zu erreichen, und mit welchen Kosten muss ich rechnen? Wie sieht es vor Ort aus?

Welche Möglichkeiten gibt es zusätzlich zum Sonnenbaden und was erwartet mich in kulinarischer Hinsicht? Antworten auf diese und weitere Fragen finden sich auf den folgenden Seiten.

◁ Im Bergdorf San Piero

Ankunft

Der Hauptankunftsort auf Elba ist **Portoferraio,** das in einer großen Bucht liegt. Schon bei der Einfahrt kann man die Festungen Forte Falcone und Forte Stella mit dem kleinen darunter liegenden Jachthafen und der Uferpromenade bewundern. Der **Hafen** für die großen Fähren liegt nur etwas außerhalb des historischen Zentrums. Gleich dort bei den beiden einzigen Hochhäusern der Insel liegt der **Zentrale Busbahnhof,** wo sich auch die **Touristeninformation** (Viale Elba 4) und auch ein **Büro des Parco Arcipelago Toscano** mit vielen nützlichen Broschüren befinden. Von hier aus kann man mit den Bussen der *ATL* alle Orte der Insel erreichen, allerdings fahren sie nur bis etwa 20 Uhr. Der **Taxistand** befindet sich gleich gegenüber dem Busbahnhof an der Ecke Calata Italia/Viale Elba (siehe auch „Verkehrsmittel").

Alle Flüge nach Elba landen auf dem kleinen **Flughafen La Pila,** der 2 km von Marina di Campo entfernt ist (Tel. (0565) 976011). Dort ansässig ist auch **Elba Servizi,** ein Unternehmen, das neben Fahrzeugvermietung und Taxiservice auch Hilfe bei der Vermittlung von Unterkünften bietet (Tel. (0565) 977150, www.elbaservizi.it). Eine Fahrt vom Flughafen nach Marina di Campo kostet ca. 8 € für bis zu vier Personen.

Gut zu wissen

■ Die **schönste Zeit,** um die Insel Elba zu entdecken, ist im Frühling und im September (siehe auch „Reisezeit" und „Land und Leute, Klima").

■ In der typischen italienischen Bar gibt es **zwei Preiskategorien:** *al bar* und *al tavolo.* Letztere kann um ein Dreifaches höher liegen (siehe auch „Reisetipps A–Z, Essen und Trinken").

■ Ins Urlaubsgepäck gehört für den Abend auch etwas **gute Garderobe** (siehe auch Exkurs „Italienischer Lebensstil – fare una bella figura in passeggiata").

■ **Karfreitag** und **Pfingstmontag** sind in Italien keine gesetzlichen Feiertage (siehe auch „Feste und Feiertage").

■ **Nach 16 Uhr** trinkt man eigentlich **keinen Cappuccino** mehr (siehe Exkurs „Welcher Kaffee darf es sein?").

■ Auf Elba gibt es über **150 verschiedene Mineralien.** Einige Halbedelsteine kann man sogar selber finden (siehe auch „Land und Leute, Die Mineralien").

■ **Napoleon** hat auf der Insel in vielerlei Hinsicht Spuren hinterlassen. Auch Elbas heutige Flagge geht auf ihn zurück (siehe auch Exkurs „Napoleon auf Elba").

Anreise

Die teils speziellen Anreisebedingungen für die **anderen Inseln des Toskanischen Archipels** sind in den jeweiligen Kapiteln zu diesen Inseln beschrieben.

Mit dem Auto

Natürlich ist es komfortabel, mit dem Auto zu reisen, denn man ist am Urlaubsort zeitlich unabhängig und nicht auf den öffentlichen Bus angewiesen.

Nur sollte man bedenken, dass es im Juli und August zu Schwierigkeiten bei der **Parkplatzsuche** auf Elba kommen kann. Die **Straßen** auf der Insel sind zudem teilweise **eng und kurvenreich.**

Dokumente und Kennzeichen

Wer mit dem eigenen Auto anreist, benötigt den nationalen **Führerschein** und die **Fahrzeugpapiere.** Das Nummernschild muss mit dem jeweiligen **Länderkennzeichen** (A/CH/D) versehen sein. Sein Fehlen kann in Italien mit bis zu 50 € Strafe geahndet werden. Die **grüne Versicherungskarte** fürs Ausland ist keine Pflicht mehr, jedoch kann sie für Schadensregulierungen sehr nützlich sein. Sie kann telefonisch bei der jeweiligen Versicherung bestellt werden.

Route

Die schnellste Anreiseroute führt entweder aus dem **Nordosten** kommend über die Brennerautobahn (A 22), Verona, Bologna, Florenz, Pisa und Livorno oder aus dem **Norden** über die Autobahn von Basel durch den Gotthard-Tunnel (A 2 bzw. E 35, in Italien dann A 9) über Mailand, Genua und Livorno, dann jeweils weiter die Küstenstraße Aurelia A1 bis San Vincenzo, wo die Straße nach Piombino (S 1) zur Einschiffung nach Elba/Portoferraio abzweigt.

Wer aus dem **Süden Italiens** anreist, fährt über die Autobahn von Rom nach Grosseto, dann über die Schnellstraße Aurelia bis zur Ausfahrt „Venturina". Von hier aus sind es noch ca. 15 km bis zum Fährhafen von Piombino.

Elba im Überblick

- **Italienischer Name:** Isola d'Elba
- **Bevölkerung:** ca. 32.000 Einwohner
- **Religion:** knapp 100 % römisch-katholisch, einige Protestanten und Waldenser (in Rio Marina)
- **Sprache:** Italienisch
- **Inselhauptstadt:** Portoferraio
- **Provinz:** Livorno
- **Gemeinden:**
  Campo nell'Elba
  Capoliveri
  Marciana
  Marciana Marina
  Porto Azzurro
  Portoferraio
  Rio Marina
  Rio nell'Elba
- **Nord-Süd-Ausdehnung:** 18,2 km
- **Ost-West-Ausdehnung:** 27,5 km
- **Entfernung zum Festland:** ca. 10 km
- **Entfernung nach Korsika:** ca. 55 km
- **Oberfläche:** 223 km2
- **Küstenlänge:** 147 km
- **Höchster Berg:** Monte Capanne (1018 m)

Maut

Die Benutzung der **Autobahnen** in Italien ist kostenpflichtig. Grundsätzlich gilt, dass stark befahrene Autobahnen besonders in Ballungsgebieten und an bzw. zu den Küsten teurer sind als andere. Für die Autobahnstrecke von Pisa auf die Schnellstraße nach Venturina zahlt ein Pkw knapp 5 €. Grundsätzlich kann man mit 0,10 € pro Autobahn-Kilometer rechnen. Je nach Anreiseroute muss man unter Umständen noch eine Autobahnvignette für **Österreich** (für zehn Tage

8,50 €, zwei Monate 24,80 € oder für ein Jahr 82,70 €) oder die **Schweiz** (40 sFr., für ein Jahr gültig) erstehen. Für die Brennerautobahn muss man zusätzlich eine Mautgebühr zahlen (Innsbruck/Süd – Brennerpass ca. 9 €).

Akzeptiert werden an den italienischen Zahlstellen alle gängigen **Kreditkarten** und die sogenannte **Viacard.** Mit Letzterer erfolgt die Passage an den bargeldlosen Schaltern schneller. Sie sind im Wert von 25 und 50 € bei Automobil-

clubs, an Raststätten und an der Grenze zu kaufen.

Verkehrsregeln

Die **Höchstgeschwindigkeit** auf Italiens Autobahnen beträgt 130 km/h, auf der Schnellstraße 110 und auf Landstraßen 90 km/h. Übrigens müssen alle Kraftfahrzeuge aus Sicherheitsgründen auf Autobahnen und Staatsstraßen auch tagsüber mit **Abblendlicht** fahren. Pflicht ist auch das Mitführen von **Sicherheitswesten** für alle Fahrzeuginsassen; diese müssen das Kontrollzeichen EN 471 tragen. Weitere Verkehrsregeln siehe „Autofahren auf Elba".

Parken am Fährhafen

Wer möchte, kann seinen Pkw auf einem bewachten Parkplatz am **Hafen von Piombino** lassen, was 8–12 € pro Tag kostet.

012el hh

◁ Die Gassen vieler Orte auf Elba sind für den Autoverkehr gesperrt

Mit dem Autoreisezug

Wer den sommerlichen Autostau Richtung Süden lieber vermeidet, kann normalerweise von April bis Oktober auch die **Autozugverbindung** in Erwägung ziehen. Es bestehen Verbindungen von Düsseldorf und Hamburg nach Alessandria und Bozen, von Hildesheim nur nach Bozen, von Neu-Isenburg nur nach Alessandria. Die Verbindungen nach Verona wurden 2013 leider eingestellt. Ab Hamburg kann man die Strecke nach Bozen je nach Buchungszeitpunkt **ab 850 € Hin-und Rückfahrt** mit Pkw und zwei Personen im Liegewagen buchen. Auch, wenn das nicht gerade billig erscheint, spart man hierdurch doch immerhin eine Zwischenübernachtung, das Benzingeld und die Mautgebühren ein.

Die Verbindungen können an **jedem Bundesbahnschalter** gebucht werden oder unter:

■ **DB AutoZug,** www.autozug.de oder Tel. 01806-996633 (0,20 €/Min.).

Mit dem Zug

Für die Anreise per Bahn empfiehlt es sich, mit dem **Nachtzug** über die Alpen nach Florenz zu fahren. Eine Fahrt von Basel oder München nach Florenz dauert ca. 8 Std. Von dort gibt es u.a. eine Direktverbindung nach Campiglia Marittima (Fahrzeit 3 Std.) und von dort einen Bus- bzw. Bahnanschluss nach Piombino Marittima (Fahrzeit ca. 20 Min., Kosten für den Bus ca. 4 €). Dort legen die Fähren nach Elba ab. Eine Hin- und Rückfahrt von München nach Campiglia Marittima für einen Erwachsenen

ohne zusätzliche Ermäßigungen kostet in diesem Falle um die 200 € ohne Liegewagenplatz. Für zwei Erwachsene und zwei Kinder zwischen sechs und 14 Jahren würde die Fahrt von Hamburg nach Campiglia Marittima ca. 500 € ohne Reservierungen kosten. Generell gilt, dass **Kinder** bis 14 Jahre in Deutschland nichts zahlen, im Ausland 50 %. Kinder unter sechs Jahren fahren auch im Ausland kostenlos mit dem Zug, ausgenommen ist hierbei die Platzreservierung z.B. für den Liegewagen.

Die beteiligten Bahnen bieten eine kaum zu überschauende und zudem ständig wechselnde Palette von Sonderangeboten, über die zuweilen nicht einmal die Bediensteten an den Schaltern einen Überblick haben. Es lohnt sich deshalb, selbst etwas genauer zu recherchieren oder etwa die Beratung durch ein Bahn-Reisebüro in Anspruch zu nehmen.

Wer bis Florenz oder Pisa fliegt, fährt von hier aus ca. 4 bzw. 3 Std. mit dem Zug weiter nach Piombino Marittima; Kosten ca. 12 € pro Person.

Info und Buchung

■ **Deutsche Bahn,** www.bahn.de oder Tel. (01806) 996633 (0,20 €/Min.), automatische Fahrplanauskunft unter Tel. 0800-1507090 (kostenlos) bzw. aus Mobilfunknetzen Tel. 01805-221100.
■ **Österreichische Bahn,** www.oebb.at oder Tel. (05) 1717 (Ortstarif).
■ **Schweizer Bahn,** www.sbb.ch oder Tel. (0900) 300300 (1,19 sFr./Min.).
■ **Trenitalia,** www.italienische-bahn.de. Die *Trenitalia* bietet jeden Monat ca. 1,5 Mill. Tickets an, die bis zu 60 % ermäßigt sind. Auf dieser Internetseite findet man dazu alle Infos und kann Buchungen vornehmen.

Fährüberfahrt

Von **Piombino** aus laufen die Fährlinien *Moby Lines*, *Toremar* und *Blunavy* die Insel Elba an. Ankunftshafen ist **Portoferraio,** die Überfahrt dauert ca. **eine Stunde.** In der Nebensaison stehen täglich um die 15 Verbindungen zur Verfügung. Von Ende Mai bis Mitte September finden die Überfahrten alle halbe Stunde statt. Wer an einem Wochenende, besonders in der Hochsaison, an- oder abreist, sollte unbedingt **rechtzeitig reservieren.**

Die ersten Fähren von Piombino nach Portoferraio fahren von Ostern bis Oktober ab ca. **5.30 Uhr,** die letzten gegen **22.30 Uhr;** von Portoferraio nach Piombino fahren sie ab ca. **5 Uhr,** die letzte gegen **21 Uhr.**

Toremar fährt auch den Hafen von **Rio Marina** (45 Min.) an und bietet für Passagiere ohne eigenes Fahrzeug eine Schnellverbindung mit dem **Tragflächenboot** *(aliscafo)* nach Cavo (20 Min.) und Portoferraio (30 Min.) an. Diese Verbindungen werden jedoch mehr von den Einheimischen genutzt.

In Italien kann es immer einmal vorkommen, dass man als Urlauber unerwartet in einen **Streik** *(sciopero)* gerät. In einem solchen Fall fahren einige wenige Fähren trotzdem: von Piombino nach Portoferraio meist gegen 7 und 21 Uhr, in umgekehrter Richtung gegen 5.30 und 19 Uhr.

▽ Anfahrt auf Portoferraio mit der Toremar-Fähre

046el hk

Info, Buchung und Preise

Für die genannten Fährlinien kann die **Reservierung** bereits zu Hause vorgenommen werden. Die **Preisunterschiede** sind gering (Überfahrt p.P. ca. 14 €, Kinder bis elf Jahre ca. 10 €, Kinder unter vier Jahren frei, Pkw bis 70 € je nach Größe und Reisezeit, Wohnmobil bis zu 90 €, Motorrad bis 20 €, Fahrrad 6 €, jeweils zuzüglich Hafengebühr). Grundsätzlich gilt, dass Überfahrten am Wochenende teurer sind als in der Woche.

Alle Linien bieten unter www.toremar.it, www.moby.it und www.bluenavi traghetti.com einen **Online-Buchungsservice.** Hier kann man sich auch über die aktuellen Preise informieren. *Moby Lines* bietet sehr viele Sondertarife an, die übers Internet zu erfahren sind; besonders preiswert ist die Überfahrt während der Woche. Seit Ende 2012 gehören *Moby Lines* und *Toremar* dem gleichen Eigentümer, jedoch fahren sie unter ihren bisherigen Logos weiter.

Moby Lines

■ **Moby Lines Europe GmbH,** Wilhelmstr. 36–38, 65183 Wiesbaden, Tel. (0611) 14020, www.moby lines.de oder www.moby.it. In Italien selbst kann man im Callcenter unter Tel. 199 202040 Buchungen vornehmen (aus dem italienischen Festnetz 0,15–0,49 € pro Min.). Ticketschalter in Piombino Marittima am Hafen, Tel. (0565) 221212 bzw. in Portoferraio an der Calata Italia, Tel. (0565) 914133.
■ **ÖAMTC-Reisen,** Schubertring 1–3, 1010 Wien, Tel. (01) 711990, www.oeamtc.at/reisen.

Toremar

■ **www.toremar.it** lässt sich leider nicht immer aufrufen. Buchungen und Informationen in Italien selbst auch unter Tel. 199 117733 (aus dem italienischen Festnetz 0,15–0,49 € pro Minute). Ticket-

schalter in Piombino Marittima am Hafen, Tel. (0565) 31100 bzw. in Portoferraio an der Calata Italia, Tel. (0565) 918080.
■ **Avimare,** Oerlikonerstrasse 47, 8057 Zürich, Tel. (01) 3158065, www.avimare.ch.

Blunavy

■ **www.blunavytraghetti.com.** Diese Fähre fährt bisher jeweils von April bis September 3–5-mal täglich, Buchung direkt vor Ort oder übers Internet. Callcenter in Italien Tel. (0565) 225833 oder (0565) 220880. Ticketschalter in Piombino Marittima am Hafen, Tel. (0565) 229014 bzw. in Portoferraio an der Calata Italia 8, Tel. (0565) 919797.

Mit dem Flugzeug

In der Nähe von Marina di Campo gibt es den kleinen **Aeroporto Isola d'Elba** (La Pila, Tel. (0565) 976011). **Nonstop-Verbindungen** aus dem deutschsprachigen Raum mit Linienfluggesellschaften dorthin bestehen im Sommerhalbjahr ein- bis zweimal wöchentlich mit *Intersky* (www.flyintersky.com) von München, Friedrichshafen sowie Zürich und mit *Sky Work* (www.flyskywork.com) von Bern. Die **Flugzeit** z.B. von München nach Elba beträgt direkt knapp zwei Stunden.

Eine weitere Möglichkeit ist es, z.B. mit *Lufthansa* oder *Air Dolomiti* einen Flug von München nach Pisa oder von Frankfurt oder München nach Florenz zu buchen und von dort mit dem **Zug** weiterzureisen (s. oben).

Preise

Ein Economy-Ticket von Deutschland, Österreich und der Schweiz hin und zurück nach Elba bekommt man je nach Jahreszeit und Aufenthaltsdauer **ab etwa 160 €,** nach Pisa oder Florenz ab etwa **100 €** (einschl. aller Gebühren etc.).

Billigfluglinien

Preiswerter geht es mit etwas Glück, wenn man bei einer „Billigairline" **früh online bucht.** Es werden keine Tickets ausgestellt, sondern man bekommt per E-Mail eine Buchungsnummer. Zur Bezahlung wird in der Regel eine Kreditkarte verlangt, was mit einem Preisaufschlag verbunden ist.

Im Flugzeug gibt es oft **keine festen Sitzplätze.** Um Gedränge zu vermeiden, wird man schubweise zum Boarden auf-

gerufen. **Verpflegung** wird extra berechnet. Für die Region interessant sind:

- ■ **Easy Jet,** www.easyjet.com. Von Berlin nach Pisa.
- ■ **InterSky,** www.intersky.biz. Von München, Berlin, Düsseldorf, Hamburg, Friedrichshafen, Wien und Zürich nach Elba.
- ■ **Ryanair,** www.ryanair.com. Von Düsseldorf-Weeze am Niederrhein, Frankfurt-Hahn und Hamburg-Lübeck nach Pisa.
- ■ **Germanwings,** www.germanwings.com. Von Köln/Bonn, Berlin, Dresden, Hamburg, Leipzig, München sowie Wien und Zürich nach Pisa. Außerdem auch von Frankfurt und München nach Florenz.
- ■ **Air Berlin,** www.airberlin.com. Von verschiedenen deutschen Flughäfen wie z.B. Berlin und Hamburg sowie Salzburg, Wien und Innsbruck nach Florenz bzw. Pisa.

Mini „Flug-Know-how"

Check-in

Nicht vergessen: Ohne einen gültigen **Reisepass** oder **Personalausweis** (Letzteres nur für EU-Staatsbürger) kommt man nicht an Bord. **Kinder** benötigen ihr **eigenes Reisedokument,** es reicht nicht mehr aus, wenn sie im Reisepass ihrer Eltern eingetragen sind.

Bei den innereuropäischen Flügen muss man mindestens **eine Stunde vor Abflug eingecheckt** haben.

Das Gepäck

Bei der Lufthansa darf man in der **Economy-Class** in der Regel ein Gepäckstück bis zu 23 kg pro Person einchecken (Ausnahme z.B. *Intersky* mit nur 15 kg) und zusätzlich ein Handgepäck von 7 kg in die Kabine mitnehmen, welches eine Größe von 55 x 40 x 23 cm nicht überschreiten

darf. In der **Business Class** sind es meist 30 kg pro Person und zwei Handgepäckstücke, die insgesamt nicht mehr als 12 kg wiegen dürfen. Man sollte sich im Vorfeld über die Bestimmungen der Airline informieren. Dabei sollte man sich auch nach den neuesten **Regelungen zur Mitnahme von Flüssigkeiten im Handgepäck** erkundigen.

Aus **Sicherheitsgründen** dürfen Taschenmesser, Nagelfeilen, Scheren und Ähnliches nicht mehr im Handgepäck untergebracht werden. Diese sollte man unbedingt im aufzugebenden Gepäck verstauen, sonst werden sie bei der Sicherheitskontrolle einfach weggeworfen. Darüber hinaus gilt, dass leicht entzündliche Stoffe (in Sprühdosen, Benzinfeuerzeugen etc.) nichts im Passagiergepäck zu suchen haben.

Last Minute

Wer sich im letzten Augenblick für eine Reise nach Elba entscheidet, kann Ausschau nach Last-Minute-Flügen halten, die von einigen Airlines mit deutlicher Ermäßigung **ab etwa 14 Tage vor Abflug** angeboten werden, wenn noch Plätze zu füllen sind. Diese Last-Minute-Flüge lassen sich bei Spezialisten buchen:

■ **L'Tur,** www.ltur.com, für Anrufe aus dem deutschen Festnetz Tel. (0761) 557557, oder die Tel. (00800) 21212100 (gebührenfrei für Anrufer aus Europa); 165 Niederlassungen europaweit.
■ **Lastminute.com,** www.lastminute.de, (D-)Tel. (089) 17923040.
■ **5 vor Flug,** www.5vorflug.de, (D-)Tel. (089) 710454109.
■ **Restplatzbörse,** www.restplatzboerse.at, (D-) Tel. (0991) 29679653, (A-)Tel. (01) 580850.

Mit dem Bus

Die *Deutsche Touring GmbH* (Mitglied des europäischen Zusammenschlusses von Busunternehmen Eurolines) bietet u.a. Busfahrten von Berlin, Bochum, Braunschweig, Dortmund, Duisburg, Düsseldorf, Essen, Frankfurt a.M., Göttingen, Hagen, Hamburg, Hannover, Karlsruhe, Kassel, Köln, Ludwigshafen, München, Nürnberg, Stuttgart, Ulm und Wolfsburg mehrmals wöchentlich nach **Florenz.** Von Hamburg z.B. gibt es Montag eine Verbindung, Fahrtzeit ca. 22 Std., Kosten für die Hin- und Rückfahrt um die 240 €. Von München aus (Montag, Mittwoch und Freitag) dauert die Fahrt 14 Std. und kostet ca. 190 € hin und zurück. Bei frühzeitiger Buchung gibt es Preisnachlass.

Auf der Homepage von *Touring* in Frankfurt findet man **Informationen** und **Fahrpläne:**

■ **Deutsche Touring GmbH,** Servicecenter, Tel. (069) 7903501, www.touring.de oder www.eurolines.de.
■ **Eurolines** in Florenz: *Eurolines Italia s.r.l.,* Via S.G. Mercadante Giuseppe Saverio 2, Tel. 0039-055-331755.

Mitfahrgelegenheit

Eine Mitfahrgelegenheit bis nach Piombino oder gar bis Elba zu finden, ist schwierig. Jedoch kann man im Internet unter **www.mitfahrzentrale.de, www.mitfahrgelegenheit.de, www.mfz.de** oder **www.drive2day.de** zumindest einen Transfer in eine der nahe gelegenen Städte wie Livorno, Pisa oder Florenz finden, um dann von hier aus mit Zug und Fähre weiterzureisen (s. oben).

Ausrüstung

Die Dinge des persönlichen Bedarfs können auf Elba nachgekauft werden, nur sind sie dort meist etwas teurer als daheim. In den Küstenorten, speziell Marciana Marina, Marina di Campo und Portoferraio gibt es außerdem jede Menge Läden, in denen man sich einkleiden kann. Zusätzlich gibt es noch die Märkte, die etwas preiswerter sind.

Kleidung

Wer in Italien Urlaub macht, sollte auch die **gute Garderobe** nicht vergessen. Denn auch wenn tagsüber – für die Zeit am Meer und an der Uferpromenade, zum Wandern in den Bergen und zum Schlendern durch die Orte – eher legere Kleidung angesagt ist, so ist es doch üblich, sich am Abend schick zu machen. Das muss nicht gleich das „kleine Schwarze" sein, heißt aber etwas anderes als kurze Hose und Wanderschuhe (s. Exkurs „Italienischer Lebensstil").

Im Frühjahr und Herbst kann es abends noch recht kühl sein. Es empfiehlt sich also, eine **Jacke oder Pullover** für den Abend dabei zu haben.

Sportausrüstung

Wer auf Elba Sport treiben möchte, kann selbst entscheiden, ob er die entsprechende Ausrüstung **mitnehmen** oder vor Ort **ausleihen** bzw. kaufen möchte (Anbieter s. „Praktische Tipps" in den Ortsbeschreibungen). In jedem Fall ist die eigene Ausrüstung preiswerter als die tägliche oder wöchentliche Leihgebühr. Beim **Transport** per Flugzeug gelten die Bestimmungen für **Sondergepäck** der jeweiligen Airline (bei der Buchung angeben!). Über die Mitnahme von Sportausrüstungen in der Bahn kann man sich im Internet auf der Website www.bahn.de informieren.

Wanderausrüstungen kann man auf Elba nicht ausleihen, sondern nur nachkaufen bzw. von zu Hause mitbringen. Dazu gehören auf jeden Fall gute Wanderschuhe, die zumindest knöchelhoch sein und ein gutes Profil aufweisen soll-

ten, außerdem ein Rucksack. In den größeren Orten der Insel gibt es spezielle Läden für Sportausrüstung (siehe auch unter „Wandern auf Elba").

Landkarten

Als Kartenmaterial empfiehlt sich die **Kompasskarte Nr. 650 „Isola d'Elba"** im Maßstab von 1:30.000. Im Gegensatz zu vielen anderen Karten verfügt diese über Höhenlinien und viele zusätzliche Informationen, z.B. über Radstrecken, Straßenbeschaffenheit, Haltestellen und FKK-Strände. Jedoch ist die Karte um den Monte Cenno im Südwesten als auch im Nordosten nicht genau bzw. aktuell. So sind z.B. Wege um Nisportino und Ortano falsch bzw. gar nicht eingezeichnet. Diese Karte ist in Deutschland oder auch in den Buchhandlungen und an den Zeitungskiosken der Insel für ca. 7 € zu erwerben. Vor Ort gibt es auch noch anderes Kartenmaterial im Maßstab 1:30.000.

Fotoausrüstung

Zum **Fotografieren** reicht eine einfache Kamera mit Zoom. Wer speziell an der Flora interessiert ist, sollte ein entsprechendes Makro-Objektiv und eventuell auch einen Polarisationsfilter dabei haben. Gerade im Frühjahr ist Elba ein Mekka für Natur-Fotografen.

■ **Buchtipp:** „Richtig Kartenlesen", erschienen in der Praxis-Reihe des REISE KNOW-HOW Verlags.

Filme, Speicherkarten und Batterien können auf Elba nachgekauft werden, sind jedoch **teurer** als in Deutschland. In jedem größeren Ort gibt es mindestens einen Fotoladen, in dem Bilder entwickelt werden können, und dies auch von den Speicherkarten.

⌂ Für Makro-Aufnahmen sollte man ein geeignetes Objektiv dabeihaben

Autofahren auf Elba

Zum richtigen Verhalten bei **Unfällen und Pannen** s. „Notfälle".

Verkehrssituation

Mit dem eigenen Auto zu reisen, bietet immer den Vorteil der Mobilität. Und außerhalb der Hochsaison ist es auch sehr unkompliziert, sich auf Elba mit dem eigenen Fahrzeug zu bewegen. In der **Hochsaison** jedoch, speziell im August, empfiehlt es sich, die öffentlichen Verkehrsmittel zu nutzen. Denn dann ist es auf der Insel so voll, dass sich **Rückstaus bis zu 6 km** bilden können und freie **Parkplätze** eine Rarität bzw. sehr teuer sind.

Straßenzustand

Die **Hauptverkehrsstraßen** der Insel sind **asphaltiert,** lediglich die Strecke zwischen Nisporto und Bagnaia im Nordosten ist zum Teil noch eine Piste. Auf der Kompass-Karte von Elba (s. auch „Ausrüstung") sind Straßen und

120el jc

Pisten sehr gut zu unterscheiden. Obwohl Elba durch den Tourismus sehr viel Geld einnimmt, befinden sich die Straßen in einem eher **mäßigen Zustand.** Grund hierfür ist die Zugehörigkeit der Insel Elba zu Livorno, das über den Einsatz des erwirtschafteten Geldes bestimmt. Und das floss bisher lediglich in die notwendige Befestigung der Panoramastraße im Westen und in dringende Reparaturen. Die Straße von **Campo nell'Elba über den Monte Perone nach Poggio** ist sehr schmal und kurvenreich, und bietet wunderschöne Panoramen, ist jedoch nur für PKW geeignet und sollte bei Nebel gemieden werden.

Verkehrsregeln

Auf Elba gilt die gleiche Straßenverkehrsordnung wie im übrigen Europa. Eine Besonderheit in Italien ist jedoch das **Parkverbot** an schwarz-gelben und gelb markierten Bordsteinen. Ist die Markierung blau, so ist das Parken gebührenpflichtig. Das **Bußgeld** für falsches Parken beträgt 40 €, und die Mahnbescheide erreichen den Urlauber auch im Heimatland. Im Hafen von Portoferraio gibt es einen großen kostenlosen **Parkplatz,** der aber meist komplett belegt ist. Capoliveri, Marina di Campo und Porto Azzurro verfügen zwar am Ortsrand über große Parkplätze, doch ist zu den Stoßzeiten am Nachmittag und in der Hochsaison auch hier kaum eine freie Lücke zu finden.

Die **Höchstgeschwindigkeit** auf Landstraßen in Italien für Pkw und Motorräder beträgt 90, für Pkw mit Anhänger 70 km/h. Diese Geschwindigkeit wird man auf Elba seltener erreichen, da die Straßen oft sehr kurvig und zuweilen auch eng sind.

In Italien gilt die **Gurtpflicht,** für Motorradfahrer die **Helmpflicht; Telefonieren** während der Fahrt ist nur mit einer Freisprecheinrichtung gestattet (Bußgeld ab 150 €), die **Promillegrenze** liegt bei 0. Die Verkehrspolizei *(polizia stradale)* ist streng mit Verkehrssündern. Alkohol am Steuer kann weit über 2000 € kosten, Geschwindigkeitsüberschreitungen von 20 km/h gut und gerne 150 €.

Vor engen und nicht einsehbaren Kurven ist es besser zu **hupen,** um die entgegenkommenden Fahrzeuge zu warnen.

Wichtige Verkehrsschilder

- **Accendere i fari:** Licht einschalten
- **Attenzione uscita veicoli:** Vorsicht Ausfahrt
- **Deviazione:** Umleitung
- **Divieto di accesso:** Zufahrt verboten
- **Lavori in corsi:** Bauarbeiten
- **Parcheggio:** Parkplatz
- **Rallentare:** langsam fahren
- **Sbarrato:** gesperrt
- **Senso unico:** Einbahnstraße
- **Strada senza uscita:** Sackgasse
- **Zona rimorchio:** Abschleppzone

Tanken

Auf Elba gibt es **ausreichend Tankstellen,** und mit einer Tankfüllung kann man mehr als einmal um die Insel fahren. Sie reicht meist für den gesamten Urlaub. Auf der **Karte** in der hinteren Umschlagklappe dieses Buches sind die jeweiligen Standorte eingezeichnet; oft liegen dort sogar gleich mehrere Tankstellen.

Die Tankstellen haben in der Regel in der Zeit von 7.30–13 Uhr und 15–20 Uhr **geöffnet.**

Oft kann man das Auto von **Mitarbeitern** betanken lassen und auch bei ihnen **bezahlen.** Dies ist sowohl bar als auch mit Karte möglich.

Wenn eine Tankstelle nicht geöffnet hat, gibt es meist einen **Selbstbedienungsservice,** bei dem entweder mit Kreditkarte und PIN oder mit Scheinen am Automaten bezahlt werden kann.

In Italien gibt es nur zwei Sorten von Kraftstoff: **Benzin bleifrei** (benzina verde) und **Diesel** (gasolio, gebräuchlich ist aber auch diesel). Die **Preise** sind höher als in Mitteleuropa.

Mietfahrzeuge

Es ist überhaupt kein Problem, sich bei Bedarf ein Auto auf Elba zu mieten. Einzige Ausnahme könnte eventuell die Hochsaison sein, für die man besser schon im Voraus **reservieren** sollte. In jedem größeren Ort gibt es mindestens einen Fahrzeugvermieter (eine Auswahl ist bei den „Praktischen Tipps" in den jeweiligen Ortsbeschreibungen aufgeführt), wo man sich stunden-, tage- oder wochenweise ein Auto, aber auch ein Motorrad bzw. ein Moped leihen kann.

Der **Preis** für ein Moped liegt bei 20 bis 30 €, für einen Kleinwagen ab 50 € pro Tag. Im Gegensatz zu den großen Autovermietungen wie Hertz oder Avis ist es auf Elba üblich, **bar** zu zahlen.

Es werden nicht immer nagelneue Fahrzeug angeboten. In jedem Fall sollte man sich vorher vom **technischen Zustand** überzeugen.

Wer sich gleich bei **Ankunft** in Portoferraio ein Auto mieten möchte, kann zu TWN gehen, dem größten, jedoch nicht unbedingt preiswertesten Anbieter auf Elba, der in vielen Orten Filialen hat.

■**TWN,** am Busbahnhof Portoferraio, Tel. (0565) 914666, mobil 329-2736412, Fax 915083, www. twn-rent.it.

Behinderte auf Reisen

Die Inseln des Toskanischen Archipels werden nur allmählich auch für körperbehinderte Reisende ein Urlaubsziel. Auf Elba haben einige **Bed & Breakfast-Unterkünfte** und **Zeltplätze** (siehe Ortsbeschreibungen) den Anfang gemacht. Einige **Strände** besitzen mittlerweile einen behindertengerechten Zugang. Viele **Lokale** liegen zu ebener Erde und haben breite Türen, sodass der Zutritt nicht kompliziert ist, selbst einige Busse verfügen mittlerweile über absenkbare Tritte und breite Türen. Doch generell werden Rollstuhlfahrer bei den **öffentlichen Verkehrsmitteln** nicht ohne fremde Hilfe auskommen. Für solche Fälle empfiehlt sich ein Urlaub mit dem eigenen Fahrzeug, zumal es auch extra ausgewiesene Parkplätze gibt.

Informationen über behindertengerechte Restaurants und Unterkünfte bietet die gut aufgebaute Website **www.ita liapertutti.it** (auch Deutsch).

Ein- und Ausreisebestimmungen

Reisedokumente

Entsprechend dem Schengener Abkommen ist die Einreise nach Italien ohne Grenz- und Zollkontrolle möglich. Für **EU-Bürger** genügt ein gültiges Personaldokument, das noch mindestens drei Monate Gültigkeit besitzt. **Schweizer** benötigen einen Pass oder eine Identitätskarte mit noch mindestens sechs Monaten Gültigkeit. Man beachte auch, dass seit Mitte 2012 **jedes Kind über ein eigenes Reisedokument verfügen muss,** wenn es Deutschland verlässt. Es reicht nicht mehr aus, wenn es im Reisepass eines Elternteils eingetragen ist.

Sicherheitskopie

In jedem Falle empfiehlt es sich, eine **Kopie** sämtlicher wichtigen Dokumente mit auf die Reise zu nehmen. Im Falle eines Verlusts der Originale können sie bei deren Wiederbeschaffung sehr von Nutzen sein und das ganze Prozedere etwas beschleunigen.

Aufenthaltsgenehmigung und Visum

EU-Bürger, die **länger als 90 Tage** in Italien bleiben möchten, benötigen eine Aufenthaltsgenehmigung, Schweizer ein Visum. Dieses kann man zu Hause bei der Botschaft oder dem Konsulat oder am Aufenthaltsort in Italien beantragen.

In Deutschland, Österreich oder der Schweiz lebende **Bürger von Nicht-EU-Staaten** müssen grundsätzlich ein Visum bei der entsprechenden italienischen Botschaft beantragen:

- **In Deutschland:** Hiroshimastr. 1, 10785 Berlin, Tel. (030) 254400, www.ambberlino.esteri.it.
- **In Österreich:** Rennweg 27, 1030 Wien, Tel. (01) 7125121, www.ambvienna.esteri.it.
- **In der Schweiz:** Elfenstr. 14, 3006 Bern, Tel. (031) 3500777, www.ambberna.esteri.it.

Zollfreimengen

Trotz des vereinfachten Warenverkehrs zwischen den Schengen-Staaten gibt es in allen EU- und EFTA-Mitgliedstaaten weiterhin nationale Ein-, Aus- oder Durchfuhrbeschränkungen, z.B. für Tiere, Waffen, starke Medikamente und Drogen (auch Cannabis). **Freigrenzen innerhalb der EU:**

Freimengen innerhalb EU-Ländern

- **Alkohol** (für Personen ab 17 Jahren): 60 l Schaumwein (anderer Wein unbegrenzt nach Deutschland) oder 110 l Bier oder 10 l Spirituosen über 22 Vol.-% oder die gleiche Menge Alkopops oder 20 l unter 22 Vol.-% oder eine anteilige Zusammenstellung dieser Waren.
- **Tabakwaren** (für Personen ab 17 Jahren): 800 Zigaretten oder 400 Zigarillos oder 200 Zigarren oder 1 kg Tabak oder eine anteilige Zusammenstellung dieser Waren.
- **Anderes:** 10 kg Kaffee und 20 Liter Kraftstoff im Benzinkanister.

Freimengen für Reisende aus der Schweiz

■Alkohol (für Personen ab 17 Jahren): 1 l Spirituosen(über 22 Vol.-%) oder 2 l Spirituosen (unter 22 Vol.-%) oder eine anteilige Zusammenstellung dieser Waren, und 4 l nicht-schäumende Weine und 16 l Bier.

■Tabakwaren (für Personen ab 17 Jahren): 200 Zigaretten oder 100 Zigarillos oder 50 Zigarren oder 250 g Tabak oder eine anteilige Zusammenstellung dieser Waren.

■Andere Waren: 10 Liter Kraftstoff im Benzinkanister; für See- und Flugreisende bis zu einem Warenwert von insgesamt 430 €, über Land Reisende 300 €, alle Reisende unter 15 Jahren 175 € (bzw. 150 € in Österreich).

Freimengen bei Rückkehr in die Schweiz

■Alkohol (für Personen ab 17 Jahren): 2 l bis 15 Vol.-% und 1 l über 15 Vol.-%.

■Tabakwaren (für Personen ab 17 Jahren): 200 Zigaretten oder 50 Zigarren oder 250 g Schnitttabak oder eine anteilige Zusammenstellung dieser Waren.

■Anderes: neuangeschaffte Waren für den Privatgebrauch bis zu einem Gesamtwert von 300 sFr. Unter den Nahrungsmitteln gibt es bei vielen land-

Hund und Katze

Für die EU-Länder gilt, dass man eine **Tollwutschutzimpfung** und ein EU-Heimtierausweis *(Pet Passport)* für Hund oder Katze haben muss. Dieser gilt in allen EU-Staaten und im Nicht-EU-Land Schweiz und kostet ca. 15–25 €. Darüber hinaus muss das Tier mit einem **Microchip** gekennzeichnet sein (für Tiere die vor dem 3. Juli 2011 registriert wurden, reicht ihre bestehende Tätowierung aus, wenn diese gut lesbar ist). Näheres erfährt man beim Tierarzt oder auf folgenden Websites:

- **www.bmelv.de** („Verbraucherschutz/Haustieren/Reisen und Verkehr/Reiseplanung mit Tieren").
- **www.bmf.gv.at** („Zoll/Wichtige Einfuhrverbote und Einfuhrbeschränkungen/Reisen mit Tieren").
- **www.zoll.admin.ch** („Information Private/Tiere und Pflanzen").

Einkaufen und Souvenirs

Es gibt auf Elba **kein einheitliches Ladenschlussgesetz** (s. „Öffnungszeiten"), und gerade in den Küstenorten haben die Läden in der Saison bis weit in den Abend geöffnet. Denn schließlich ist es üblich, nach dem Essen noch durchs Örtchen zu schlendern, und dabei kommt man womöglich in Kauflaune. Das Warenangebot ist oft **exklusiv,** es sind durchaus auch ausgefallene Sachen dabei. Zum Ende der Hochsaison werden die Preise allmählich herabgesetzt. Und bevor die meisten Läden im Okto-

122el jc

wirtschaftliche Erzeugnissen innerhalb dieser Wertfreigrenze weitere Mengenbeschränkungen.

Nähere Informationen

- **Deutschland:** www.zoll.de oder unter Tel. (0351) 44834510.
- **Österreich:** www.bmf.gv.at oder unter Tel. (01) 51433564053.
- **Schweiz:** www.ezv.admin.ch oder unter Tel. (061) 2871111.

⌂ Die Flanke vom Capo Poro bei Marina di Campo mit Blick auf Montecristo

ber bis zum nächsten Frühjahr schließen, kann man noch das eine oder andere **Schnäppchen** machen.

In Läden und Restaurants kann man grundsätzlich mit **Maestro-(EC-) und Kreditkarte** zahlen, auf den Märkten und am Strand **bar.**

Supermärkte und Alimentari

In jedem größeren Ort gibt es einen CONAD und/oder einen *COOP.* Dort gibt es alles Notwendige zu annehmbaren Preisen zu kaufen.

In kleineren Orten gibt es den Alimentari, einen kleinen **Lebensmittelladen,** dem alten deutschen Tante-Emma-Laden nicht unähnlich.

Markt und fliegende Händler

Auf Elba gibt es außerdem eine Art „wandernden Markt", der an jedem Wochentag in einem anderen Ort stattfindet (s. „Praktische Tipps" in den Ortsbeschreibungen), immer vom 8 bis 13 Uhr. Dort werden neben etwas Obst und Gemüse vor allem Haushaltsbedarf, Schuhe, Stoffe, Kleidung und Taschen angeboten. Hier hat man die Möglichkeit, einige Waren etwas preiswerter einzukaufen und vielleicht auch zu **handeln,** was auf Elba sonst eher unüblich ist. Doch wenn man es charmant genug anstellt, kann man schon einigen Erfolg haben. Einfacher ist es da mit den **flie-**

genden Händlern, die am Strand und an der Uferpromenade ihre Produkte anbieten, meist Accessoires und große Badetücher.

Kassenbeleg

In Italien ist es gesetzlich vorgeschrieben, den Kassenbeleg der soeben gekauften Waren bis mindestens 500 m nach dem Ort des Einkaufs für eventuelle Kontrollen der **Finanzpolizei** *(polizia fiscale)* mit sich zu führen. Demzufolge sollte man sich in Lokalen die Rechnung aushändigen lassen, nicht nur, um bei einer möglichen Kontrolle keine Strafgebühr zu zahlen, sondern auch um mögliche Schummeleien zu verhindern.

Spezialitätenläden

In vielen Orten sind die Läden mit der Bezeichnung **„Prodotti tipici"** zu finden. Diese Spezialitätenläden bieten oft Häppchen zum Probieren an, oftmals auch typisch toskanische Produkte. Übrigens wird hier auch schon mal ein Mengenrabatt gegeben.

Typisch **elbanische Produkte** sind *Schiaccia Briacca, Corollo, Aleatico* und Wein (s. „Essen und Trinken"), Keramik-Kacheln und Produkte der auf der Insel ansässigen Kosmetik-Firma „Acqua dell'Elba" (www.acquadellelba.it). Läden dieser Marke gibt es in Capoliveri, Marciana Marina (hier gibt es auch eine Art „gläserne Manufaktur"), Marina di Campo, Porto Azzurro und Portoferraio. Sie sind bereits von Weitem an ihrer auffallend türkisfarbenen Aufmachung zu erkennen. Die Produkte wie Seifen, Par-

▷ Ganz offensichtlich ist Elba eine Hochburg exquisiter Bademode

fums, diverse Cremes etc. sind auf rein natürlicher Basis aus den ätherischen Ölen der elbanischen Macchia gewonnen. Seit 2012 sind weitere Kosmetikfirmen entstanden, die mit dem Duft Elbas für sich werben.

Mineralien

Bekannt ist die Insel Elba auch für ihre Mineralien (s. „Land und Leute, Die Mineralien"), die man bei Wanderungen zuweilen auf dem Weg finden kann, wie z.B. **Berg-** und **Gipskristalle.** In den vielen Mineralienläden der Insel sind sie käuflich zu erwerben, oftmals zu schönem Schmuck verarbeitet. Doch Achtung: Viele der angebotenen Stücke (z.B. Bernstein) stammen gar nicht von Elba. Und die für die Insel typischen Mineralien werden seit Mitte der 1980er Jahre auch nicht mehr hier abgebaut.

Elektrizität

Die Stromspannung beträgt auch in Italien **220 Volt.** Allerdings sind viele Stecker (besonders die breiteren von Laptop, Fön oder Rasierapparat) nicht mit den italienischen Steckdosen kompatibel. In diesem Falle kann man sich vor Ort einen **Adapter** *(adattatore)* kaufen. Oft haben auch die Hotels Adapter, die sie den Gästen ausleihen.

Essen und Trinken

Italienische Mahlzeiten

Frühstück

Der typische Tagesablauf eines Italieners sieht kein großes Frühstück *(prima colazione)* vor. Stattdessen nimmt man meist in der Bar den ersten **Kaffee** oder **Cappuccino** des Tages zu sich. Dazu ein *cornetto* (eine Art Croissant), *vuota* (ohne Füllung) oder gefüllt mit *crema* (Vanillecreme), *marmelata* (Marmelade) oder *cioccolata* (Schokolade).

Mittagessen

Zum Mittag *(pranzo)* wird es dann schon etwas üppiger, je nach Appetit Zwei- oder Drei-Gänge-Menüs, vielleicht auch nur eine Pizza, ein belegtes Brötchen *(panino)* oder eine **Bruschetta.** Dies ist geröstetes Weißbrot, mit Knoblauch eingerieben, mit Olivenöl beträufelt und in der klassischen Variante mit frischen Tomaten und Basilikum belegt. Mittagstisch ist grundsätzlich von 12.30 oder 13 bis 14.30 Uhr. Die meisten Lokale schließen zur Siesta und öffnen erst wieder am Abend.

Abendessen

Das Abendessen *(cena),* das es erst ab 19/19.30 Uhr gibt, ist die italienische **Hauptmahlzeit** mit mehreren Gängen und ausreichend Pausen dazwischen. Üblicherweise beginnt es mit einem

Aperitif (*Martini Bianco* oder *Prosecco*) und Antipasti (Vorspeisen); es folgt der erste Gang *(piatto)*, zumeist Pasta, Suppen oder Risotto, dann der zweite Gang *(piatto)*, bestehend aus Fisch oder Fleisch und einer Beilage *(contorno)*. Abschließend isst man Käse *(formaggio)*, Früchte *(frutta)* oder eine Süßspeise *(dolce)* wie *Crema Catalana* oder *Tiramisu*. Endgültiger Abschluss des Mahls ist dann ein Caffè oder ein Digestif.

Das Abendessen braucht seine Zeit, es ist die Mahlzeit mit der Familie und den Freunden, wo nicht nur gegessen, sondern auch viel geredet wird. Und danach geht es, wenn möglich, in die *Passegiata*.

Italienischer Lebensstil – fare una bella figura in passegiata

Es ist nicht nur eine feststehende Redewendung in Italien, sondern auch ein Lebensmotto der Italiener. *Fare una bella figura* heißt auf Deutsch **„eine gute Figur machen"**, und das möglichst in jeder Situation. Zum einen ist es die sprichwörtliche italienische Eleganz und Grandezza, die allen Europäern bekannt ist. Selbst wenn ein Italiener nur ans Meer geht, sieht er immer noch gut aus. Einen „Schlabberlook" wie anderswo sieht man bei den Einheimischen nur im Urlaub. Und sei es nur die Sonnenbrille (selten ein No-Name-Produkt), die der eigentliche Blickfang der Erscheinung ist.

Kein Italiener, der auf sich hält, würde beispielsweise in kurzen Hosen zum **Abendessen** in einem Ristorante erscheinen. Und die Frauen zeigen sich gerne in ihrer Weiblichkeit. Denn oftmals ist der Abend nicht mit dem Abendessen abgeschlossen, sondern wird noch fortgesetzt mit der **Passegiata** den Lungomare entlang, einer Art Verdauungsspaziergang entlang der Uferpromenade. Es gehört einfach dazu, sich zu zeigen, zu sehen und gesehen zu werden. Dabei werden mit anderen Flanierenden, die man vielleicht vom Strand her kennt, ein paar Worte gewechselt. Möglicherweise probiert man noch ein gutes italienisches Eis. Ältere Damen bewundern alle Kleinkinder, die meist schon schlafend in ihren Wägelchen von den stolzen Eltern durch den Abend geschoben werden. Eng umschlungene Paare schlendern vorbei. Die Herren sitzen auf der Ufermauer oder stehen in kleinen Gruppen beieinander und schwatzen über Gott und die Welt.

Und auch das gehört zum *fare una bella figura:* Jeder Italiener kann sich zu jedem beliebigen Thema äußern. **Nichtwissen** wird nur sehr **ungern zugegeben.** Und so kann es auch schon mal vorkommen, dass man an den falschen Italiener gerät, wenn man nach dem Weg fragt. Denn eher schickt er einen in irgendeine Richtung, als dass er zugeben würde, dass er den Weg nicht kennt …

6

Im Lokal

In der Regel sucht man sich seinen Platz im Lokal nicht selbst aus, sondern wartet, bis die Bedienung einen **Tisch zuweist**. Es ist nicht üblich, in einem Ristorante **nur ein Gericht** zu bestellen, in einer Pizzeria ist das schon eher möglich. Der in Mitteleuropa verbreitete **Salat** zum Abend ist eigentlich nicht obligatorisch in der italienischen Küche, jedoch hat man sich auf Elba auf die Urlauber

eingestellt. Zunehmend werden auch **Touristenmenüs** angeboten für 13 bis 20 €; ob diese nun immer kulinarische Hochgenüsse garantieren, sei dahingestellt.

Rechnung, Trinkgeld

Es ist nicht üblich, die Rechnung *(il conto)* zu splitten, es wird erst einmal **alles zusammen** bezahlt. Trinkgeld wird übli-

cherweise nicht gegeben, denn zumeist ist dieses schon mit dem Servizio (10 % des Gesamtpreises) abgedeckt. Dennoch kann man natürlich, wenn man besonders zufrieden war, dies mit einem Trinkgeld honorieren.

Coperto

Ein Begriff, der in vielen Menüs zu finden ist und oft übersehen wird, ist „coperto" (Gedeck). Hiermit ist der **eingedeckte Tisch mit Brot** und/oder Brotstangen gemeint. Gewöhnlich zahlt man hierfür zwischen 1 und 2 € pro Person.

Gastronomische Einrichtungen

Pizzeria

Dies ist wohl das bekannteste unter den italienischen Lokalen. Hier werden neben der Pizza zumeist auch Antipasti, Salate und verschiedene Pastagerichte angeboten. Die beste Pizza kommt natürlich aus dem Holzkohleofen *(Pizza al forno)*.

◁ Spaziergang auf der Promenade in Marciana Marina

Ristorante

Hier geht es **vornehmer** zu, es wird meist in mehreren Gängen gegessen, und man kleidet sich entsprechend. Natürlich ist es hier auch etwas teurer. Oft sind die *Ristoranti* spezialisiert auf Fisch oder Fleisch und bieten eine große Weinauswahl an.

Trattoria

Eine Trattoria ist die **einfachere** und auch **preiswertere Variante des Ristorante,** oft ein Familienbetrieb und spezialisiert auf die regionale Küche. Leider wird sie immer seltener, und was als Trattoria ausgewiesen ist, ist in Wirklichkeit oft ein Ristorante.

Osteria und Birreria

Die Osteria ist eine **volkstümliche Variante der Trattoria** mit einem guten Weinangebot und einfachen, herzhaften Speisen. Sie ist in Italien leider so gut wie ausgestorben (s. Exkurs „Slow statt Fast Food"), und auch auf Elba findet man keine wirkliche Osteria, dafür hier und dort eine **Birreria,** wo es neben diversen Speisen jede Menge verschiedener Biersorten gibt.

Rosticceria

Eine Rosticceria (auch „Tavola Calda", „warme Küche") ist eine Art **Imbiss** mit Sitzplätzen. Dort werden den ganzen Tag über warme Speisen verkauft, meist Pasta, auch zum Mitnehmen.

Bar

Eine Bar findet man **überall,** selbst im kleinsten Ort. Hier gibt es neben Caffè und anderen Getränken meist auch kleine Snacks und *dolci* (süße Teilchen, kleine Kuchen). Wichtig: in vielen Bars gelten **zwei Preise:** *al bar* und *al tavolo.* Ersteres bezeichnet den Preis, wenn man das am Tresen Geordnete auch dort trinkt oder verzehrt. *Al tavolo* bezahlt man, wenn man das Bestellte an den Tischen in oder vor der Bar genießt. Der Preis hierfür kann bis zu dreimal höher sein. Normalerweise hängen in jeder Bar entsprechende Listen aus.

Lokale in diesem Buch

In diesem Buch wird natürlich nur eine **Auswahl** gastronomischer Einrichtungen vorgestellt. In den meisten Orten gibt es noch weitaus mehr Lokale.

Spezialitäten auf Elba

Kulinarische Genüsse haben auf Elba mit *Napoleon* und mit dem Tourismus Einzug gehalten. Vorher war die Küche von dem Wenigen bestimmt, was die Insel selbst bot – vorrangig Fisch, Kräuter, Gemüse, Kastanienmehl, Oliven und natürlich Wein. Heute ist vieles aus der toskanischen und der italienischen Küche nach Elba gelangt. Typisch sind jedoch nach wie vor Gerichte aus **Fisch und Meeresfrüchten.**

Gerichte

Das bekannteste **Fischgericht** auf Elba ist der *Cacciucco,* eine Art Fischeintopf. Frische Fische und Meeresfrüchte werden in einem gut gewürzten Tomatensud auf Brot serviert. Das Ganze ist äußerst reichhaltig und sehr sättigend. *Cacciucco* gibt es nicht jeden Tag, wenn sich also die Gelegenheit ergibt, sollte man nicht zögern.

Ein anderes Fischgericht ist *Stoccafisso alla Riese,* ein Gericht aus eingeweichtem Stockfisch, Knoblauch, Zwiebeln, Petersilie, Paprikapfeffer, schwarzen Oliven und Kapern. Dieses Gericht stammt aus Rio nell'Elba, einem Bergarbeiterdorf im Osten der Insel.

Ebenfalls von dort stammt auch die *Gurguglione,* ein **Gemüse-Eintopf,** der auch gut als Beilage zu Fleischgerichten genommen werden kann.

Ursprünglich gab es keinen oder nur wenig Anbau von **Getreide** auf Elba. Stattdessen verwendeten die Einheimischen die Früchte von **Esskastanien.** Es gilt als sicher, dass spätestens ab dem 14. Jh. die frischen oder getrockneten Früchte zu Mehl verarbeitet und daraus Brot und Kuchen gefertigt wurden. Noch in den 1950er Jahren war Kastanienmehl auf Elba ein Grundnahrungsmittel. Heute kann man den Kastanienkuchen *Castagnaccio* in der Pizzeria

Buchtipp: Mit dem Kauderwelsch-Sprachführer **„Italienisch kulinarisch"** steht man den italienischen Speisekarten nicht mehr hilflos gegenüber und entdeckt so vielleicht ganz neue Genüsse. Erschienen ist er bei Reise Know-How, begleitendes Tonmaterial ist ebenfalls erhältlich.

Castagnacciaio in Portoferraio (s. Ortsbeschreibung) probieren.

Ein anderes typisches Elba-Gebäck ist die **Schiaccia Briaca,** die ebenfalls aus Rio nell'Elba stammt. Es wird aus einem sehr trockenen Teig hergestellt, der nur wenig aufgeht. An Stelle von Eiern werden Pinien und Rosinen verwendet. Da weder tierische Fette noch Hefe verwendet werden, war dies ein für lange Vorratshaltung geeignetes Nahrungsmittel, ideal für die Fischer, die mehrere Tage aufs Meer hinausfuhren, oder auch im Falle von Belagerungen durch Piraten.

Slow statt Fast Food

An manchen Lokalen ist das **Symbol einer Schnecke** zu sehen. Sie steht für die Mitgliedschaft in der Non-Profit-Organisation *Slow Food.*

Slow Food ist eine „weltweite Vereinigung von bewussten Genießern und mündigen Konsumenten, die es sich zur Aufgabe gemacht haben, die **Kultur des Essens und Trinkens** zu pflegen und lebendig zu halten. Sie fördert eine verantwortliche Landwirtschaft und Fischerei, eine artgerechte Viehzucht, das traditionelle Lebensmittelhandwerk und die Bewahrung der regionalen Geschmacksvielfalt" (aus dem Statut). *Slow Food* versteht sich als **Gegenbewegung zu Fast Food,** womit nicht nur die bekannten Restaurantketten gemeint sind, sondern auch die generelle Beschleunigung des Lebens und der Verlust von Traditionen und natürlicher Sinnlichkeit.

Essen ist eine **Form der Sinnlichkeit,** es heißt ja auch „Liebe geht durch den Magen", und die Mitglieder von Slow Food wollen sich wieder auf die Vielfalt der lokalen Gerichte besinnen. So wird zum Beispiel auch das seit 2003 immer im Mai in Marciana Marina stattfindende Fest **„Un Mare di Sapori"** von *Slow Food* ausgerichtet. Seit 2011 vergibt Slow Food auch einen Preis für das beste Gericht während der „Festa dell'Uva" in Capoliveri.

Ihre **Wurzeln** hat die Vereinigung zum einen in den Auseinandersetzungen um den Plan von *McDonald's,* im historischen Zentrum Roms eine Filiale zu eröffnen. Es waren vor allem Redakteure der linken **Tageszeitung „Il Manifesto",** die 1986 auf der Piazza di Spagna eine lange Tafel aufbauten und dort Speisen nach italienischer Tradition servierten. Die andere Wurzel liegt in einer der Untergruppen der Kommunistischen Partei, die sich Mitte der 1980er Jahre gründete und sich **„Arcigola"** nannte. *Gola* bedeutet sowohl „Maul" als auch „Genuss", *arci* kommt von „Associazione Ricreativa Comunista Italiana" (Italienische Kommunistische Freizeitvereinigung). Deren Anführer war *Carlo Petrini,* heute Präsident von *Slow Food.* Beide Bewegungen kamen zusammen und gründeten 1989 in Paris die Vereinigung.

In der Zwischenzeit hatte Arcigola entdeckt, dass die traditionelle **Osteria** in Italien so gut wie nicht mehr existierte. Es wurde in der Altstadt von Bra ein Haus mit schönem Innenhof gekauft und dort eine solche eingerichtet. Die Aktion machte Schule, und bereits 1990 gab *Slow Food* den ersten Führer „Osterie d'Italia" heraus.

Mittlerweile ist *Slow Food* eine **weltweite Organisation,** in der auch Deutschland, Österreich und die Schweiz aktive Mitglieder sind.

Im 19. Jh. begann man, das Brot mit Aleatico zu tränken, was seine charakteristische rote Farbe erklärt. Heute verwendet man zum Süßen auch Zucker statt Honig. Viele Elbaner schwören auf die *Schiaccia Briaca* der Firma „Muti e Lupi", die es in verschiedenen Supermärkten und Läden auf der ganzen Insel zu kaufen gibt.

Seit drei, vier Jahren ist auch anderes Gebäck aufgetaucht wie z.B. die **„Torta di Napoleone"**. Doch bei all diesen handelt es sich um Nachahmungen bzw. moderne Kreationen.

Wein

Schon *Plinius der Ältere* sprach von Elba als Insel, die große Mengen an **Wein** produziert, und so ist es bis heute geblieben. Mittlerweile sind die elbanischen Sorten auch hoffähig geworden; einige führen das D.O.C.-Zeichen.

Der **Elba Bianco** zeichnet sich durch eine strohgelbe bis hell-strohgelbe Farbe aus. Der eher trockene Wein riecht kaum und hat ein mildes Aroma, ist ideal zu Vorspeisen, ersten Gängen mit weißen Fischsoßen und zu gedämpftem Fisch. Er sollte eher jung getrunken werden. Wird er jedoch bei konstanter Temperatur im Keller gelagert, lässt er sich auch im zweiten Jahr noch gut genießen.

Der rubinrote **Elba Rosso** passt gut zu Fischsuppen und Grillfleisch. Er hat einen fruchtigen Geruch und einen trockenen, vollen Geschmack. Bereits als junger Wein ist er wohlschmeckend, jedoch entfaltet er sein Aroma erst nach drei oder vier Jahren guter Lagerung.

Der **Riserva** muss mindestens 24 Monate gelagert sein, damit er seinen trockenen und vollen Geschmack bekommt. Er passt eher zu Braten, Wild und gereiftem Käse. Seine typischen Merkmale sind die intensive rubinrote Farbe und der fruchtig-würzige Geruch.

Ein Wein, der wunderbar zu Kuchen und Gebäck passt, ist der **Elba Moscato.** Er wird zu 100 % aus Muskateller-Trauben gewonnen, welche nach sorgfältiger Auswahl luftgetrocknet werden.

Ein weiterer Dessertwein ist der **Elba Aleatico,** der auch für die *Schiaccia Briaca* und Cremespeisen verwendet wird. Er riecht fruchtig und hat einen kräftigen, würzig-süßen Geschmack. Seine intensiv dunkelrote Färbung kann im Laufe der Jahre zu bernsteinfarben wechseln. Die Trauben für den Aleatico werden nach der Ernte in der Sonne getrocknet, bevor sie weiter verarbeitet werden. Dazu werden gerne die aus der Toscana bekannten *Cantuccini* gereicht. Das doppelt gebackene Mandelgebäck wird dabei in den Aleatico eingetaucht und so genossen.

Feste und Feiertage

In Italien hat jeder Ort seinen Heiligen, dessen Namenstag mit einer feierlichen Prozession und einem anschließenden Fest gebührend begangen wird. Auch das Ausbringen der Saat im Frühjahr, die Weinernte im September, die reifen Kastanien im Oktober, lokale oder regionale Ereignisse aus der Historie oder der Todestag einer wichtigen Person werden gerne als Anlass zum Feiern genommen.

Manch eine *festa* ist im Lauf der Jahre in Vergessenheit geraten und wurde erst in jüngerer Zeit wieder zum Leben erweckt, weil man entdeckte, welch positiven Auswirkungen sie für den **Tourismus** hat, wie beispielsweise das Weintraubenfest Ende September/Anfang Oktober in Capoliveri.

Früher war es üblich, dass der ganze Ort mit Kochen und Backen beschäftigt war, um alle Gäste bewirten zu können. Heute sind die Tische weniger reichhaltig gefüllt, und es wird um eine kleine **Spende** (*offerta*) gebeten, um die Kosten wenigstens teilweise zu decken. Denn die Feste sind inzwischen weit mehr als eine lokale Angelegenheit, es kommen reichlich Gäste, manchmal sind es sogar Massen. Außerdem hat es sich in Italien allmählich herumgesprochen, dass man

Welcher Kaffee darf es sein?

Immer wieder einmal entsteht Verwirrung, wenn ein Tourist einen Kaffee bestellt und einen Espresso bekommt. Es kann auch vorkommen, dass einen der Barista hinterm Tresen etwas erstaunt anschaut, wenn man am Abend in bestem Italienisch einen Cappuccino bestellt. Doch dann hellt sich seine Miene auf, ihm ist klar geworden, dass man Tourist ist. Denn wirkliche Italiener trinken nach 16 Uhr nur noch Caffè, vielleicht auch als coretto oder ristretto ... Damit etwas Licht in das Kaffee-Dunkel kommt, hier also eine kleine Kaffee-Kunde:

■ Wenn man einen **Espresso** möchte, bestellt man einen **Caffè.** Will man stattdessen einen Kaffee wie zu Hause, verlangt man nach einem **Caffè americano.** Das ist ein mit heißem Wasser gestreckter Espresso. Der **Caffè lungo** ist dem ähnlich, jedoch weniger gestreckt, sozusagen ein leichterer Espresso. Wer einen richtig starken Espresso möchte, bittet um einen **Caffè ristretto.** Und dann gibt es noch den **Caffè coretto,** ein Espresso mit Grappa, Sambuca oder Kognak, ganz nach Geschmack.

■ Der **Cappuccino** ist zu einem der populärsten Kaffeegetränke überhaupt geworden. Auch, wenn man ihn fest mit der italienischen Lebensart verbindet, hat er seine Wurzeln doch in **Österreich;** dort mischte man Kaffee mit Schlagsahne, und weil die Farbe dieser Mischung an die Kutten der Kapuzinermönche erinnerte, nannte man das Getränk gleich **„Kapuziner".** Die Italiener nahmen statt des Kaffees einen mit doppelter Wassermenge heiß gebrühten Espresso und statt der Schlagsahne je ein Drittel zu gleichen Teilen heiße Milch und aufgeschäumte Milch. Aus dem Kapuziner wurde der Cappuccino. Serviert wird er in vorgewärmten Tassen.

■ Der **Caffè latte** ist die italienische Variante des Milchkaffees und besteht aus einem doppelten Espresso und heißer Milch. Nur selten wird Milchschaum verwendet. Serviert wird er in einem großen Glas oder einer Schale.

■ **Latte macchiato** heißt übersetzt „befleckte Milch" und ist viel Milch mit etwas Caffè. Er besteht aus drei Schichten. Ganz unten befindet sich die heiße Milch, darüber ein Espresso und darauf der Milchschaum. Versteht der Barista sein Geschäft gut, bleibt der Espresso beim Zugeben in das Glas genau zwischen heißer Milch und Milchschaum hängen; dies kann nur gelingen, wenn Milch und Espresso die gleiche Temperatur haben.

sich auch ganz gut ernähren kann, wenn man von Festa zu Festa reist. Und so weit reicht die Großzügigkeit der Italiener denn doch nicht, dass man einen Festa-Tourismus unterstützt.

Weihnachten und Ostern

Weihnachten und Ostern sind zwei sehr **wichtige Feste** in Italien. Das Sprichwort „Natale con i toi, Pasqua con chi vuoi" („Weihnachten mit den Deinen, Ostern, mit wem du willst") beschreibt sehr gut, wie diese Feste begangen werden. Das Weihnachtsfest wird im Kreis der Familie gefeiert. An **Ostern** sieht es etwas anders aus. Schon gut zwei Wochen vorher werden die Palmzweige für den Palmsonntag gekauft, die dann an diesem Tag in aller Feierlichkeit nach der Segnung nach Hause getragen werden. Am Karfreitag, der in Italien übrigens kein Feiertag ist, gibt es am späten Nachmittag eine feierliche Prozession, meist mit der Madonnenstatue, Kerzen und Rasseln, denn die Glocken sind erst wieder zur Auferstehung am Ostersonntag zu hören. Der Ostermontag wird dann dazu genutzt, um mit Freunden oder der Familie hinaus ins Grüne zu fahren und ein Picknick zu veranstalten, zu dem jeder etwas mitbringt.

Mariä Himmelfahrt

Das **wichtigste Fest** ist jedoch Mariä Himmelfahrt am **15. August.** An diesem Tag hat in Italien alles geschlossen, ausgenommen die Hotels und Lokale am Meer und in den Bergen. Kaum jemanden hält es in den Städten, und allerorten finden **Prozessionen** zu heiligen Orten und Wallfahrtsstätten statt (siehe „Marciana").

Gesetzliche Feste und Feiertage

- **1. Januar:** Neujahr (Capodanno)
- **6. Januar:** Dreikönigstag (Epifania)
- **Ostermontag** (Lunedì di Pasqua); Karfreitag ist kein Feiertag!
- **25. April:** Tag der Befreiung vom Faschismus (Giorno della Liberazione)
- **1. Mai:** Tag der Arbeit *(Festa del Lavoro)*
- **2. Juni:** Tag der Gründung der Republik *(Fondazione della Repubblica)*
- **15. August:** Mariä Himmelfahrt *(Ferragosto)*
- **1. November:** Allerheiligen *(Ognissanti)*
- **8. Dezember:** Mariä Empfängnis *(Festa dell'Immacolata)*
- **25./6. Dezember:** Weihnachten *(Natale e Santo Stefano)*

Regionale Feste

- **Mai:** „Un Mare di Sapori", kulinarisches Event (s. „Marciana Marina")
- **Anfang Mai:** Festa dei Corolli (s. „San Piero")
- **1.–3. Mai:** Kleine Wallfahrt zur Madonna del Monte (s. „Marciana")
- **5. Mai:** Messe zum Todestag *Napoleons* (s. „Portoferraio")
- **Mitte Mai:** Fest der Bergarbeiter (Festa del Cavatore, s. „Capoliveri")

◁ Auf dem Weintraubenfest in Capoliveri

6

- ■ **29. Mai:** San Cristino, Portoferraio
- ■ **29. Mai:** Fest der Ortsheiligen Pietro und Paolo (s. „San Piero")
- ■ **15. Juli:** San Giacomo und San Quirico, Rio nell'Elba
- ■ **Mitte Juli:** Fest der Verliebten (Festa d'Innamorata, s. „Capoliveri")
- ■ **24.Juli:** San Giacomo, Porto Azzurro
- ■ **7. August:** San Gaetano, Marina di Campo
- ■ **12. August:** Santa Chiara (s. „Marciana Marina")
- ■ **15. August:** große Wallfahrt zur Madonna del Monte (s. „Marciana")
- ■ **16. August:** San Roco, Rio Marina
- ■ **8. September:** Beginn der Wallfahrten zur Madonna di Monserrato (eine Woche lang), bei Porto Azzurro
- ■ **Ende September/Anfang Oktober:** Weintraubenfest (Festa dell'Uva, s. „Capoliveri")
- ■ **Ende Oktober/Anfang November:** Festa della Castagna (Poggio)
- ■ **25. November:** Santa Caterina, Marciana

Fotografie

In den größeren Orten gibt es Fachgeschäfte, die alles Notwendige anbieten. Hier können sowohl einfache als auch Digitalfotos gleich bearbeitet werden. Mittlerweile kann man in den meisten Geschäften auch eine Speicherkarte abgeben bzw. die ausgewählten Fotos von einem Speichermedien auf einen dortigen Computer zum Entwickeln überspielen. **Filme,** vor allem Spezialfilme,

sollten besser von zu Hause mitgebracht werden, da sie auf Elba mit Sicherheit nicht ganz so preiswert zu erwerben sind, gleiches gilt für Speicherkarten (s. „Ausrüstung").

Achtung: Das Fotografieren von **Brücken, Häfen und Bahnhöfen** ist in vielen Ländern verboten; auch für Ausstellungen gilt dies häufig. Man sollte hier unbedingt nachfragen.

Dass man beim Fotografieren von **Einzelpersonen** diese zuvor freundlich um Erlaubnis fragt, sollte sich von selbst verstehen.

Geld

Reisekosten

Elba ist das „Sylt der Italiener", d.h., auch wenn es auf Elba in der Nebensaison preiswerter wird, so ist es im Gegensatz zu anderen Regionen in Italien immer noch ein wenig **teurer.** Mit der Umstellung von der Lira auf den **Euro** sind auch hier die Preise kräftig angehoben worden, sodass die Urlauberzahlen mittlerweile leicht rückläufig sind. Italienische Hotelbesitzer und Gastronomiebetreiber wollen diesen Verlust mit Preissteigerungen ausgleichen, obwohl der umgekehrte Weg doch eher wieder Touristen nach Italien locken würde. Einige **Preisbeispiele** (Durchschnittswerte):

- ■ **Kleines Hauptgericht:** 5–7 €.
- ■ **Alkoholische Getränke:** 4–9 €.
- ■ **Unterkunft:** Nebensaison p.P. ca. 50 € im Mittelklassehotel mit Halbpension, über 100 € in der Hauptsaison.

> Typisches Wanderwegschild

6

- **Eintrittspreise** für Museen und andere Sehenswürdigkeiten: 1–6 €.
- **Bustickets:** 1–3,75 € bzw. 8,50 € für ein Tagesticket.

Ermäßigungen

Für **Kinder unter 12** und **Personen über 65 Jahre** ist bei Vorlage eines entsprechenden Ausweises der Eintritt für staatliche Museen und Sehenswürdigkeiten frei.

Wechselkurs

Wechselkurs für den **Schweizer Franken** in Euro: 1 € = 1,23 sFr., 1 sFr. = 0,82 € (Stand: Februar 2014). Wechseln kann man nur in Banken oder in Wechselstuben auf den Flughäfen und auf dem Festland. Auch einige der großen Hotels bieten diesen Service an.

Banken

Die Banken haben von Montag bis Freitag am Vormittag von 8.20 bis 13.20 Uhr und am Nachmittag meist noch einmal von 15 bis 16 Uhr **geöffnet.** Zumeist sind sie nur durch eine **Schleuse** zu betreten, die unter Umständen mit Metalldetektoren ausgestattet ist.

Geldautomaten

Reiseschecks oder Postsparbücher sind für einen Aufenthalt auf der Insel nicht notwendig, denn in allen größeren Orten gibt es Geldautomaten, an denen man mit seiner **Maestro-(EC-)Karte** bis zu 400 € täglich abheben kann. Ob und wie hoch die **Kosten für die Barabhebung** sind, ist abhängig von der kartenaustellenden Bank und von der Bank, bei der die Abhebung erfolgt. Man sollte sich daher vor der Reise bei seiner Hausbank informieren, mit welcher italienischen Bank sie zusammenarbeitet. Im ungünstigsten Fall wird pro Abhebung eine Gebühr von bis zu 1 % des Abhebungsbetrags per Maestro-(EC-)Karte berechnet. Am Wochenende kann es allerdings schon mal vorkommen, dass Geldautomaten nicht funktionieren, was schlicht und einfach daran liegt, dass alles vorhandene Geld bereits verbraucht ist und der Automat erst am nächsten Werktag neu gefüllt wird.

Kreditkarten

In den meisten Lokalen und Geschäften werden Kreditkarten akzeptiert (signalisiert durch das Schild „Carta Sì"). Für das **bargeldlose Zahlen per Kreditkarte** innerhalb der Euro-Länder darf die Hausbank keine Gebühr für den Auslandseinsatz veranschlagen; für Schweizer wird ein Entgelt von 1–2 % des Umsatzes berechnet. Die **Barauszahlung** per Kreditkarte kostet hingegen je nach ausgebender Bank bis zu 5,5 % der Abhebungssumme (am Schalter in der Regel teurer als am Geldautomaten).

Sperrnummern bei Diebstahl und Verlust der Geldkarte s. „Notfälle".

6

Gesundheits-vorsorge

Die gesetzlichen Krankenkassen von Deutschland und Österreich garantieren eine ärztliche Behandlung im akuten Krankheitsfall auch in Italien. Als Anspruchsnachweis benötigen Reisende die **Europäische Krankenversicherungskarte,** die man von seiner Krankenkasse erhält.

Im Krankheitsfall besteht ein Anspruch auf **ambulante oder stationäre Behandlung** bei jedem zugelassenen Arzt und in staatlichen Krankenhäusern. Da jedoch die Leistungen nach den gesetzlichen Vorschriften im Ausland abgerechnet werden, ist es möglich, dass man die Behandlungskosten zunächst **selbst tragen** muss. Und obwohl bestimmte Beträge von den Kassen später erstattet werden, kann ein Teil der finanziellen Belastung durchaus beim Patienten bleiben und zu Kosten in kaum vorhersagbarem Umfang führen. Deshalb wird der Abschluss einer **privaten Auslandskrankenversicherung** dringend empfohlen (s. „Versicherungen").

Bei Abschluss der Versicherung – die es mit bis zu einem Jahr Gültigkeit gibt – sollte auf einige Punkte geachtet werden. Zunächst sollte ein **Vollschutz ohne Summenbeschränkung** bestehen, im Falle einer schweren Krankheit oder eines Unfalls sollte auch der **Rücktransport** übernommen werden, denn der Krankenrücktransport wird von den gesetzlichen Krankenkassen nicht übernommen. Diese Zusatzversicherung bietet sich auch über einen **Automobilclub** an, insbesondere wenn man bereits Mitglied ist. Diese Versicherung bietet den Vorteil billiger Rückholleistungen (Helikopter, Flugzeug) in extremen Notfällen. Wichtig ist auch, dass im Krankheitsfall der **Versicherungsschutz über die vorher festgelegte Zeit hinaus** automatisch verlängert wird, wenn die Rückreise nicht möglich ist.

Zur Kostenerstattung benötigt man **Quittungen** (mit Datum, Namen, Bericht über Art und Umfang der Behandlung, Kosten und Medikamente).

Wasser

Für Elba ist keine spezielle Gesundheitsvorsorge notwendig. Jedoch sollte das Trinken von **Leitungswasser** vermieden werden; es ist zuweilen gechlort.

Das Meerwasser im Mittelmeerraum kann **Hepatitis A oder B** übertragen (beide sind heilbar). Es ist möglich, sich vorher **impfen** zu lassen, die Kosten übernimmt in diesem Fall der Patient.

Medikamente

Spezielle Medikamente sollten auf jeden Fall von zu Hause mitgenommen werden. Von seinem Hausarzt kann man sich beraten lassen, was in die **Reiseapotheke** gehört.

■ Aktuelle **Länderinformationen** zum Thema Gesundheit findet man z.B. im Internet auf der Website **www.crm.de.**

Hygiene

Auf Elba als touristisch erschlossenes Gebiet gibt es hinsichtlich der Hygiene kaum Einschränkungen. Beachten sollte man lediglich, dass das **Leitungswasser** gechlort sein kann und somit als Trinkwasser nicht geeignet ist; zum Zähneputzen kann man es jedoch ohne Bedenken verwenden. Es empfiehlt sich, das Trinkwasser in Flaschen aus dem Supermarkt zu holen. Obst und Gemüse sollte, wie andernorts auch, vor dem Verzehr immer gewaschen werden.

Informations-stellen

Über die Insel Elba, die zur Toskana und damit zu einem der beliebtesten Reiseziele Italiens gehört, sowie über die anderen Inseln des Toskanischen Archipels kann man sich bereits vor der Reise umfassend informieren. Das Staatliche Italienische Fremdenverkehrsamt **ENIT** *(Ente Nazionale Italiano per il Turismo)* versendet auf Anfrage Informationsmaterial, das gewöhnlich innerhalb einer Woche zugeschickt wird. Zusätzlich findet man auf deren Website viele nützliche Informationen und Hinweise zu bestimmten Themen und Veranstaltungen sowie Reisetipps und Smartphone-Apps zu den einzelnen Regionen.

Während ENIT speziell bei der Vorbereitung von Reisen nach Italien hilft, bieten die **Istituti Italiani** ein umfangrei-

ches Programm zur italienischen Sprache und Kultur. Das Angebot reicht von Sprachkursen und Filmvorführungen bis hin zu Ausstellungen und kulinarischen Events.

Auch im **Internet** gibt es viele Seiten zu den Inseln (s. unten); die meisten sind auch auf Deutsch und Englisch aufzurufen. Mittlerweile steht auf vielen Seiten auch meist ein Online-Buchungsservice für Unterkünfte und Fährüberfahrten zur Verfügung.

In Deutschland

■ **ENIT** – Staatliches Italienisches Fremdenverkehrsamt, Barckhausstr. 10, 60325 **Frankfurt a.M.,** Tel. (069) 237434, Fax 232894, www.enit.de.
■ **Istituto Italiano di Cultura Berlin,** Hildebrandstr. 2, 10785 Berlin, Tel. (030) 2699410, www.iic-berlino.de.

> Hier können kleine Wasserfrösche gefahrlos planschen

6

■**Istituto Italiano di Cultura Frankfurt,** Schumannstr. 24–26, 60325 Frankfurt a.M., Tel. (069) 9074515-0, www.iicfrancoforte.esteri.it.

■**Istituto Italiano di Cultura Hamburg,** Hansastr. 6, 20149 Hamburg, Tel. (040) 39999130, www.iichamburgo.esteri.it.

■**Weitere Kulturinstitute** findet man in **Köln** (www.iiccolonia.esteri.it), **München** (www.iicmonaco.esteri.it) und **Stuttgart** (www.iicstoccarda.esteri.it).

In Österreich

■**ENIT** – Staatliches Italienisches Fremdenverkehrsamt, Mariahilferstr. 1b/XVI, 1060 **Wien,** Tel. (01) 505163012, www.enit.at.

In der Schweiz

■**ENIT** – Staatliches Italienisches Fremdenverkehrsamt, Uraniastr. 32, 8001 **Zürich,** Tel. (043) 4664040, www.enit.it.

Auf Elba

■**A.P.T.** *(Azienda di Promozione Turistica),* 150 Via Carducci, 57037 **Portoferraio,** Tel. 0039-0565-930727, www.aptelba.it, www.arcipelago.turismo.toscana.it (auch in Deutsch). Weitere Touristeninfos auf Elba siehe jeweilige Ortsbeschreibungen.

■Elba gehört zur **Provinz Livorno,** über deren Tourismus-Büro ebenfalls Informationen zur Insel angefordert werden können: **A.P.T.** (Azienda di Promozione Turistica), 6 Piazza Cavour, 57100 Livorno, Tel. 0039-0586-204611, www.livorno.turismo.toscana.it (auch in Deutsch).

■**EASY ITALIA** ist ein neuer Service in Italien, bei dem unter 0039-039 039 039 von 9–22 Uhr verschiedene Informationen angefragt werden können. Auch auf Deutsch und Englisch.

Auf den anderen Inseln des Toskanischen Archipels

Gorgona

Die Insel hat keine eigene Touristeninformation, und es ist nicht möglich, sie auf eigene Faust zu besuchen. Die Agentur **Atelier del Viaggio,** Piazza Giovine Italia 15, 57100 Livorno, Tel. 0039-0586-884154, www.atelierdelviaggio.it (nur auf Italienisch), bietet geführte Touren über die Insel an. Die Anmeldung sollte am besten im Frühjahr erfolgen, denn es sind einige Formalitäten erforderlich.

Capraia

■**Associazione Turistica Pro Loco Isola di Capraia,** Via Assunzione 72, 57032 Capraia Porto, Tel. 0039-0586-905138, 905884, www.prolococapraiaisola.it. Italienisch- und englischsprachig.

■**Agenzia Viaggio e Turismo,** Via Assunzione 42, 57032 Capraia Isola, Tel. 0039-0586-905071, www.isoladicapraia.it (bisher leider nur auf Italienisch). Gutes Angebot an Broschüren und Infomaterial auf Italienisch und Englisch über die Insel (u.a. Wanderkarte), Vermittlung von Apartments und Häusern.

Pianosa

Die Insel hat keine eigene Touristeninformation. Besuche sind nur im Rahmen eines Tagesausflugs von Elba aus möglich. Die Veranstalter sind im Kapitel zu Pianosa unter „Praktische Tipps" aufgeführt.

Montecristo

Die Insel hat keine eigene Touristeninformation. Wer sie besuchen möchte, muss sich (am besten im Januar) unter folgender Adresse anmelden: **Corpo**

Forestale dello Stato Ufficio Territoriale per la Biodiversitá, 58022 Folonica Grosseto, Tel. 0039-0565-40611. Dabei sind der Grund für den Besuch und der gewünschte Zeitpunkt mit anzugeben. Jährlich sind etwa 1000 Besucher zugelassen. Die Aussichten, als Tourist einer von ihnen zu sein, sind allerdings sehr schlecht.

Giglio

■ **Pro Loco Isola del Giglio e Giannutri,** Via Provinciale 9, 58012 Giglio Porto, Tel. 0039-0564-809 400, www.isoladelgiglio.it (auch auf Deutsch). Sehr freundlicher Service, italienisch- und englischsprachig. Hier bekommt man auch eine Übersicht mit allen wichtigen Adressen und Telefonnummern.
■ **Reisebüro Agenzia Giglio Multiservizi,** Via Umberto I 26, 58013 Giglio Porto, Tel. 0039-0564-809056, www.gigliomultiservizi.com (bisher nur auf Italienisch). Die Mitarbeiter sind bei der Vermittlung von Apartments und Zimmern behilflich.

Giannutri

■ Der **Pro Loco Isola del Giglio e Giannutri** auf Giglio hält auch Informationen zu Giannutri bereit und gibt Hilfe bei Buchungen von Unterkünften (Adresse s.o.). Viale Monterosa 206, 58100 Grosseto, Tel. 0039-0564-462611, www.lamaremma.info (auch auf Deutsch).

Informationen im Internet

Elba

■ **www.enit.at, www.enit.de, www.enit.it**
Das ist die Seite des italienischen Fremdenverkehrsamtes (s. oben) in verschiedenen Sprachen mit vielen Links und Informationen, u.a. Zugverbindungen, Reisebüros oder Hotels und Campingplätze.

■ **www.aptelba.it**
Diese mehrsprachige Elba-Seite informiert über Unterkünfte, Sport, Erholung und Kultur. Bei den Unterkünften sind Kategorie, Öffnungszeiten, Kontaktadresse und Ausstattung angeführt, bei den Campingplätzen auch die Preise, leider ohne genaue Beschreibung der Lage und der Verkehrsanbindung, dafür jedoch eine direkte Verlinkung. Besonderer Bonus hingegen ist die kurze Beschreibung der Strände und Buchten auf Elba – eine gute Hilfe bei der Urlaubsplanung, vor allem, wenn man mit Kindern Ferien macht.

■ **www.infoelba.net**
Deutschsprachige Webseite mit verschiedenen Informationen u.a. zu Unterkünften, Restaurationen und Wetter, aber auch mit wichtigen Telefonnummern zu Notfällen und evtl. notwendigen Dienstleistungen.

■ **www.italiareisen.de**
Hier sind einige Unterkunftsmöglichkeiten in Feriendörfern und -häusern mit Fotos, Lagebeschreibung und Preisen aufgeführt; diese können auch direkt online gebucht werden.

■ **www.elbanetwork.com**
Leider sind viele Informationen dieser Webseite nur in italienischer Sprache, jedoch sind die für Gäste interessanten Veranstaltungen im Kalender auch auf Deutsch und Englisch beschrieben.

■ **www.elba-online.com**
Eine mehrsprachige Website mit den üblichen Informationen zur Insel, bei den Unterkünften sind die Preise nur teilweise mit angegeben, dafür gibt es jedoch – soweit vorhanden – eine direkte Verlinkung. Zusätzlich sind hier auch gute Tipps für die Anreise zu finden, mit einem Link zum aktuellen Fahrplan der Fähren inklusive Preise und Buchung.

■ **www.elbalink.it**
Mehrsprachige Webseite mit umfassenden Informationen zu Elba inkl. Webcams und aktuellem Wetterbericht.

■ **www.elbanet.eu**
Über diese ebenfalls mehrsprachige Webseite können verschiedene Unterkünfte wie Hotels, B&B oder

auch Ferienwohnungen gebucht werden. Die Betreiber legen laut eigenen Aussagen dabei Wert auf nachhaltigen Tourismus.

■ **www.turismo.intoscana.it**
Auf dieser u.a. auch deutschsprachigen Webseite findet man neben einer ersten Orientierung zu Essen, Trinken und Unterkünften auch Hinweise zu Veranstaltungen auf den Inseln des Archipels wie z.B. Wanderungen zu bestimmten Themen. Außerdem gibt es hier Tipps zu Trekkingtouren, schönen Plätzen sowie aktuelle Nachrichten u.a. im Hinblick auf Umweltbelastungen durch Unglücke wie die *Concordia* vor Giglio oder die giftigen Fässer *Cargo Venezia* vor Gorgona.

■ **www.mucchioselvaggio.org**
Liebevoll zusammengestellte Seite (italienisch) mit Fotografien von damals und heute, u.a. die Traubenfeste in Capoliveri oder die Misswahl von 1958 ...

Die anderen Inseln des Toskanischen Archipels

■ **www.arcipelagodellatoscana.com/de**
Hier erhält man allgemeine Informationen zu den Inseln des Toskanischen Archipels; hilfreich vor allem für die Inseln Gorgona, Montecristo, Giannutri, Capraia und Pianosa, die nicht alle eine eigene Website in deutscher Sprache betreiben.

■ **www.isoladelgiglio.it**
Website zu den Inseln Giglio und Giannutri auch auf Deutsch mit Veranstaltungs-Tipps und einer Liste von Unterkünften. Viele von ihnen sind zur jeweiligen Homepage verlinkt.

■ **www.giglioinfo.de**
Die sehr gut aufgebaute Website bietet neben oft verlinkten Adressen von Unterkünften, Lokalen und Tauchbasen zahlreiche nützliche Infos und Telefonnummern; man kann sich alle touristisch relevanten Infos auch als PDF herunterladen.

Internetcafés

Es gibt in allen größeren Orten ein Internetcafé. Bei Bedarf ist meist auch ein Internetzugang für den eigenen Laptop möglich. Die meisten Internetcafés sind nur in der Hauptsaison geöffnet. Genauere Angaben finden sich in den jeweiligen Ortsbeschreibungen unter „Praktische Tipps".

Lernen und Arbeiten

Italienisch lernen

Natürlich kann der Urlaub auch gut genutzt werden, um Italienisch zu lernen. Die Touristeninformationen auf Elba halten eine Übersicht mit den ortsansässigen **Sprachschulen** bereit, die jedes Jahr aktualisiert wird. Eine Auswahl:

■ **A.B.C. Centro di Lingua e Cultura Italiana,** Loc. Bocchetto 1, Porto Azzurro, Tel. (0565) 920155, www.abcelba.com. Mehrwöchige Sprachkurse für Anfänger und Fortgeschrittene in schöner Umgebung. Die Preise beginnen in der Nebensaison bei 580 € für zwei Wochen Kurs inkl. Unterkunft im Mehrbettzimmer und enden bei 1290 € im August. Natürlich ist es auch möglich, für einen entsprechend höheren Preis ein Hotel oder Apartment zu buchen. Einige der Kurse werden als Bildungsurlaub anerkannt.

■ **Societa Italiamo,** Sitz in Livorno, Tel. (0586) 828364, www.italiamo.it. Es werden unterschiedliche Sprachkurs u.a. auch auf Elba für Anfänger und

Fortgeschrittene ab 190 € Kursgebühr pro Woche angeboten. Hinzu kommen noch die Kosten für Verpflegung und Unterkunft auf dem Zeltplatz Pineta in Lacona (Zelt oder Apartment).

■ Die Sprachschule **Centro Fiorenza** gibt ebenfalls Sprachkurse auf Elba (in Procchio), Tel. (055) 2398274, www.centrofiorenza.com. Von Mai bis September werden ein- bis vierwöchige Kurse ab 200 € für 20 Wochenstunden angeboten. Die Kosten für Unterkunft und Verpflegung kommen noch hinzu.

Arbeiten

Arbeitsmöglichkeiten auf Elba gibt es nur während der Saison in der **Tourismusbranche.** Da es keine zentrale Arbeitsvermittlung gibt, muss man vor Ort nachfragen oder vorab mit möglichen Arbeitgebern Kontakt aufnehmen. Die Chancen sind sehr gering, da die Stellen eher an Familienmitglieder bzw. italienische Saisonkräfte vergeben werden.

⌃ Fast überall kann man Wein mit Aussicht genießen

Medizinische Versorgung

Zu den Voraussetzungen für eine ärztliche Behandlung im Ausland, Kostenerstattung, Impfschutz etc. s. „Gesundheit" sowie „Versicherungen".

Apotheken

Elba hat eine gute medizinische Infrastruktur. In nahezu jedem Ort gibt es eine Apotheke *(farmacia)*, meist schon von Weitem an einem **grün leuchtenden Kreuz** zu erkennen. Die Öffnungszeiten sind Mo bis Sa von 8.30 bis 13 Uhr und 16 bis 19.30 Uhr. Sollte man außerhalb der regulären Öffnungszeiten Medikamente benötigen, so steht an jeder Apotheke ein Plan zu den Bereitschaftsdiensten *(farmacia di turno)*. Viele Medikamente, die man von zu Hause kennt, gibt es übrigens auch in Italien, sie haben aber meist einen anderen Namen.

Medizinische Stationen

Innerhalb der Saison gibt es in vielen Orten eine **guardia medica,** in der angehende Ärzte erste medizinische Hilfe leisten. Eine Liste dieser Stationen ist bei den Touristeninformationen erhältlich.

Krankenhaus

In Portoferraio, Loc. San Rocco, liegt das Krankenhaus der Insel Elba. Es ist im Ort als **„Ospedale"** ausgeschildert. Hier ist auch die einzige Notaufnahme der Insel, **pronto soccorso**.

Ärzte

Wenn es nicht unbedingt ein deutschsprachiger Arzt sein muss, kann man auch in den Hotels und auf den Campingplätzen sowie in den Informationsstellen nachfragen. Die Mitarbeiter dort sind erfahrungsgemäß gern behilflich bei der Suche nach einem Arzt vor Ort.

Beim **ADAC** kann man unter Tel. (089) 767676 die Adressen **deutschsprachiger Ärzte** in der Nähe des Urlaubsortes abfragen.

Deutschsprachige Ärzte
■ **Allgemeinmediziner Dr. Mario Prignacca,** Via 4. Novembre, Porto Azzurro, Tel. Praxis (0565) 95055, Tel. privat 95050.
■ **Allgemeinmediziner Dr. Uwe Penney,** Tel. (0565) 933204, mobil 339-2836494 (Hausbesuche).
■ **Zahnarzt Dr. Kremser,** Calata Italia 26 (Hochhaus), Portoferraio, Tel. (0565) 914498.

> Gasse in Capoliveri

6

Wichtige medizinische Begriffe

- **Durchfall:** *diarrea*
- **Erbrechen:** *vomito*
- **Fieber:** *febbre*
- **Fischvergiftung:** *intossicazione di pesce*
- **Fleischvergiftung:** *intossicazione di carne*
- **Gallenkolik:** *colica biliare*
- **Herzbeschwerden:** *dolori di cuore*
- **Husten:** *tosse*
- **Kopfschmerzen:** *mal di testa*
- **Kreislaufschwäche:** *disturbo circolatorio*
- **Magenschmerzen:** *mal di stomaco*
- **Ohrenschmerzen:** *dolori di orecchio*
- **Sonnenstich:** *insolazione*
- **Zahnschmerzen:** *dolori di dente*

Wichtige Telefonnummern

- **Erste Hilfe:** (0565) 938634
- **Ambulanz:** 118
- **Krankenhaus:** (0565) 926111

Nachtleben

Auf einer touristisch so gut erschlossenen Insel wie Elba gibt es natürlich ein Nachtleben. Außerhalb der größeren Orte Capoliveri, Marina di Campo, Porto Azzurro und Portoferraio findet man an den Zufahrtsstraßen **Clubs und Diskotheken,** die zumeist dem jüngeren Publikum vorbehalten sind. In den Orten selbst gibt es dafür jede Menge **Bars und Cafés,** in denen man sich auf ein spätes Eis oder auf einen Cocktail trifft. Hier wird hin und wieder auch Live-Musik geboten. Außerdem gibt es das **Sommer-Kino,** doch sollte man sich darauf

einrichten, dass die Filme in italienischer Sprache synchronisiert sind (s. Ortsbeschreibungen).

Notfälle

Notfallnummern

- **Erste Hilfe:** (0565) 938634
- **Ambulanz:** 118
- **Krankenhaus in Portoferraio:** (0565) 926111
- **Feuer:** 115 oder (0565) 914222
- **Polizei-Notruf:** 112 und 113
- **Polizeidienststellen/Carabinieri:**
  Capoliveri: (0565) 968401
  Marciana/Marciana Marina: (0565) 99005
  Campo nell'Elba: (0565) 976003
  Porto Azzurro: (0565) 95005
  Portoferraio: (0565) 922200
  Rio Marina/Rio nell'Elba: (0565) 924223

Polizei

Büros der Polizei oder der **Carabinieri** finden sich in jedem größeren Ort, meist in der Nähe des Rathauses.

Fundbüro

Ein Fundbüro *(ufficio oggetti smarriti)* gibt es auf Elba nicht. Sollte man etwas verloren haben, kann man sich im **Rathaus** des jeweiligen Ortes oder bei der **Polizei** erkundigen, ob es möglicherweise dort abgegeben wurde.

Verkehrsunfälle und Pannen

Hat man einen Unfall, so sollte man auf jeden Fall die **Polizei** rufen und nichts unterschreiben, ehe diese eintrifft. Auf eine **Regelung auf privater Ebene** sollte man sich nicht einlassen, denn die angegebene Adresse könnte falsch sein, sodass eine Schadensregulierung im Nachhinein nicht mehr möglich ist. Üblicherweise befindet sich hinter der Windschutzscheibe jedes italienischen Autos Name und Adresse der **Versicherung.** Diese sollte man sich notieren und, wenn möglich, **Fotos** von der Unfallstelle machen.

Man kann sich auch direkt an seinen **Automobilclub** wenden. Hilfe ist für deren Mitglieder teilweise kostenlos. Nachfolgend die drei größten Clubs für Deutschland, Österreich und die Schweiz sowie weitere hilfreiche Adressen und Telefonnummern:

■ **ADAC:** in Italien Tel. (039) 03921041 oder (D-) Tel. (089) 222222.

■ **ÖAMTC:** in Italien Tel. (039) 2104553 oder (A-) Tel. (01) 2512000 bzw. (01) 2512020 für medizinische Notfälle.

■ **TCS:** (CH-) Tel. (022) 4172220.

■ **Italienische Pannenhilfe ACI:** (I-) Tel. 803116, über das Mobilfunknetz 800116800.

■ **Abschleppdienst** *(Soccorso Stradale):* über den *ACI* (s. oben) oder *Servizio di Rimorchio, Romano Brandi,* Portoferraio, Via Carducci 223, Tel. (0565) 914340.

■ **Reparaturwerkstatt:** *Officina Elettrauto Punto Pro & Bosch Car Service,* Loc. Marmi, Tel. (0565) 905037, mobil 340-9439465; die Werkstatt befindet sich bei Literno, von La Pila nach Procchio fahrend auf der rechten Seite, dort gibt es einen Mechaniker und Elektriker sowie einen Karosseriebauer.

Verlust von Geldkarten

Bei Verlust der Kredit- oder Maestro-(EC-)Karte sollte man diese umgehend sperren lassen. Für deutsche Karten gibt es die **einheitliche Sperrnummer 0049-116116** und im Ausland zusätzlich 0049-30-40504050. Für österreichische und schweizerische Karten gelten folgende Nummern:

■ **Maestro-(EC-)Karte:** (A-)Tel. 0043-1-2048800, (CH-)Tel. 0041-44-2712230, UBS: 0041-800-888 601, Crédit Suisse: 0041-800-800488.

■ **MasterCard/VISA:** (A-)Tel. 0043-1-717014500 (MasterCard) bzw. Tel. 0043-1-71111770 (VISA); (CH-)Tel. 0041-58-9588383 für alle Banken außer Crédit Suisse, Corner Bank Lugano und UBS.

■ **American Express,** (A-) Tel. 0049-69-9797 1000; (CH-) Tel. 0041-44-6596333.

■ **Diners Club,** (A-) Tel. 0043-1-5013514; (CH-) Tel. 0041-44-8354545.

Geldnot

Wer dringend eine größere Summe ins Ausland überweisen lassen muss wegen eines Unfalles oder Ähnlichem, kann sich auch nach Italien über **Western Union** Geld schicken lassen. Für den Transfer muss man die Person, die das Geld schicken soll, vorab benachrichtigen. Diese kann es via www.westernuni on.de online über sein Bankkonto versenden oder muss bei einer *Western Union* Vertretung (in Deutschland u.a. bei der *Postbank*) ein entsprechendes Formular ausfüllen und den Code der Transaktion telefonisch oder anderweitig übermitteln. Mit dem Code und dem Reisepass geht man zu einer beliebigen Vertretung von *Western Union* vor Ort (www.westernunion.de „Vertriebsstandort suchen"), wo das Geld nach Ausfüllen eines Formulares binnen Minuten ausgezahlt wird. Je nach Höhe der Summe muss der Absender eine Gebühr ab 4,90 Euro zahlen.

Ausweisverlust/dringender Notfall

Wird der Reisepass oder Personalausweis im Ausland gestohlen, muss man dies bei der örtlichen **Polizei** melden. Darüber hinaus sollte man sich an die nächste diplomatische **Auslandsvertretung** seines Landes wenden, damit einem ein Ersatzausweis zur Rückkehr ausgestellt wird (ohne diesen kommt man nicht an Bord eines Flugzeuges!).

Auch in **dringenden Notfällen**, z.B. medizinischer oder rechtlicher Art, Vermisstensuche, bei Todesfällen o.Ä. sind die Auslandsvertretungen in **Florenz** bemüht, vermittelnd zu helfen.

■ **Deutschland:** Consolato di Germania, Corso di Tintori 3, Tel. (055) 2343543.
■ **Österreich:** Consolato di Austria, Lungarno A. Vespucci 58, Tel. (055) 2654222.
■ **Schweiz:** Consolato di Svizzera, Piazzale Galileo 5, Tel. (055) 222434.

Öffnungszeiten

Geschäfte

Geschäfte sind vormittags **10–13** und nachmittags **17–20 Uhr** geöffnet. Es gibt jedoch **kein einheitliches Ladenschlussgesetz,** und gerade in den Küstenorten haben die Läden bei entsprechenden Urlauberzahlen bis weit in den Abend und auch am Sonntag geöffnet.

Die Supermärkte haben **Mo–Sa 8.30–13.30** und 15.30–20 Uhr geöffnet, **So 8–13 Uhr,** ab Mitte Juni **8–20 Uhr,** auch am Sonntag. In den größeren Orten schließen viele Geschäfte erst spät am Abend. An Wochenenden und Feiertagen sowie in den Monaten Juli und August, wenn besonders viele Urlauber unterwegs sind, haben sie auch schon mal bis Mitternacht geöffnet.

Banken

Die Banken haben **Mo–Fr 8.20–13.20 Uhr** und am Nachmittag meist noch einmal **15–16 Uhr** geöffnet.

Post

Die Postämter haben in der Regel **Mo–Fr 8.15–13.30** und **Sa 8.15–12.30 Uhr** geöffnet. Besonders am Monatsanfang ist hier mit längeren Wartezeiten zu rechnen, da viele Renten an den Postschaltern ausgezahlt werden.

Museen

Museen haben meist **täglich außer So 9–12** und **16–19 Uhr** geöffnet, im Sommer häufig durchgehend. In der Nebensaison kann es in kleineren Orten allerdings auch schon mal vorkommen, dass ein Museum auch zur offiziellen Öffnungszeit geschlossen hat.

Lokale

Lokale haben unterschiedliche Öffnungszeiten; diese sind in den jeweiligen Ortskapiteln unter „Praktische Tipps" zu finden. Die angegebenen **Ruhetage** beziehen sich jeweils auf die Nebensaison; in der Hauptsaison gibt es keine Ruhetage. Die meisten gastronomischen Einrichtungen sind im **Spätherbst und Winter geschlossen.**

Postlagernde Sendungen

Eine postlagernde Sendung hebt die italienische Post **zwei Monate** auf. Sie kann gegen eine kleine Gebühr abgeholt werden. Auf dem Umschlag muss **„poste restante"** vermerkt sowie der Name des Empfängers unterstrichen sein. Bitte bei der Abholung das gültige **Personaldokument** nicht vergessen, ansonsten wird einem die Sendung nicht ausgehändigt.

Post

Porto

Briefe und Karten nach Deutschland, Österreich und in die Schweiz werden mit einer Briefmarke *(francobollo)* im Wert von **0,85 €** (Stand Februar 2014) frankiert. Man sollte mit drei bis sechs Tagen rechnen, ehe die Post am Bestimmungsort ist. Alles, was unter 0,85 € frankiert ist, wird gar nicht erst befördert.

Für **Päckchen** bis 1 kg zahlt man nach Deutschland 23 €, in die Schweiz 20 € und nach Österreich 19 €. Ein 5-kg-Paket nach Deutschland kostet etwa 30 €, in die Schweiz 24 € und nach Österreich 22 €. Die Beförderungszeit beträgt etwa eine Woche.

Briefmarken

Briefmarken erhält man nicht nur auf der Post, sondern auch in den Tabakwarenläden *(Sale e Tabacchi)* bzw. dort, wo man die Postkarten kauft.

Radfahren

Für geübte Radfahrer mit **guter Kondition** ist Elba ein kleines Eldorado mit seinen kurvigen Bergstraßen und der tollen Aussicht. Für weniger konditionsstarke Radler ist das Radfahren auf der Insel nicht zu empfehlen.

Das Gebiet um den Monte Calamita auf der Südosthalbinsel eignet sich sehr gut für **Mountainbike-Touren.** Der Vorteil dieses Gebiets besteht darin, dass die Fahrwege nur für Forstfahrzeuge geöffnet und somit nahezu autofrei sind. Auch im mittleren Teil der Insel und um den Monte Perone im Westen gibt es einige für Mountainbiker geeignete Wege. Die **Kompasskarte** von Elba (s. auch „Ausrüstung") ist hier sehr hilfreich. Die in dieser Karte neben Fahrwegen eingezeichneten Mountainbike-Strecken sind generell gut befahrbar. Alles andere sind Wanderwege, auf denen man sein Fahrrad z.T. sogar tragen muss. Gegebenenfalls sollte man sich vorher bei der Touristeninformation erkundigen, ob die ausgesuchte Strecke auch geeignet ist, oder ob man eine geführte Tour nutzen

sollte. Es ist nicht zwingend notwendig, sein Mountainbike mit nach Elba zu nehmen, wenn man nicht jeden Tag damit unterwegs sein möchte. In den größeren Orten kann man sich für 15 bis 30 € pro Tag ein Rad **ausleihen** (s. Ortsbeschreibungen).

Näheres zu den Möglichkeiten, die **anderen Inseln des Toskanischen Archipels** mit dem Fahrrad zu erkunden, findet sich in den jeweiligen Kapiteln zu den einzelnen Inseln.

Transport

Die Mitnahme eines Fahrrades bei der Anreise per **Flugzeug** kostet 25–50 € pro Strecke. Die Räder müssen für den Flug auseinandergebaut und angemessen verpackt sein.

Wer mit dem **Zug** anreist, sollte rechtzeitig reservieren. Im Nachtzug kostet die Fahrradmitnahme 15 € pro Fahrt. Schwieriger wird es dann mit den italienischen Zügen, wo Räder meist nur in verpacktem Zustand befördert werden dürfen. Weitere Informationen erhält man im Internet unter www.bahn.de oder unter der **Radfahrer-Hotline** der DB, Tel. 01805-151415 (nur März bis Ende November Mo–Fr 8–18 Uhr, Sa 8–12 Uhr).

Reisezeit

Wer die Insel wirklich kennenlernen möchte, sollte mindestens **eine Woche** einplanen, ideal sind jedoch zwei.

Vorsaison

Um die **Ostertage** herum beginnt die Vorsaison. Am Abend ist es noch frisch, doch am Tage werden ab Mai nicht selten bereits Temperaturen um die **25 °C** erreicht. Eine ideale Zeit, um die vielfältige Landschaft der Insel und ihre schönen kleinen Orte zu erkunden. Im Frühjahr ist noch mit **Regentagen** zu rechnen, die jedoch nicht 24 Stunden Dauerregen bedeuten, sondern einen verhangenen Himmel und vereinzelte Schauer.

Das **Meer** erwärmt sich allmählich und hat erst ab Ende Mai eine auch für Italiener annehmbare Badetemperatur von ca. **20 °C** erreicht. Um diese Zeit lassen sich denn auch die ersten italienischen Familien vom Festland auf Elba häuslich nieder.

Die **schönste Reisezeit** ist der **Mai,** wenn die Natur gerade so richtig erwacht und Elba ein duftendes, farbiges Blütenmeer ist. Temperaturen um die

◁ Von Poggio aus gibt es eine gute Radstrecke über den Monte Perone nach Sant'Ilario

■**Buchtipp:** „Wann wohin reisen?", Sachbuch erschienen beim Reise Know-How Verlag

25 °C laden zum Wandern, Baden und Faulenzen gleichermaßen ein. Selbst in höheren Lagen steigt das Thermometer über 20 °C – ideal für Wanderer. Und für Gaumenfreunde gibt es in Marciana Marina im Mai „Un Mare di Sapori", eine Art kulinarische Fiesta.

Hauptsaison

Mitte Juni beginnt die Badesaison. Es wird nahezu unmöglich, eine Unterkunft zu annehmbaren **Preisen** zu finden, an den Stränden wird es lauter (Italiener reden nun mal tatsächlich gern und viel) und enger. Es wird schwieriger, mit dem **Auto** einen Platz auf der Fähre zu bekommen bzw. einen kostenfreien Parkplatz auf der Insel.

Das alles steigert sich bis in den **August** hinein – Ferragosto: Das sind die Ferien des römischen Kaisers *Augustus,* der schon zu seiner Zeit erkannte, dass er im heißen achten Monat seine Soldaten nicht in den Kampf schicken konnte, und stattdessen „Ferien" verordnete. Bis heute ist der August in Italien *der* Ferienmonat, und in den weniger touristischen Regionen und großen Städten haben viele Geschäfte und Lokale geschlossen. Am 15. August ist dann der Höhepunkt erreicht: **Mariä Himmelfahrt.** Ganz Italien hat frei und ist auf dem Weg ans Meer oder schon dort.

Nachsaison

Mitte September beginnt allmählich die Nachsaison, die bis in den Oktober hineinreicht; die Insel leert sich. Es gibt noch viele sonnige und trockene Tage bei ca. **24 °C,** und im **Meer** lässt es sich selbst bei kühleren Lufttemperaturen noch **angenehm baden.**

Außerdem kann die **Ernte** genossen werden, u.a. das Traubenfest in Capoliveri Ende September/Anfang Oktober oder das Kastanienfest in Marciana und Poggio im späten Herbst (siehe Ortsbeschreibungen).

Wer im späten Herbst oder gar im Winter nach Elba kommen möchte, sollte schon vorab seine Unterkunft buchen und sich vergewissern, dass auch eine **Heizung** (und nicht nur eine Klimaanlage) vorhanden ist, denn von November bis März/April kann es ordentlich stürmen und auch schon mal schneien (s. „Land und Leute, Klima").

Sicherheit

Elba mit seiner guten touristischen Infrastruktur ist eine sichere Insel, und die Kriminalitätsrate ist sehr gering. Natürlich ist man immer besser beraten, wenn man seine **Wertsachen** nicht im Auto oder am Strand liegen lässt, sondern sie im Hotelsafe oder in der Unterkunft verwahrt.

Frauen müssen nicht fürchten, belästigt zu werden. Das setzt natürlich voraus, dass man sich in Gesten und Kleidung den Landessitten anpasst, welche auf Elba mittlerweile dem mitteleuropäischen Stil entsprechen.

▷ Mittagsblumen bei Sant'Andrea im Mai

Sport und Erholung

Elba bietet eine **große Vielfalt** an Sport- und Erholungsmöglichkeiten. Populär sind Segeln, Tauchen, Kajakfahren, Surfen, Wandern und Baden. Es werden auch Golf, Reiten, Windsurfen und Paragliding angeboten. Die Sportangebote auf den anderen Inseln des Archipels werden in den Ortskapiteln vorgestellt.

Baden

Baden steht bei den meisten Urlaubern auf Elba selbstverständlich an erster Stelle. In den touristisch erschlossenen Regionen gibt es **bewachte Strände** *(spiaggia in concessione),* an denen es einen Bademeister bzw. Rettungsschwimmer gibt. An diesen Stränden werden **Sonnenschirme und Liegestühle** ausgeliehen. Zur Orientierung: ein Schirm und zwei Liegen kosten in der Nebensaison zwischen 10 und 15 € pro Tag, in der Hauptsaison bis zu 30 €. Kommt man erst am Nachmittag an den Strand, ist der Preis in den meisten Fällen noch verhandelbar. In der Hochsaison allerdings wird am Nachmittag gar nichts mehr zu mieten sein. Die bewachten Strände sind sehr gepflegt und bieten zusätzlich häufig noch folgenden **Service** an: WC und Duschen, Bar oder Strandlokal.

Wenn es warm genug ist, stellen sich auch die **fliegenden Händler** ein, die Accessoires, Badetücher oder frische Kokosnüsse anbieten („Cocco bello" hört man sie schon von Weitem rufen).

Auch **FKK-Strände** gibt es auf Elba, allerdings sind diese etwas abgelegener oder nur vom Meer aus zu erreichen. Die glatt geschliffenen Felsen unterhalb der Straße zwischen Seccheto und Fetovaia an der Westküste sind beispielsweise ausgewiesenes FKK-Gebiet. Weitere Nacktbade-Strände sind in der Elba-Kompasskarte eingezeichnet.

Angeln

Sportangler wie Amateure können sowohl auf dem Meer als auch vom Land aus angeln. Die einzige Ausnahme ist die geschützte Wasserzone vor Portoferraio. Für das Angeln in Küstengewässern braucht man in der Regel **keine Genehmigung;** es ist auch kostenlos. Dennoch ist es besser, sich vorab in der Touristeninformation vor Ort zu vergewissern.

Golf und Minigolf

Zwischen Portoferraio und Porto Azzurro liegt der **Golfplatz** Acquabuona mit neun Löchern. Einen weiteren mit sechs Löchern gibt es am Hotel Hermitage in Biodola. Die Plätze sind eher einfach und nicht sehr groß. Die Ausrüstung ist vor Ort zu mieten.

Minigolfplätze gibt es bei Procchio, in Lacona, bei Rio nell'Elba und Porto Azzurro. Sie sind von der Straße aus gut zu erkennen.

▷ In den Gewässern des Toskanischen Archipels hat schon so mancher einen tollen Fang gemacht

Kajak

Ein Kajak ist ideal, um ein wenig die Küste entlangzupaddeln und Elba von der Seeseite aus zu entdecken. Dabei kann man auch einige Buchten besuchen, die nur vom Meer aus zugänglich sind, und in einige Grotten hineinpaddeln. Vorsicht, hier brüten zuweilen Seevögel.

An vielen Stränden gibt es einen **Kajak-/Bootsverleih** (s. Ortsbeschreibungen), leider nicht ganz so preiswert (ab 10 € pro Stunde). Auf jeden Fall sollte man sich vorher nach den Windverhältnissen erkundigen und sich über mögliche Routen beraten lassen.

Paragliding

Idealer Platz für den Abflug und das Aufsteigen ist der flache Sattel des **Monte Capanne,** mit Aufwindströmungen, die den Drachenflieger bis zu 2500 Meter hoch bringen und drei bis vier Stunden Flugzeit ermöglichen. Der Gipfel des Monte Perone (im Westen) und die Spitze von Volterraio (im Osten) sind als Startplätze ebenfalls gut geeignet, genauso wie die flacheren Gipfel des Monte Orone oder die Ortschaft Norsi (im Süden). In Norsi wird auch Hilfe bei Gleitschirmflügen angeboten: *Giuseppe Brotto,* Tel. (0565) 940096.

Reiten

Die ersten Touristen auf Elba sind noch mit Pferd und Wagen angereist. Die Wagen sind von Autos und Bussen verdrängt worden, doch einige der **Agriturismo-Höfe** (Urlaub auf dem Land) halten noch Pferde und bieten Ausritte an. Ein Reittourismus existiert jedoch nicht, da die Insel dafür etwas zu klein ist. Folgende Anbieter gibt es:

■ **Blandi** (Porto Azzurro, Barbarossa-Bucht), Tel. (0565) 95605.
■ **Fattoria Le Ripalte** (im Süden der Calamita-Halbinsel), Tel. (0565) 935122.
■ **Locanda dell'Amicizia** (Seccheto, oberhalb im Tal von Vallebuia), Tel. (0565) 987051.
■ **Ranch Antonio** (Portoferrraio-Picchiaie), Tel. (0565) 933132.

Segeln

Das Tyrrhenische Meer mit Elba und den anderen Inseln des Toskanischen Archipels ist ein **wunderbares Segelrevier,** abwechslungsreich mit vielen Küsten und Stränden sowie idyllischen Häfen. Die zerklüftete Küste bietet unterschiedliche Windbedingungen, und oft werden hier **Regatten** ausgetragen. So ist es nicht verwunderlich, dass gleich vier deutschsprachige Segelschulen auf Elba eine Niederlassung haben, bei denen der **Segelschein** erlangt werden kann.

■ **Buchtipp:** „Kanu-Handbuch", Sachbuch erschienen beim REISE KNOW-HOW Verlag

⌂ Ein schönes Ziel für Segler: Der kleine Hafen Darsena in Portoferraio

026el jc

■ **Segel Club Elba,** Magazzini (nahe Portoferraio), Tel. (0565) 933288, www.elbasegeln.de, Infobüro Deutschland, Tel. (02204) 68703.

MEIN TIPP: DHH Yachtschule Elba, Le Grotte (bei Portoferraio), Tel. (0565) 933329, www.dhh.de, Infobüro Deutschland, Tel. (040) 444534.

■ **Segel-Zentrum Elba,** Bagnaia (im Nordosten an der Bucht von Portoferraio), Tel. (0565) 961090, www.segelferien.de; Infobüro Deutschland, Tel. (02236) 65505.

■ **Segelschule Elba,** Via Centrale 105, Procchio, mobil 334-3793949 *(Andrea),* www.segelschule-elba.de.

Wer mit dem eigenen Boot anreist, sollte beachten, dass es besonders in den Monaten Juli und August schwierig ist, einen **Platz im Hafen** zu ergattern. **Tanken** können die Boote und Schiffe an der Mole bzw. im Hafen von Portoferraio, Porto Azzurro, Marina di Campo, Marciana Marina und Cavo.

Surfen

Auch Surfer können auf Elba auf ihre Kosten kommen. An den großen Stränden und Buchten gibt es einen oder mehrere Verleiher, wo man sich mit dem nötigen Equipment versorgen bzw. einen Kurs belegen kann. Vor allem die **Bucht von Marina di Campo** und **Lacona** an der Südküste bzw. der Golf von Portoferraio sind bei entsprechenden Windverhältnissen bevorzugte Gebiete.

■ **Buchtipp:** „Yachtsegeln" erschienen in der Praxis-Reihe des REISE KNOW-HOW Verlags

Tauchen

Tauchen ist auf Elba *der* **Trendsport** neben Radfahren und Segeln. So gibt es mittlerweile einige deutschsprachige Tauchschulen (s. Ortsbeschreibungen), in denen auch der **Tauchschein** erworben werden kann. Voraussetzung hierfür ist immer ein ärztliches Attest, das die gesundheitlichen Voraussetzungen für einen Tauchkurs bescheinigt. Es ist sinnvoll, sich dieses Attest bereits in Deutschland zu besorgen.

Das Meeresgebiet um Elba ist **Europas größter Unterwasserpark.** Das Wasser ist klar, und die Temperaturen sind mäßig bis angenehm warm. Flora und Fauna bieten einen außerordentlichen Reichtum. Neben See-Anemonen und Korallen sind es vor allem See-Aale, Zackenbarsche, Langusten, Muränen, Kraken und sogar Delfine, die auf verschiedenen Tauchgängen entdeckt werden können. Zu den interessantesten **Tauchgründen** gehören die Corbelli-Inseln vor der Calamita-Halbinsel (im Südosten), die Formiche della Zanca am Capo von Sant'Andrea (im Nordwesten), der Ogliera-Felsen vor Pomonte (im Westen), Lo Scoglietto westlich der Bucht von Portoferraio (im Norden) und die Grotte alle Coralline am Capo di Fonza (im Süden).

Für Taucher könnte auch die **Webseite www.elba-sentierisubacquei.com** interessant sein. Hier sind einige Tauchwanderungen beschrieben wie z.B. zum Sciogletto vor Portoferraio, oder die Oase der Götter bei der Punta Polveraia. Neben detaillierten Anweisungen über

⌃ Segelboote in der Bucht von Portoferraio

die jeweiligen Tauchorte gibt es auch Informationen zu den hier lebenden Organismen.

Auch die anderen Inseln des Archipels sind zum Teil wunderbare Tauchgebiete, besonders Giglio gilt als wahres Eldorado (s. dort).

Übrigens ist es verboten, unter Wasser **mit Tauchflaschen zu jagen.** Ansonsten ist es erlaubt, mit jeglichem Gerät unter Wasser zu jagen, wobei alle Tiere zur Jagd freigegeben sind. Bis zu 5 kg täglich sind möglich.

Sprache

Viele Elbaner und vor allem jene, die in touristischen Einrichtungen arbeiten, sprechen **Englisch,** einige auch **Deutsch,** sodass die Verständigung auf Elba relativ unkompliziert ist. Dennoch ist es gut, die Landessprache ein wenig zu beherrschen, was Aussprache und einige praktische Wörter/Redewendungen betrifft (s. „Kleine Sprachhilfe" im Anhang dieses Buches).

Telefonieren

Vorwahlen

Um von **Deutschland nach Italien** zu telefonieren, muss man die italienische Landesvorwahl 0039 vorwählen, dann die Vorwahl des italienischen Ortes mit der Null davor und danach die entsprechende Rufnummer.

Auch **innerhalb eines Ortes** muss die Vorwahl immer mitgewählt werden. In diesem Buch sind die Vorwahlen mit aufgeführt.

Will man von **Italien nach Deutschland** telefonieren, ist 0049, nach Österreich 0043 und in die Schweiz 0041 vorzuwählen. Es folgen die Vorwahlnummern ohne Null und die Rufnummer.

Kosten

Telefonate von einem **Hotel** aus kosten ca. 0,25 € pro Einheit. Preiswerter ist es von den ausreichend vorhandenen **Telefonzellen** aus. Dazu werden Münzen oder eine **Telefonkarte** (schedia telefonica) benötigt. Letztere sind für 5 oder 10 € in den Tabacchi oder am Zeitungskiosk (edicola) erhältlich.

Am kostengünstigsten telefoniert es sich zwischen 22 Uhr abends und 8 Uhr morgens.

■**Buchtipps:** „Der bei REISE KNOW-HOW erschienene Sprachführer **„Kauderwelsch Italienisch"** vermittelt erste Sprachkenntnisse, zugeschnitten auf typische Reisesituationen. Mit dem begleitenden Tonmaterial auf Audio-CD, dem AusspracheTrainer, hat man die korrekte Betonung der italienischen Sätze schnell im Ohr. Auch eine Kombination von Buch und Audiomaterial auf CD-ROM für den heimischen PC ist erhältlich, **„Kauderwelsch digital".** Tiefere Kenntnisse der Umgangssprache vermittelt der Band **„Italienisch Slang",** zu dem ebenfalls begleitendes Tonmaterial erhältlich ist.

Auskunft

- Italienische Inlandsauskunft: 12
- Italienische Auslandsauskunft: 176

Handy

Das eigene Mobiltelefon lässt sich in Italien problemlos nutzen, denn die meisten Mobilfunkgesellschaften haben **Roamingverträge** mit den italienischen Gesellschaften *Vodafone, TIM* und *Wind* (GSM 900 und 1800 MHz und 3G) oder *3 Wired* (3 G). Wegen der hohen Gebühren sollte man bei seinem Anbieter nachfragen oder auf dessen Website nachschauen, welcher der Roamingpartner günstig ist, und diesen per **manueller Netzauswahl** voreinstellen.

Nicht zu vergessen sind die **passiven Kosten,** wenn man von zu Hause angerufen wird (Mailbox abstellen!). Der Anrufer zahlt nur die Gebühr ins heimische Mobilnetz, die teure Rufweiterleitung ins Ausland zahlt der Empfänger.

Wesentlich preiswerter ist es, sich von vornherein auf **SMS** zu beschränken, der Empfang ist dabei in der Regel kostenfrei.

Falls das Mobiltelefon **SIM-lock-frei** ist (keine Sperrung anderer Provider vorhanden ist) und man sich länger in Italien aufhält, kann man sich eine örtliche **Prepaid-SIM-Karte** besorgen. Diese inklusive einer neuen Nummer erhält man gegen Vorlage von Personalausweis oder Reisepass sowohl in den Geschäften der *Telecom Italia (TIM)* und von Vodafone als auch in einigen Tabakläden. Zuweilen kann es vorkommen, dass man auch eine Anschrift in Italien nachweisen muss.

Unterkunft

Außerhalb der Ferienzeiten und der Hochsaison ist es relativ einfach, eine Unterkunft zu annehmbaren Preisen zu finden. Dennoch ist es gut, sich **vorab zu informieren** (siehe auch „Informationsstellen") und ggf. auch zu buchen. Denn zum einen bestehen zwischen den einzelnen Unterkünften auf Elba z.T. arge Unterschiede, und das bei gleichen Preisen, zum anderen ist es an warmen Wochenenden und von Ende Juni bis Anfang September schwierig, spontan eine Unterkunft zu finden, geschweige denn eine schöne und preiswerte. Das liegt nicht zuletzt daran, dass viele Urlauber schon bei der Abreise ihre Unterkunft für das nächste Jahr fest buchen.

Es gibt keine zentrale Zimmervermittlung, man kann sich lediglich bei der Touristeninformation ein **Unterkunftsverzeichnis** besorgen, wo die jeweiligen Maximalpreise inkl. eingeschlossener Leistungen aufgeführt sind. Man muss dann selbst anrufen bzw. hingehen. Im Sommer können die Informationen meist auch mitteilen, in welcher Unterkunft es noch freie Kapazitäten gibt.

Hotels

Am häufigsten sind auf Elba Hotels zu finden, vor allem der **Drei-Sterne-Kategorie.** Es gibt auch Vier-Sterne-Hotels, die sehr luxuriös und komfortabel sind, allerdings auch exorbitant teuer. Die Hotels der Drei-Sterne-Kategorie unterscheiden sich voneinander weniger im Preis als vielmehr in der **Ausstattung.**

Einige liegen sehr schön am Meer oder eingebettet ins Grüne, einige verfügen über Pools und Abendrestaurants. Andere wieder können den Luxus eines Gartens oder Fitnessraumes bieten, und wieder andere sind sehr geschmackvoll eingerichtet. Nur für wenige Drei-Sterne-Hotels gelten alle diese Eigenschaften.

Die meisten Hotels **öffnen** kurz vor Ostern und **schließen** im Oktober. Ist ein Hotel jedoch ganzjährig geöffnet, so ist dies bei den jeweiligen Beschreibungen vermerkt.

In der Nebensaison ist es möglich, ein Zimmer inkl. Frühstück oder Halbpension zu buchen. Im **Sommer** besteht oft die **Pflicht zur Halbpension.** Dafür sind durchschnittlich 10 € pro Person mehr einzukalkulieren. In vielen Hotels ist auch **Vollpension** möglich, was dann noch mal zwischen 10 und 20 € zusätzlich kostet. Im August kann es mitunter vorkommen, dass Hotelzimmer nur bei einem **Mindestaufenthalt** von mindestens sieben Tagen zu bekommen sind. Grundsätzlich werden **Ermäßigungen für Kinder** gegeben (Aufbettungen sind möglich), ebenso ab einer bestimmten Anzahl von Tagen.

Jedes Hotel ist verpflichtet, eine **Preisliste** in allen Zimmern auszuhängen. Wichtig: Meist sind dort nicht die Zimmerpreise, sondern die Preise pro Person *(per persona)* vermerkt.

Preiskategorien in diesem Buch

Die in diesem Buch angegebenen Kategorien entsprechen dem **Preis pro Person im DZ inkl. Frühstück** im August, d.h. dem **Höchstpreis.** Die Preise in der Vorsaison sind oft nur halb so hoch.

Ferienwohnungen

Eine andere verbreitete und beliebte Art der Unterkunft sind Ferienwohnungen, die entweder in großen **Apartmentanlagen** oder auch von **Privatpersonen** vermietet werden. Diese sind meist mit allem Notwendigen ausgestattet und gerade von Privatvermietern sehr liebevoll eingerichtet. Man sollte sich aber vorher genau nach der Lage erkundigen. In der Hochsaison wird nur wochenweise vermietet, sonst auch tageweise. Wenn man an Häusern ein Schild mit der Aufschrift „affitarsi" sieht, bedeutet das „zu vermieten". Am besten gleich die angegebene Nummer anrufen, die Besitzer wohnen meist um die Ecke und kommen vorbei. Die Preise zwischen Neben- und Hochsaison sind auch hier sehr unterschiedlich. In den Ortsbeschreibungen ist eine **Auswahl** von Ferienwohnungen mit Preisangaben zu finden.

Andere Unterkünfte

Es gibt bislang weder **Jugendherbergen** noch **Backpacker-Unterkünfte** auf den Inseln.

In den **kleineren Orten** wird man vergeblich Hotels und Pensionen suchen.

Preiskategorien der Unterkünfte in diesem Buch

Preiskategorie ①	20–30 €
Preiskategorie ②	31–45 €
Preiskategorie ③	46–65 €
Preiskategorie ④	66–85 €
Preiskategorie ⑤	ab 86 €

Jedoch kann man dort immer in der **Bar** nachfragen, ob nicht doch jemand im Ort ein Zimmer vermietet.

In den letzten zwei Jahren sind einige **B&Bs** auf Elba entstanden, die zum Teil sehr geschmackvoll sind. In den jeweiligen Ortskapiteln wird gegebenenfalls darauf hingewiesen.

Camping

Es gibt ca. **30 Campingplätze** auf Elba, auf die insgesamt etwa 40 % aller Übernachtungen entfallen. Sie sind an allen Küsten der Insel zu finden, ausgenommen die West- und Nordwestküste.

Die Plätze **öffnen** zu Ostern und **schließen** zwischen Mitte und Ende Oktober, je nach Temperaturen und Urlauberzahlen. Entscheidend ist außerdem ihre Lage; jene an der Südseite der Insel, speziell am langen weißen Sandstrand von Lacona, haben einen größeren Zulauf als jene im Norden. Letztere liegen meist abgeschiedener und sind in schattigen Terrassen oberhalb des Meeres angelegt. Besonders erwähnenswert sind hier die Zeltplätze westlich von Portoferraio und der von Scaglieri.

Außerhalb der Feiertage und der Ferien sowohl in Italien als auch in Deutschland, Österreich und der Schweiz ist es relativ unkompliziert, einen Stellplatz für sein Zelt oder den Wohnwagen zu bekommen. Ansonsten sollte man jedoch immer **reservieren.**

Die **Ausstattung** mit kleinem Supermarkt und Bar/Restaurant gehört zum Standard. Einige der Campingplätze bieten sogar Internetzugang, auch mit WLAN, und Extraprogramme für Kinder an.

Mittlerweile ist es auch üblich, **Bungalows und Apartments** zu vermieten, die allerdings von unterschiedlicher Qualität sind.

Bei den Ortsbeschreibungen in diesem Reiseführer sind einige **ausgewählte Campingplätze** beschrieben, zumeist auch unter Angabe der Internetadresse.

Weitere Informationen erteilt die Associazione Campeggi Isola d'Elba:

■ **Associazione Campeggi Isola d'Elba,** Calata Italia 26, Portoferraio, Tel. (0565) 930208. Auf der Website www.campingelba.net (auch auf Deutsch) sind alle wichtigen Informationen zu finden inklusive der aktuellen Preise.

Wildcampen und Wohnmobil-Stellplätze

Das wilde Campen auf Elba ist **verboten,** zumal auch gut 50 % der Insel unter Naturschutz stehen. Ebensowenig ist es gestattet, mit seinem Wohnmobil nach Belieben für die Nacht Position zu beziehen, was unter anderem an der äußerst knappen Parkplatzsituation auf der Insel liegt. Hier wird auf die Campingplätze verwiesen.

Es besteht die Möglichkeit, seinen **Wohnanhänger auf Elba zu lassen.** In diesem Falle wendet man sich an *Cantiere Nautico,* Loc. Pian di Mezzo, 57034 Marina di Campo, Tel. (0565) 976402, mobil 335-367889; Kosten um die 200 €. Auch das Unterstellen von Booten ist möglich.

▷ Auch in der schönen Bucht von Biodola finden sich Campingplätze

Preise

Wie alles auf Elba, ist auch ein Campingurlaub **nicht ganz preiswert.** Generell ist pro Tag mit folgenden Kosten zu rechnen: 7–14 € pro erwachsener Person, 7–18 € pro Zelt, 9–19 € für Wohnwagen/-mobil. Haustiere und Pkw-Parkplätze werden mit 2–6 € pro Tag extra berechnet. Der niedrigste Preis bezieht sich auf die Vor- bzw. Nebensaison, der höchste Preis auf die Hauptsaison. In diesem Reiseführer sind nur Preise für Erwachsene angegeben, die Preise für Kinder sind niedriger, Kosten für Auto, Energie und evtl. Haustiere kommen noch hinzu.

Die Unterschiede zwischen den einzelnen Plätzen liegen nicht vordergründig im Preis, sondern in der **Ausstattung,** d.h., es gibt einige Unterschiede im Preis-Leistungs-Verhältnis. Bei allen Campingplätzen im Buch sind die Internetadressen mit angegeben. Es empfiehlt sich, dort vorab nachzuschauen, denn meist gibt es von Jahr zu Jahr Preisänderungen und neue Sondertarife.

Unterwegs mit Kindern

Für Eltern mit Kindern ist Elba ideal für einen **Strandurlaub.** Mit Kleinkindern sollte man allerdings sein Quartier in der Nähe eines Sandstrandes beziehen, denn Kiesel- oder Steinstrände sind meist weniger geeignet. Da das Wetter von Mai bis September relativ konstant ist und kaum Niederschläge fallen, ist der Strandurlaub ziemlich gesichert.

Wer plant, mit seinen Kindern auf der Insel **Radtouren** zu unternehmen, sollte beachten, dass die Straßen nicht sehr breit, dafür kurvig und daher schwer einsehbar, bergig und in den Hauptreisemonaten auch immer befahren sind.

Will man nicht jeden Tag an den Strand, bieten sich die folgenden **Alternativen** an: die Mineralienausstellung mit Minenbesuch (s. „Rio Marina"), eines der größten Aquarien des Mittelmeergebietes (s. „Marina di Campo"), einige Bootsausflüge, Tretboot- und Kajakfahrten (s. Ortsbeschreibungen), eine Seilbahnfahrt auf den Monte Capanne (s. „Marciana") sowie verschiedene leichte bis mittelschwere Wanderungen (siehe Ortsbeschreibungen).

Verhaltenstipps

Die kleine Insel Elba mit ihren vielen Gästen gibt sich weltoffen und tolerant. Und so gibt es hier auch **keine strikten Verhaltensregeln,** die einen zur *persona non grata* erklären, wenn man sie nicht einhält. Italiener reden zwar viel und gern, doch in die Angelegenheiten anderer Personen mischen sie sich nicht ein. Es wird wohl beobachtet und im Stillen kritisiert, jedoch nicht öffentlich und direkt. Es ist der *respect alla italiana*. Das bedeutet auch, man tritt allen Fremden mit Respekt gegenüber und erwartet Gleiches von ihnen.

Womit sich die Italiener hingegen gar nicht zurückhalten, das sind **Komplimente.** Diese gehören zu einer guten Konversation dazu, werden gerne gegeben und auch genauso gern entgegengenommen.

Für einen Restaurantbesuch am Abend sollte man sich schon entsprechend kleiden (s. Exkurs „Italienischer Lebensstil"), und wenn der Rotwein umkippt, nicht gleich nach dem Salz rufen, um die Tischdecke zu retten, sondern erst mal mit dem Finger den verschütteten Wein hinter die Ohren tupfen. Das bringt Glück! Wenn man sich zuprostet, dann immer mit der rechten Hand das Glas halten, sonst würde es bedeuten, dass man dem Gegenüber Unglück wünscht. Um Unglück abzuwehren, macht man eine Faust und spreizt Zeige- und kleinen Finger ab und zeigt damit nach unten. Es ist das Symbol für (Stier-)Hörner, die im Süden Italiens, meist aus roter Koralle, an einer Kette getragen oder am Autospiegel aufgehängt sind. Viele Italiener sind **abergläubisch.**

Seit 2006 darf in allen gastronomischen Einrichtungen nicht mehr **geraucht** werden. Offene Terrassen und Freisitze zählen jedoch nicht dazu.

◁ Wanderungen machen auch Kindern Spaß, wenn man dabei so interessante Geschöpfe wie die Gottesanbeterin entdeckt

■ **Buchtipp:** „Respektvoll reisen", erschienen in der Praxis-Reihe des Reise Know-How Verlags.

Verkehrsmittel

Bus

Einziges öffentliches Verkehrsmittel auf Elba ist der Bus. Das zentrale Büro der Gesellschaft ATL befindet sich gleich am Busbahnhof von Portoferraio, wo auch **aktuelle Fahrpläne** zum Mitnehmen ausliegen (Tel. (0565) 914392 oder 914783). Bei den Fahrplänen wird zwischen **Sommer- und Winterfahrplan** unterschieden. Der Sommerfahrplan *(orario estivo)* gilt für die Hauptsaison. Er beginnt mit den Ferien Mitte Juni und dauert bis Mitte September. Den Rest des Jahres gilt der Winterfahrplan *(orario invernale)*. Für die Wochentage Montag bis Samstag gilt der *orario feriale* (werktags), am Sonntag der *orario festivo* (feiertags).

Hauptverkehrsknotenpunkt für den Busverkehr ist **Portoferraio.** Von hier aus fahren Busse in den Westen, in den Süden nach Lacona und in den Osten der Insel. Eine direkte Verbindung zwischen dem Westen und dem Süden gibt es nicht. Alle Busse fahren über Portoferraio, wo man evtl. umsteigen muss.

Abfahrtszeiten aus Portoferraio

In der **Nebensaison** fahren die **letzten Busse:**
- **Bagnaia:** Mo–Sa 13.20 Uhr, So und feiertags 14.10 Uhr.
- **Capoliveri, Cavo, Porto Azzurro, Rio nell'Elba, Rio Marina:** Mo–Sa 18.35 Uhr, So 18.30 Uhr.
- **Lacona:** Mo–Sa 14.10 Uhr, So und feiertags 13.10 Uhr.

- **Marina di Campo:** Mo–Sa 18.10 Uhr, So und feiertags 18.30 Uhr.
- **Pomonte, Fetovaia:** Mo–Sa 18.10 Uhr, So und feiertags 16.40 Uhr.
- **Poggio:** Mo–Sa 18.10 Uhr, So und feiertags 18.30 Uhr.
- **Procchio, Marciana Marina, Marciana:** Mo–Sa 18.10 Uhr, So und feiertags 18.30 Uhr.
- **San Piero, Sant'Ilario:** Mo–Sa 17 Uhr, So und feiertags 16.40 Uhr.
- **Viticcio:** Mo–Sa 14.10 Uhr.

In der **Hochsaison** fahren die **letzten Busse** wie folgt:
- **Bagnaia:** Mo–Sa 17.45 Uhr, So und feiertags 17.25 Uhr.
- **Capoliveri, Porto Azzurro:** Mo–Sa 20 Uhr, So und feiertags 18.30 Uhr.
- **Cavo, Rio nell'Elba, Rio Marina:** Mo–Sa 18.40 Uhr, So und feiertags 18.30 Uhr.
- **Lacona:** Mo–Sa 18.45 Uhr, So und feiertags 13.10 Uhr.
- **Marciana, Poggio, Pomonte, Fetovaia:** tägl. 18.15 Uhr.
- **Procchio, Marciana Marina, Marina di Campo:** Mo–Sa 20 Uhr, So und feiertags 18.30 Uhr.
- **San Piero, Sant'Ilario:** tägl. 18.25 Uhr.

Fahrpreise

- **Kinder unter 4 Jahren:** kostenlos.
- **Portoferraio – Marina di Campo, Capoliveri, Porto Azurro:** 2,10 €.
- **Portoferraio – Procchio:** 1 €.
- **Portoferraio – Cavo, Pomonte:** 3,40 €.

Elba Card

Auf dem **Tagesticket** *Elba Card* für 8,50 € muss man seinen Namen und das Datum für den Tag, an dem das Ticket genutzt wird, eintragen. Es gilt auf allen Strecken, auch im Stadtverkehr, und ist bestens geeignet, um eine Inselrundfahrt mit Zwischenstopps zu unternehmen.

Taxi

Anreisende finden **Taxistände** am Flughafen La Pila und am Hafen von Portoferraio. Eine Fahrt von Portoferraio nach Marina di Campo kostet für bis zu vier Personen ca. 30 €, für fünf bis acht Personen ca. 45 €. In allen größeren Orten der Insel gibt es Taxi-Unternehmen (s. Ortsbeschreibungen).

Versicherungen

Für alle abgeschlossenen Versicherungen sollte man die **Notfallnummern** notieren und mit der **Policenummer** gut aufheben! Bei Eintreten eines Notfalles sollte die Versicherungsgesellschaft sofort telefonisch verständigt werden!

Auslandskrankenversicherung

Da die gesetzlichen Krankenkassen die Behandlungskosten im Ausland nicht immer rückerstatten (s. „Gesundheit"), ist der Abschluss einer privaten Auslandskrankenversicherung **dringend empfohlen.** Diese sollte eine zuverlässige Reiserückholversicherung enthalten, denn der Krankenrücktransport wird von den gesetzlichen Krankenkassen nicht übernommen.

Der Abschluss einer **Jahresversicherung** ist in der Regel kostengünstiger als mehrere Einzelversicherungen. Günstiger ist auch die **Versicherung als Familie** statt als Einzelpersonen. Hierbei sollte man jedoch die Definition von „Familie" genau prüfen.

Andere Versicherungen

Ob es sich lohnt, weitere Versicherungen abzuschließen, ist individuell abzuklären. Gerade diese Versicherungen enthalten viele **Ausschlussklauseln,** sodass sie nicht immer sinnvoll sind.

Ist man mit dem eigenen Fahrzeug unterwegs, ist der **Europaschutzbrief** eines Automobilclubs eine Überlegung wert. Für die Schweiz gilt: Tritt man erst in der Notsituation in den Club ein, gilt diese Mitgliedschaft auch nur für dieses Land, und man ist in der Regel verpflichtet, fast einen Jahresbeitrag zu zahlen, obwohl die Mitgliedschaft nur für einen Monat gültig ist.

Die **Reiserücktrittsversicherung** für 35–80 € lohnt sich nur für teure Reisen und für den Fall, dass man vor der Abreise einen schweren Unfall hat, schwer erkrankt, schwanger wird, den Arbeitsplatz verliert bzw. einen neuen antreten muss, die Wohnung abgebrannt ist u.Ä. Nicht gelten hingegen: Terroranschlag, Streik, Naturkatastrophe etc.

Die **Reisegepäckversicherung** lohnt sich selten, da z.B. bei Flugreisen verlorenes Gepäck oft nur nach Kilopreis und auch sonst nur der Zeitwert nach Vorlage der Rechnung ersetzt wird. Wurde eine Wertsache nicht im Safe aufbewahrt, gibt es bei Diebstahl auch keinen Ersatz. Kameraausrüstung und Laptop dürfen

6

beim Flug nicht als Gepäck aufgegeben worden sein. Gepäck im unbeaufsichtigt abgestellten Fahrzeug ist ebenfalls nicht versichert. Die Liste der Ausschlussgründe ist endlos ... Überdies deckt häufig die Hausratversicherung schon Einbruch, Raub und Beschädigung von Eigentum auch im Ausland. Für den Fall, dass etwas passiert ist, muss der Versicherung als Schadensnachweis ein Polizeiprotokoll vorgelegt werden.

Eine **Privathaftpflichtversicherung** hat man in der Regel schon. Hat man eine **Unfallversicherung,** sollte man prüfen, ob diese im Falle plötzlicher Arbeitsunfähigkeit aufgrund eines Unfalls im Urlaub zahlt. Auch durch manche (Gold-)**Kreditkarten** oder eine **Automobilclubmitgliedschaft** ist man für bestimmte Fälle schon versichert. Die Versicherung über die Kreditkarte gilt jedoch meist nur für den Karteninhaber!

⌃ Elba kann man auf mehr als einer Wanderung entdecken

124el jc

derung über die Gipfel im Osten der Insel und eine Wanderung auf den **Monte Capanne,** den mit 1018 m höchsten Berg Elbas (s. „Monte Capanne").

Außerdem gibt es schon seit Ende der 1990er Jahre die Möglichkeit, auf dem altem Pfad der **Grande Traversata Elbana** *(GTE)* die Insel in drei bis vier Tagen zu durchqueren. Der bequeme Pfad stammt noch aus der Zeit, als man die Insel ausschließlich zu Fuß oder mit dem Esel durchquerte und das Straßennetz noch nicht ausgebaut war. Man braucht aber nicht die Insel zu durchqueren, um auf dem GTE zu wandern, denn viele Halbtags- oder Tageswanderungen führen zumindest teilweise auf der Traversata entlang.

Ausrüstung

Wer auf Elba wandern möchte, braucht auf jeden Fall gute **Wanderschuhe,** die knöchelhoch sein und ein gutes Profil aufweisen sollten. Speziell im Westen der Insel haben einige Wanderungen schon leicht alpinen Charakter. Desweiteren empfiehlt sich eine **Kopfbedeckung,** denn schon im Mai kann es in der schattenarmen Macchia sehr heiß sein, wenn die Sonne von oben brennt. Wer es gewohnt ist, mit **Wanderstöcken** zu gehen, kann sie auch nach Elba mitnehmen, denn bei manchen An- und Abstiegen stellen sie schon eine enorme Hilfe dar. Wanderer sollten stets ausreichend **Trinkwasser** mit sich führen (mindestens einen Liter), denn es gibt nur wenige Quellen auf Elba, und im Sommer sind diese häufig versiegt. Im Frühjahr und Herbst gehört auch eine **Regen- oder Windjacke** mit ins Gepäck.

Wandern auf Elba

Die größte Insel des Toskanischen Archipels wird zunehmend auch von Wanderern entdeckt. Aufgrund der landschaftlichen und geologischen Vielfalt gibt es hier verschiedenste Wanderungen, die von sehr leicht bis anspruchsvoll reichen, wobei der **Westen** mit seinen Tälern und zerklüfteten Felsen für viele das interessantere Wandergebiet ist. In jedem Fall lohnend ist eine Höhenwan-

Praktische Reisetipps von A bis Z

6

Diese kann außerdem ein guter Windschutz bei einer Rast speziell in größeren Höhen sein, denn hier kann der Wind schon ordentlich blasen. Als **Wanderkarte** empfiehlt sich die Kompasskarte Nr. 650 „Isola d'Elba" im Maßstab von 1:30.000. Im Gegensatz zu vielen anderen Elba-Karten verfügt diese über Höhenlinien (siehe auch „Kartenmaterial").

Geführte Touren

Elba gehört zum **Nationalpark des Toskanischen Archipels,** der seit den 1990er Jahren besteht. Das Hauptbüro ist in Portoferraio, Viale Elba 4 am Busbahnhof, Tel. (0565) 919494 oder 918809, www. isoleditoscana.it. Dort gibt eine **Liste aller Guides,** die geführte Touren (auch auf den anderen Inseln des Archipels) anbieten. Um Preis und Termin muss man sich selbst kümmern. Folgende Guides bieten auch Führungen auf Deutsch an:

■ **Simone Galetti** (Wanderungen, Mountainbike, Kajak und Sea-Watching auf Elba und Pianosa), Tel. (0565) 933017, mobil 329-61118202.

■ **Jean Claude Pucci** (Wanderungen, Mountainbike, Kajak und Sea-Watching auf Elba, Giglio, Capraia, Pianosa und Giannutri), Tel. (0586) 427591, mobil 333-4736560.

■ **Anna Rosa Valencich** (Wanderungen, Mountainbike und Sea-Watching auf Elba, Giglio, Capraia, Pianosa und Giannutri), Tel. (0565) 918780, mobil 328-6712973.

029el jc

Außerdem gibt es in jedem größeren Ort mindestens ein **Reisebüro** *(agenzia di viaggio)*, das ebenfalls geführte Touren anbietet (s. Ortsbeschreibungen), selten jedoch auf Deutsch oder Englisch.

Die Wandermöglichkeiten auf den **anderen Inseln** des Toskanischen Archipels sind in den jeweiligen Inselkapiteln beschrieben.

Seit 2012 findet jährlich das **Tuscany Walking Festival** statt, wozu auch die Insel Elba und der Toskanische Archipel zählen. Unter www.tuscanywalkingfestival.it (italienisch und englisch), findet man das komplette Angebot zu den geführten Wanderungen. Diese widmen sich meist einem bestimmten Thema und finden auf Elba sowie den anderen Inseln Ende April/Anfang Mai sowie Ende Oktober/Anfang November statt. Es ist ein kleiner Unkostenbeitrag zu leisten, im Austausch dafür erfährt man jedoch viel Wissenswertes.

Zeitungen und Zeitschriften

Neben „BILD" sind auch die großen deutschen Tageszeitungen wie „Die Süddeutsche" oder die „FAZ" auf Elba an allen großen Zeitungskiosken *(edicola)* erhältlich, meist sogar am Erscheinungstag. Verspätungen können sich nur durch Feiertage ergeben. Gleiches gilt für die Wochenzeitschriften „Der Spiegel" und „Die Zeit".

Von April bis Oktober erscheint alle zwei Monate, in der Hochsaison monatlich, das kleine Heft **„Pronto nell'Elba"** (www.prontoelba.it). Hier sind auf Italienisch und Deutsch alle wichtigen Ereignisse, Feste, Markttage und wichtigen touristischen Adressen festgehalten. Das Heftchen liegt entweder in der Touristeninformation aus oder ist für 2,50 € am Zeitungskiosk zu erhalten.

Die seit den 1980er Jahren von der Deutschen *Elvira Korff* halbjährlich herausgegebene Zeitschrift **„Elba Spiegel"** mit interessanten Beiträgen zu Kultur und Geschichte, Land und Leuten, ist im Sommer 2009 verkauft worden. Es war angekündigt, dass er weiter erscheinen würde, jedoch ist das bisher (Februar 2014) nicht der Fall.

◁ Wanderung durch zerklüftete Felslandschaften am Südhang des Monte Capanne

7 Land und Leute

Die Inseln des Archipels sind vor allem im Frühjahr ein wahres Blütenmeer. Landschaftlich reicht die Vielfalt von versteckten Buchten über Weinhänge bis zu alpinem Gelände. Geologisch Interessierte könnten sich auf Elba wie im Mineralienhimmel fühlen, denn es gibt hier mehr als 150 Sorten, darunter Bergkristalle, Malachite und Turmaline. Geschichtlich war Elba Niemandsland bis Napoleon Bonaparte hier sein erstes Exil verbrachte und der Tourismus Einzug hielt. Elba und die Inseln des Toskanischen Archipels – das ist vor allem Vielfalt und eine Schönheit, die sich zumeist erst im Verweilen offenbart.

◁ Am kleinen Hafen von Cotone in Marciana Marina

Lage und Entstehung

Elba liegt im **Tyrrhenischen Meer** (der Teil des Mittelmeeres zwischen Italiens Westküste, Sardinien und Sizilien); es hat eine **Fläche** von 223 km². Die Ost-West-Ausdehnung beträgt ca. 28 km, die Nord-Süd-Ausdehnung an der breitesten Stelle ca. 18 km. Von der Ostküste der Insel bis nach Piombino sind es 10 km. Die Entfernung zwischen der Westküste Elbas und Korsika beträgt 55 km.

Elba und die anderen Inseln des Toskanischen Archipels liegen zwischen dem italienischen Festland und der Ostküste Korsikas. Entstanden sind sie durch das Aufeinandertreffen der europäischen und der afrikanischen **Kontinentalplatten.**

Erdgeschichte

Oligozän

Im Oligozän (vor ca. 34 bis 23 Mio. Jahren) war das heutige Gebiet der Insel Elba noch vom **Meer** überflutet und bestand aus einer Schicht von Flyschsedimenten mit darunter abgelagertem Tonschiefer und verschiedenen Kalken.

Miozän

Im darauf folgenden Miozän (es endete vor 5,3 Mio. Jahren) bildete sich im Untergrund eine granitische **Schmelze,** die langsam nach oben drang. Wie eine

Kuppel schob sie sich durch das darüber liegende Sedimentgestein und nahm dieses mit empor. Bei Durchbrechen der Meeresoberfläche kam es auch zu Veränderungen aufgrund des Temperaturwechsels, wobei sich größere Schollen ablösten und in Richtung Osten glitten. Das Monte-Capanne-Massiv entstand. Doch auch im Osten stieg eine granitische Schmelze auf, und es bildete sich eine weitere Aufwölbung. Diese bewirkte einen Gegenstau und kontaktmetamorphe (temperaturbedingte) Veränderungen in der Zusammensetzug des Gesteins. Das im Osten bereits vorhandene Gestein erfuhr durch den eindringenden Granit eine Veränderung, sodass es in diesem Teil der Insel Elba besonders viele Mineralien- und Magnetitvorkommen gibt. Der gesamte Prozess war vor ungefähr 7 Mio. Jahren abgeschlossen.

Pliozän

Im Pliozän (vor 5,3 bis 1,8 Mio. Jahren) bestand das Gebiet der heutigen Toskana aus einer Vielzahl kleiner **Inseln,** deren westlichste das heutige Elba war. Wie Elba sind auch Giglio und Montecristo Granitmassive, die ungefähr zum gleichen Zeitpunkt entstanden. Montecristo ist mit 645 m nach Elba die höchste Erhebung des Toskanischen Archipels.

Quartär

Im Quartär (es begann vor ca. 2,6 Mio. Jahren und dauert bis heute an) gab es eine Aufeinanderfolge von **Eiszeiten und Wärmeperioden** (fachsprachlich Glaziale und Interglaziale). Bei jedem

Absenken des Meeres war die zusammenhängende Landmasse, deren äußerste westliche Küste bis nahe an Korsika heranreichte, bis hin zum Apennin sichtbar.

Die letzte Eiszeit endete vor 13–12.000 Jahren. Seitdem ist der Meeresspiegel wieder gestiegen und hat den Toskanischen Archipel mit seinen sieben Inseln entstehen lassen.

Da die **Landmassen untermeerisch miteinander verbunden** sind, stellt die Insel Elba den geomorphologischen Übergang vom Apennin nach Korsika dar.

Elbas Geografie und Geologie

Westen

Der Westen Elbas ähnelt in Gestein und geografischer Struktur sehr den westlichen Nachbarinseln Korsika und Sardinien. Der **Monte Capanne** (1018 m) dominiert den gesamten Inselteil. Er hat einen Umfang von ca. 8 km und fällt in schroffen Hängen zum Meer hin ab. Es handelt sich um ein Granitmassiv, wobei beim Aufsteigen der Schmelze in das vorhandene Gestein auch Schiefer und Marmor entstanden sind. Wind und Wetter führten dazu, dass im Laufe der Jahrtausende außergewöhnliche Felsformationen entstanden sind. Am auffälligsten sind die **Tafoni**. Der Begriff leitet sich vom korsischen Wort *tafonare* ab, was „durchlöchern" bedeutet; auf Korsika gibt es besonders viele dieser zerlöcherten Felsen. Wenn Wasser in das Gestein eindringt, löst es vorhandene Mineralien, vor allem Eisenhydrate, die bei Verdunstung an der Oberfläche des Gesteins als Oxide wieder abgelagert werden und eine harte Kruste bilden. Hinter diesen Krusten entstehen durch Erosion Hohlräume. Im Laufe der Zeit werden die Hartkrusten brüchig, lösen sich vom Gestein ab, und es werden die Hohlskelette darunter sichtbar. Dabei gibt es sehr viele Formen zu entdecken: Opferschalen, Skulpturen wie von *Henry Moore,* Tiere wie Schildkröten oder Elefanten, Köpfe oder auch Wackelsteine. Besonders gut zu sehen sind die Tafoni oberhalb der Südküste und im Gipfelbereich des Monte Capanne. Ebenso kann man sie im alten Hafen von Marciana Marina bewundern, wo durch das ständige Zusammenspiel von Sonne und Spritzwasser unzählige kleine Tafoni entstanden sind.

Inselmitte

Der Mittelteil umfasst die beiden jeweils von Nord nach Süd verlaufenden **Landengen** zwischen Procchio und Marina di Campo sowie zwischen der Bucht von Portoferraio und Lancona. Dieser Inselteil ist eher **hügelig bis flach** und erinnert landschaftlich ewas an die Toscana. Durch verschiedene Ablagerungen ist der Boden hier hervorragend für eine **landwirtschaftliche Nutzung** geeignet. Die alten Felder und die ehemals intensive Nutzung der Ebene sind nur noch teilweise sichtbar. Eine relativ große Fläche nimmt heutzutage die Start- und Landebahn von La Pila ein, dem Flughafen Elbas.

Osten

Der Osten ist mit seinen großen Eisenerzvorkommen und einer Vielzahl an Mineralien **geologisch am interessantesten.** Bedeutsam sind die Gegend um Rio Marina im Norden und die Halbinsel Calamita im Süden. Der Osten der Insel – das ist vor allem **Eisenerz.** Die Erzkörper in diesem Gebiet können Längen von mehreren hundert Metern erreichen. Die Etrusker waren die Ersten, die auf Elba Erz abbauten und verhütteten. Bis in die 1980er Jahre wurden über und unter Tage verschiedene Gesteine abgebaut. Man schätzt, dass auf Elba insgesamt ca. 40 Mio. Tonnen Eisenerz gefördert wurden.

Durch das Aufsteigen der granitischen Schmelze auch im Osten der Insel sind durch Kontaktmetamorphose **neue Gesteine** wie z.B. das Magnetit auf der Halbinsel Calamita entstanden. Es ist ein Eisenerz mit einer starken magnetischen Wirkung, das bis heute für die Kompass-Herstellung genutzt wird. Die Minerale im Osten Elbas zeichnen sich durch einen **hohen Metamorphismus** (Umwandlung der mineralogischen Zusammensetzung eines Gesteins) aus. Sie sind von großer Härte, was auch die schroffen Formen in der Oberflächengestalt erklärt.

Küsten und Strände

Elba hat eine **Küstenlinie von 147 km.** An dieser sehr abwechslungsreichen Küste gibt es gut 150 Buchten und viele Strände. Im **Süden** sind lange weiße Sandstrände (siehe „Lacona", „Marina di Campo") sowie kleinere Sandbuchten (s.

„Cavoli", „Seccheto", „Fetovaia") zu finden. An der **Westküste** gibt es eher Kieselstrände und im **Nordwesten** Sand- und Kieselstrände. Jene westlich von Portoferraio sind besonders weiß, was vor allem an dem (zersetzten) Euritgestein liegt. Der schönste Sandstrand im **Norden** ist für viele der von Biodola und Scaglieri. Die Strände an der **Ostküste** sind Sand- und Kieselstrände, die zuweilen durch die Erze Hämatit und Pyrit eine dunklere Farbe haben und glitzern.

Es gibt überall auch **versteckte Buchten,** etwa die Cala della Cotaccia in der Nähe von Zanca an der Nordwestküste oder Le Tombe („Strand der Gräber") zwischen Pomonte und Fetovaia an der südlichen Westküste. Bei den Ortsbeschreibungen wird auf besondere Strände hingewiesen.

> Zeugen der Erdgeschichte – Felsformation im Süden Elbas

Die Mineralien

Auf Elba kommen **152 verschiedene Mineralienarten** vor; die meisten Vorkommen liegen im Osten der Insel. Besonders häufig sind neben dem bereits erwähnten Eisenerz vor allem Pyrit, Hämatit, Magnetit, Limonit, Malachit, Ilvait und verschiedene Quarze, u.a. auch Bergkristall, zu finden, daneben aber auch Chalzedon, Amethyst, Turmalin, Beryll, Topas und Granat. Es ist ein Unikum, dass auf einer so kleinen Fläche so viele verschiedene Mineralien vorkommen. Für Geologen stellt diese Insel im Tyrrhenischen Meer ein wahres Mekka dar.

Es ist nicht mehr erlaubt, **auf eigene Faust** in aufgelassenen Gruben zu schürfen und zu hämmern, man muss sich dafür im Rathaus von Rio Marina eine **Erlaubnis** holen. Es besteht jedoch auch die Möglichkeit, sich einer **geführten Tour** anzuschließen. In Rio Marina gibt es den **Mineralienpark El Burò** (s. Ortsbeschreibung), der eine Führung durch die umfangreiche Sammlung aller auf Elba vorkommenden Mineralien anbietet mit anschließendem Besuch einer aufgelassenen Mine, wo die Besucher selbst nach Mineralien suchen können. Doch wer mit offenen Augen durch die Landschaft von Elba geht – man muss dabei nicht einmal vom Weg abkommen –, hat gute Chancen, den einen oder anderen Schatz zu finden. Ansonsten besteht die Möglichkeit, in einem der vielen **Mineralienläden** auf der Insel schöne (Schmuck-)Stücke zu erwerben.

Im Folgenden werden die wichtigsten Mineralien beschrieben, sowohl in ihrem Aussehen als auch in ihren Fundorten und ihrer Bedeutung in der Mythologie bzw. Heilkunde.

Amethyst

Der Amethyst gehört zur Gruppe der Kristallquarze. Seine typisch **violette Farbe** resultiert aus dem eingelagerten Eisen. Im Griechischen bedeutet *amethystos* „nicht trunken". So sollte der Stein in der Antike den Menschen vor **Trunkenheit** bewahren und ihm Standfestigkeit gegenüber negativen Energien verleihen. Auf Elba kann man den Amethyst auf der Halbinsel Calamita finden.

Bergkristall

Der Bergkristall ist ein **reiner, klarer Quarz,** der auf Elba überall dort gefunden werden kann, wo Granit in der Nähe ist. Oft liegen kleine Stücke auf den Wanderwegen. Der Name leitet sich ab vom griechischen *krystallos* („Eis"), denn einst glaubte man, es handele sich um **versteinertes Eis.** Der Bergkristall symbolisiert Weisheit, Mut und Treue.

Beryll

„Beryll" ist ein Sammelbegriff für verschiedene Beryllium-Aluminium-Silikate. **Aquamarin** (blau) oder **Heliodor** (bläulich) zählen auch zu dieser Gruppe. Berylle sind längliche Kristalle mit **un-**

▷ Quarzeinschluss einer Muschel

terschiedlichen Färbungen, die von durchsichtig über gelbgrün, goldgelb, bläulich bis hin zu rötlich-violett variieren können. Das deutsche Wort **„Brille"** stammt übrigens von der durchsichtigen Variante des Berylls ab, den man in früheren Zeiten schon zu Linsen geschliffen und als Vergrößerungsglas benutzt hat. Beryll galt schon in alten Zeiten als Symbol inniger und treuer Liebe. Auf Elba kommt Beryll im Gebiet um die Bergdörfer San Piero und Sant' Ilario vor.

Chalzedon

Chalzedon ist ein reiner Quarz, der durch Auskristallisierung von Kieselsäure in Zwischenräumen von Gesteinen entsteht. Der Name geht wahrscheinlich auf die Stadt Chalkedon am Bosporus zurück, wo der Stein zuerst gefunden wurde. Seine **blaue und weiße Farbe** stand in der Antike für Wasser und Luft. Luft gilt auch als ein Symbol für Leichtigkeit und Kommunikation. Aus diesem Grunde empfahl man damals den **Rednern,** während eines Vortrags den Stein bei sich zu tragen. Auf Elba ist der Chalzedon am häufigsten auf der Halbinsel Calamita und um Rio nell'Elba zu finden.

Hämatit

Der Hämatit, auch „Roteisenstein" genannt, ist ein **Eisenerz** und hat eine **stahlgraue bis schwarze Farbe.** Manchmal schillert er auch in anderen Farben, was durch weitere Elemente im Stein verursacht wird. Der Hämatit kann glatt sein, aber auch in kristalliner Form auftreten. Er entsteht in der Oxidationszone von Eisenerzlagerstätten, die sich auf Elba um Porto Azzurro, Rio Marina und Cavo befinden. In der Antike wurde der Hämatit als **göttliches Blut** verehrt, das in den Adern der Erde fließt. Im Mittelalter nannte man ihn „Blutstein", weil er sein Schleifwasser dunkelrot verfärbt. Der Hämatit ist ein Symbol für das Leben. In der Edelstein-Heilkunde gilt er als vitalisierend und blutstillend, jedoch auch als blutbildend bei Blutarmut.

Ilvait

Dieses Mineral ist **auf Elba entdeckt** und erst im 19. Jh. klassifiziert worden. Es wurde nach dem alten Namen benannt, den die Etrusker damals der Insel gaben: Ilva. Der Ilvait ist ein **Eisenmineral mit Calciumanteilen.** Seine Farbe variiert zwischen **schwarz, bräunlich und dunkelgrau,** die länglichen Kristalle haben einen metallischen Glanz. Die schönsten prismatischen Ilvaitkristalle überhaupt hat man bisher am Turm von Rio Marina gefunden. Der Stein soll die Ausdauer stärken und Magengeschwüre lindern.

Jaspis

Jaspis gehört zur Gruppe der **Chalzedone.** In dem feinkörnigen Quarz sind Fremdstoffe wie Eisen oder Kupfer eingelagert, die dem Jaspis die typische **rote, gelbe oder grüne Färbung** geben. Schon in der Antike war er ein sehr begehrter Stein, denn er sollte dem Träger Glück und Zufriedenheit in der Ehe bringen. Für die Indianer war der gelbe

Jaspis ein Regenzauberstein, der auch bei Nieren-, Leber- und Gallenleiden half. Bei den Indern galt der Jaspis als Mutter aller Edelsteine. Die Burg Volterraio ist auf Jaspis gebaut, ebenso bestehen die Felsen um Porto Azzurro aus diesem Gestein.

Magnetit

Der **schwarze,** metallisch glänzende Magnetit ist ein mehrfach konzentriertes Eisenoxid; im Gegensatz zum Hämatit ist er **magnetisch.** Er entsteht durch Verwandlung von **Magma.** Der Stein trägt in sich die beiden Magnetpole. Bricht man ihn auseinander, bilden sich in jedem Stück sofort neue Gegenpole. Magnetit findet sich vor allem auf der Halbinsel Calamita. Als Heilstein wird er verwendet, um Verkrampfungen zu lösen.

Malachit

Der Malachit ist ein weicher, **grüner** Stein, der auch mit einem Bandmuster versehen sein kann. Er ist ein **Kupferkarbonat** und entsteht in der Oxidationszone von Kupfer führenden Lagerstätten. In alten Kulturen galt der Malachit als ein Stein der Frauen, symbolisierte Schönheit, Sinnlichkeit und auch Verführung. In der Antike wurde er zerstoßen und zur Herstellung von Farben, auch als Lidschatten verwendet. Es heißt, der Malachit hilft bei Knochenproblemen jeglicher Art und stabilisiert das Herz-Kreislauf-System. Die Vorkommen auf Elba befinden sich vor allem auf der Halbinsel Calamita im Südosten.

Pyrit

Im Volksmund ist Pyrit auch als „Katzengold" bekannt. Häufig bildet er Kristalle aus und hat einen **gelb-goldenen Schimmer.** Die gelbe Farbe wird durch den hohen **Schwefelanteil** verursacht. Der Name des Steins stammt aus dem Griechischen und bedeutet so viel wie „Feuerstein". Als solcher wurde er auch verwendet. Der Pyrit hat stark leitende Eigenschaften und soll bei Verdauungsproblemen sowie Atembeschwerden helfen. Auf Elba ist er vor allem zwischen Porto Azzurro und Cavo zu finden. Weltbekannt sind die Pyritkristalle von Rio Marina, die schon *Napoleon* als Souvenirs verschenkt haben soll.

Topas

Der Topas ist ein Aluminium-Silikat-Mineral, das in den Farben **weiß, hellgelb, blau, rosa** oder auch **durchsichtig** vorkommt. Sein Name geht auf das Sanskrit-Wort *tapas* zurück, was „Feuer" bedeutet. In alten Kulturen galt der Topas als Sinnbild für Stärke und Selbstverwirklichung. Auf Elba kommt er im Gebiet um die Bergdörfer San Piero und Sant'Ilario vor.

Turmalin

Der Turmalin ist ein **bunter** oder **durchscheinender** Kristall, der mit einer **Streifung** versehen ist. In der Antike verehrte man ihn als Schutz- und Heilstein, denn man glaubte, er strahle aus sich selbst heraus, so klar ist er. Eine besondere Ausbildung des Turmalins ist der auf El-

ba entdeckte und speziell um San Piero sowie Sant'Ilario verkommende **Elbait.** Er ist regenbogenfarben und gilt als der **farbenprächtigste Edelstein** überhaupt. Unter Sammlern ist er sehr begehrt. Der Elbait soll den Stoffwechsel sowie die Kreativität anregen und depressiven Stimmungen entgegenwirken.

⌃ Der Name des golden glänzenden Pyrits geht auf das griechische Wort pyr, Feuer, zurück

Flora

Der Toskanische Archipel besteht aus erdgeschichtlich relativ jungen Inseln mit einer geologisch komplexen und bewegten Vergangenheit. Aufgrund ihrer Mittelstellung zwischen dem italienischen Festland und den Inseln Korsika und Sardinien hat sich hier eine Flora herausgebildet, die zum einen **typisch mediterran** ist, zum anderen auch einige **Endemiten** (Pflanzen- oder Tiergruppen, die nur in einem begrenzten Lebensraum vorkommen) aufweist. Diese finden sich vor allem auf Capraia, Montecristo und im Westen der Insel Elba. Die Endemiten des Toskanischen Archipels gehen auf die **antike Flora Sardiniens** und **Korsikas** zurück. Beide Inseln sind bereits vor etwa 40 Mio. Jahren entstanden. Es gab aber auch Kontakte zum **italienischen Festland,** sodass auf den Inseln auch Pflanzen vorkommen, die ihren Ursprung im Landesinneren der Apennin-Halbinsel haben und über die einstmals bestehende Landverbindung auf den Archipel gelangt sind.

Vegetationsformen

Steineichenwald

Ursprünglich waren alle Inseln von einem dichten Steineichenwald bedeckt. Die einzige Ausnahme könnte Pianosa gewesen sein. Heute gibt es auf den Inseln nur noch **wenige und spärliche Steineichenwälder,** alle jüngeren Datums. Die Etrusker begannen einst, auf Elba Eisenerz zu verhütten. Für 100 kg Eisen benötigten sie 300 kg Holzkohle, wofür 15.000 kg Holz nötig waren! So verloren Elba und später auch die anderen Inseln ihre dichten Steineichenwälder. Das hatte Auswirkungen auf die weitere Entwicklung der Flora.

Der ursprüngliche Steineichenwald war ein sehr **dichter Wald,** der keinerlei Licht durchließ. Mit dem Abholzen von Bäumen und sogar ganzen Flächen konnte das Sonnenlicht bis auf den Boden scheinen, wodurch schließlich kleinere und strauchige Pflanzen zu wachsen begannen.

Macchia

Wird stark abgeholzt und kommt eventuell sogar noch Weidewirtschaft hinzu, können Steineichen keine neuen Triebe hervorbringen. Stattdessen bildet sich die typisch mediterrane Macchia, die aus 1 bis 3 m hohen, **immergrünen Sträuchern** und **Baumsträuchern** besteht. Zu diesen gehören vor allem der **Erdbeerbaum** (Arbutus unedo), die **Baumheide** (Erica arborea) und der **Mastixstrauch** (Pistacia lentiscus), daneben zahlreiche **Schling- und Kletterpflanzen.** In Abhängigkeit von Lichtzufuhr, Feuchtigkeitsgrad und Nährboden kommt die eine Art häufiger vor als die andere. Im Laufe der Zeit wird die Vegetation kurzstämmiger und dichter bis hin zu undurchdringlichem Gestrüpp, wodurch sich nur schwer eine Bodenflora bilden kann.

Garigue

Wird der Boden weiter ausgelaugt, etwa durch Brände, geht die Macchia in Garigue über, kleine **Sträucher und Halbsträucher.** Typische Gewächse sind die **Zistrose,** besonders die Französische Zistrose (Cistus monspeliensis), sowie **Schopflavendel** (Lavandula stoechas) und **Rosmarin** (Rosmarinus officinalis). Die **Blütezeit** vieler dieser Pflanzen liegt in den Monaten März bis Mai, dann verströmen sie einen aromatischen Duft.

Steppe

Bei sich fortsetzender Bodenauslaugung können nur noch sehr anspruchslose Pflanzen gedeihen, es bildet sich eine Art Steppe. Zu diesen Pflanzen zählen vor allem **Gräser,** die **Meerzwiebel** (Urginea maritima) und der **Kleinfrüchtige Affodill** (Asphodelus aestivus), die typisch für Ostelba sind.

Pflanzen der mediterranen Macchia

Baumheide

Die Baumheide *(Erica arborea)* kommt überall auf den Inseln vor und wächst sowohl in Küstennähe als auch auf den höchsten Gipfeln. Sie kann bis zu 3 m hoch werden. Obwohl ihre kleinen nadelförmigen Blätter während des Sommers schnell entflammbar sind, ist die Pflanze als solche relativ **resistent gegen Brände,** da sie aus dem Stumpf heraus neue Triebe bildet.

Erdbeerbaum

Der Erdbeerbaum *(Arbutus unedo)* ist ein typischer Macchia-Strauch, er kommt sowohl in Baum- als auch in Buschform vor. Er kann bis zu 3 m hoch werden und ist im Toskanischen Archipel sehr weit verbreitet. Wie die Baumheide gehört er zu den Pflanzen, die sich nach Bränden schnell wieder erholen, da ihre **Wurzeln** häufig das Feuer überleben. Dies ist einer der Gründe, dass Erdbeerbaum und Baumheide oft in unmittelbarer Nähe zueinander wachsen und manchmal sogar richtige Wälder bilden. Am schönsten ist der Erdbeerbaum im Spätherbst, wenn zu den roten Früchten die weißen, glöckchenförmigen Blüten hinzukommen. Die **Früchte,** im Durchmesser etwa 2 cm, schmecken nicht jedermann. So bedeutet der lateinische Namenszusatz „unedo" „ich esse eine" (... und das reicht). Sie sind leicht süß und meist mehlig. Der Erdbeerbaum liefert außerdem einen sehr herb schmeckenden **Honig,** den Miele di Corbezzolo. Die Rinde der Pflanze wurde früher zum Gerben verwendet. Aus seinen Blättern sowie Blüten kann man einen Tee zubereiten, der keimtötend, harntreibend und blutstillend wirkt.

Ginster

Es gibt verschiedene Arten von Ginster *(Genista),* alle gut an ihren gelben Blüten zu erkennen. Der **Behaarte Dornginster** *(Calicotome villosa)* ist ein bis zu 3 m hoher Busch, der von Januar bis Juni blüht. Bestes Erkennungszeichen sind seine Dornen. Häufig wächst er in Nachbarschaft von Zistrosen und Rosmarin. Es heißt, mit den Ruten des Dornenginsters habe man in der Unterwelt die Gottlosen gepeitscht.

Der **Pfriemenginster** *(Spartium junceum L.),* auch „Spanischer Ginster" genannt, ist ein bis zu 3 m hoher Rutenstrauch, der von April bis Juni blüht. In unseren Breiten wird er auch als Zierstrauch angepflanzt. Seine Zweige sind kahl, aufrecht und biegsam, an ihnen wachsen traubenartig die Blüten. Früher wurden die biegsamen Triebe des Pfriemenginsters zum Flechten von Körben verwendet.

Den **Salzmannsginster** *(Genista salzmanni)* erkennt man als Ginsterart nur im blühenden Zustand. Wie große, gelbe, weiche Kissen liegt er dann in der Landschaft. Doch wenn man ihn berührt, merkt man schnell, wie hart und

◁ Der Erdbeerbaum sieht wunderschön aus, seine Früchte schmecken jedoch nicht jedem

spitz seine Zweige sind, die in Dornen enden. Ein anderer deutscher Name für diese Pflanze ist „Schwiegermutterkissen". Diese Ginstersorte blüht von April bis Juni und wird bis zu 70 cm hoch.

Immortelle

Meist nimmt man von dieser Pflanze zuerst den **typischen Geruch** nach Maggi (also Liebstöckel) und Curry wahr, dann erst sieht man auch das kleine Gewächs, das so einen intensiven Duft verströmt. Die Immortelle *(Elichrysum italicum)*, auch „Sonnengold" genannt, wird bis zu 50 cm hoch und blüht von April bis Juni. Ihren Duft verbreitet sie jedoch das ganze Jahr. Sie bildet Büschel mit holzigen Ästen, an denen kleine, linear angeordnete und oberseitig behaarte Blätter sitzen. Die Blüten sind bis zu 3 cm breite Doldentrauben. Der treffende deutsche Name der Pflanze leitet sich vom griechischen *helios* („Sonne") und *chrysos* („Gold") her.

Mastixstrauch

Er ist der am **häufigsten vorkommende Strauch** der Macchia, gut zu erkennen an seinen paarig gefiederten Blättern und den im Herbst erscheinenden 4 mm großen Beeren, die anfangs rot sind, dann schwarz werden. Wenn man die Blätter zerreibt, verströmen sie einen angenehm harzigen Duft. Obwohl der Mastix *(Pistacia Lentiscus)* ein immergrüner Strauch ist, können sich seine Blätter im Herbst rötlich verfärben. Das Harz des kultivierten Mastix wird bei der Herstellung von Zahnpulvern, Wund-

verbänden oder auch Klebemitteln verwendet. Auf Elba gibt es jedoch nur wilden Mastix.

Myrte

Die Myrte *(Myrtus communis)* ist eher unscheinbar. Im Frühsommer kann man sie an ihren zarten weißen Blüten erkennen, die sehr aromatisch duften. Im Herbst erkennt man sie gut an den dunkelblauen Früchten. Die Myrte steht für Reinheit und Unberührtheit. Und so verwendet man sie noch heute, um aus ihr den **Brautkranz** zu flechten. Aus den jungen Ästen wurden einst Körbe hergestellt. Die an ätherischen Ölen reichen Blätter haben **antiseptische Wirkung,** und man kann daraus einen Likör gewinnen, den Mirto.

Rosmarin

Der Rosmarin *(Rosmarinus officinalis)* ist ein dunkelgrüner Strauch mit blauen Blüten und einem **unverwechselbaren Aroma.** Im Mittelmeerraum kann er bis zu 2 m hoch werden, er blüht das ganze Jahr über. Den Griechen war er Weihrauch auf den Altären ihrer Götter. Rosmarin wird auch als Badezusatz verwendet oder für Rheuma-Salben, und natürlich kommt er als Gewürz in der italienischen Küche zum Einsatz.

Schopflavendel

Der Schopflavendel *(Lavandula stoechas)* ist ein bis zu 1 m hoher Strauch, der von März bis April blüht. Sein Duft ist weniger intensiv als der des echten Lavendels. Gut zu erkennen ist er an der **Form seines Blütenstandes,** der von 1 bis 5 cm langen Hochblättern gekrönt wird. Diese dienen dem Anlocken von Insekten.

Stechender Spargel

Am häufigsten sieht man diesen bis zu 2 m hohen kletternden Halbstrauch (*Asparagus acutifolius*) in aufgelassenen Weinbergen. Er hat verholzte Zweige, von denen mehrere bis zu 8 mm lange, steife Kurztriebe abgehen. Dazwischen

bildet sich die gelbgrüne Blütenhülle, aus denen dann rote, später schwarze Beeren werden. Die jungen **Sprossen,** die besonders von Feinschmeckern geschätzt und gesucht werden, nennt man *turioni*. Auf Elba bereitet man damit ein Omelett zu. In der Naturheilkunde werden die Wurzeln genutzt, die eine stark harntreibende Wirkung haben.

Steineiche

Die Steineichen (*Quercus ilex*) im Toskanischen Archipel sind nicht älter als 100

Pflanzen aus der Fremde

Viele Pflanzen, die für uns ganz selbstverständlich zur mediterranen Flora gehören, haben ihren Ursprung in der Fremde. Entweder sind sie zufällig als Sporen und Samen in den Mittelmeerraum gelangt, oder man hat sie ganz bewusst hergebracht. So ist es z.B. mit dem **Götterbaum** (*Ailanthus altissima*) geschehen. Für die Zucht von Seidenraupen führte man ihn Mitte des 18. Jh. von China nach Italien ein. Heute stellt er vielerorts ein großes **Problem** dar. Der Götterbaum hat kräftige Wurzelsprösslinge, die auch auf dem kargsten Boden gedeihen. Außerdem ist er sehr widerstandsfähig gegen Trockenheit. Mit diesen Eigenschaften erobert er sich zunehmend den Lebensraum der heimischen Flora. Man erkennt ihn an seinem zerbrechlichem Holz und dem unangenehmen Geruch seiner weißlichen Blüten. Besonders stark verbreitet ist er auf Montecristo.

Eine andere Pflanze ist die **Rote Mittagsblume** (*Carpobrotus acinaciformis,* siehe Abbildung unten), die von Südafrika nach Europa importiert wurde. Mit ihren kriechenden Stängeln und fleischigen Blättern hat sie viele Felsküsten des Archipels erobert. Besonders die Felsen um Sant'Andrea im Nordwesten Elbas leuchten im Mai in rosafarbener Blütenpracht. Auch sie ist sie sehr widerstandsfähig gegen Trockenheit, z.T. mehr als andere Pflanzen des Archipels, denen sie immer mehr Lebensraum abringt.

Der **Feigenkaktus** (*Opuntia ficus-indica*) stammt aus dem tropischen Amerika. Wegen seiner wohlschmeckenden Früchte und Eignung als undurchdringliche Heckenpflanze wurde er kultiviert. In ihrem fleischigen, weit verästelten Stamm kann die Pflanze Wasser speichern. Aus den Früchten kann man wunderbare Marmeladen herstellen, und auch roh genossen sind sie sehr wohlschmeckend. Im Archipel kommt der Feigenkaktus nur noch als verwilderte Pflanze vor, deren Verbreitung im Gegensatz zum Götterbaum jedoch leicht unter Kontrolle zu halten ist.

032el hk

Jahre. Der Baum ist sehr anspruchslos und gedeiht auch auf armen Böden. Die **Blätter** sind auf der Oberseite dunkelgrün und glänzend, auf der Unterseite hellgrau behaart. Es kann vorkommen, dass an einem Baum verschiedene Formen vorkommen, wobei die Blätter am unteren Teil gezähnt und stachelig und erst ab einer gewissen Höhe glattrandig sind. Die jungen Blätter schützen sich

mit diesen Stacheln vor ihren Fressfeinden. Auch die Eicheln schmecken vielen Tieren, vor allem den **Wildschweinen.** Der Stamm ist in den ersten Jahren grau und glatt, später springt die Rinde auf und wird schuppig.

Zistrose

Es gibt verschiedene Arten von Zistrosen, wobei die **Montpellier-Zistrose** *(Cistus monspeliensis)* am häufigsten vorkommt. Sie ist es auch, die zu einem großen Teil den typischen Macchiaduft ausmacht; dieser geht von den schmalen, klebrigen Blättern aus. Der Strauch der

⌃ Auf den Inseln des Archipels kommen zahlreiche Orchideenarten vor, etwa der Echte Zungenstendel

7

Montpellier-Zistrose ist von April bis Juni mit unzähligen weißen Blüten bedeckt, die nur wenige Stunden überleben. Wie andere Maccchiapflanzen, stellt sie keine großen Ansprüche und ist eine der Ersten, die nach Trockenperioden oder Bränden wieder gedeiht.

Früher wurden auf Elba Bündel der Zistrose getrocknet und zum **Feuermachen** benutzt, die klebrigen Blätter nahm man zum Entfetten von Töpfen.

Auf den Blättern findet man im Frühjahr häufig eine schaumartige Absonderung (im Volksmund „Kuckucksspucke"

Die Orchideen des Toskanischen Archipels

Auf den Inseln des Toskanischen Archipels gibt es zwischen 40 und 47 Arten und Unterarten der Orchidee. Vor allem im Osten Elbas auf den kargen Böden, die Bergbau und Brände zurückgelassen haben, sind sie öfter zu sehen. Typische Vertreter sind das **Kleine Knabenkraut** (Orchis morio), das **Milchweiße Knabenkraut** (Orchis lactea), das **Gefleckte Knabenkraut** (Dactylorhiza maculata), der **Echte Zungenstendel** (Seraphias lingua) und verschiedene **Ragwurz-Arten** (Ophrys).

Interessanterweise hat Ragwurz sehr unterschiedlich ausgeprägte **Lippen,** in manchen Fällen sogar an nur einer Pflanze. Dies hat folgenden Grund: Die Blüten dieser Gattung geben keine süßen Lockstoffe ab. Um eine Bestäubung vorzunehmen, müssen aber **männliche Insekten** angelockt werden; also geschieht dies mittels einer **Sexualtäuschung:** Die Lippe ähnelt in ihrer Form dem Unterleib der Weibchen der verschiedenen Arten von Bestäuberinsekten. Manchmal entwickelt sie eine Art Behaarung. Einige Blüten produzieren auch Duftstoffe, die Sexuallockstoffen gleichen. Als Resultat dieser Täuschung versuchen die Männchen, auf der Lippe zu kopulieren, und bestäuben die Pflanze.

Typische Vertreter dieser Orchideenart sind **Spinnen-Ragwurz** (Ophrys shegodes), **Hummel-Ragwurz** (Ophrys holosericea) oder **Drohnen-Ragwurz** (Ophrys bombyliflora).

Der **Name „Orchidee"** geht übrigens auf das griechische orchis zurück, was so viel wie „Hoden" bedeutet und die häufigste Wurzelform bei den verschiedenen Orchideengattungen beschreibt. In der Knolle befinden sich die Nährstoffreserven, sodass viele Orchideen auch an unwirtlichen Stellen gedeihen können.

Leider sind diese knolligen Wurzeln auch eine beliebte Nahrung bei **Wildschweinen.** Das Orchideenvorkommen auf Elba ist aufgrund der immer größer werdenden Wildschweinpopulation bereits arg in Mitleidenschaft gezogen worden. Die Situation wird zusätzlich dadurch erschwert, dass Orchideen einen **langen biologischen Zyklus** haben. Zwar kann eine einzige Pflanze bis zu 60.000 Samen produzieren, jedoch gelingt es nur wenigen zu keimen. Und es können bis zu sechs Jahre vergehen, ehe die Pflanze blüht. Waren vor einigen Jahren noch viele Orchideen in der wilden Natur zu bewundern, so muss man heute schon genauer hinsehen, um sie zu entdecken.

genannt). Diese stammt von der **Schaumzikade** *(Philaenus spumarius),* deren Larven sich in diesem Schaum entwickeln.

Im Frühjahr kann man am Boden in Nähe der Stämme der Zistrosen kleine fleischartige Nester entdecken, meist rot oder orangefarben. Es handelt sich dabei um den **Zistrosenwürger** *(Cytinus ruber),* der auf den Wurzeln des Strauches gedeiht. Es ist eine Schmarotzerpflanze, die ihrem Wirt Nährstoffe entzieht, ohne ihm zu schaden.

△ Mufflon auf den Granitplatten am Südhang des Monte Capanne

Fauna

Zur heimischen Fauna auf den Inseln des Toskanischen Archipels zählen Wildkaninchen, Geckos, Eidechsen und eine abnehmende Zahl an Vögeln.

Vögel

Neben den Zugvögeln, die hier jährlich Station machen, leben der Fasan, die Alpenbraunelle, das Rote Rebhuhn und verschiedene Falken wie beispielsweise der Wanderfalke ständig auf Elba. An der Küste sind die Silbermöwe und die Korsische Möwe verbreitet. Ihr bevorzugter Brutplatz ist an der Ostküste der Calamita-Halbinsel.

035el hk

Jahren holte man auch Mufflons hierher. Sie haben **keine natürlichen Feinde** und konnten sich seither ungestört vermehren (s. Exkurs „Wildes Leben und Naturschutz"). Besonders häufig sind sie im Westen der Insel anzutreffen.

Schlangen

Auf Elba gibt es auch einige Schlangen, u.a. die **Zornnatter.** Doch nur die **Aspisviper** ist **giftig,** eine Art Kreuzotter, die auf Elba und Montecristo vorkommt. Sie ist sehr gut an dem zugespitzten, leicht nach oben gewölbten Maul und dem dreieckigen Kopf zu erkennen. Typisch sind auch der platt gedrückte Schwanz und die kleinen Kopfschuppen. Ihre Länge im ausgewachsenen Zustand variiert zwischen 45 und 90 cm. Die Aspisviper ist normalerweise grau und von dunklen Querstreifen verziert. Im Durchschnitt wird sie acht bis neun Jahre alt und ernährt sich vorwiegend von Grillen, Vogeleiern, kleinen Reptilien und Säugetieren, vor allem von Nagern. Die Aspisviper ist ein scheues Reptil und reagiert nur mit Beißen, wenn sie belästigt wird. Ihr Biss ist für Menschen im Allgemeinen **nicht tödlich,** denn ein ausgewachsenes Tier produziert durchschnittlich 8 bis 20 mg eines Giftes, das für uns erst in einer Dosierung von 30 bis 40 mg tödlich wirkt. Man sollte bei Ausflügen in die Natur immer festes Schuhwerk tragen. Außerdem hilft festes Auftreten, denn Schlangen reagieren auf Schwingungen und nicht auf Geräusche.

Mönchsrobben

In den Grotten bei Gorgona, Caparaia und Montecristo lebten einst auch die **Mittelmeermönchsrobben** *(Monachus monachus),* die jedoch schon lange nicht mehr gesehen wurden. Es heißt, sie sind in Richtung Osten gezogen, weil dort die Fischgründe noch reicher sind und es zudem einfacher ist, eine Höhle zu finden, in der sie ungestört ihre Jungen aufziehen können. Insgesamt soll es weltweit nur noch rund 450 Mönchsrobben geben.

Wildschweine und Mufflons

In den 1960er Jahren siedelte man das Mitteleuropäische Wildschwein für Jagdzwecke auf Elba an, in den 1970er

Wildes Leben und Naturschutz

Das Mitteleuropäische Wildschwein wurde in den 1960er Jahren für Jagdzwecke im Westen Elbas heimisch gemacht. Von Natur aus sehr anpassungsfähig, gewöhnte es sich schnell an den neuen Lebensraum, es kam sogar zu Paarungen mit dem einfachen Hausschwein. Anfangs paarten sie sich, wie die meisten Wildschweine auf dem Festland, im Spätherbst, und im Frühjahr bekamen die Bachen ihre sieben bis zehn Jungen.

Die Ernährung spielte und spielt für die Verbreitung der Wildschweine eine wichtige Rolle. Das Tier durchwühlt bei der Nahrungssuche den Boden nach essbaren Wurzeln, Würmern, Engerlingen, Mäusen, Schnecken und Pilzen. Ebenso zählen Blätter, Triebe, Eicheln, Maronen, Kräuter und Gräser zu seiner Nahrung. Für den **Allesfresser** sind auch Aas und Abfälle eine Alternative.

Die Wildschweine auf Elba werden ca. einen Meter groß, sind in der Dämmerung und in der Nacht aktiv und leben in der dichten Macchia oder den Wäldern Elbas, vor allem im **Westen.**

In den 1970er Jahren wurde auch das **Mufflon**, ursprünglich nur auf Korsika und Sardinien beheimatet, im Westen Elbas angesiedelt. Mufflons gehören zur Familie der Schafe, haben jedoch einen starken und schlanken Körperbau sowie glänzendes Fell, bestehend aus kurzen, aufrechten Haaren. Die erwachsenen Böcke erkennt man an den charakteristischen hellen Flecken auf den Seiten sowie den großen Spiralhörnern. Mufflons leben in Herden von bis zu 25 Tieren zusammen. Im Herbst bilden die Männchen Gruppen für sich, kämpfen um den sozialen Rang und trennen sich von der Herde, um allein die Weibchen aufzusuchen. Die ein bis zwei Jungtiere werden dann im Frühjahr geboren. Mufflons ernähren sich von Kräutern, Eicheln, Gräsern und jungen Blättern. Sie sind besonders morgens und nachts aktiv und halten sich gerne im offenen Gebirge auf.

Wildschweine und Mufflons hatten und haben ein **herrliches Leben auf Elba.** Die Zahl der zum Abschuss freigegebenen Tiere ist begrenzt, und natürliche Feinde gibt es nicht. Erst in den 1960/70er Jahren auf Elba angesiedelt, haben sie sich sehr gut an den neuen Lebensraum gewöhnt und vermehrt. Nahrung finden sie in den Wäldern und an den Hängen Westelbas ausreichend. Doch mittlerweile bekommen die Wildschweine zweimal im Jahr Junge. Aus des Jägers einstiger Freud ist fast ein Leid geworden, denn sie kommen mit der Jagd kaum noch hinterher. Außerdem gelten Wildschweine als äußerst lernfähig, und man muss dementsprechend lange auf der Lauer liegen, um eines zu erwischen. Seitdem es den **Nationalpark** gibt, wurde die Anzahl der zum Abschuss freigegebenen Tiere verringert. Die Folgen sind unübersehbar: Überall haben die Wildschweine den Boden aufgewühlt auf der Suche nach Nahrung. Für Garten- und Grundbesitzer sind sie zu einer **Plage** geworden: In der Nacht zerstören sie Zäune und Trockenmauern und fressen die Wurzeln von Weinpflanzen oder andere junge Triebe. Die Zerstörungen sind immens. Auch die Mufflons haben mittlerweile ihre Angst verloren. Die Tiere, die sonst nur in den Gipfelregionen lebten, steigen nun nachts ebenso in die Gärten und Weinberge für leicht zu findendes Futter ab und sind zunehmend auch am Tage zu sehen. Zwar hat ein Grundbesitzer das Recht, Tiere auf seinem Grundstück zu töten, doch erfordert dies Jagdgeschick und Geduld gleichermaßen.

Mit ihrem Futterverhalten leisten Wildschweine und Mufflons einen Beitrag zur **Verödung der Landschaft** und damit zur Herausbildung der mediterranen Macchia. Leider gibt es noch keine Lösung, um vor allem der Wildschweinplage Herr zu werden und die weitere Zerstörung des Naturschutzgebietes aufzuhalten.

Umwelt- und Naturschutz

Bereits 1982 kam man in Rom auf die Idee, den Toskanischen Archipel unter Naturschutz zu stellen und einen **Nationalpark** zu gründen. Drei der Inseln wurden zu diesem Zeitpunkt noch als Gefängnisinseln genutzt (Capraia, Gorgona und Pianosa). Gerade dort war die Natur aufgrund der doch eher extensiven Nutzung noch weitgehend unverändert. Auch wollte man die Unterwasserflora und -fauna schützen. Die Mittelmeermönchsrobbe war bereits auf dem Rückzug. Ein Nationalpark bot die Möglichkeit, die Natur des Archipels zu bewahren und auch den Anreiz für die meisten Besucher der Inseln zu erhalten.

Der **Widerstand** gegen diese Pläne war allerdings beachtlich. Neben dem Problem der Finanzierung war es vor allem die Bevölkerung, die überzeugt werden musste. Die Elbaner wussten um die Beschränkungen, die ein Nationalpark mit sich bringen würde. Was nützt einem Grund und Boden, wenn er in einem Naturschutzgebiet liegt und nicht bebaut werden darf? Fischer und Landwirte fürchteten um ihre Einkünfte.

Nach 14 Jahren etlicher Diskussionen und Verzögerungen war es im Dezember 1996 dann doch so weit: Der **Parco Nazionale Arcipelago Toscano** wurde beschlossen und gegründet, allerdings gegen den Willen eines Großteils der Bevölkerung. Ein wohl glücklicher Umstand war die Hilfe der EU, die eine erste umfassende Finanzierung zusicherte. Der Nationalpark umfasst ein Gebiet

von ca. 18.000 ha Landesfläche und ca. 57.000 ha Meeresfläche. Montecristo, Gorgona, Pianosa und Giannutri wurden komplett unter Naturschutz gestellt. Auf Elba wurden vor allem der Westteil der Insel, ein Großteil der Halbinsel Calamita und der Nordosten zwischen Cavo und Rio nell'Elba zum Gebiet des Nationalparks erklärt. Das macht etwa 50 % der Insel aus. Auf Giglio sind 53 % und auf Capraia 78 % des Territoriums geschützt, die Gebiete liegen vor allem im Süden beider Inseln. Montecristo und Giannutri gehören den **Schutzzonen A und B** an, die alle Tätigkeiten verbieten, die das Territorium verändern würden. Für Elba und Giglio gelten Zone C und D, die alle produktiven Tätigkeiten der Bewohner zulassen, Bauvorhaben allerdings nur mit behördlicher Genehmigung. Ziel des Nationalparks ist es, die Flora und Fauna sowie die historischen, kulturellen und architektonischen Werte des Toskanischen Archipels zu schützen und zu erhalten. In den ausgewiesenen Naturschutzgebieten ist das vielerorts auch sehr gut gelungen. Für die Erhaltung historischer Bauten fehlt es allerdings an Geldern. Auf Giannutri beispielsweise hat man begonnen, die römische Villa zu restaurieren, doch stocken jetzt die Arbeiten, da die finanziellen Mittel aufgebraucht sind.

Auch wenn der *Parco Nazionale Arcipelago Toscano* seit mehr als zehn Jahren besteht, so gibt es doch immer noch viele **Diskussionen,** viele Für- und Gegenworte. Ein gern zitiertes Argument der Gegner sind die **Wildschweine,** die die Landschaft, welche doch eigentlich geschützt werden soll, bei ihrer Nahrungssuche zerstören, die auch in Gärten und Weinfelder einfallen und sich mittler-

7

Wind gleich Wetter

Immer wieder kann man auf Elba erleben, dass das Meer in den Buchten des Südens nahezu spiegelglatt daliegt, während im Norden die Wellen mit Schaumkämmen ans Ufer rollen. Für Hobbymeteorologen gibt es an dieser Stelle eine kleine Windkunde, damit man während seines Urlaubs auf Elba weiß, welches Wetter zu erwarten ist und welche Küste das angenehmste Wetter verspricht.

Ein typischer Winterwind ist der aus **Nordosten** kommende **Grecale.** Er kann mehrere Tage lang blasen und bringt immer kalte Luft mit sich. Ein bedeckter Himmel bedeutet Niederschläge, bei heiterem Himmel hingegen ist es ein trockener Wind. In den Sommermonaten weht er eher selten, wenn doch, dann kann man sich sicher sein, dass die Temperaturen sinken.

Der **Levante** ähnelt in seinen Eigenschaften sehr dem Scirocco und dem Mezzogiorno, nur weht er aus dem **Osten** und seltener.

Sieht man bei klarem Wetter weiße oder rosafarbene Streifen am westlichen Horizont, so kündigt sich der **Libeccio** an. Dieser feucht-heiße Wind kommt aus **Südwest,** eher im Winter als im Sommer, und bläst meist nur einige Tage lang. Der Libeccio kann sehr unvermittelt aufkommen und von starken Windböen begleitet sein, die auch schon einmal orkanartige Ausmaße erreichen können.

Der **Maestrale,** auch „Mistral" genannt, ist ein typischer Sommerwind, der überwiegend aus **Nordwest** kommt und meist am späten Nachmittag weht. Er bringt trockene Luft, heiteren Himmel, gutes Wetter und beste Fernsicht. Weht er jedoch nach dem Durchzug von Schlechtwetterfronten, so kann er schon recht kräftig blasen und klart den Himmel wieder auf. In dieser Stärke weht er jedoch kaum länger als zwei Tage.

Der vorherrschend aus **Süd** kommende **Mezzogiorno** (dt. „Mittag", wenn die Sonne am höchsten steht) ist dem Scirocco sehr ähnlich, nur dass dieser aus Südost weht.

Der **Ponente** kommt hauptsächlich aus **Westen,** hält nur wenige Tage an und kann wie der Libeccio plötzlich einsetzen, z.T. mit sehr starken Windböen. Meist folgt der Ponente auf Wetterstörungen, die aus Süd oder Südost kommen. Dann klart er den Himmel wieder auf.

Jeder kennt ihn, den aus **Südosten** kommenden **Scirocco.** Oft bringt er feinen Staub mit sich, der die Sicht diesig werden lässt. Er ist bekannt dafür, dass er die Menschen träge macht, bei manchen verursacht er Kopfschmerz und andere kann er, wenn zu lange anhält, in den Wahnsinn treiben. Dieser eher warme Wind ist eigentlich immer der Vorbote von Wetterveränderungen, dem Durchzug eines Tiefdruckgebietes oder von dichten Wolken, Niederschlägen und stürmischem Meer. Häufig bläst der Scirocco mehrere Tage lang, manchmal auch sehr heftig, und bringt dabei feuchte und milde Luft sowie Niederschläge und Gewitter mit sich.

Ein dem Grecale ähnlicher Wind ist der **Tramontana,** der überwiegend aus **Norden** kommt und kalte, zuweilen sogar eiskalte Luft mit sich bringt. Auf jeden Fall verspricht er Wetterbesserung.

weile bis in den Osten der Insel Elba ausgebreitet haben. Ein wichtiges Argument der Befürworter ist die Bedeutung des Nationalparks für den **Tourismus.** Denn eines ist sicher: Gäbe es den Nationalpark nicht, hätten die Inseln mit Sicherheit viel von ihrem Charme verloren.

Das **Büro** des *Parco Nazionale Arcipelago Toscano* befindet sich in Portoferraio, Viale Elba 4, Tel. (0565) 919411, www. islepark.it. Hier kann man Wanderkarten und anderes Informationsmaterial erhalten. Außerdem gibt es eine Liste der ausgebildeten Führer, die Wanderungen durch den Nationalpark des

Toskanischen Archipels und auch Ausflüge zu den anderen Inseln anbieten.

Klima

Das Klima auf Elba ist durchweg **milder** als auf dem italienischen Festland und nicht so heiß wie auf den südlicher gelegenen Inseln Sardinien und Sizilien. Eine Regenzeit gibt es hier nicht, und im Sommer kann es oft zu langen Trockenperioden kommen. Die **Niederschläge**

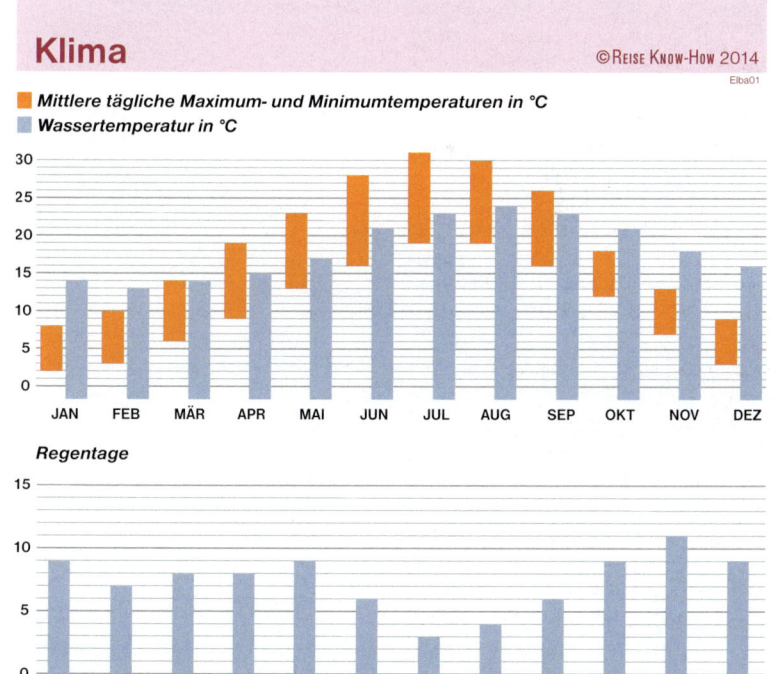

überwiegen auf den Nord- und Nordwesthängen (wie an der Vegetation ganz deutlich zu sehen ist). **Schneefall** ist eher selten und dann auch schon eine Attraktion, die auf Postkarten gewürdigt wird.

Die **Hauptmeeresströmungen** kommen aus südlicher Richtung entlang der Festlandküste, sodass das Wasser an der Südküste Elbas sich auch viel schneller erwärmt als an den anderen Küsten der Insel. In den letzten Jahren ist jedoch eine Veränderung des Wetters zu beobachten. So war der Mai im Jahr 2013 beispielsweise noch recht frisch und so regenreich wie in den vergangenen Jahrzehnten nicht. Dafür war der September dann unerwartet warm.

Wind

Wichtig für das Wetter auf Elba sind die Winde. Generell kann man sagen, dass **Nordwinde** gutes Wetter und klare Sicht bringen. Oft sind dann von Elba aus alle anderen Inseln des Toskanischen Archipels zu sehen sowie die Strandpromenaden und schneebedeckten Berge auf Korsika. **Südwinde** wie der Scirocco hingegen bringen eher stürmisches Wetter. Zahlreiche Winde aus verschiedenen Richtungen sorgen im Sommer stets für Abkühlung, bringen im Winter aber manchmal auch heftige Stürme. Näheres s. Exkurs „Wind gleich Wetter".

◁ Kleinere Windhosen sind schon mal möglich – hier vor der Südküste zwischen Marina di Campo und Cavoli

Die Geschichte Elbas

Die Geschichte der **anderen Inseln** des Toskanischen Archipels wird in den jeweiligen Inselbeschreibungen genauer vorgestellt.

Die Geschichte Elbas ist **sehr wechselhaft**. Fast immer war die Insel ein Anhängsel eines Staates oder einer Macht. Die Etrusker besetzten sie wegen der reichen Eisenerzvorkommen. Für die Griechen, Römer und Pisaner lag Elba strategisch günstig, um die Seehandelswege zu kontrollieren. Piraten und Sarazenen gingen hier regelmäßig vor Anker, um reiche Sklavenbeute zu machen. Erst mit *Napoleon* wurde Elba das erste und auch einzige Mal ein eigener Staat und erhob sich aus der bisherigen Bedeutungslosigkeit. Die gerade mal zehn Monate napoleonischer Herrschaft rückten Elba in das Licht der großen Öffentlichkeit.

Besiedlung und Frühzeit

Vor ca. 12.000 Jahren war Elba noch mit dem toskanischen **Festland** verbunden. Funde deuten darauf hin, dass hier gejagt, jedoch noch nicht gesiedelt wurde.

Die ersten richtigen Siedlungen entstanden vor etwa 4000 Jahren in der **Kupfersteinzeit.** Vermutlich ließen sich die Menschen damals auf Elba nieder, weil sie hier einige Vorkommen an Kupfer fanden, das sie zur Fertigung ihrer Waffen brauchten. So wurden in der Nähe von Rio nell'Elba Pfeilspitzen, Messer, Äxte und Zierrat aus der **Rinaldone-**

Kultur gefunden, einer relativ primitiven Kultur aus der jüngeren Kupferzeit, die Spuren in Latium, Umbrien und der Toskana hinterließ. Ebenso wie die altsteinzeitlichen Funde sind diese Artefakte im Archäologischen Museum von Marciana (s. Ortsbeschreibung) ausgestellt.

Etrusker

Die eigentliche Besiedlung der Insel begann jedoch erst mit den Etruskern. Diese ließen sich 900 v. Chr. aufgrund der Kupfervorkommen auf Elba nieder und entdeckten auch bald das **Eisen** im Osten der Insel. Dieses benötigten sie zur Herstellung von Waffen, einem ihrer Haupthandelsartikel. Und das Eisen war es auch, das der Insel den **Namen** gab, denn Eisen heißt in der Sprache der Etrusker „Ilva". Daraus wurde später „Elba". Geschmolzen wurde das Erz in Hochöfen aus Lehm, wofür man die umliegenden Wälder abholzte. Kein Wunder, dass der ursprüngliche Bestand an Steineichen rapide abnahm und die Etrusker die Verhüttung nach Pupluna (das heutige Populonia) auf das gegenüberliegende Festland verlagerten.

Aufgrund der besonderen Lage Elbas im Mittelmeer war die Insel heiß begehrt. Es gab gute Anlegemöglichkeiten, und viele Seewege kreuzten sich hier. Besonders die gerade erstarkende Seemacht **Griechenland** hatte Interesse. In der großen Seeschlacht von 535 v. Chr. unterlagen die Griechen den Tyrrhenoi, wie sie die Etrusker damals nannten. Seitdem heißt die See vor der toskanischen Küste „Tyrrhenisches Meer". Bereits 21 Jahre später wurde die Insel denoch von den Griechen eingenommen. Während diese die Herrschaft im Tyrrhenischen Meer übernahmen, erstarkten währenddessenauf dem Festland allmählich die Römer.

Griechen und Römer

Die Herrschaft der Griechen auf Elba war nur von kurzer Dauer. Schnell verloren sie die Insel an die Römer und diese wiederum an die Etrusker, welche noch bis ins 3. Jh. v. Chr. die Insel regierten. Dennoch waren es die Griechen, die nun die Seewege beherrschten. Außerdem machten auch **Piraten** aus Syrakus und Nordafrika die Küsten unsicher; die Piraterie sollte bis ins 18. Jh andauern und das Leben auf Elba stark prägen.

In dieser Zeit entstanden Argoos bzw. Porto Argoo, die erste griechische Siedlung auf Elba, das heutige **Portoferraio.** Der Sage nach sind die **Argonauten** auf der Suche nach dem Goldenen Vlies hier vor Anker gegangen und haben am Strand von Le Ghiaie (nordwestlich von Portoferraio) gerastet. Dort sollen sie ihren Schweiß vom vielen Rudern getrocknet haben, wovon noch heute die dunklen Flecken auf den weißen Steinen zeugen (die eigentlich Turmalin-Einschlüsse sind).

Als die **Römer** im 3. Jh. v. Chr. die Herrschaft auf Elba übernahmen, wollten sie die Verhüttung der **Eisenerze** wieder aufnehmen. Sie verfügten jedoch nicht über das Wissen der Etrusker; außerdem fehlte es auf Elba an ausreichendem Brennmaterial. Bald war das allerdings auch nicht mehr notwendig, denn die Römer weiteten ihren Herrschaftsbereich über Italien und Europa aus und holten sich in den **neuen Kolonien** alles, was sie brauchten. *Plinius der Ältere* berichtet, dass der Senat in Rom Mitte des 1. Jh. v. Chr. ein Dekret verabschiedete, das die Schließung aller Minen auf italienischem Boden anordnete und auf die römischen Provinzen verwies.

Etrurien und damit auch Elba wurden im Jahre 40 v. Chr. durch **Kaiser Augustus** als VII. Region in das **römische Kaiserreich** eingegliedert. Dieses Reich wurde immer größer, und viele Schätze wurden ins Land geholt. Die Römer wollten ihren neu gewonnenen Reichtum zur Schau stellen und bauten sich prachtvolle Häuser und Paläste. In dieser Zeit begannen sie auf Elba auch mit dem professionellen Abbau des **Granits,** welchen sie für ihre immensen Bauvorhaben benötigten. Der Granit wurde u.a. auch für den Bau des Pantheons und des Colosseums in Rom verwendet. Außerdem entdeckten die Römer Elba als Sommerresidenz. Die am besten erhaltene Anlage auf Elba ist Le Grotte gegenüber Portoferraio (s. Ortsbeschreibung). Die Römer errichteten jedoch nicht nur Villen, sondern gründeten auch Städte wie Caput Liberum, heute Capoliveri, und Post Montes, heute Pomonte.

Christen, Langobarden und Piraten

Mit dem Zerfall des Römischen Reiches setzten **chaotische Zustände** in Europa ein. Kamen die Christen im 3. Jh. noch auf die Inseln, um sich hier in Einsiedeleien niederzulassen und in Ruhe zu Gott zu beten, so wurden die Eilande zunehmend zu **Zufluchtsorten** vor den Vandalen und Langobarden. Im 5. und 6. Jh. entstanden auf Elba einige Klausu-

ren, die heute noch eine beeindruckende Ruhe ausstrahlen. Zwei Namen verbinden sich besonders mit Elba und den Inseln des Toskanischen Archipels: der heilige **Mamiliano,** Bischof von Palermo (s. „Montecristo"), der im 5. Jh. vor den Vandalen floh, und **San Cerbone,** Bischof von Populonia, der sich 573 in die Berge oberhalb von Poggio und Marciana zurückzog (s. „Poggio"). Auch er wurde später heilig gesprochen.

Die Inseln des Toskanischen Archipels wurden noch vor Ende des 6. Jh. von der **Langobarden** erobert, doch bereits 774 erlitten sie eine Niederlage gegen die Truppen **Karls des Großen,** der sie in päpstlichen Besitz übergab. Allerdings gab es keinen militärischen Schutz gegen die nun vermehrt im Mittelmeer kreuzenden **sarazenischen Piraten.** Diese begannen, hier regelmäßig vor Anker zu gehen und Sklaven zu nehmen. In dieser Zeit wurden die Siedlungen am Meer aufgegeben, und die verbliebene Bevölkerung zog sich in die eher sicheren Berge zurück.

Pisaner

Die Piraten hatten sich auf Korsika und Sardinien eigene Stützpunkte errichtet und kontrollierten zunehmend das Tyrrhenische Meer. Die stärker werdenden Seerepubliken Genua und vor allem Pisa begannen mit der **Vertreibung der Piraten,** denn für sie waren sichere Wege im Tyrrhenischen Meer unerlässlich. Besonders nachdem die Sarazenen unter der Führung von *Mighudin* 1005 Pisa einnahmen und plünderten, begann Pisas aktive Rolle im erfolgreichen Kampf gegen die Piraten. Zum Dank erhielt Pisa

1016 von **Papst Benedikt VIII.** die Insel Elba als **Schenkung,** denn auch die Kirche wollte die heidnisch-arabischen Einflüsse aus dem Mittelmeer verbannt wissen. Außerdem garantierten die Pisaner den Schutz der toskanischen Küsten. Fast 200 Jahre sollte die pisanische Herrschaft auf Elba dauern.

Auf der fast entvölkerten Insel kehrten nun relativ geordnete Verhältnisse ein. Die Pisaner begannen sofort, die Insel zu befestigen, um gegen neue Überfälle der Sarazenen gewappnet zu sein. Ein Netz von **Wachtürmen** wie der Torre San Giovanni in Marina di Campo oder der Torre Pisane in Marciana Marina wurde im 12. und 13. Jh. auf der Insel errichtet; hierbei waren immer zwei Wachtürme einander sichtbar. So konnten Nachrichten über die Insel verbreitet und mit dem Festland ausgetauscht werden. Außerdem wurde Capoliveri mit mächtigen

Schutzmauern versehen, in Marciana eine Festung errichtet und 1281 die Burg von Volterraio (s. Ortsbeschreibung) erbaut.

In der Seeschlacht von Meloria 1284 unterlagen die Pisaner allerdings den Genuesen und verloren neben Elba auch Korsika und Sardinien an **Genua.** Das kleine Elba erhielten sie im Frieden von 1299 zwar zurück, doch die pisanische Vorherrschaft im Tyrrhenischen Meer war gebrochen.

⌂ Das Stadtgebiet des heutigen Portoferraio war bereits zu Zeiten der Griechen bewohnt

Die Appiani und Piraten

Mit dem Niedergang der Seerepublik Pisa fiel Elba dem **Fürstentum Piombino** zu und damit der Familie der *Appiani*. Diese hatte 1392 durch hinterhältigen Mord die Macht in Pisa an sich gebracht, und nur wenige Jahre später verkaufte sie große Teile der Toskana an den Herzog *Visconti* von Mailand. Für sich behielten sie das kleine Fürstentum Piombino, zu dem neben Elba auch Pianosa und Montecristo gehörten. Als Regierungssitz wählten sie Marciana auf Elba. Gute 200 Jahre herrschten sie über ihr kleines Reich und erhielten sogar das Recht zur eigenen Münzprägung. Allerdings fielen schon bald wieder die Sarazenen über die Insel her, und die *Appiani* vermochten es nicht, die Insel zu schützen. Am meisten gefürchtet waren die Schiffe des Piraten **Chaireddin Barbarossa,** der 1534 die Insel überfiel und das kleine Bergdorf Grassera (s. „Rio nell'Elba") bis auf die Grundmauern niederbrannte. Viele Bewohner Elbas wurden gefangen genommen und auf den Sklavenmärkten in Nordafrika verkauft. Nur ein Jahr später, 1535, holte *Karl V.* zum Gegenangriff aus, griff Tunis an und befreite 22.000 Christen. Doch die Piraten überfielen Elba immer wieder und zerstörten mehrere Orte.

Die Medici

1548 erwarben die *Medici* von *Karl V.* die Insel Elba für eine enorme Geldsumme, die dieser für seine Feldzüge dringend benötigte. Damit weiteten sie ihre Macht vom Festland auf den Archipel aus; sie machten sich sofort an die **Befes-** tigung von Ferraia, dem heutigen Portoferraio (siehe Ortsbeschreibung). Die Stadt wurde in „Cosmopoli" umbenannt und innerhalb kürzester Zeit so gut befestigt, dass sie nie wieder von Piraten eingenommen werden konnte.

Geteilte und wechselnde Machtverhältnisse

Die *Medici* waren auf dem besten Weg, ihre Position im Archipel weiter auszubauen, was die **Spanier** verhindern wollten, indem sie die *Appiani* – als einzig möglichen und verfügbaren Gegenpol – wieder in Amt und Würden einsetzten und die Macht der *Medici* auf die Stadt Cosmopoli begrenzten. Leider blieben weitere männliche Nachfahren in der Familie der *Appiani* aus, und so erklärten die Spanier 1603 **Porto Longone** (s. „Porto Azzurro") zur spanischen Garnison und begannen mit dem Bau der Festung Fortezza di San Giacomo. Der Rest der Insel gehörte weiterhin zum Fürstentum Piombino. Als die letzte Nachfahrin der *Appiani* 1635 *Nicolo Ludovisi,* den Neffen Papst *Gregors XV.,* heiratete, ging das kleine Fürstentum in dessen Familienbesitz über.

Im **Spanischen Erbfolgekrieg** (1701–1714) gab es auch auf Elba Auseinandersetzungen zwischen den spanischen Habsburgern, den Bourbonen und Österreichern. Doch auch wenn die Bourbonen über die Habsburger siegten, so blieb das dreigeteilte Machtverhältnis auf Elba vorerst bestehen. Mit dem Tod des letzten *Medici, Gian Gastone,* ging das Großherzogtum Toskana 1737 an **Franz von Lothringen** über, Ehemann von *Maria Theresia* und später deutscher

Kaiser. Der spanische Herrschaftsbereich fiel 1759 an die **Bourbonen in Neapel** (s. „Porto Azzurro").

1794 wurde die Insel von den **Franzosen** besetzt, die zuvor schon Korsika vereinnahmt hatten. Um diese Macht zu schwächen, eroberten die Engländer Elba, verloren die Insel aber wieder an die Franzosen. Mit dem **Frieden von Amiens** wurde das Tauziehen um die Insel 1802 beendet, sie wurde Bestandteil der jungen französischen Republik. Im gleichen Jahr wurde *Napoleon* auch Konsul auf Lebenszeit.

Napoleon Bonaparte

Schon zwei Jahre später, 1804, wurde *Napoleon* zum **Kaiser** gekrönt. Im Jahr darauf schenkte er seiner Schwester *Elisa* das Fürstentum Piombino und damit auch die Insel Elba. Seine Herrschaft war jedoch nach dem verheerenden Russlandfeldzug 1812 gebrochen und fand bei der Schlacht 1813 bei Leipzig ihr Ende. *Napoleon* wurde als Kaiser abgesetzt und erhielt mit dem Vertrag von Fontainebleau vom 11. April 1814 die Insel **Elba als souveränes Fürstentum.**

Die Elbaner freuten sich, denn zum ersten Mal in der Geschichte der Insel gab es einen richtigen Herrscher nur für sie. Und zwar nicht irgendeinen, sondern „Napoleon Il Grande". Am **3. Mai 1814** erreichte er die Insel und machte sich sofort an die Arbeit. Lediglich **zehn Monate** blieb *Napoleon* auf Elba, doch in dieser kurzen Zeit kümmerte er sich um den Bau von Straßen, Brücken und Kanälen sowie die Trockenlegung der Sümpfe, trieb die Wiederaufforstung, den Erzabbau und den Weinanbau voran (s. Exkurs „Napoleon auf Elba"). Die

▷ Napoleons einstige Residenz, die Villa dei Mulini in Portoferraio, im Hintergrund die Insel Capraia

Insel und ihre Bewohner profitieren von diesen Neuerungen und Entwicklungen bis heute.

In dieser Zeit begann auch der **Tourismus** auf Elba, denn nicht wenige Reisende kamen eigens hierher, um den großen *Napoleon* in seinem kleinen Reich zu erleben. Mit den Reisenden kamen auch Gerüchte und Informationen über Neuverbannung und Mordattentate aus Wien, wo der Kongress zur Neuaufteilung Europas tagte. *Napoleon,* dem einige seiner wichtigsten Getreuen und auch Soldaten nach Elba gefolgt waren, zögerte nicht lange. Am **26. Februar 1815** verließ er mit seiner kleinen Flotte die Insel und griff noch einmal nach der Herrschaft über Frankreich und Europa. 100 Tage später unterlag er in der Schlacht von **Waterloo;** er wurde nach **Sankt Helena**, eine kleine Insel im Südatlantik, verbannt und starb dort am 5. Mai 1821.

039el hk

Napoleon auf Elba

Mit dem Vertrag von Fontainebleau erhielt *Napoleon,* der Kaiser der Franzosen, die **Insel Elba als souveränen Staat** auf Lebenszeit. Seinen Titel durfte er behalten. Ursprünglich wollte er sich diesem Schicksal nicht fügen, doch nachdem ein Selbstmordversuch fehlgeschlagen war, unterschrieb er den Vertrag am 14. April 1814 und machte sich auf den Weg an die französische Küste. Dort schiffte er sich auf der britischen Fregatte „Undaunted" („Unerschrocken") nach Elba ein.

Der Name des Schiffes war Programm. Unverzagt nahm er sein neues Leben in Angriff und studierte schon auf der Reise alle verfügbaren Portfolios über Elba. Bereits vor seiner Ankunft ließ er folgende **Proklamation** verbreiten: „Bewohner Elbas! Ich, Napoleon, habe mir eure Insel wegen der Milde des Klimas und der Sanftmut eurer Sitten zum Wohnsitz ausgewählt. (...) Seid meine guten Kinder, wie ich euch ein guter Vater sein will." Von freier Wahl konnte freilich nicht die Rede sein. Doch *Napoleon* beherrschte dank der italienischen Abstammung seiner Mutter nicht nur die italienische Sprache, sondern war auch bestens mit den italienischen Sitten und dem „fare una bella figura" (s. Exkurs „Italienischer Lebensstil") vertraut.

Noch auf dem Schiff entwarf er die **Flagge** für sein neues Fürstentum: ein mit drei goldenen Bienen besetzter roter diagonaler Streifen auf weißem Grund. Erst als die neuen Fahnen von den Türmen und Dächern von Portoferraio wehten, ging er am **3. Mai 1814** an Land, wo man ihn begeistert empfing. In Ermangelung der nicht auffindbaren Stadtschlüssel überreichte ihm Bürgermeister *Traditi* den noch eilends vergoldeten Schlüssel zu seinem eigenen Weinkeller. Diesen gab *Napoleon* allerdings mit den Worten zurück: „Bei Ihnen, Signore il Sindaco, sind sie in den besten Händen."

Im **Rathaus** hatte man für *Napoleon* in der oberen Etage schnell ein paar Zimmer leer geräumt und mit Möbelspenden der Bewohner notdürftig eingerichtet. An Schlaf war in dieser ersten Nacht jedoch nicht zu denken, denn auf der Piazza feierten die Bewohner seine Ankunft. Und schon am nächsten Morgen wurde er von einem intensiven Gestank geweckt, denn die Elbaner kannten keine Latrinen, sondern entleerten alles in den Rinnstein. So war eine der ersten Handlungen *Napoleons* in seinem neuen Reich die **Einrichtung einer öffentlichen Latrine** und einer entsprechenden Steuer für die, die nicht innerhalb kürzester Zeit eine eigene vorweisen konnten.

Napoleon, mit seinen 44 Jahren im besten Alter, ging vom ersten Tag an voller Ideen und Tatendrang an die **Organisation und Finanzierung** seines kleinen Staates. Und als guter Landesvater kümmerte er sich gleichzeitig um Verwaltung, Sozialwesen, Hygiene, Bildung, innere und äußere Sicherheit sowie das gesellschaftliche Leben. Bei Letzterem erhielt er später tatkräftige Unterstützung durch seine Schwester *Paolina.*

Seine größten Sorgen galten natürlich den **Finanzen.** Zwar standen ihm laut Vertrag jährlich 2 Mio. Franc von *Ludwig XVIII.* zu, doch dieser zahlte nie einen Sou. Neben den Salinen und dem Weinanbau waren die Eisenerzminen die wichtigste Einnahmequelle, und so ritt *Napoleon* schon am 4. Mai nach Rio nell'Elba, um mit dem Verwalter der dortigen Mine, **Pons d'Herault,** zu verhandeln. Dieser weigerte sich anfangs, die Minen-Einkünfte dem Kaiser zur Verfügung zu stellen. Doch *Napoleon* war bekannt für seine Hartnäckigkeit und seinen Charme. Schon kurze Zeit und einige Gespräche später stellte *Pons d'Herault* nicht nur alle Einnahmen seinem neuen, alten Herrn zur Verfügung, sondern brachte auch die Eisenförderung auf Hochtouren. Er wurde zu einem glühenden Verehrer *Napoleons* und folgte ihm gar in die Schlacht von Waterloo. Später schrieb er in seinen Memoiren: „Der Kaiser hat mich nicht besiegt, aber ich habe mich ihm ergeben."

Gleich in den ersten Tagen hatte man nach verzweifelter Suche auch ein Haus für den Kaiser gefunden. Die heutige **Villa dei Mulini** (siehe „Portoferraio") lag strategisch günstig zwischen den beiden Festungen Falcone und Stella in Portoferraio und bot zumindest etwas Platz für eine dem Kaiser angemessene Hofhaltung. Man ging sofort an den Umbau und die Einrichtung, die erst im September abgeschlossen waren. *Napoleon* zog jedoch schon nach 14 Tagen ein, bot die Villa doch mehr Komfort und Ruhe als die Zimmer im Rathaus. Auf einem seiner sommerlichen Ausritte entdeckte er ein kleines Anwesen in San Martino, das er zur **Sommerresidenz** ausbauen ließ, vor allem für seine Frau, die Kaiserin *Marie Louise,* und seinen Sohn, die ihm allerdings nie nach Elba folgten (siehe „Portoferraio, Ausflüge in die Umgebung").

Auch um die **innere und äußere Sicherheit** des neuen Staates kümmerte er sich: Am 26. Mai 1814 gingen mehrere englische Schiffe im Hafen vor Anker, und 600 getreue napoleonische Soldaten kamen an Land. Sofort wurde eine kleine **Armee** aufgebaut, die durch das korsische und das Fremdenbataillon, bestehend aus 50 Korsen bzw. 200 Ausländern, verstärkt wurde. 400 Elbaner wurden in prachtvolle Uniformen gesteckt und zur Nationalgarde erklärt. Alles, was schwimmen und mit Kanonen bestückt werden konnte, bildete die Flotte, der ein seekranker, schon älterer Marinefähnrich als Admiral vorstand.

Bei seinen Ausritten und Streifzügen über die Insel hatte *Napoleon* feststellen müssen, dass es kaum befestigte Wege gab bzw. viele Orte kaum zu erreichen waren. So entwarf er einen Plan für das **Straßensystem** auf Elba: Die einzigen bis dahin bestehenden Karrenwege zwischen Portoferraio und Porto Azzurro bzw. Procchio wurden befestigt. Weiterhin wurden zusätzliche Straßen von der Inselhauptstadt nach Marina di Campo, Marciana Marina und Poggio sowie nach Rio nell'Elba und Cavo gebaut. Das heutige Straßennetz auf Elba geht zu einem großen Teil auf *Napoleon* zurück.

Die sumpfige Lacona-Ebene wurde auf seinen Befehl hin entwässert, um dort ein **Weizenanbaugebiet** entstehen zu lassen. *Napoleons* Ziel war es, Elba wieder zu einer grünen Insel zu machen. So ließ er aus Korsika eingeführte Kastanien-, Eichen- und Akaziensetzlinge auf den abgeholzten Hängen pflanzen, **Baumschulen** anlegen, das **Jagdrecht** beschränkte er auf die Monate August bis Januar. An vielen Straßen wurden Maulbeerbäume gepflanzt, die vor allem für die **Seidenraupenzucht** gedacht waren.

Für den **Lebensmittel- und Sanitärbereich** erließ *Napoleon* strenge Vorschriften und verordnete Geldstrafen für Wasserverschmutzung. Das galt auch für das Wäschewaschen an Brunnen. Im Bereich der Markt- und Lebensmittelkontrolle verfügte er, dass unverkaufte Esswaren vernichtet werden mussten, bevor sie in der Hitze verdarben. Hühner, Kühe und Esel durften in den Orten nicht mehr frei herumlaufen.

Aber auch in anderen wichtigen Bereichen gab es für *Napoleon* kein Halten: Um mehr Getreide anbauen zu können, wollte er **Pianosa kultivieren** (siehe „Pianosa"). Erstmalig wurden in der **Verwaltung** ein Grundbuch und ein Kataster eingeführt, ebenso ein kleiner **Gerichtshof** und die allgemeine **Schulpflicht**; für Steinmetze und Bildhauer wurden **Lehrstellen** eingerichtet; **Straßenprostitution** durfte nur noch an ausgewiesenen Plätzen in Portoferraio ausgeübt werden – treffenderweise damals die Via del Buon Gusto, die „Straße des guten Geschmacks", heute die Via Garibaldi.

Im Sommer folgte *Napoleons* Mutter, *Madame Letizia,* ihrem Sohn ins Exil, und etwas später auch seine Lieblingsschwester *Paolina,* die etwas Abwechslung und Lebendigkeit in das **gesellschaftliche Leben** brachte. Schon zuvor hatte *Napoleon* Bälle und Pferderennen veranstaltet und sich den Eintritt bezahlen lassen, um die Staatsfinanzen aufzubessern. Nun wurde durch den Verkauf eines Brillantencolliers *Paolinas* sogar die Eröffnung eines Theaters möglich, und auch hier verdiente *Napoleon* etwas Geld, indem er die Logenplätze verkaufte (siehe „Portoferraio").

Wenn man bedenkt, dass *Napoleon* nur zehn Monate auf Elba weilte, ist es enorm, was er in dieser kurzen Zeit für die Insel geschaffen hat. Mit der Neuorganisation seines kleinen Inselstaates konnte er die **Wirtschaft ankurbeln.** Der Handel gedieh, und wegen seiner Anwesenheit auf der Insel setzte auch ein reger **Besucherverkehr** ein. Zum einen waren es Händler und Reisende, die den Kaiser besuchten, zum anderen auch Spione, die beauftragt waren, *Napoleon* und seine Pläne auszukundschaften.

Ebenso hatte *Napoleon* seine eigenen Kuriere und Spione, die ihn regelmäßig mit **Nachrichten vom Festland** versorgten. Vor allem berichteten sie über die wachsende Unzufriedenheit der Franzosen mit ihrem neuen König. Es häuften sich aber auch die Nachrichten über ein geplantes Attentat auf *Napoleon,* und die Gerüchte über eine erneute Verbannung wurden immer hartnäckiger. Außerdem begannen sich *Napoleons* Soldaten auf Elba zu langweilen und waren unzufrieden mit der Order, im Straßen- und Latrinenbau und in der Landwirtschaft zu helfen. Sie wollten wieder kämpfen. Hinzu kamen finanzielle Sorgen, denn *Ludwig XVIII.* zahlte nicht, und die Erträge aus der angekurbelten Wirtschaft waren nicht ausreichend. Als Oberst *Campbell,* der über *Napoleon* eingesetzte britische Oberaufseher, im Februar für eine ganze Woche zu seiner Mätresse auf das italienische Festland fuhr, war die Stunde gekommen: *Napoleon* beschloss, **Elba zu verlassen** und noch einmal nach der Macht zu greifen. Am Morgen des 26. Februar 1815 verkündete er seinen Vertrauten seine Pläne, und am Abend stach die kleine Flotte mit 1150 Soldaten in See. Vorher hatte *Napoleon* noch seine letzten Worte an die Elbaner gerichtet: „Ich habe euch Frieden gebracht. Ich hinterlasse euch Wohlstand, eine saubere, schöne Stadt und blühende Dörfer. Ich hinterlasse euch meine Straßen und meine Bäume. Zumindest eure Kinder werden mir dankbar sein."

Nun, das waren sie wohl und sind es zum Teil auch heute noch. Bis heute ist Elba fest mit dem Wirken und Namen *Napoleons* verbunden, und viele Reisende kamen und kommen hierher, um auf seinen Spuren zu wandeln. Auf Elba ist man sich wohl des berühmten Mannes und seiner **Werbewirksamkeit** bewusst, doch nicht unbedingt seines Wirkens für die Insel. Kaum ein Einheimischer nimmt an der Totenmesse teil, die ihm zu Ehren immer am 5. Mai in Portoferraio gelesen wird, und einige Elbaner sind den Rummel um *Napoleon* leid. So wirbt etwa ein Restaurant in Procchio mit dem Schild: „Napoleon hat hier nie gegessen!"

☑ Im Gespräch mit „Zeitreisenden", hier Napoleons Freund General Bertrand und seine Frau

Das Risorgimento und das Königreich Italien

Während *Napoleon* auf Sankt Helena begann, seine Memoiren zu schreiben, tanzte der Kongress in Wien noch eine Weile weiter, bis sich die Großmächte über die Neuaufteilung Europas einigten. Elba wurde wieder dem **Großherzogtum Toskana** zugeordnet, welches *Ferdinand III. von Lothringen* regierte.

Das Leben der Elbaner hatte sich mittlerweile deutlich verändert. Zum einen hatten die Reformen und Aktivitäten *Napoleons* die allgemeine **Lebenssituation** zum Positiven gewendet, zum anderen gab es **keine Piraterie mehr** im Mittelmeerraum. Die Bevölkerung Elbas wuchs und kümmerte sich um Landwirtschaft, Weinanbau und Erzabbau.

Wie überall in Europa, begann auch in Italien Mitte des 19. Jh. eine **nationale Befreiungsbewegung,** das Risorgimento („Wiedererstehung"), das sich gegen die Fremdherrschaft der Habsburger und Bourbonen richtete. 1861 wurde das neue **Königreich Italien** unter *Vittorio Emanuele II.* gegründet, dem sich auch die toskanischen Inseln anschlossen. Bei der Volksabstimmung über die Vereinigung mit der verfassungsmäßigen Monarchie stimmten die Bewohner der Inseln mit 4226 Stimmen dafür und mit 19 dagegen.

In den Jahren 1890 und 1893 zerstörte die aus Amerika eingeschleppte **Reblaus** etwa 80 % der Weinstöcke. Der Weinanbau war neben dem Erzabbau der Haupterwerbszweig der Elbaner. Viele von ihnen verloren mit den Weinstöcken auch ihre Lebensgrundlage und waren zum **Auswandern** gezwungen. Ein Großteil ging nach Brasilien und Venezuela, wo sie zu neuem Wohlstand gelangten, mit dem sie die Daheimgebliebenen ein wenig unterstützen konnten.

Jahrhundertwende und Weltkriege

Um eine weitere Abwanderung der Bevölkerung zu verhindern, wurde die **Eisengewinnung** wieder aufgenommen. Als Brennstoff benötigte man nun nicht mehr Holz, das auf Elba nur in begrenztem Maße zur Verfügung stand, sondern man konnte auf **Kohle** zurückgreifen, die im Hafen von Portoferraio regelmäßig angeliefert wurde. Auf dem Gebiet der alten Salinen gegenüber von Portoferraio errichtete man die moderne Hochofen-Anlage ILVA, die 1901 eingeweiht wurde und in der über 2000 Arbeiter eine Anstellung fanden. Teilweise kamen sie sogar vom Festland herüber. Doch die Insel selbst hatte keinen guten Ruf. Über ihr hing beständig eine Rauchwolke, die Arbeits- und Lebensbedingungen waren schlecht, und zusätzlich wurde sie, ebenso wie die kleineren Inseln des Archipels, noch als **Gefängnisinsel** genutzt (siehe „Porto Azzurro"). Wenig Grund,i sich hier niederzulassen.

Im **Ersten Weltkrieg** war die Insel im rohstoffarmen Italien ein wichtiger **Lieferant für Eisen.**

Mit der Machtergreifung der **Faschisten** schien sich das Leben zu ändern. *Benito Mussolini* kam gar selbst 1936 nach Portoferraio, um zu den Bewohnern Elbas zu sprechen. Doch statt versprochenem Wohlstand und verbesserten Lebensbedingungen kam der Zweite Weltkrieg. Nach der faschistischen Kapitulation wurde Elba von den **Deutschen** besetzt (unter www.elbafortificata.it findet man auf italienisch einige interessante Informationen dazu). 1943 gab es keine Schiffsverbindungen mehr. Schon wenige Monate später begann der **Angriff der Alliierten.** Die Hochöfen in Portoferraio wurden bombardiert und zerstört. Die französische Armee brachte von Korsika aus 12.000 Soldaten und 600 Fahrzeuge auf 200 Kriegsschiffen nach Elba. Die Landung erfolgte in Marina di Campo und den umliegenden Buchten. Es war ähnlich der Landung in der Normandie. In den Auseinandersetzungen fielen 500 französische und 600 deutsche Soldaten. Weitere 2500 Deutsche gingen in Kriegsgefangenschaft.

Nachkriegszeit

Nach dem Ende des Krieges beschloss die italienische Regierung, zwar weiterhin Eisenerz auf Elba abzubauen, doch die Hochofenanlagen in Portoferraio nicht wieder aufzubauen. Zu den nun arbeitslos gewordenen Industriearbeitern kamen zusätzlich noch die Kriegsheimkehrer, sodass in der Nachkriegszeit viele Elbaner **ohne Beschäftigung** waren. Um wenigstens einigen wenigen etwas Arbeit zu verschaffen, beschloss man, den Graben zuzuschütten, der Portoferraio vom Rest der Insel trennte (heute die Viale Manzoni).

Die **wirtschaftliche Stagnation** dauerte bis in die 1960er Jahre. Die Elbaner lebten von Landwirtschaft, Weinanbau sowie Eisenerz- und etwas Granitabbau in eher einfachen Verhältnissen. Doch bereits Anfang der 1950er Jahre kamen die **ersten Touristen** nach Elba, und die Erfolgsgeschichte der Insel als Urlaubsparadies begann (s. „Tourismus").

Aktuelle Situation

Der Tourismus und das Dienstleistungsgewerbe sind heute zum **Haupterwerbszweig** der Insulaner geworden. Er ist ein sehr einträgliches Geschäft und könnte noch mehr einbringen, wenn es nicht den **Nationalpark und begrenzte Ressourcen** gäbe. Seit Gründung des Nationalparks Toskanischer Archipel bestimmen Interessenkonflikte die Nutzung und Gestaltung des Landes. Rein wirtschaftliche Aspekte kollidieren mit den Ansprüchen an einen umweltverträglichen und nachhaltigen Tourismus. Seit Jahren verschärft sich die **Wassersituation,** und doch hat man sich bis heute auf keine Lösung geeinigt (s. Exkurs „Wasserversorgung").

Im Herbst 2011 wurden Pläne bekannt, dass das **Krankenhaus in Portoferraio** geschlossen werden soll, was sowohl für die Bevölkerung als auch die Touristen bedeuten würde, für eine ernsthafte medizinische Versorgung, angefangen bei Röntgenaufnahmen bis hin zu Operationen, aufs Festland übersetzen zu müssen, im Notfall mit einem Heliokopter (Kosten ab 2000 € aufwärts!). Es wurde mehrfach gestreikt, mit dem Resultat, dass das Krankenhaus nicht geschlossen wurde. Jedoch haben Haushaltskürzungen zu Einschränkungen geführt, so dass bestimmte Operationen nicht mehr auf der Insel durchgeführt werden können und generell weniger Personal zur Verfügung steht.

Giglio, eine der Inseln des Toskanischen Archipels, geriet im Januar 2012 in die Schlagzeilen, weil das Passagierschiff „Costa Concordia" aufgrund eines riskanten, nicht notwendigen Manövers kurz vor der Hafeneinfahrt havarierte.

Über 20 Monate lag das Schifff von der Größe eines elfstöckigen Hochhauses vor Giglio, bevor es im September 2013 endlich aufgerichtet werden konnte. Im Frühjahr/Sommer 2014 will man das Wrack nach Piombino schleppen, um es dort zu demontieren. Bei dem Unglück kamen 32 Menschen ums Leben, von denen zwei bisher immer noch nicht gefunden und geborgen werden konnten.

Wirtschaft

Über viele Jahrhunderte haben Abbau und Verhüttung der Eisenerze sowie Landwirtschaft, Granitsteinbrüche, Weinanbau und Fischfang das wirtschaftliche Leben Elbas geprägt. Nach dem Ende des Zweiten Weltkrieges begann in den 1950er Jahren der **Tourismus** auf der Insel Einzug zu halten. Heutzutage ist er bestimmend für das Leben auf der Insel geworden.

Bergbau

Zunächst kamen die Etrusker nach Elba, weil sie hier Kupfervorkommen entdeckt hatten. **Kupfer** war das Mineral, auf dem damals die Metallherstellung basierte. Bereits 2000 Jahre zuvor hatte es erste Siedler wegen des Kupfers nach Elba gelockt. Doch die Etrusker entdeckten neben dem Kupfer auch das **Eisenerz** im Osten der Insel und begannen zwischen dem 8. und 7. Jh. v. Chr. mit dessen Abbau und Verhüttung. Der griechische Geschichtsschreiber *Diodorus Siculus* berichtete im 1. Jh. v. Chr.: „Vor der Hö-

he der etruskischen Stadt Populonia gibt es eine Insel namens Aethala, die (…) ihren Namen von den großen Mengen Ruß (Anm. d. Autorin: *aithale*) herleitet (…). Die Insel ist in der Tat reich an Eisenerz, welches zerkleinert wird, um es zu kochen und daraus Eisen zu gewinnen; und die Gruben sind sehr ergiebig. (…) Einem Teil geben sie die geeignete Form, um daraus Gabeln und Sensen zu machen, und dann verteilen die Händler diese Gegenstände überall, sodass ein Großteil der bewohnten Welt von diesem Überfluss profitiert."

Als die **Römer** Etrurien und damit auch Elba eroberten, wurde etwas später, um die Mitte des 1. Jh. v. Chr., in einem Dekret die **Schließung aller Minen** auf italienischem Boden beschlossen. Erst als die Seerepublik **Pisa** die Herrschaft auf Elba übernahm, wurden sie wieder geöffnet. Als die **Medici** Mitte des 16. Jh. nach Elba kamen, wurde eine **neue Abbau-Technik** eingeführt, die es ermöglichte, auch über Tage zu arbeiten. Zu den wichtigsten Zentren des Eisenerz-Abbaus auf Elba entwickelten sich Rio nell'Elba und Capoliveri.

Richtig industriell wurde es, als 1901 die **Hochöfen** in Portoferraio eingeweiht wurden und einen spürbaren wirtschaftlichen Aufschwung brachten. Den ständigen Ruß und Rauch über der Insel nahm man dafür gerne in Kauf. Der Aufschwung endete, als die Hochöfen im **Zweiten Weltkrieg** durch die Bomben der Alliierten zerstört wurden. Nach dem Krieg beschloss die italienische Regierung, die Hochöfen nicht wieder aufzubauen, sondern nur die **Förderanlagen** weiter zu betreiben und das Eisenerz auf dem gegenüberliegenden Festland zu verhütten. Die Förderung lief anfangs

schleppend, doch konnte sie in den 1960er Jahren enorm gesteigert werden und kam am Ende auf eine Jahresproduktion von 450.000 Tonnen Erz. Jedoch waren Förderanlagen und verschandelte Landschaften für den aufkommenden **Tourismus** von Nachteil. So legte man allmählich die Minen still und nahm 1981 die europäische Stahlkrise zum Anlass, die Förderung von Eisenerzen auf der Insel Elba endgültig einzustellen.

Bei Fahrten durch den Ostteil der Insel sind hin und wieder alte Förderanlagen, Erzmüllhalden oder die stufenförmigen Terrassen des Tagebaus zu entdecken; mancherorts wirkt die Landschaft wie aufgerissen, wie verwundet.

Fischfang

Für eine Insel ist der Fischfang eine nahe liegende und wichtige Lebensgrundlage. Er spielte für den Handel auf Elba jedoch nie eine so wichtige Rolle wie die Förderung von Eisenerzen und der Weinan-

127el jc

Abgesehen vom einstigen industriellen Thunfischfang wurde die Fischerei nie in großem Stile betrieben. In Marcina Marina, einem Hafenstädtchen an der Nordwestküste Elbas, gab es lange eine **Fischfabrik** mit 90 Angestellten, die jedoch 1995 ihre Arbeit einstellte.

Landwirtschaft und Weinanbau

Aufgrund der Beschaffenheit der Insel stand den Bewohnern Elbas immer nur eine **begrenzte Fläche für die Landwirtschaft** zur Verfügung. In der Ebene zwischen dem Monte-Capanne-Massiv im Westen und den erzreichen Bergen des Ostens wurden zumeist Getreide, Obst und Gemüse angebaut. An den Hängen der Ost-, Süd- und Westküste wurden terrassenförmige Weinberge angelegt. Nicht wenige der Trockenmauern, welche die Weinberge heute noch umfassen, sind bereits mehr als 3000 Jahre alt.

In mühsamer Klein- und Handarbeit wurde einst jede nur mögliche Fläche nutzbar gemacht und gepflegt, sicherte sie doch das Überleben. Mehr als die Hälfte wurde und wird für den **Weinanbau** genutzt. Dieser hat gegenüber dem Getreideanbau immer eine **bedeutendere Rolle** gespielt, denn der Wein aus Elba wurde auch schon zu früheren Zeiten gerne auf dem Festland getrunken. Davon künden zahlreiche Weinamphoren, die in römischen Schiffswracks vor der Küste Elbas gefunden wurden. Bereits *Plinius der Ältere* (ca. 23–79 n. Chr.) beschrieb Elba als eine Insel, die große Mengen an Wein produziert. Und schon

bau. Die Elbaner fischten damals und heute eher für den **Eigenbedarf** und die **lokalen Märkte.** Auch heute kann man sie noch regelmäßig in Marciana Marina oder Marina di Campo sehen, wie sie ihren Fang direkt vom Boot im Hafen oder in einer nahe gelegenen *pescaria* (Fischladen) verkaufen.

⌃ Im Hafen von Portoferraio

damals war das Gebiet um Pomonte im Westen der Insel eine bekannte Anbauzone. Noch heute sind die Weinterrassen gut zu erkennen, die sich weit die Hänge hinaufziehen. Auf 5000 ha Fläche, was einem Viertel der Insel entspricht, lieferten 32 Mio. Rebstöcke die Trauben für 123.000 Hektoliter elbanischen Wein. Der deckte bei Weitem nicht nur den Eigenbedarf, sondern war gleichzeitig ein wichtiges Exportgut.

Doch leider fielen in den 1890er Jahren unzählige Pflanzen der aus Amerika kommenden **Reblaus** zum Opfer. Viele Elbaner verloren durch diese Katastrophe ihre Lebensgrundlage und verließen die Insel. Die Terrassen überließen sie dem Verfall und der Macchia, eine Entwicklung, die sich durch den Einzug des Tourismus weiter fortsetzte.

Im 19. Jh. arbeiteten noch ca. 30 % der Bevölkerung in der Landwirtschaft. Heute sind es bereits weniger als 8 % (bei einer Gesamtbevölkerungszahl von etwa 32.000).

Da ein Teil der Insel in den 1990er Jahren unter **Naturschutz** gestellt wurde, gibt es kaum noch Weideflächen, was auch die **Tierzucht** zum Erliegen brachte.

Wer heute über die Insel fährt, wird vor allem an der Westküste Elbas, in der Ebene von Campo nell'Elba sowie bei Magazzini noch bestellte Weinberge bzw. Felder sehen. Getreide wird noch auf einigen Flächen zwischen Porto Azzurro und Portoferraio angebaut, Gemüse in privaten Gärten. Die Landwirtschaft kann das Überleben nicht mehr sichern. Einige Elbaner haben aus der Not eine Tugend gemacht und bieten nun **Agriturismo** auf ihrem Land an. Viele jedoch haben von der Landwirtschaft in den Tourismus gewechselt.

⌃ Weinanbau auf Elba

Tourismus

Mit dem Beschluss von 1947, die Hochofenanlage in Portoferraio nicht wieder aufzubauen, wurden viele Elbaner arbeitslos. Glücklicherweise wurde die Insel jedoch von Touristen entdeckt, nicht wenige davon waren Deutsche. Elba als Urlaubsziel sprach sich herum, auch wenn die **Anreise noch etwas beschwerlich** war. Das betraf besonders den Westen Elbas, der nur über Maultierpfade mit dem Rest der Insel verbunden war. Als Unterkünfte dienten leer stehende Cantinas, oder es wurden Zimmer vermietet. Doch gerade diese Ursprünglichkeit und das einfache Leben machten für viele Besucher den besonderen Charme der Insel aus. Bereits Anfang der 1950er Jahre wurde ein **Fremdenverkehrsamt** auf Elba gegründet, und die Übernachtungszahlen stiegen rapide an.

Wer Land am oder in der Nähe eines Strandes besaß, konnte im Laufe der Jahre immer mehr davon profitieren. Bereits 1954 hatte sich innerhalb von zwei Jahren die Anzahl der jährlichen **Übernachtungen** mit 58.000 mehr als verdoppelt. Ein wichtiger Grund hierfür war die im gleichen Jahr eingerichtete regelmäßige **Fährverbindung** zwischen Portoferraio und Piombino auf dem Festland. Mitte der 1970er waren es schon 700.000 **Übernachtungen,** in den 1990ern wurde die Zwei-Millionen-Grenze überschritten, heute sind es ca. drei Millionen Übernachtungen im Jahr.

Elba ist **eines der beliebtesten Ferienziele im Mittelmeer.** Auch die allgemeine Tourismuskrise zu Beginn der 1990er Jahre konnte daran auf Dauer nichts ändern. Dennoch begann ein Umdenken und damit einhergehend eine Hinwendung zum **sanften Tourismus**. Das bedeutete nicht nur eine Verbesserung der vorhandenen Infrastruktur, sondern auch zunehmenden Umweltschutz wie Waldbrandbekämpfung, Müllbeseitigung sowie Sauberhalten der Strände und Küstengewässer. Zusätzlich suchte man nach Alternativen zum Badeurlaub, um auch für **Aktiv-Reisende** attraktiv zu sein. Seitdem sind vorhandene Wanderwege wieder instand gesetzt bzw. ausgebaut worden, und die Vielfalt an sportlichen Aktivitäten wächst kontinuierlich. Außerdem hofft Elbamiente mit diesen Angeboten, die bisher viermonatige Hauptsaison weiter auszudehnen. Das bedeutet natürlich zusätzliche Arbeitsplätze bzw. längere Saisonarbeit. Denn der Tourismus ist mittlerweile der Wirtschaftszweig Nr. 1 auf Elba, der vielen Bewohnern das Leben sichert.

Bevölkerung

Die Einwohnerzahlen auf der Insel haben im Laufe der Jahrhunderte sehr geschwankt. Selten haben sie die 10.000 überschritten, denn Piratenüberfälle, Krankheiten, Epidemien und Katastrophen wie die Reblaus oder die Schließung der Hochöfen haben die Bevölkerung immer wieder dezimiert bzw. abwandern lassen. Zuweilen lebten hier gerade einmal 2000 Einwohner, z.B. im 14. Jh., als Pest und Piraten das Ihrige taten. Erst mit dem beginnenden 19. Jh. wuchs die Bevölkerung und stieg zu napoleonischen Zeiten erstmals auf über 12.000.

Land und Leute

Heute hat Elba ungefähr **32.000 Einwohner.** Diese Zahl ist seit mehreren Jahrzehnten stabil. Die meisten wohnen in Portoferraio, Capoliveri, Porto Azzurro und der Ebene von Campo, alles touristisch sehr gut erschlossene Gebiete. Aus den kleineren Bergdörfern sind viele junge Leute in die Urlaubsorte am Meer bzw. in deren Nähe oder aufs Festland gezogen. Das führte zu einer Überalterung der Bergdörfer, was besonders in Rio nell'Elba zu sehen ist.

Im Verlauf der wechselvollen Geschichte und verschiedenen Herrscher über die Insel sind unterschiedliche **Bevölkerungsgruppen** nach Elba gekommen. So war Portoferraio toskanisch geprägt, Capoliveri neapolitanisch und der Westen korsisch. Ältere Leute hört man zuweilen noch in diesen **Dialekten** sprechen, doch setzt sich allmählich das toskanische Italienisch durch.

Fremde kommen nach wie vor nach Elba und bleiben. Im Jahre 2005 lebten **1262 Ausländer** auf der Insel. Davon waren allein 307 Deutsche, 73 Schweizer und 38 Österreicher.

Die Insel selbst gliedert sich in acht **Gemeinden:** Portoferraio, Marciana, Marciana Marina, Campo nell'Elba, Capoliveri, Porto Azzurro, Rio Marina und Rio nell'Elba. Jede dieser Gemeinden hat eine **eigene Verwaltung.** Bereits seit einigen Jahren gibt es Bestrebungen, sie zu drei Gemeinden zusammenzulegen, denn die Verhältnisse sind prinzipiell überall die gleichen, und man könnte Verwaltungs- und Personalkosten sparen. Allerdings gibt es einigen Widerstand aus der Bevölkerung, nicht nur weil man um den Arbeitsplatz fürchtet, sondern auch weil sich die Gemeinden nicht immer ganz grün untereinander sind.

◁ Teppichkaskade

Wasserversorgung

Eigentlich hat die Insel Elba ausreichend Wasser, um die eigene Bevölkerung zu versorgen. Für die mehr als 3 Mio. zusätzlichen Übernachtungen im Jahr reicht das Wasser jedoch nicht. Besonders in den Monaten Juli und August kommt es zu Engpässen, wenn zu den 32.000 Einwohnern noch einmal bis zu 120.000 Urlauber (täglich) kommen. Die Leitung, die Elba mit einer bestimmten Menge Wasser vom Festland versorgt, kann den Bedarf zu Spitzenzeiten nicht mehr decken. So verkehrten bis 2006 noch zusätzlich **Wasserschiffe** zwischen Elba und dem Festland. Weil aber auch auf dem Festland in den beiden Sommermonaten das Wasser allmählich knapp wird, musste diese Variante der Versorgung eingestellt werden. Jetzt sucht man nach neuen Möglichkeiten. Ein Vorschlag besteht darin, **Auffangbecken** in verschiedenen Tälern (besonders im Tal von Pomonte) zu bauen, um dort Wasser zu sammeln, das besonders reichlich im Winter von den Bergen herabfließt. Endgültige Lösungen sind jedoch noch nicht gefunden.

8 Anhang

◁ Der winzige Hafen von Cotone in Marciana Marina

Literaturtipps

■ *Henky Hentschel:* **Auf dem Zahnfleisch durch Eden. Wohin einer kommt, wenn er geht,** Heyne 1984, nur noch antiquarisch zu erhalten.

Henky Hentschel kam Ende der 1970er Jahre nach Elba, um einen Freund in der Nähe von Capoliveri zu besuchen. Der Freund verließ die Insel wieder, *Hentschel* blieb. Er pachtete ein Grundstück, betrieb biologischen Gartenbau und versuchte, die Ideale von Gleichheit und Freiheit zu leben. Er beschreibt seine Erfahrungen als Fremder und den Beginn des Tourismus in Capoliveri und an der Küste, wie die Leute sich verändern, wie ihn selbst die Umstände verändern. Ein sehr persönliches und ehrliches Buch und ein kleines Stück Geschichte von Capoliveri.

■ *Heinrich Maria Denneborg:* **Das Eselchen Grisella,** nur noch antiquarisch zu erhalten.

Die (Kinder-)Geschichte entstand 1961 und erzählt von der alten *Petronella,* die nicht weiß, wem sie ihr Eselchen *Grisella* – welches sie über alles liebt – geben soll, wenn sie demnächst stirbt. Eine „Stimme" raunt ihr zu: „,dem ersten, dem Du begegnest". Und das ist der Junge *Tino,* der am Strand von Procchio lebt und – wie sich schnell herausstellt – genau der richtige ist. Er liebt *Grisella* ebenso über alles, beschützt und sorgt für den Esel. Doch dann tauchen ein reicher Amerikaner und seine Tochter auf und die Abenteuer beginnen. Ein schönes Buch für Kinder (und Erwachsene), um es auf der Reise vorzulesen.

■ *Stefanie Gerstenberger:* **Magdalenas Garten,** Diana Verlag.

Aufgewachsen bei ihren Großeltern macht sich *Magdalena* auf die Suche nach ihrem Vater, der in Italien leben müsste. Denn ihre Mutter kehrte vor knapp 30 Jahren aus einem Urlaub zurück und einige Monate später war *Magdalena* auf der Welt. Ihre Suche führt sie kreuz und quer durch das Land und plötzlich gibt es eine Spur auf Elba. Sie entschließt sich zu bleiben und die Ereignisse nehmen ihren

Lauf … Ein wunderbares Buch für einen Urlaub auf Elba – wer Romanzen und Geheimnisse mag.

■ *Vincent Cronin:* **Napoleon,** Heyne.

Eine umfassende Biografie zu *Napoleon*. Das Buch erzählt äußerst informativ, gerade auch über *Napoleons* Leistungen als Staatsmann.

■ *Peter* und *Ingrid Schönfelder:* **Was blüht am Mittelmeer?** Kosmos Verlag.

Ein idealer Führer für jene, die mehr über die wilde Flora des Mittelmeerraumes erfahren wollen. Die Pflanzen sind nach Farben sortiert, sodass man sich sehr einfach zurechtfindet.

■ *Hans Waldeck:* **Sammlung geologischer Führer, Bd. 64: Die Insel Elba und die kleineren Inseln des Toskanischen Archipels,** Borntraeger Verlag.

Dieses Buch ist für all jene interessant, die sich für Geologie und erdgeschichtliche Prozesse begeistern. Sehr umfassend werden die einzelnen Gebiete und die Entstehung der dortigen Gesteine beschrieben, allerdings auch etwas wissenschaftlich.

■ *Horst-Dieter Landeck:* **Wandern auf Elba,** Dumont aktiv.

Gut beschriebene, auch längere Wanderungen mit Höhenprofil.

■ *Wolfgang Heitzmann* und *Renate Gabriel:* **Elba – Rother Wanderführer,** Bergverlag Rother.

Zahlreiche, vor allem kleinere Wanderungen.

■ *Jan Weiler:* **Maria, ihm schmeckt's nicht,** Ullstein Taschenbuch.

Jan Weiler hat in eine typisch italienische Familie eingeheiratet und beschreibt auf sehr kurzweilige und aufschlussreiche Art italienische Sitten, Bräuche und Eigenheiten. Wenn es auch kein Buch über die Insel ist, so doch eine wunderbare Lektüre für einen Urlaub in Italien.

Kleine Sprachhilfe

Wichtige Begriffe und Redewendungen

Ausspracheregeln

Allgemein

■ Steht ein **e** oder **i** hinter einem **c** (ohne einen weiteren Vokal), so wird dieses immer wie **tsche** bzw. **tschi** ausgesprochen, z.B. *centro* (Zentrum) wie „tschentro" oder *cima* (Gipfel) wie „tschima". Ansonsten wird **c** wie ein **k** gesprochen, und auch dann, wenn zwischen dem **c** und dem **e** bzw. **i** ein **h** steht, z.B. *chianti* (der Wein) wie „ki-anti".

■ Steht ein **weiterer Vokal** hinter **ci** und **gi**, wird das **i** nicht ausgesprochen, höchstens angedeutet, z.B. *panificio* (Bäckerei) wie „panifidscho" oder *giorno* (Tag) wie „dschorno".

■ Steht ein **e** oder **i** hinter einem **g**, so wird es wie **dsche** bzw. **dschi** ausgesprochen, z.B. *Gina* (Name) wie „dschina" oder *gelato* (Eis) wie „dschelato".

■ Ansonsten wird das **g** wie im Deutschen gesprochen, z.B. auch, wenn zwischen dem g und dem e bzw. i ein **h** steht, z.B. *ghiotta* (Pfanne) wie „gi-otta".

■ Das **h** wird nicht ausgesprochen, z.B. *hanno* (sie haben) wie „anno".

■ **gn** und **gl** werden wie **nj** *(gnocchi)* und **lj** *(maglia)* gesprochen.

■ Bei **qu** wird das **u** mitgesprochen, z.B. in *quando* (wann) wie „kwuando".

■ Das **s** in **sp** und **st** wird nicht wie **sch**, sondern wie **s** gesprochen (wie der „spitze Stein" im Norddeutschen).

■ Die **Betonung** erfolgt meist auf der **vorletzten Silbe.**

ja	sì
nein	no
Guten Tag!	Buon giorno
Guten Abend!	Buona sera
Hallo!, auch Tschüss!	Ciao!
Wenn Sie um etwas bitten	per favore
Wenn Sie etwas geben	prego
Danke!	Grazie!
Vielen Dank!	Mille grazie!
Darf ich mal vorbei?	Permesso?
Entschuldigen Sie!	Scusi
Entschuldige!	Scusa
Macht nichts!	Non fa niente.
Wie geht es?	Come va?
Toilette	il bagno
Rechnung	il conto
rechts	destra
links	sinistra
geradeaus	diritto
hier	qui
dort	lì
warm	caldo
kalt	freddo
(alles) in Ordnung	(tutto) a posto

Wichtige Fragen

Sprechen Sie Deutsch/ Englisch?	Parla tedesco/ inglese?
Wo ist …	Dov'è …?
der Bahnhof	la stazione
die Bushaltestelle	la fermata
das Hotel …	l'albergo …
Wo bin ich?	Dove sono?
Haben Sie …?	Ha …?

Ich suche ...	Cerco ...
Wieviel kostet es?	Quanto costa?
Ist das der Zug/	È questo il treno/
Bus nach ...?	pullman a ...?
Wann fährt er ab?	Quando parte?
Ich möchte nach ...	Vorrei andare a ...

Fahrplan	orario
Verspätung	ritardo
Hin- und Rückfahrt	andata e ritorno
Parkplatz	parcheggio
Abzweigung	bivio

Zeitangaben

heute	oggi
morgen	domani
übermorgen	dopodomani
gestern	ieri
jetzt	adesso, ora
sofort	subito
nie	mai
schon	ancora
noch nicht	non ancora
vormittag	mattina
nachmittag	pomeriggio
früh	presto
spät	tardi

Im Hotel

Zimmer (Einzel/Doppel)	camera singola/doppia
mit Frühstück	con prima colazione
Halb-/Vollpension	mezza pensione/
	pensione completa
Bett	letto
Bad/WC	bagno
Dusche	doccia
Adapter	adattore
Safe	cassa forte

Reisen

Ankunft	arrivo
Abreise	partenze
Fahrschein/Ticket	biglietto

Post und Telefon

Brief, Karte	lettera, cartolina
Briefmarke	francobollo
Briefkasten	buca delle lettere
Telefonkarte	scheda telefonica
Mobiltelefon	cellulare

Rund ums Essen

Speisekarte	menu
Messer	coltello
Gabel	forchetta
Löffel	cucchiao
kleiner Löffel	cucchiaino
Teller	piatto
Flasche	bottiglia
Glas	bicchiere
Die Rechnung bitte!	Il conto, per favore!
Kassenzettel	lo scontrino
¼ l	un quarto litro di ...
½ l	un mezzo litro di ...
1 l	un litro di ...
ein wenig	un poco
ein Stück	un pezzo di ...
Brot	pane
Käse	formaggio
Schinken (roh, gekocht)	prosciutto (crudo, cotto)
Öl	olio
Salz	sale
Zucker	zucchero
Pfeffer	pepe
Knoblauch	aglio

Getränke	**bibite**
Milch	latte
Mineralwasser	acqua minerale
Saft	succo
Bier (gezapft)	birra (alla spina)
Rotwein/Weißwein	vino rosso/bianco

Beilagen	**contorni**
Artischocken	carciofi
Blumenkohl	cavolfiore
Gurke	cetriolo
Zwiebeln	cipolla
Bohnen	fagioli
Pilze	funghi
Salat	insalata
Linsen	lenticchie
Kartoffeln	patate
Erbsen	piselli
Maisbrei	polenta
Tomaten	pomodori
Reis	riso
Spinat	spinaci
Zucchini	zucchini

Fisch und Meeresfrüchte	**Pesce e frutti di mare**
Tintenfisch	calamari
Miesmuscheln	cozze
Garnelen	gamberetti
Seehecht	nasello
Goldbrasse	orata
Lachs	salmone
Sardinen	sardine
Makrele	sgombro
Seezunge	sogliola
Thunfisch	tonno
Forelle	trota
Muscheln	vongole

Fleisch	**carne**
Lamm	agnello
Ente	anatra
Beefsteak	bistecca
Zicklein	capretto
Wildschwein	cinghiale
Fasan	fagiano
Hase	lepre
Schwein	maiale
Rind	manzo
Huhn	pollo
Fleischklöße	Polpette
Kalb	vitello

Obst	**frutta**
Orange	arancia
Kirsche	ciliegia
Erdbeeren	fragole
Zitrone	limone
Apfel	mela
Birne	pera
Pfirsich	pesca
Weintraube	uva

Zahlen

0	zero
1	uno
2	due
3	tre
4	quattro
5	cinque
6	sei
7	sette
8	otto
9	nove
10	dieci
11	undici
12	dodici
13	tredici
14	quattordici
15	quindici
16	sedici
17	diciasette
18	diciotto
19	diciannove

8

20	venti
21	ventuno
22	ventidue
30	trenta
40	quaranta
50	cinquanta
60	sessanta
70	settanta
80	ottanta
90	novanta
100	cento
1000	mille
2000	duemila
100.000	centomila
1.000.000	un milione

Wochentage

Montag	lunedì
Dienstag	martedì
Mittwoch	mercolodì
Donnerstag	giovedì
Freitag	venerdì
Samstag	sabato
Sonntag	domenica

Monate

Januar	gennaio
Februar	febraio
März	marzo
April	aprile
Mai	maggio
Juni	giugno
Juli	luglio
August	agosto
September	settembre
Oktober	ottobre
November	novembre
Dezember	dicembre

Register

Anhang

Die Autorin

Jacqueline Christoph, Jahrgang 1968, Studium der Kulturwissenschaften und Medien-/Kommunikationswissenschaften in Leipzig, einjährige Studien- und Arbeitsaufenthalte in London und Bologna. Danach Arbeit als Journalistin, PR-Beraterin, Projektmanagerin und Programmdirektorin für ein Filmfestival.

Doch letztlich hat sie ihre Reise- und Wanderleidenschaft zu ihrem Beruf gemacht. So leitet sie seit 2002 Wander- und Wanderstudienreisen für *Wikinger Reisen* in Europa. Ihre erste Reise führte sie auf die Insel Elba, in die sie sich sofort verliebte, und seitdem weilt sie jedes Jahr hier.

Danksagung

Die Autorin möchte ganz herzlich *Susann Christoph, Yvonne Burger, Andrea Rosenberger* und *Dieter Zeitz* danken, die ihr mit vielen Anregungen, gutem Zuspruch und nützlichen Ergänzungen zur Seite standen. Besonderer Dank geht an *Frank Zeitz,* der geholfen hat, das Projekt mit auf den Weg zu bringen. Außerdem möchte die Autorin auch *Walter Blohm* für seine speziellen Hinweise danken sowie *Anne Sternke, Jürgen Siepmann* und *Helmut Kuntze,* die ihre Fotos von gemeinsamen Wanderungen auf Elba zur Verfügung gestellt haben.

| 99 | Ortsbeschreibung auf Seite 99 |
| 99 | Ortsbeschreibung auf Seite 99, mit Stadtplan |

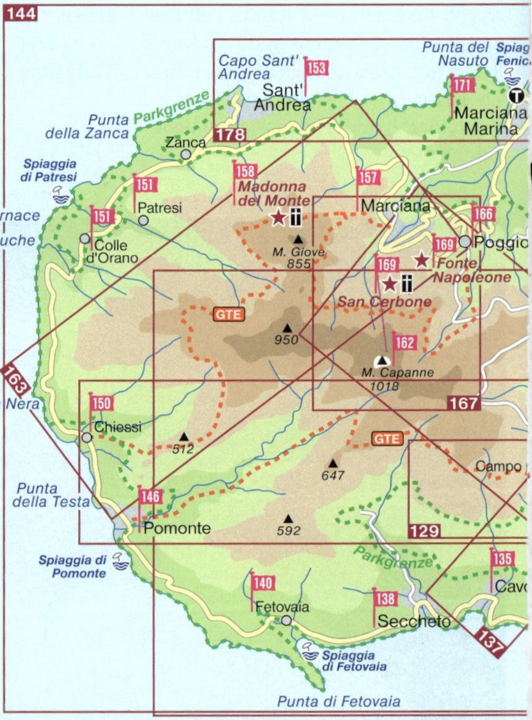

184 Livorno
Gorgona

Cecina

Toskanischer

189
Capraia

Piombino

Follonica

Grossetto

198
Elba
Pianosa

Archipel

204
Montecristo

207
Giglio

Orbetello

218
Giannutri

0 ━━ ━━ 30 km

ITALIEN

Rom

144

Capo Sant' Andrea **153**
Sant' Andrea

Punta del Nasuto   Spiag Fenic.

Punta Parkgrenze
della Zanca   Zanca   **178**

171

Marciana Marina

Spiaggia di Patresi

158
Madonna del Monte

157

P. della Fornace
Le Buche

151
151 Patresi

Marciana

166

169 Poggio

Colle d'Orano

M. Giove 855

169
Fonte Napoleone

GTE

San Cerbone

950

162

M. Capanne 1018

Punta Nera

163

150
Chiessi

512

167

GTE

Campo

Punta della Testa

146
Pomonte

592

647

129

135

Cavo

Spiaggia di Pomonte

140
Fetovaia

138
Seccheto

137

Spiaggia di Fetovaia

Punta di Fetovaia